大清帝国

増井経夫

講談社学術文庫

はじめに

過去の中国の集積——清代

中国史を構成するのに、王朝史を下敷きにすることはながい習慣になっており、ことに通史を編むばあいはほとんどそれ以外の形式をとることは困難でもあるし、また、さして今日必要がないようにもみえる。本書も清《しん》王朝の興起からその衰退まで、十七世紀中葉から十九世紀末へかけての情勢を叙述している。いわば旧中国の最後の繁栄とその没落の方向とを描いたのである。

旧中国は人類の歴史で一つの頂点を示し、ひとりの皇帝に万民が奉仕する社会の行きついた典型的な姿であった。今日の中国は旧中国の否定から出発しているから清代を取り上げても、人民の遺産と思われるもの以外には共鳴しないが、中国人が世界に誇る文化遺産の多くは清代のものである。

清代は過去の中国の集積であり、ここだけを取り出してその社会や経済の内容や思想や学芸の動向を説明することは、あるいは無意味であるかもしれない。従来王朝史として清朝を中心に政治的な問題を列挙するふうが多かったのも、政治史にかまけたというより、これ以外に清代を特色づけるものが少ないという事情があるのであろう。

西暦	皇帝	重要事項
1644	順治	明清交替
		三王の乱(1645〜61)
1662	康熙	三藩の乱(1673〜81)
		ネルチンスク条約(1689)
1700		「康熙字典」なる(1716)
		チベット支配なる(1720)
1723	雍正	キリスト教禁止(1723)
1736	乾隆	回部平定(1759)
		マカートニー英使節(1793)
1796	嘉慶	白蓮教の乱(1796〜04)
1800		アマースト英使節(1816)
1820	道光	アヘン戦争はじまる(1839)
		南京条約(1842)
1851	咸豊	太平天国おこる(1851)
		アロー号事件(1856)
		天津条約(1858)
1862	同治	
1864		太平天国の乱おわる(1864)

清代略年表
(明清交替から太平天国の乱まで)

しかし政治史とは微動計で記録した社会の軌跡であり、一つ一つの事件を演繹《えんえき》してこそ歴史が構成されるが、その全図は平板で繰返しの観を呈しやすい。本書ではつとめてこの種の解説を避けた。ことに数多くの事実を解説するほど充実感をますといった記述をとらなかった。旧中国の歴史書がすべて官僚によって官僚のために書かれ、かれらが日夜念頭においた制度や官位がほとんど主題を占め、その余風が今日なお横行しているので、これはしいて避けた。今日でも、重役とか部長とか、課長とか、やいやいいいたてることは少なくとも口さがない話になるのである。

本書のねらい

本書はもとより清代史事典の役割を果たすことを考えていない。事典にはかなりすぐれた書物が出ているから各分野を網羅《もうら》しようとはしなかった。しかし読者の期待されるところは思いがけないほど広範なので、十分答えられないことをあらかじめお詫びしておきたい。さらに従来の東洋史といった記述に慣れた読者には物足りないだろうことも想像される。視角が違っているからかとしていただければ幸せである。もっとも平素考えている民衆史にしてしまうと、本書のような双書の中の一部としての機能を失うので、これはあえて試みなかった。それできわめて歯切れが悪く、しかも舌足らずになったことはいなめない。もともと概説にはこのような欠陥が伴うものであるが、また逆に、新たな発見もないわけではなかった。網を張って魚群を追うと、魚群の性格よりも網の性能が改めて痛感されるようなものである。

たとえば、清代の美術の分野を通観して、絵画・書道と見ていけば、彫刻で、はたととまどうことになる。遺品がないわけではない。明《みん》清の間に彫刻は衰退して見るべきものはなかったというのはかってであるが、わたしたちがこれが彫刻だときめている網の目のほうにも問題があるようである。造像の要求が少なくなり、意欲が減少した事実はあったであろう。が彫刻の技術は方面をかえて雕漆《ちょうしつ》や玉器《ぎょっき》・象牙細工などに発揮されるようになったし、これは中国以外でもアジアの諸地域で見られた傾向である。日本でも江戸期の造像が凋落《ちょうらく》した背景には同様の事情が考えられよう。宗教的熱情の冷却とか、美意識の変化とかだけでは説明できない問題が浮き上がってくるのである。概説とは問題を提出する場であって、解答を数多く用意する場ではないともいえる。

本書は旧中国の終末を、政治では官僚組織を皇帝への奉仕に統一した強力な体制と、経済では銀を主軸とした商品流通の盛大とに焦点をあわせ、その一つの極限を描写し、これを崩すものとして外国の軍事と経済の進出、自国の農民の抵抗、市民の優勢の三者を取り上げようとした。しかし後者については清末に及ぶためもあって十分意をつくしていない。今日の中国を見ながら旧中国を論ずるばあいは、当然今日のインドや西アジアをもふまえなければならないし、さらに第三世界とよばれる国家群をも見渡さなければならないが、これはかなり困難なことで、公式論になりやすい。公式論は案外に日本の読者を安心させるものらしいが、これをつとめて避けたので、さらに歯切れの悪さをましたようである。読者の明鏡にどのような映像が結ばれるか、幸いに一枚でも額縁に収まるものがあってほしいと考えている。

目次

大清帝国

序　章　清代の概観

一　時代の性格

清代をどう見るか

十七世紀後半から二十世紀はじめまでの中国史、だいたい日本の江戸時代と並行した清朝の時代は、ヨーロッパでいえば、近代国家成長の時代であった。近代ヨーロッパは、この期間に世界の各地に発展したので、はじめはあこがれていたアジアの文明や富を、しだいに旧式のもの、おくれたものとみるようになり、また、アジア自身も、自分らはおくれたもの、劣ったものと考えさせられるようになった。そして江戸幕府が倒れ、清朝が滅びると、そのおくれたのも、幕府の鎖国政策のせいだ、清朝の頑迷な中華思想のためだと考えるようになった。

政治上の変革によって新しい時代になると、前の時代が過誤の多い時代だったとされるのが普通である。そのうえ、近代の史学が社会の発展を主要な課題として成立し、社会の矛盾を歴史解釈の主要な鍵とするような方向に発達したため、十七、十八、十九世紀あたりの歴史は、中国ばかりでなく、日本もインドも多くの文化遺産を残しているにもかかわらず、時代の意義はあまり高く評価されなくなった。さらにさかのぼって、中国の唐宋や日本の平安鎌倉の時代を考えるばあい、社会の発展といった問題とは別に、その文化だけで、大きな意義を認めようとするのと比べると、これはたいへん片手落ちのように思われる。ひと口でいえば、十七、十八、十九世紀のアジアは、時間的には近世であるが、性格的には反近代だったというのである。

ある時代にこのような傾向があった、このような性格が強かったと考え、そのような事実を取り出して積み上げると、まさにそのとおりだったように思えてくる。しかも多くのばあい、その反対の傾向や性格を考えて、その考えにそった事実を取り出すこともまたできるのである。事実は一つでも見る目は多いし、考え方もまちまちだからであろう。

では、歴史的事実は、なんとでもいえる、でたらめなものかといえば、決してそうではない。わたしたちを納得させる考え方はいくつもあるわけではなく、今日と過去との対話にも健康な道が好ましいし、またわたしたちは、この健康な道を選ばねばならない。

清代史という名称

清帝国は、古代ローマ帝国がそのまま残存したような、世界で最後に生き残った巨大帝国であった。そこでその時代を清朝の時代とよぶのが普通で、その歴史を清朝史とよびならわしてきた。そのようによぶと、清帝国の政府を中心に考える癖がつき、そのはては、清朝の天子は歴代の王朝に比べて英明な人物がそろっていたとか、当時の官僚組織は世界で比類のないみごとなものであったとか、歴史が賛美に終わることが多かった。それが誤りでなかったにせよ、なにか見当ちがいのように思われる。では、わたしたちの歴史は、これを、王朝史ではなくて、その地域と民衆と社会がもったエネルギーの軌跡といったものでありたいとすれば、清代史といえばよいのであろうか。が、清というのも中国人にとっては異民族満州人の朝廷が自ら名のった国名であり、満州族の中国支配の記憶につながるものであった。

ヨーロッパ史で、フランスのブルボン時代、イギリスのチュードル時代というばあいは、その時代のすべてを包含するというよりは、王朝文化を対象とするのが普通である。イランの歴史で、昔のアケメネス時代やササン時代はともかく、近世のソフィ朝・カジャル朝・パーレヴィ朝を時代としてよぶことは少ない。日本で、藤原時代・足利時代・徳川時代の名がすたれたのも偶然ではない。もっとも、清朝の国姓である愛新覚羅《アイシンギョロ》でよぶことはなかったが、清がこれと同義であることは早くから知られていた。つまり清代とよぶのはたいへん古い形なのである。しかし、今日これに代わる名称はまだない。

中国史を王朝の名で時代区分をするのは、ながい習慣であるだけではなく、史料の制約もあるし、王朝の変化が、基盤である社会の変化ともある程度照応しているとも考えられ、しかしいてこれを改める試みはなされていない。政権の所在地としての北京《ペキン》や開封《かいほう》や西安《せいあん》などによって、ある継続期間を設定しても、従来以上に有効な展望を果たせるとはいえないし、世界史的に世紀ごとに刻んでみても、これに慣れるまでには、まだしばらく待たなければならない。

繁栄の前期と没落の後期

インドのムガル帝国史で、バーブルがデリーを占領し、アクバルが帝国の領土を統一し、アウランゼブがさらにこれを拡大するまで、皇帝六代の間は、帝国の実体を保有し、インド史に大きな足跡を残したが、その後は藩侯の割拠となって、帝国はその形骸《けいがい》だけで、やがてイギリスに蚕食《さんしょく》され、イギリスのインド帝国となった。アウランゼブの後、十一代を数える名目の皇帝は存在したが、ほとんど実権をもたず、この間を後期ムガル時代といっている。

清代の満州政権だけについていえば、満州の一部族が強大となり、やがて北京を占領して政権を樹立するまでの前期、中国を安定し、新疆《しんきょう》・チベットまで併合して全盛をきわめた中期、ヨーロッパの勢力に屈して崩壊していった後期に分けられるが、中国社会からいえば、明代に生産の増大したあとをうけて、自給自足圏の巨大な安定と繁栄をみた前期と、ヨーロッパの産業革命のあおりをうけて転落し破産していく後期とが顕著である。

近代ヨーロッパの攻勢に、インドが瓦礫《がれき》のように崩れ、中国が氷塊のように溶解し、日本が蒸発したかのように変身したのは、興味ある課題として、しばしば取り上げられてきた。ときにはアジアの国々の主食である米と麦とが一定の土地からの収量総額のカロリーの相違によるのではないかとまでいわれたが、いずれも、その攻勢をうける以前の社会状態がもっとも大きな条件となっていたことは争えない。しかし、いちばん異民族との接触に慣れてい

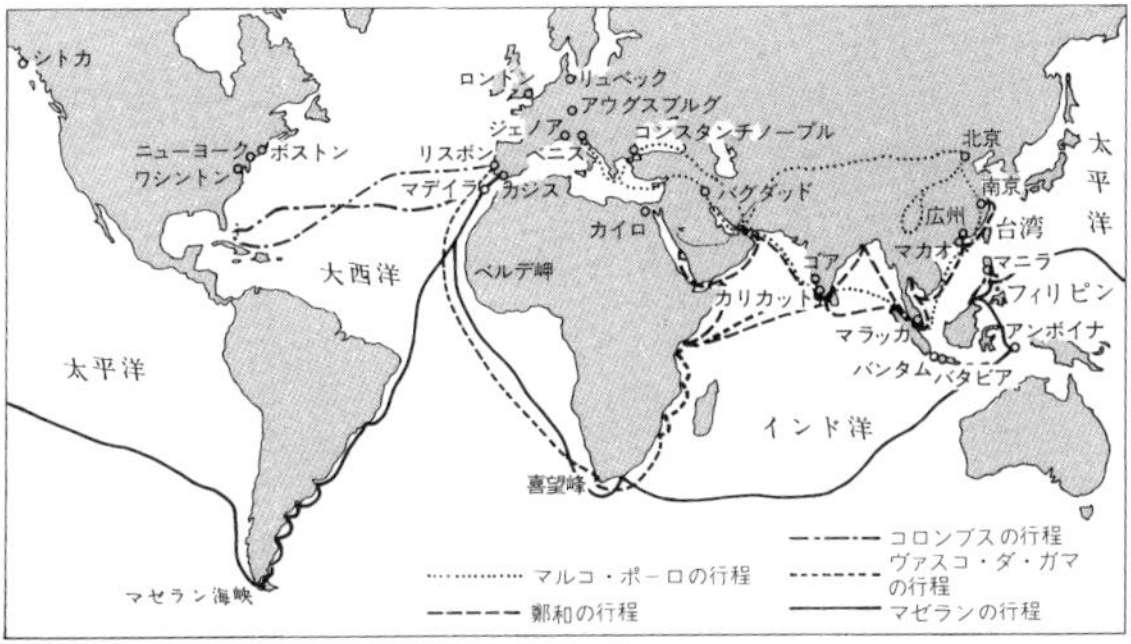

17世紀世界を結んだ航路

たインドが、いちばん大きな被害をうけ、いちばん慣れていなかった日本がある意味では被害の少なかった経緯は、ただアジア諸地域とヨーロッパ勢力との接触状態だけでは説明できない。接触の時期にもよろうし、欧米側の事情の相違にもよろう。が、いわゆる外圧という外からの力だけではなく、むしろ内部にこそ問題を探らなければならないはずである。影響とか交渉とかを取り上げる前に、それぞれの主体の中にさらに問題を掘り下げていくことが怠られがちなのは通弊になっているようである。

清代のばあいでも前期と後期との急激な落差にこそ、民族と国家とを消耗させ、毅然《きぜん》たる性格を失い、落魄《らくはく》の道にはいった理由、バランスを狂わせ、回復への意欲を捨て、なげやりな姿勢となったゆえんが伏在していたと思われる。それは政治や経済の面だけでなく、社会のすべてにわたったが、落差を計る物指しは、そう簡単には準備できるものではない。

異民族の統治

中国人は他民族を吸収して同化する力が強いと自負する。あるいは、他の民族のなかにはなかなか同化しないともいえるかもしれない。世界の各地で独自の存在を示してきたユダヤ人でも、中国ではまったく中国人になってしまったではないか、というのがその自負の種子だという。たしかにその傾向はあろう。しかし少数の帰化人が同化されるのはどこでも見られることであり、満州人が二百五十年の支配の間に全部中国化してしまったのは、むしろ支配のために進んで同化したので、中国化に抵抗した蒙古《モンゴル》人の支配は一世紀に満たなかった。中国社会がとくに異民族を融合する力が強いというのは、その本質ではなく、そのように強調する必要がたびたびおこったからである。

世界で、言語も習慣も異なる多くの民族が混住し、互いに反発と同化とをくり返した、もっともはげしい地域は西アジアであった。ここには異民族との接触や支配のあらゆる縮図があり、とくにある民族が寛容だとか冷酷だとかを決定することはむずかしい。それはある個人と個人の出会いに似て、当時の力関係やそれまでの利害に左右されることがほとんどだったといえる。ただ、大挙軍団をもって侵攻したばあいは、すべて支配の意図が強く、略奪や殺戮《さつりく》を伴い、圧制や傲慢《ごうまん》がつきまとった。そして、このことは民族性に由来したというより、時代によって異なり、それもしだいに積み重ねられた経験から、はげしい圧制が緩和していく方向をとったように思われる。もっとも、昔も今も同じだという愚痴は、局部的にみればたびたびおこっている。

しかし戦闘という状態を除けば、異民族の支配というものは時代が下るにしたがって知恵を増しているのである。中国史に何度かくり返された異民族の統治は、匈奴《きょうど》より鮮卑《せんぴ》、契丹《きったん》より女真《じょしん》、蒙古《モンゴル》より満州《まんしゅう》と後世になるほどその範囲も広く、その浸透力も大きくなった。これは、たんに軍事力が強大になったというだけでは説明はつかない。これと対応する中国人の社会にも、その統治を拡大する要素が含まれていただろうし、民族間の嚙み合わせにもくふうがこらされたことだろう。

異民族の統治というものは、統治するほうにとっても、統治されるほうにとっても、決して幸せなことではなかったが、満州人の中国統治は、中国史だけではなく、世界でもイギリスの植民地統治に匹敵するほど巧妙だったといわれたが、二百五十年で満州人は消滅してしまった。満州族は漢族の内懐にはいりこんで互いに相手を消化してしまったのであろう。

国際関係

一六八九年、清朝がロシアとの間に結んだネルチンスク条約は、中国がはじめて朝貢国以外に対等の国のあることを認め、国境を設定したものとして有名である。それまでは世界はすべて自分の国の統治下にあるもの、まだ通交のない地方の人たちは恩恵にあずからぬ蛮族《ばんぞく》だと考えていたといわれる。これはそれまでだけではなく、それ以後にも強く現れた意識で、諸外国から不評を買い、だから古代帝国のまま残存したのだといわれたわけである。しかし漢代の昔、はるか西方のローマを大秦《たいしん》とよんで自分らと同様の大国の存在は知っていたのである。大国の意識が自信で裏付けされているときと、これが不安を伴っているときとでは、反応がちがうようで、ネルチンスク条約を結んだときは、清朝の勃興期であり、自ら進んで申し入れており、のちにアヘン戦争でねじ伏せられて南京《なんきん》条約を結んだときは、自ら殻の中にとじこもろうとする態度を示した。

アヘン戦争以後の中国の国際関係は惨澹《さんたん》たるもので、ついに列強は中国を分割して統治すべきだと議論するまでになったが、その原因はみな、井の中の蛙《かわず》のような中華思想にあるとされた。それは世界はみな自分の統治下にあるべきだという世界帝国、または天下国家の虚妄から、現実を認識できず、尊大と無知の限りをつくしたからだといわれた。

しかしどの民族でも、自分らはすぐれたものだという誇りをもち、あるいは、神に選ばれたものだという選民思想となり、あるいは、自国を神の国だとする神州思想となり、その民族の一つの支柱となってきたもので、中華思想だけを責めるわけにはいかない。むしろ、その姿勢を固くしてしまった事情、自信のもてるのはこれだけだという切迫にその原因があった。おしよせてくる近代の洪水に溺れたものがつかんだ藁《わら》、それが中華思想であった。

中国人は古来政治的な国民だといわれている。思想の現実的な展開、生活の計測的な営みもみなこれと無縁ではない。それならば、あらゆる政治の型がその歴史の中で試みられたかというとそうではなく、皇帝を頂点とし官僚を羽翼とした組織のバリエーションが継続した。したがって権謀術数《けんぼうじゅつすう》には慣れ、大勢順応には素早くなったが、同じ型の中のくり返しで、そのために、いかにも政治のベテランのように見えるが、型のちがう政治への対処はどこの国とも変わらず、やはり幼稚であった。それは初めに立ち戻って、「遠交《えんこう》近攻《きんこう》」とか、「柔よく剛を制す」とか、「一以てこれを貫く」とか、原則で右往左往しなければならなかったからであり、同時代の日本とて同様であった。ただ、このような歴史の曲がり角では、個人の能力がことにめだち、ポイントの切り替えのような役割を果たすのが見られるのも、これもまたどこの国も同様であった。

蘇州の灌漑風景　龍骨車を使っている

二　社会の状況

農業社会の持続

中国社会はたびたびの政変で上層部ははげしく変動したが、底辺は深海のようにその暴風雨の影響をうけなかったと信ぜられている。なぜなら、農業国はどこでももっともその様相を変えず、天災の多い産業だから人災にも耐えることに慣らされ、従来の習慣を守ることがいちばん有利なことを身にしみて知っていたからだとされる。が、それでも、農耕の技術、作付けの品種、収穫の配分などが変化するにしたがい、農業社会もゆっくりと変化していった。そしてその変化は、中国の広大な自給自足圏を徐々に確立していく方向に進み、地方の格差による分裂や対立よりも、数々の方言や習慣の相違をのりこえて、同じ中国人だとの意識を強めるほうに働いたようである。それは近代の国家主義ではなく、土に根をおろした農民の共同意識であったのであろう。

中国でも、都市の生活と農村の生活とでは、早くから格差が生じて都会は地方を田舎という軽んじた目で見、都市に商工業が集中して消費が膨張したことは、世界のどことも共通している。が、その商工業を基礎にして都市が独立的な傾向をもつことも、商工業自身が自立的な立場をとることも、ほとんどなかった。これは一般に、政治権力が強く人も物資も支配したからだと解釈されているが、むしろ農村の構造がそのまま都市にもちこまれて維持されたためと見ることもできる。中国の都市は農村的な都市であった。ここでは、「都市の空気は自由を生む」というわけにはいかなかった。見かけの田園都市ではなく、人の関係や生活の基調が農村的であった。あるいはこれはアジア諸地域に共通する都市の性格だったといえるかもしれない。

もちろん中国の都市もそれぞれ政治都市や産業都市、交易都市などの性格を認めることはできるし、その機能を果たしていたが、ここへ農村の人口を吸収するような機能はもたなかった。農村が都市に依存するのは、都市の周辺部分に限られ、逆に都市が農村に寄生している事実は都会の住民の主要な層が不在地主であり、農村の窮乏はたちまち都市の疲弊《ひへい》につながることでも明らかであった。都市と農村とは対立することよりも共存していたし、また共存しなければ社会は維持できなかった。実は中国は産業革命がなかったから近代とならなかったのだとは郭沫若《かくまつじゃく》の言葉であるが、ここで各種の機械や動力が開発されても、産業革命の型がどのようになったかは的確には想像できない。

農村社会の構造

中国の農業社会がそのゆるやかな変化の間に、十四、十五世紀以来、農村では、地主・自作・小作・雇農の身分が成立、固定してきた。これは一方、農奴的な身分が解放されたといえるが、一方、地主や自作が村の主体となって、隷属的な身分を普遍化したともいえる。商品作物の栽培はいっそう進んで、桑や茶に加えて木綿も広がり、農民の生活は向上したが、そのため、小作料の引き下げを集団で要求する、いわゆる抗租が頻繁におこるようになった。奴隷の抵抗よりもはるかに強く、継続的になったのは当然であり、農村の問題は「耕す者がその田を所有する」という悲願にしだいに結集していくようにみえた。

農村は地方によって相当その性格を異にしたが、すべて古来共同体としての生活の結合が強く、共同体の基礎は、水利施設や山林・湖沼・墓地などと共有農地とであり、これらの運営はおもに地主と自作の手に握られ、慣習による強制力が大きく、地主、ことに大地主の専制的な支配にかたよっていた。したがって村落共同体の自治活動もその方向で行われ、たとえば村落の自衛のため、農民が武装して匪賊《ひぞく》と戦ったり、他の村落と争ったりしたが、むしろ村落内の不平分子の弾圧に役だち、警察や裁判の力も村内の有力者に動かされることが多

農家作業図

かった。

　しかし、飲料水や灌漑水利についてはかなり公平に扱われたようで、道路や橋や渡し舟などの交通、学校や寺廟などでの教育、墓地の維持、虫害や水害旱害への対策など、共同体が共同体であることを自覚させる仕事は数多くあったが、大地主の力はまた、いつも官憲と結んで専制支配の末端を形づくっていた。

　これらの村落はまた、数村から数十村が連合して自治の力を強化することがあった。公所《こうしょ》とよばれる事務所をもって、一村落では負担しきれないような仕事を受けもったが、これも地主連合ともいうべきもので、主として官憲との交渉に当たるものであった。租税の徴収や物資の徴発などに協定を結んだり、義勇兵を編成して自衛に当たったりした。さらに、育嬰堂《いくえいどう》といわれる孤児院をはじめ、慈善事業も多くこの連合の経営であり、倉庫を設けて商品市場が都市に独占されるのに抵抗したり、手工業を育成して独自の市場をつくったりした。

　この村落連合は一方、小作や雇農を抑圧する役割を果たしたが、ときには官憲を牽制し、制約し、または、これと衝突することすらあった。実は、政府はこれと癒着《ゆちゃく》することでその政権を維持したので、郷党《きょうとう》の父老という共同体の指導者こそ専制支配の支柱であった。

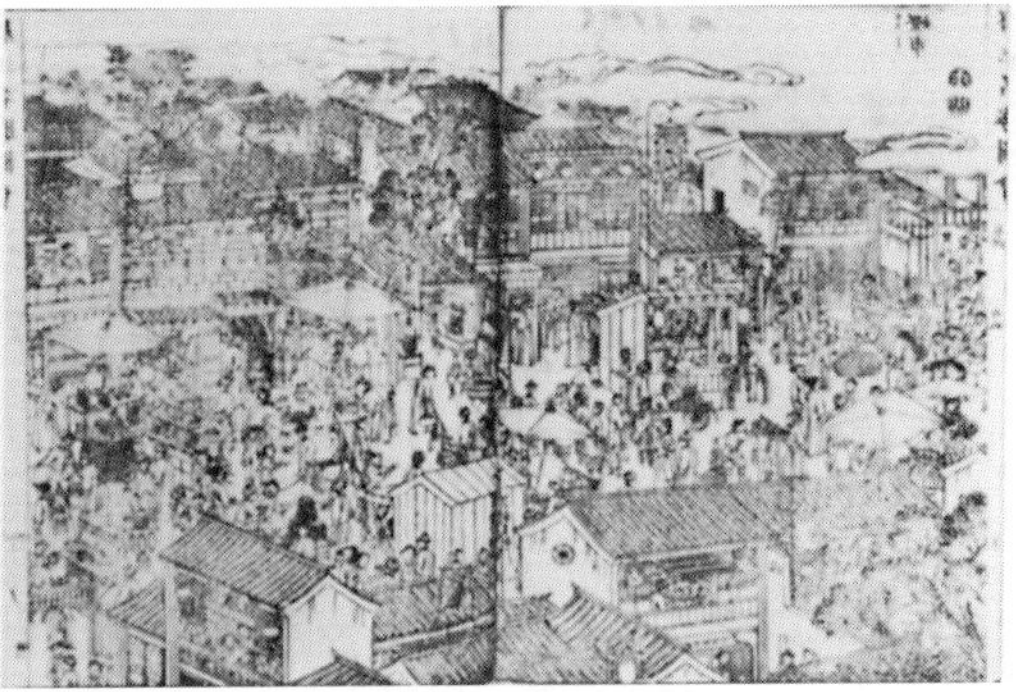

首都北京のにぎわい

都市の商工業

北京をはじめ主要な政治都市では、十六、十七世紀ごろから、会館《かいかん》という各地方の出張所が設けられ、地方と中央との連絡所とするふうが盛んとなり、その地方の単位も府・県を主とし、しだいに省単位の大きいものとなっていった。この同郷団体の背景には商業の発達があったが、都市の商工業者もそのギルド組織を再編成して強力となった。

中国は古来、同業者が集団をつくって、商人のばあいは行《こう》、手工業者は作《さく》といった組合を形成し、国家の統制のもとで相互扶助に当たってきたが、十一世紀ごろから自主的なギルド組織となった。国家は直接の支配よりも組織を通じての間接支配に自信を強め、商工業はその自主性によっていっそうの発達をもたらしたのである。が、同郷団体が地方産業と直結するようになると、同業組合も主要都市には会館を設けて連繫を強化し、都市におけるギルドの活動もさかんになった。

都市の商業の中でもっとも盛んになったのは金融業者で、貨幣単位が銭から銀に移行するに従い、銀と銭との比価を操作し、銀塊の鋳造や為替《かわせ》の発行で蓄積を重ね、いわゆる高利貸資本の中核をなした。そのほか、仲買業や貿易業には大資本を擁するものが多く、茶業や糸業なども隆盛をきわめた。

手工業も、繊維や染色、製紙や陶磁器・玉器などの技術は世界最高の水準に達し、陶磁器や茶は世界の市場へ大量に輸出するようになった。広州の貿易商の中には世界最大の富豪といわれるものも出て、前近代の社会としてはもっとも成熟した形をみせたが、その象徴となるのは都市の商工業者であった。かれらはみなギルドをつくり、会首《かいしゅ》とか行頭《こうとう》といわれるその首長がギルド運営をだいたい独占していた。しかしこれらのギルドが連合して市政を担当するような例はほとんどなかった。実質的には軍事や警察や裁判の権力を行使したが、官憲を放逐するようなことは、都市では見られなかった。

したがって、このような都市が自由都市となって国家権力から離れようとしたり、その軍事力を自分らの経済戦に用いたりしようとはしなかった。国家の統制は呪縛《じゅばく》のように強かったといえる。いってみれば、商工業者のエネルギーは、国家権力の下でその奉仕者になるのでなければ、その外で活躍しなければならなかったのである。海外移住者が増加し、東南アジア各地の華僑《かきょう》の活躍がめざましくなってきたのも偶然ではないし、十八世紀以後、海外渡航が国禁になっても、その勢いがやまなかったのは、まさに当然だったといえるようである。

官僚制の絶頂期

中国の官僚政治は、国家形成の初めにさかのぼるほど、その由来は古いもので、官僚の出身階級やその組織にはたびたび変化はあったが、政治はいつも天子が任命する専門職で運営されていた。これは、古くは世襲され、また世襲しようとする傾向はつづいたが、家柄や身分がいつまでもその権威を主張するのに対し、早くから能力や性行によって特定の個人を任命する道も開けた。政府のあるポストが権威であり、実権を行使できる象徴でもあって、皇帝を頂点としたピラミッド型の組織はしだいに成熟して、十四、十五世紀ごろからは、官僚網といってもよい大きな網で全社会を蔽いつくすようになった。それは少数の行政官でもっとも多数のものを掌握するという強力なものであったが、すべては皇帝に奉仕する形をとった。

歴代王朝の成立は、その基礎に官僚の支持があり、政治の運営はまた、その組織によって遂行されてきたが、もちろん、官僚の性格には、時代によって多くの変化があり、その組織もたびたび組みかえられた。清代はその絶頂ともいえる整備された形を示し、中央政府は、皇帝のもとに各大臣が地方的な勢力を背景として内閣をつくり、全国のエネルギーをここに吸収する中心をなし、その手足として官人を全国に配置した。地方政治は地元の胥吏《しょり》に慣習

清朝大官の家庭

による行政事務を運営させ、官人と胥吏とは体系を異にし、事務を異にして、中央の権威を強化し、官と吏と不連続の政治の間に牽制《けんせい》や強圧の弾力をもたせた。一言で尽くせば、権力は皇帝ひとりにあり、責任はすべて民衆にあるという体制が貫徹されるようになったのである。

　中国の官僚は中国でもっともえりぬきの階層であり、多くの特権をもって民衆に君臨していた。新陳代謝はあったとはいえ、各地の名族がこれを占め、大地主でなければここへはいりこむ隙はなく、豪商が若干これに加わり、やがて経済的な支配勢力を形成した。官場《かんじょう》といわれた官僚社会は、互いに牽制し合い、互いにかばい合い、結局は自分らの身分と利益とを維持しようとする習性が強く、そのままでは硬直しがちであった。

　清朝政府は人材の抜擢《ばってき》に困難すると新機構をもってこれにとり替えたが、機構を増すだけで屋上に屋を架すことをくり返して、清末にはほとんど動きのとれないくらい、この組織の弱点を暴露するようになった。中国の官僚組織は、指導者が有力であるばあいは、その力が末端までもつれずに伝達して、一種の壮大な美しささえ見せる働きをしたが、いったん硬直すると、どの部分でも渋滞や挫折をおこしやすい典型的な専制政治の構造であった。

北京近郊通州の茶商と猫売り

都市と農村

農耕地域の社会生活は、中国ばかりでなく、どこでも、都市と農村の対比から多くの問題が抽出されるもののようにいっぱんに考えられている。なぜなら、この両者は衣食住など、それぞれの生活をささえる諸条件がもっともはっきり異なっており、これがかなり永続して特徴づけられるからであろう。そのような生活の特徴は、諸条件の組み合わせと、ながい積み重ねから成立したもので、都市にはそれぞれの顔があり、農村にもそれぞれの顔があった。

中国の大都市は、流通経済が発展した近世になると、多くその周辺にいくつかの衛星都市を連ねるようになり、いずれも一日行程ぐらいの距離をもって経済圏をつくって、都市と農村との相互の交流結節点をなした。中国でも、都市が豊かで農村が貧しいという傾向は古くからあったが、かならずしも都市が農村を吸収するような体制にはなっていなかった。

中国の都市は農村的だったといったが、都市として未成熟だというのでも、工業化がおくれていたというのでもなく、生活のリズムが農村と同様だったという意味であり、農村の共同体的な生活の基調が都市にも普遍的であり、そのうえギルド的な規制がこの共同体的な生活をささえていたからである。中国の都市は自由を生まなかった、中国の都市は市民を成長させなかったとは城壁に囲まれた景観からヨーロッパ人から吐かれる言葉であったが、ヨーロッパのように勝利を歌い上げる市民、時代はわれらのものだという市民はいなかったが、忍耐強く、独立の自覚を切り拓いていった市民は、都市だけでなく農村にも数多く発生していたし、またこれが成長する基盤もあったのである。

中国の都市がいつも文化や経済で農村をリードし、繁栄は都市に集中するという傾向はかならずしもいちがいに決定的ではなかった。農村にも蓄積があり、文化があり、人材も多かった。これは都市も農村もいちように官僚に吸収され、中央政府に吸い上げられる体制が貫徹していたからで、その圧力の下では、同じ方向へ顔を向け、同じ要素を発生させたのであった。たとえば、ヨーロッパの近代国家が外に植民地をつくり、その犠牲で発展したとき、植民地はどこも同じ様相を呈したように、外の植民地にかえるに内の民衆の犠牲で官僚国家が発展したばあい、都市も農村も同じ様相を呈したといったならば、あるいは事実に近いかもしれない。

中国は植民地をつくって他民族から収奪することはなかったが、自分の中にこれに代わる階層をつくっていた。いかめしく城壁に囲まれ、繁華な街路や豪奢《ごうしゃ》な商家をつらねた都市も、封建領主の装飾にすぎなかったヨーロッパの中世都市と、この中国都市は性格を同じくしていた。しかし農奴がひしめき、誅求《ちゅうきゅう》にあえぐヨーロッパの中世農村と同じく、中国農村も強大な地主支配にしばられていた。

三　文化の特色

文化の伝統

民族のもつ文化は、一朝一夕に成るものではなく、ながい伝統を背景にした多くの積み重ねを必要とする。中国史で清代の文化を考えるとき、清代を特色づける分野も数多いが、それも忽然《こつぜん》と発生したものは少なく、過去の流れをくみ時代の要求に応じ、多くの人の努力と磨きぬかれた思索や技術の所産だったことに思い当たるのである。

ではその流れを代表するものはなんであったろうか。なにがもっとも多くの人の肯定のもとに伝統の基礎になっていたのであろうか。これを儒教《じゅきょう》の倫理観と見ることもできる。また道教的《どうきょう》な長生富貴の人生観と見ることもできる。あるいは科挙《かきょ》に集中する立身出世主義か、現世的な保身明哲か。中国文化の伝統の髄となったのはなにで代表したらよいであろうか。

かつて中国大陸の南北を、湿潤《しつじゅん》と乾燥の二つの風土に分けて多くの特色をこれで説明しようとすることが流行した。民族間の抗争も思想の硬軟もみなこれで説明できるとした。動物図鑑をくりひろげたようなもので説明はわかるが、生態ははっきりしない。生きた民族の文化は流動的であり、その伝統は固定したものではなかった。たとえば、きわめて現実的な合理性が強く貫かれているかと思えば、また夢幻的なロマン性が絶えずこれにつきまとってお り、専制政治に見合う権威主義がとめどもなく上昇するかと思えば、ひとりの人間もむだな人間はいないのだという人間主義が根強くはびこっていく。その間を円転滑脱に生きてゆく生命力そのものが伝統の力になっているかにみえる。

一辺倒《いっぺんとう》という言葉がはやったとき、中国は両辺倒だといった人がいるが、これは中国人の生き方と伝統の運営をいったものであった。それではその両辺とはなになのであろうか。いつも首鼠《しゅそ》両端を持して妥協がその本領だったのであろうか。実はなにを両辺としてとらえるか、その幅員がたいへんせまく、互いに手の届かないところへ追いやってしまわないところが基準なので、妥協ではなく協調の道があった。だからいったん手の届かないところへ離れてしまうと、頑強《がんきょう》に正気《せいき》の歌を唱い上げ、原則を固執して動かなくなる。両辺を射程距離におくのは、そのながい共同体の生活から生まれた知恵であり、家族や氏族のような血縁、村落や郷土のような地縁、同業や同役のような職縁、すべてその結合の上で処理する習慣が、過熱しない習癖、闘争より説得を選ぶ方法を決定的にしていた。

儒教思想の固定

中国思想の主流と考えられている儒教は、どのような支配にも奉仕できる内容をもち、秩序の維持と人倫の高揚を主眼としてきたが、これを体系づける儒学はしばしば時代によってその特色を変えていた。清代では一般に考証学とよばれる古典の正確な理解を追求することが中心になっていたとされる。もちろんこれ以外にも、儒教古典の拡大解釈や文字学の新見解がなかったわけではないが、考証学を通じて儒教に主張を与え、これが政治や社会の指針となるような動きは出てこなかった。清末の改革思想が公《く》羊《よう》学からおこったといっても、むしろ改革も儒教の許容するところだというほうが正しく、儒教が原動力であったとはかならずしもいえない。考証学の気風が主張を消滅させていたとも、さらに強力な統治が政治に関する発言を圧殺していたともいえる。

天壇における皇帝の礼拝

　儒教が国家統治の理念とされてから、修身《しゅうしん》・斉家《せいか》・治《ち》国《こく》・平天下《へいてんか》と個人道徳の積み重ねが社会秩序の基礎で、外敵・内乱・水害・飢《き》饉《きん》などに国家として対策が講ぜられるほかは、多く民間の施設や善意によって社会生活が維持され、儒教はこの方向を支持していた。

　儒教が仏教思想を摂取することは過去にもたびたび

見られたが、清代にも当然この方向で取り入れられた。仏教には個人がなにものかへ没入する数々の美徳が説かれているからである。かつて異民族への抵抗を主軸に大義名分を樹立した儒学も、今は満州朝廷への忠誠、当時の秩序こそ大義として、なんの疑いもおこさなくなっていた。個人の責任が強調されて組織の責任が種々の名目の中に埋没していたのである。儒教の徳目は、旗幟《はたじるし》になって、これがやかましく述べたてられるだけで、実際の規制力を失っていた。

思想はこれを構成する学問的な研究だけで生命をもつものでもなく、これを信奉する実務的な行動だけで活発となるものでもない。研究が行動の指針とならない思想は、思索かまたはその準備であり、行動が教条を固執し、客観性をもたない思想は、枯渇したものか盲信といったもので、清代の儒教はその様相をしだいに強めていた。それはその昔、唐代の儒教にも見られた傾向であるが、清代はなまじ考証学が流行したから、文運の隆盛を示しており、動員された学者の数も、研究成果の量もきわめて多かった。しかし、思想自体は風をおこし波をよぶの趣を失い、政治の安定を裏書きする固定したものであった。

道教思想の瀰漫

儒教が官僚をささえる思想で、道教が民衆をささえる思想だとは一般に信ぜられているが、そのように、階層によって思想が分化することは、民族や人種によって宗教が異なるのとは意味がちがうのである。生活に根ざした考え方の違いや、最後によりどころとする信条

筮占術師

の違いが、体系を異にしてしまうので、これで自分たちを主張しようという主義には上昇してこない。ヒンドゥー教とイスラム教のような悲劇がおこらないかわりに、互いに無縁の世界を形づくっていた。しかし儒教で統治者が要求する倫理は固定していても、民衆が要求する倫理は流動的であった。すなわち農民には農業倫理があり、商人には商業倫理があり、これを統合して民衆の願望を目標に、農作や繁昌《はんじょう》、富貴や長寿のための善行を奨励する形をとったが、これを推進する道はしばしば変化した。

かつて、神秘的な呪術や薬石、護符や祈禱に狂奔したものが、明代あたりから個人の行動の功罪を数値に換算し、その積算によって禍福がもたらされるという、計数的な考えが強くなってきた。その数を表にしたものを功過《こうか》格《かく》といい、これが的中した実例を記録したものを陰隲録《いんじつろく》といい、これが流布して教化の役割を果たし、さらに社会の習気を形成するようになった。その記録の中には数多く善行によって科挙に合格した話が残されているので、官僚も社会生活ではこれに染まっていたとみられよう。

計数が倫理を規定するのも流通経済の発達によるも

白雲観（道教の寺）のまつり

のであろうし、これより先に商業における信用が定着しつつあったことも想像される。ながい商業活動が信頼の上に成り立つことを経験し、信頼が利益につながることを体得したが故に、儒教でいう顔回《がんかい》のような聖人が死に、盗跖《とうせき》のような悪人が天寿を全うしたという天道是か非かといった懐疑は、いっこうに湧《わ》いてこなかった。

　道教として総括される以上のような俗間信仰は、清代においてなお活発に生きており、儒廟や仏寺が式典用に供せられるようになったのに対し、道観《どうかん》は四時香煙が絶えず、都会でも農村でも民衆を吸引していた。表面は福禄寿《ふくろくじゅ》にあこがれる者への福音ではあったが、もし救世主を求めるならここよりほかはないといったほどの底力をもつようになった。いわば儒教が官僚仲間の間にひきこもると、それ以外のところへ浸透する広がりがあり、権力とも結びつけば、どん底のものとも結びつく粘着力もあった。

学術の盛大

　清代は、学術の各分野にわたって、学者の数もその業績の量も、前後に比類のないほど大きなものがあった。が、これを一言でつくせば、多くは伝統の学であって、その枠をこえた、たとえば外来の学といったものには受容と消化に見るべきものはなかった。元来周辺文化を蔑視してきた癖があって、前代にはいってきた機械文明についても、その精度よりも装飾に力を入れ、応用よりも観賞の具としてしまった。ただ伝統的な経学《けいがく》や史学にはすぐれた著作が相つぎ、壮観ともいえる盛大さであった。これは異民族統治に対する反発の勢力を学術に投入させて批判の口をふさぐ政策によったものとされているが、その意図の有無にかかわらず、学者すなわち官僚といった組織では、行政能力よりも高く評価される研究能力に、当然努力が集中していったものといえる。

　経学は中国哲学であるが、明代に実践を主張するふうが強かったのが、実践を異民族に預けてしまったように、古典の正確な把握に熱情を傾け、文字学や校訂学の発達を促した。しかし、かつては古典の字句の解釈に自分の生きている意義まで賭けて争うような激しさのあった哲学への没入はみられなくなった。正確を尊ぶことは近代精神の支柱ではあるが、機械や計数に対してでなく、古典への忠誠に終始してしまったことは浸透度を弱めてしまった。

　このことは史学についてもいえる。前代に時代的な流転の把握までできていたのに、史料に正確を求めて発展的な機縁をとらえることにおろそかであった。清代は、領土は拡大し、人口も増大したが、これは王朝謳歌に終わって、自らが発展を経験し、成功を味わう機会をだれもたなかったから、歴史を流転と見ても発展とはとれなかったこともあろう。が、道義を高揚しようという官僚の意識が、ここにも史学の停滞をもたらしていた。

清朝政府は学者を動員して多くの図書編纂事業をおこし、大部の辞書・類書などを刊行して文運盛大の基礎をつくったが、これは、政府指導力の強さをも誇示して、個人の力の弱小を思い知らせる役割をも果たしたようである。したがって、自然科学のような新しい分野の開拓を待っている学術はいっこうにひらかれず、天文や医学などが伝統を守っているだけであった。ときにはすぐれた人材が現れることがあっても、これを継承し発達させる道はなく、泡沫《ほうまつ》のように消え去った。学術は不平均のまま平衡を保っているという、封建社会の特色を示し、学者はほとんど官僚として組織に組みこまれ、自分の専門を職業とする場もなかったといえる。

華麗な文芸

儒学で明代に陽明学《ようめいがく》がおこったような主張が清代に現れなかったのは、学問の培養土である社会に、清代は新しい活力が付加されなかったからだともいえる。このことは文学や美術などについても同様で、前代を踏襲して、さらに華麗さを増したのが実情であった。小説や戯曲の大作は読書界をにぎわし、詩文は高貴の度を加えたが、それらは、官僚貴族こそが理想世界であるという風潮を反映しており、絵画や音楽、建築や彫刻、または陶磁器から服飾まで、すべてこの方向に歩みをそろえ、豪華さは増したが、新しい形式はほとんど起こらなかった。

北京郊外の離宮頤和園《いわえん》に築かれた洋風建築も、乾隆《けんりゅう》帝に仕え、異国的な華やかさで宮廷を飾ったイタリア人カスティリォーネ（郎世寧《ろうせいねい》）の絵画も、中国に定着し、中国文化にとけこむことにはならなかった。各種の時計が精巧な玩具となり、ガラス器が香料容器ばかりにその妍《けん》を競い、ヨーロッパからはいってきた文物はみな宮廷的な装飾になり終わった。かってキリスト教ですら、それが宮廷の愛玩《あいがん》となった間はぶじであったが、自分を主張し始めるとともにその存続が困難になったことを思えば、専制支配というものが、吸収するが放出しない運動をくり返して、社会に対流をおこさせなかった情景が見られるようである。ことに、美術や音楽のような特定の保護者を必要とする営みは、もっとも宮廷に密着して、伝統の形式から逸脱《いつだつ》することは困難だったのである。

乾隆時計

しかし、庶民文化が不毛だったわけではない。演劇や舞踊を中心に、民衆の熱気を映し出す文化はひきつづき盛んで、かつその規模もだいたい大きくなっていった。これは流通経済の発展とともに広がり、華僑《かきょう》の進出とともに海外にまで出ていくようになった。また、これに伴って手工芸も、繊維品や金属器の生産は、地域差はあるにせよ、増大していった。世界に、これが中国だと紹介されたのは、まずこのような民衆のつくり出す雑器であったことは忘れられない事実である。

これらは、清代にとくにつくられたというものではなく、みな古い手すさびであり、中には石器時代そのままのような形をとったものさえあって、これを守り、これを使いつづけてきた生活の息のながさを見せつけているが、これは、廃絶することのなかった民族の脈搏を伝えているといえる。

第一章　明清交替の背景

一　華夷変態

唐船の風説

島国の日本では、国外の情報伝達が少なかったせいもあって、異常なほどその収集には熱心だったようである。もちろん鎖国時代では、それは当局以外にはまったく秘密にされていたが、江戸幕府はよくこれを記録していた。ことにその初期、中国で政権が交替した大事件や、末期に起こったアヘン戦争、太平天国の乱などは、幕府の関心はなみなみでなかった。それは多く、長崎へ来航する中国貿易船やオランダ船からもたらされたものであったが、当時の理解を今日から見ることは、また興味深いことである。まず明王朝に代わって清王朝がおこった当時、江戸の要路の人はどのようにこれを聞いていたのであろうか。

江戸幕府では、一六四四年から一七二四年にいたる八十年間の海外消息を逐次《ちくじ》集成して、儒官林春斎《しゅんさい》とその子鳳岡《ほうこう》に編纂させ、『華夷変態《かいへんたい》』と題して収蔵した。その標題は、夷狄《いてき》が中華を占領した情勢の意で、一六七四年の序文には、明の崇禎帝《すうてい》が自殺し、弘光帝《こうこう》は捕えられ、唐《とう》王魯《ろ》王が南方に残存していても、韃靼《だったん》は中原を占領してしまった。これで中華が夷狄に変ったわけであるが、何分遠い国の話で詳しいことはわからない。『勦闖小説《そうちん》』、『中興偉略《ちゅうこういりゃく》』、『明季遺聞《みんきいぶん》』などを読んで概略が知られるだけであるが、明朝が滅んだのはわが正保年間のことで、もう三十年も経っている。長崎へやってくる福州漳州《しょうしゅう》の商船が伝えた情報で、江戸へ届き、当局に具申した数々は、これを読んだり翻訳したりしたものだが、わが家はこれに関与していなかった。その草案は反故《ほご》の山になってなくなってしまうかもしれないので、年代順に編集して、『華夷変態』と名付けた。近頃呉三桂《ごさんけい》や鄭経《ていけい》が各地に檄《げき》をとばし、明朝回復の運動をしているというが、その勝敗はわからない。ともかく中華が夷狄に制せられたことは、たとえ外国の話でも愉快なことである。

といい、李自成《りじせい》の乱、鄭芝龍《ていしりゅう》の請援、魯王の書状などから、三藩の乱、鄭経の活動など檄文や風説を逐次記録している。中国船は福建《ふっけん》・広東《カントン》など南方船が多く、また朝鮮からの風聞も、みな明朝回復に好意的な情報であったが、やがて一六八五年ごろから、事ごとに大清静謐《せいひつ》、大清太平を謳うようになった。

江戸期を通じて、日本では満州を韃靼《だったん》とよんだ。韃靼は元来蒙古の部族名であるが、中国商人が不用意に使った韃靼の名が、そのまま日本で固定してしまった。中国側で虜《りょ》とよんでいるのを、わざわざ韃靼と翻訳しているくらいで、新興の満州に対して、この文字や発音がイメージをつくっていたのであろう。しかし林春斎は尊大な中華が一撃を食ったほうを痛快がっていたのである。

さてこの情報をもたらした中国船は、日本では唐船《からふね》とよび、多く山東・江蘇《こうそ》・浙江《せっこう》・福建・広東の商船で、長崎へ入港した順にその年の一番船二番船といい、十七世紀のはじめには、年に五十隻程度来航していたが、清朝が台湾《たいわん》討伐のため、海禁といって遠洋渡航を禁止したのでしだいに少なくなった。ただ中国では銅銭鋳造のため、日本の産銅を必要としていたので、来航は絶えることがなかった。

唐船　『古今図書集成』より

台湾が平定されると、唐船の来航はまた急激に増加し、一六八七年ごろは百隻をこえ、日本はこれを制限するようになったが、一方、日本産銅も来航船もしだいに減少し、十八世紀にはいると二、三十隻、十九世紀になると数隻を数えるだけになった。

唐船の来航はこのような状態であったが、鎖国の日本から中国へ向かう商船はなかったし、密貿易船はあったとしても、中国側の日本に対する警戒はきびしかった。出航の中国船に対しても国内事情の漏洩《ろうえい》は国禁であり、また、日本の事情をも探査させた。長崎では、渡来した中国船からの情報聴取が規定となっており、これに当たるものは唐通事《からつうじ》で、通事役に任命されると、長崎奉行に誓紙を出して公正を期し、中国の方言に対しても、それぞれ専門家がおかれていた。このような仕事が七十年以上もつづき、しかもその内容が政府間の公文書でなくて、むしろ民間に流伝した風聞であったことは、きわめてまれな例だったといわなければならない。

風説と史実

長崎で収集された海外情報は、この『華夷変態』のほかに、『崎港商説《きこうしょうせつ》』や『通航一覧』や『阿蘭陀風説書《オランダふうせつがき》』など、いくつか編纂されており、あるいは重複し、あるいは前後しているが、多く

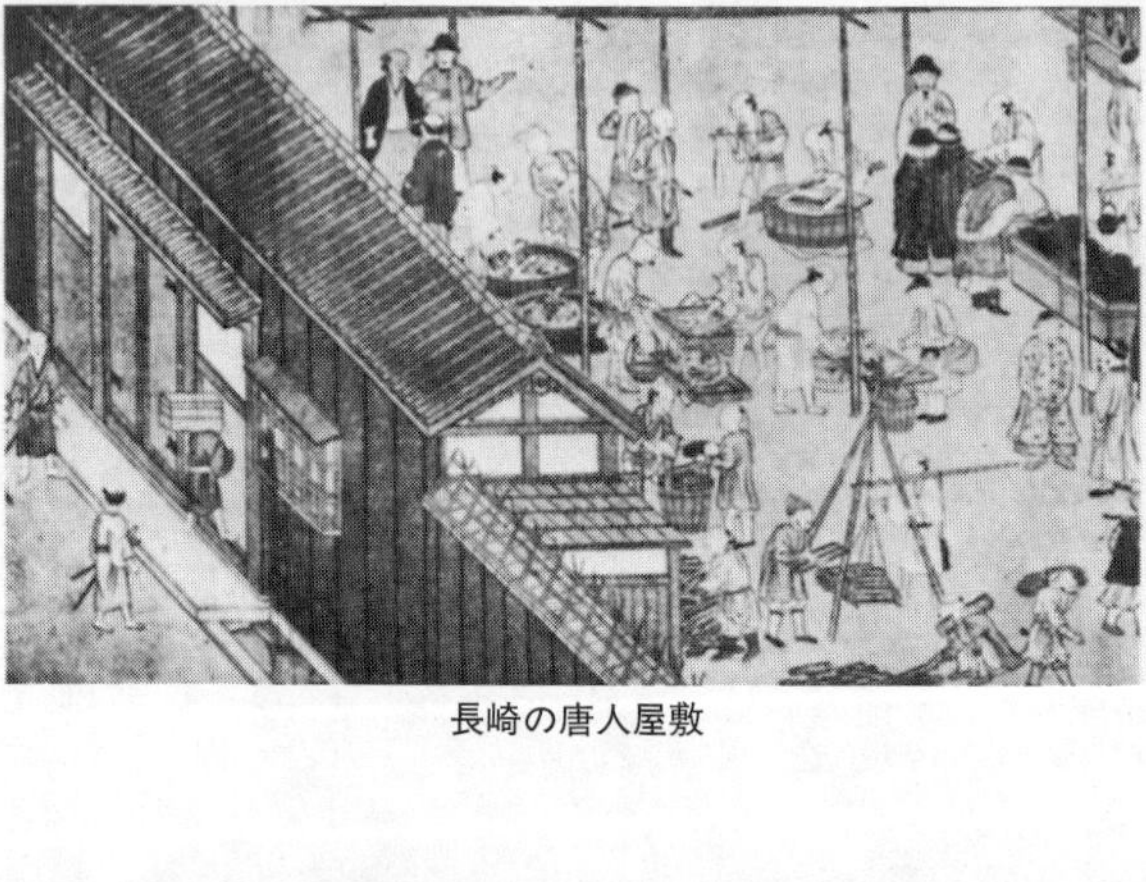

長崎の唐人屋敷

は収蔵されたまま、ながく利用されることはなかった。それは、編年的ではあっても、事が断片的で連続していないことにもよるが、民間の情報への信頼度が低かったためであることは争えない。呉三桂の檄文などは、中国では抹殺されて残っていないが、ここには残されており、明清の間に揺れている民衆の動向の軌跡もたどることができる。しかし従来の歴史はこれを顧みなかった。なるほど『華夷変態』には北京の動静はほとんど伝えられていないし、清朝の強力な統制についても触れられていない。権力の大本の動きを見なければ、国家の行方も社会の傾斜も見きわめられない、とされたのももっともなことである。

民衆は強力な圧制には身をこごめて避けるし、真正面からぶつかれば、それが通りすぎるまでじっと耐える。圧力がなくなれば利のあるところへありのように集まり、大勢の赴くところを先取りしようとする。このような様相は、力によって方向が変えられ、力によって硬軟のからだとなるだけで、社会や民族の進歩のエネルギーにはならなかったように見える。

しかし、この営みの中にも多くの知恵が鍛えられているので、かならずしも支配の動向だけで歴史が刻まれるものとはいえない。踏まれてもつぶされても芽ばえてくる雑草のような活力にこそ、社会はささえられているので、民間の風聞もたあいのない戯言ではなかった。昔、中国の為政者は流行する童謡に世の前兆を認めようとしたが、大げさにいえば、風聞が歴史の原型だったのである。ただこれは、なまのまま読み取るのではなく、いくつかのスクリーンにかけなければならなかった。この手間を厭うために、命令を出し、命令が行われるその跡だけを追いかけるのが普通の歴史観となってしまっている。

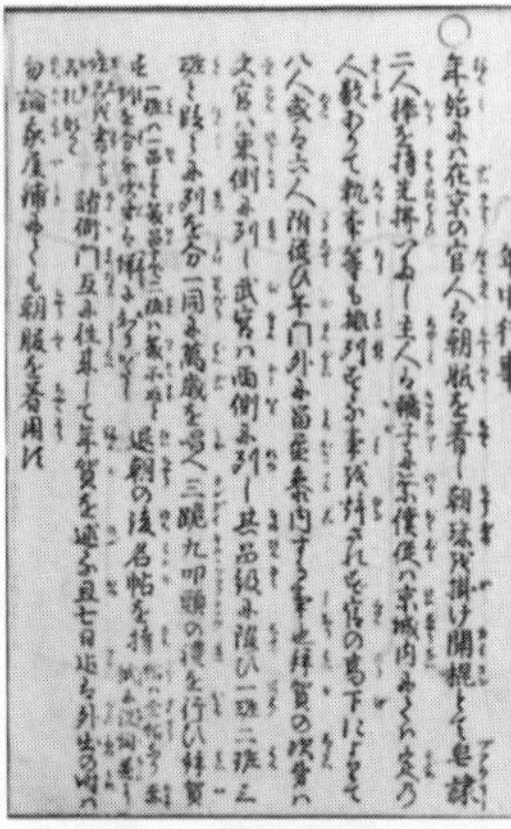
清俗紀聞巻之一

年中行事

『清俗紀聞』

『華夷変態』の伝える風説には、おそらく質問事項からきたものであろうが、かなりのかたよりが見られる。その一つは台湾の鄭氏に関する話題が多いことで、鄭氏が一時、日本との貿易を独占していたこともあるが、日本の関心が深かったことも察することができる。すでに近松の『国性爺《こくせんや》合戦《かっせん》』が生まれる準備であり、また、大阪の柏原屋からは『明《みん》清闘記《しんとうき》』十冊の読み本も出版された。のちに、中国に太平天国《たいへいてんごく》の反乱がおこったとき、日本では、これも明清の合戦として見たほど、日本の民衆の中にすっかり根をおろした中国観となったのも、韃靼《だったん》という異質民族の存在を意識すればであった。異民族の支配ということに拍手したのは一部の権力者だけで、民衆が鄭氏を声援した余熱は、いつまでも続いており、中国自身が忘れたころまでむし返されていたわけであった。

『清俗紀聞』

長崎で記録された風説の内容はともかく、このように摂取しようとした努力は、やがて長崎奉行の手で中国の年中行事、住居、冠婚葬祭などの風俗を図解して刊行する仕事に発展した。これが一七九九年にできた『清俗紀聞』で、奉行の中川忠英《なかがわただひで》は、長崎の画師を中国人の旅館にやって描かせ、十八世紀の江南《こうなん》の風俗をよく採集したものである。これが幕府の官吏によって完成したものとはいえ、序文の一つを中井曽弘が書いているように、大阪の懐徳堂《かいとく》の学風と相応ずるものがあった。懐徳堂は江戸の昌平黌《しょうへいこう》と相対した学問の府で、大阪商人の間に成長した合理的、実用的な学風は、こうして中国を儒学の祖国、文教の故郷の座からはじめて人間の住む国へ据え直した書物を生み出したのである。懐徳堂では受講生の身分の相違による席の区別もなく、古今、人に上下なしといったふうであったという。『清俗紀聞』の編纂には、若い日の近藤重蔵も参加しており、相手となった中国の商人も、通訳に当たった通事たちも、当時のもっともすぐれた連中であった。

実は、十八世紀とは、そのような気運が世界的に共通した時代であった。ヨーロッパではイエズス会の宣教師を多数中国へ送りこんでいたが、これらの宣教師が本国へ送った報告はきわめて多く、いわば長崎での風説と同じく断片的であった。この中から中国に関する報告を集め、事項別に集大成して、はじめて中国事情を正確にして刊行したのはフランスのデュ・アルドで、その『中国全誌』は一七三九年に出ている。デュ・アルドもイエズス会に属していたが、中国を訪れたことはなかった。

『中国全誌』は、伝道や信仰の問題を離れて中国の文化や社会をとらえ、ヨーロッパ諸国もこれを珍重して、多くの版を重ねた。まさに実用的な中国知識のはじめての紹介であった。雑然とした知識が一つの方向をもつこと、それが正確で合理的であること、これをつくった人が幕吏であれ、イエズス会士であれ、すでにこれを要求するものがあったのである。

『清俗紀聞』のばあい、林子平《はやししへい》の『海国兵談《かいこくへいだん》』が処罰されたくらいであったから、なおはばかるところもあったのであろう。幕府の儒官の序文をも合わせ載せて防壁としている。果たして林大学頭《だいがくのかみ》の序では、今日の清国は先王の礼儀はすたれ、弁髪を結《ゆ》い、夷狄の風に化しているので、これを昔の中国のように風雅と見てはならぬ、といった意味が述べられている。今日の中国のものを舶来《はくらい》といって賞玩するのは苦々しいことだ、というのである。しかし事実は、食品や雑貨類をはじめ中国の文物は、民間へ滔々《とうとう》と流れこんでいた。

長崎の唐貿易　中国品の輸入

庶民の時代

ヨーロッパでは、十八世紀に各国の市民層（ブルジョアジー）が有力となり、やがて市民革命を経て指導的な役割をつとめるようになったが、アジア諸国では旧制度が強固で、指導者の交替はおこらなかった。しかし、自由と進歩の気風はしだいに盛んとなり、その気風は、商業の活発や財力の蓄積から奢侈《しゃし》とか遊戯に発散されて、しばしば旧勢力から改革の圧力を受けた。いわばその方向は社会のたがのゆるんだものと考えられたわけである。日本では、安土桃山期の華麗な文化はこの気風に乗ったものであり、江戸期にはいってもさらにこれは強くなり、幕府の圧力によって、この気風はむしろめだたずに広まったようである。そしてこれは中国も同様で、明末に高まった市民文化はそのまま清代に受けつがれ、はげしい弾圧の下に生きのびようとしていた。

華夷変態の背景は、このような民衆の生活からあふれてくるものに、日本も中国もほぼ時を同じゅうして熱っぽいものがあり、幕府が替わろうが、王朝が替わろうが、一貫して一つの時代をつくりつつあったという事実である。

江戸幕府と清朝政府とは、一般に封建制の再編成といって、いったん崩れかかった旧制度をもち直したものとされている。まさに制度的にはそのとおりであった。その制度に従って運営される政治は、なにを推進すべきかよりも、なにを抑圧すべきかに重点をおかなければならなかった。それは、いつも支配の座が不安だったからで、ことに中国では異民族の支配だったから、きわめて強い権威で固めなければならなかった。権威の誇示は、権威をもつものを少数に限定することでたやすく成就する。専制政治とは、独裁者がひとりできりまわすことでなく、このような事情で盛り上げ守りつづけた体制であった。

政治のあとを綴って歴史を記述すると、多く見落としがちになるが、民衆、ことに商工業者が社会での重さを増し、流行や趣味を牽引したばかりでなく、思想や文学などへ大きな刺激を与えたことは、十八世紀の世界的現象であり、中国も日本もその例外ではなかった。王朝が交替し、幕府首脳が替わっても、その勢いはやまなかった。ただ、ヨーロッパ諸国の多くでこの階層が勝利を誇り、事実、政治から経済までを握ったような経過はたどらなかった。いや、西ヨーロッパのいくつかの国を除けば、世界の多くの地域では、このような専制政治の下で、自分の力を知らず、これをもてあましている民衆がひしめいていたのである。

二　満州族の台頭と明朝の崩壊

台頭の要因

中国史に、しばしば北方民族が南下して中国の農耕地帯を征服した事実がくり返されている。その人口は少なく、生産はさらに少ない地域の民族が、広大で人口も多い町や農村を占領しえたことは、一つにその軍事力により、その軍隊の機動性の優越したことによると考えられている。旧式軍隊でもっとも有効な攻撃力は騎馬軍団の駆使であり、その疾風迅雷《しっぷうじんらい》の行動は農耕民に迷信的な恐怖さえ与えていた。

しかし、中国に強固な軍団を組織する能力があればこれを撃退し、逆に征討することもできたことは、古来幾度かの実例がこれを示している。中国国内の勢力が分裂し統制がとれなくなると、これを察知して亀裂に浸透するように侵入してきたというほうが事実に近いし、また異民族の軍事力を利用して対立者を倒そうとする中国の有力者もいつも存在していた。遊牧では、北方民族は、軍隊の機動性と同様、情報の機動性もすぐれていたのであろうか。遊牧や狩猟の生活は移動性に富み、孤立しがちであったため、情報への反応や判断が敏速になったことは想像できる。が、とくに組織的に情報伝達に習熟したとはいえない。権力が集中すればそれに応じて遠距離の報道交換も円滑になったが、中国国内の情報網に比べれば、やはりはるかに疎漏であった。ただ、山積する報告からなにを選択し、なにを行動にうつすかについては、一般に北方民族のほうが的確であった。それは、その生活が単純で、いつも決断を要する事態が多かったからであろう。武器が優秀であるとか、騎馬戦に巧みであるとかが決定的な要素になる時代ではなかった。十七世紀には銃火器が中国にもはいってきたが、これがヨーロッパのように封建制をゆさぶり、支配権に交替をもたらすような効力はもたなかった。

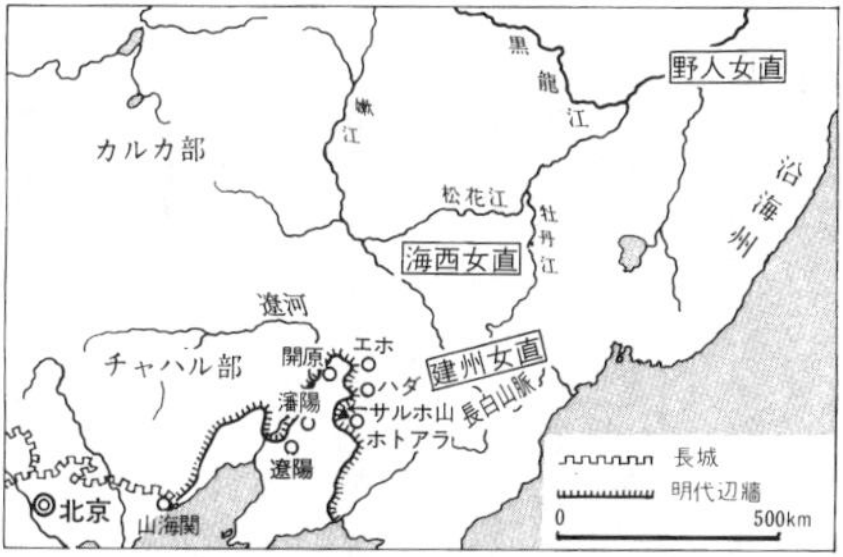

清朝勃興期の満州の形勢

満州族の軍事力がとくに強大だったということはない。古来、女真《じょしん》人の武力は定評があったが、中国の明軍を圧倒する実力はなかったようである。その背景の生産力も人口も、その伝統文化も、中国とは比較にならなかった。そのうえ、明軍から砲火の洗礼も受けたのであった。しかし、民族的な団結の強さや新興の意気ごみが多くの機会を作り出し、多くの困難をのりきらせたといえる。

満州族の消長

今日の中国で、東北とよばれる満州の地域には、古来、粛慎《しゅくしん》・濊貊《わいばく》・夫余《ふよ》・挹婁《ゆうろう》・勿吉《もっきつ》などとよばれる部族がいたことが記録に見られるが、ここに強力な国家組織を作り上げたのは、五世紀ごろの高句麗《こうくり》であった。

高句麗は北方の勿吉のあとにおこった靺鞨《まっかつ》の侵入を防ぐため長城を築き、朝鮮半島の北部から満州の東南部を占め、隋の三回にわたる攻撃を退けて強盛をきわめた。七世紀に高句麗は唐と新羅《しらぎ》との連合軍に滅ぼされ、ここに高句麗の復興をめざした渤海《ぼっかい》国がおこり、すぐれた文化を生んだ。十世紀に西方から契丹《きったん》族の遼《りょう》が侵攻してくると、これに滅ぼされ、その地の遺民は女真とよばれた。十二世紀にこの女真人は金《きん》を建国し、遼を滅ぼし、中国に進入して北宋の王朝を倒して強大となったが、十三世紀に蒙古が勃興すると、これに滅ぼされてしまった。

明は満州の地から蒙古勢力を追放すると、ここに駐屯軍をおいて女真人を統治したが、十五世紀にはその力は衰え、女真は建州、海西、野人の三部に大別され、明とは対立状態となった。このうち建州女真が有力で、やがてこれが清朝を建てるのであるが、かつての高句麗や渤海のように、満州の地に本拠をおいて独自の社会と文化とを建てようとはしなかった。すでに蒙古も女真も契丹も中華を占領し、中華の主人になったのだから、勢力を増せば、当然のように中国へ顔を向けたが、これはただ女真や蒙古に倣《なら》ったというものではないであろう。唐代のように、中華を中心として、これに朝貢する衛星国家が周辺に整然と羅列する形をとらず、中華を占領して主権の座につこうとしたことを、従来はただ力の多少によって説明することが歴史家の常であった。匈奴や鮮卑よりも契丹が、契丹より女真が、女真より蒙古や満州が強かったからだというのである。が、それよりも、漢民族を優越者とするような考えが薄れてきていたからであろう。

蒙古が中国文化をわざと軽蔑したのもそれであり、中華が自分らを夷狄とよべば、自分らは漢人を夷狄とよんではばからなかったのもそれである。満州族はその昔、高句麗や渤海の文化を背負っており、また、漠北の自尊をも忘れていなかった。この二つの伝統がのちの清朝を貫いていくことになるようである。

北京入城

満州の名は清朝が建国してのちに使われ出したので、それは、従来の女真の名が中国人にとって侵略者とされていることから、中国に対する思惑《おもわく》があったのだろうとされている。そしてその由来は、同地方にひろがっていた文殊《もんじゅ》信仰にもとづき、人名や部落名にも満住《まんじゅ》などとよんだのによるものだといっぱんに信ぜられている。今の撫順《ぶじゅん》の東方に、この満住を名のった一首長がいたが、これがのちに清の太祖となったアイシンギョロ・ヌルハチであった。かれは、明の万暦《ばんれき》帝が送った征討軍に

ヌルハチ（1559〜1626）

ヌルハチの墓

よって父や兄弟を失ったが、独立して近隣の諸部落を統一し、表面は明に好《よし》みを通じ、さらに周辺の女真族へ勢力を伸ばした。女真は蒙古と連合して襲撃してきたが、これを破って、十七世紀のはじめには、ほとんど女真を統一した。

ヌルハチは一六一六年、国号を後金《こうきん》、年号を天《てん》命《めい》と定めて帝位につき、明に対して七大恨を訴え、公然と挑戦した。明廷は、かねて他の女真を助けて新興部族の抑圧を企図していたが、ついに大軍を派遣していっきょに打破しようと、十万の軍兵を四路に分けて進撃させた。これをサルフ山に迎えたヌルハチは、大勝利を得、遼東の平野へ進出して遼陽《りょうよう》を都とし、ついで瀋陽《しんよう》に都を定めた。

ヌルハチは、ここから遼西を攻めたが、遼遠を守っていた明軍の砲火を浴びて退き、転進して東蒙古にはいり、六十七歳で病死した。すでに満州軍は八旗《はっき》の軍制を創設し、満州文字をつくり、意気軒昂《けんこう》たるものがあったが、まだ軍事政権であって、これに見合う貴族政治が行われていた。ヌルハチの死後、その後継者には、サルフの戦いで功のあったその末子ホンタイジが推薦された。

当時満州の関心は、南の朝鮮、南西の明、北西の蒙古の三者であり、最終目標はやはり明であったから、まず朝鮮を徹底的に服属させる必要があった。朝鮮は明に好意を寄せ、満州とはなじまなかったので、明軍を導入したのを機会にこれを討ち、蒙古に対しては、外交と軍事の両面からこれを手なずけていった。

ホンタイジは、蒙古のチャハルを討ったとき、元朝に伝わった中国の伝国《でんこく》の璽《じ》を入手し、一六三六年、国号を後金から清と改め、年号も天聡《てんそう》から崇徳《すうとく》と改め、正式に皇帝の座についた。そこでふたたび朝鮮を討ち、漢城（現・ソウル）を陥れてこれをまったく臣属させ、朝鮮はその証拠に、三田渡《さんでんと》に清の功徳碑《くどくひ》をたてた。明に対してもしばしば侵入したが、山海関《さんかいかん》の守りが固く、これを避けて東蒙古を迂回する進攻も進捗しないうちに、ホンタイジは五十一歳で没した。

かれは相つぐ戦争の間にも、行政面の諸制度を制定し、国家形成の基礎的な仕事を進めたが、これが漢人の手をかりたものでなかったことは、皇帝を助けて行政に当たる満州人に、伝統的な能力のあったことを示している。

清太宗ホンタイジ
(1592〜1643)

このことは皇太子もまだ決まっていなかったが、王族の会議でホンタイジの第九子福臨《ふくりん》が五歳で第三代の順治《じゅんち》帝となった経緯にも現れており、幼帝をたてて同族間の力の解決を先へのばし、事実で決定していこうという知恵も合理的であった。順治帝には叔父のドルゴンと父の従兄ジルガランが輔政《ほせい》となり、ドルゴンは外征に、ジルガランは内政に、民族と自分との運命を賭けた。ところがドルゴンの出発と時を同じゅうして、明朝は農民反乱軍の北京攻略によって崩壊し、山海関を守っていた明の将軍呉《ご》三桂《さんけい》は清軍に降って、北京を占領していた李《り》自成《じせい》を破り、順治帝は北京無血入城の幸運をつかんだのであった。これでドルゴンは皇父《こうふ》摂政王《せっせいおう》とよばれ、その専制が確立、明朝の残存勢力の掃討に全力をあげ、内政は明朝の方式をそのまま踏襲する方針をとった。

初期の満州政権

一つの政権が成熟し、動き出した初期の緊張は、いつも政権末期の弛緩《しかん》と対比される。そして、その緊張はまた、賞賛をもって回顧され、ことに軍事行動の間の厳格な規律や行政面の信賞必罰は、新政権への信頼につながるものと、簡単にその効用だけが取り上げられがちである。しかし、その実態はどうであったろうか。厳格と冷酷とは紙一重であり、指導者の公人としての指揮、私人としての利害はきわめて微妙であった。漢の高祖や明の洪武《こうぶ》帝が創業の主として冷酷の評を得たのは、その人がらがそうであったのか、初期の緊張が然らしめたのか。そもそも緊張というものは、厳格で非情なものにするのであろうか。

満州政権も、成立の当初、旧式な部族首長の権力が急激に拡大したことから、多くの困難をかかえていた。ことに王族の多くは強力となった自分にとまどっており、その力の使い方も知らなかった。太祖ヌルハチに上奏した部下の進言のなかに、太祖が自ら目的としなかったのに、満州に広大な領土を獲得したのは天が与えたものであり、これをさらに拡大していくには、信賞必罰、漢人の駆使、占領地の温存、蒙古への注意の四策を説いてあった。太宗ホンタイジはよくこれを実行した。自分より年長の王族が多かったかれは、一族をも容赦しなかったし、帰属した漢人や蒙古人の登用も怠らなかった。中国風の六部《りくぶ》の官庁をつくらせたし、蒙古八旗をもつくらせ、さらに漢軍八旗までつくって満漢蒙の統一体への基礎を固めた。

このばあい、満州政権のその後の推移を見て、これに好意をもてば、初期の清潔で剛毅《ごうき》なイメージを抱くであろうし、これに好意をもてなければ、粗雑で野蛮な影を見つけることであろう。また、この間の事情をかつての蒙古政権や契丹《きったん》政権と比較しようとしても、それぞれのその後の推移が決定的な要素となって、かならずしも正確な評価を下しえない。ただいえることは、歴史を個人に集約していくと厳格は冷酷と映ることが多く、クロムウェルなどの人物観ができ、集団としてとらえると紀綱の張った果敢な行動と思われることが多く、フランス革命初期の軍隊などの印象ができあがる。満州族の指導者に放恣《ほうし》な人物が少なく、多くは常識的であったから、いっぱんには集団的にとらえる癖がついているようである。

明朝の崩壊

明朝が蒙古を逐《お》い、漢民族の中華を回復してから二世紀半、この王朝にも多くの困難が蓄積してきた。北虜南倭《ほくりょなんわ》といわれた外患、宦官《かんがん》や党人による内憂、これが明代の大きな問題だったようにいわれるが、それでも明代の社会は豊亨予大《ほうこうよだい》とよばれる繁栄をつづけていた。

豊亨予大とは、君徳が盛んで、世の中が昌平なのをいう古い言葉であるが、嘉靖《かせい》・万暦《ばんれき》のころは、好んでこの言葉で世の繁昌を謳歌した。

してみると、北虜南倭とは王朝の困難であって、社会の困難ではなかった。が、どの王朝にしても農民の租税に依存していた事実から、その困難はすぐ農民に転嫁され、農民の負担は下へ下へと転嫁されていくのが常であった。したがって、豊亨予大の社会をささえているのは小農民の負担だったという事実は蔽《おお》いえないところであった。

したがって明代にも各王朝の治下と同じく、しばしば農民の暴動がおこっており、それは、剃っても剃っても生えてくる毛のようだといわれた。

実は、十四、五世紀ごろは、世界的にきわめて農民暴動の多い時代であり、日本でも土一《つちいっ》揆《き》や国一揆などが有名であるが、これらに共通した事情が明代には加重されていたことは明らかである。中国に歴代見られた農民の騒動に、この時代にはさらに新しい情景が見られたわけである。すなわち農民に加わる圧力が、統治者の権力だけでなく、流通経済の発展から商工業者も農民への圧力となってきたことで、これは世界的な現象であった。そして農民側にもただ盲目的な騒動に終始するのではなく、ある主張を自分らの力でもつものが出てきた。それまでのように野心家にだけ利用されるのではなく、自分らでなにかを求める声が出てくるようになった。

しかし前例のない新しい動きは、中国のようにながく踏み固めてきた土壌では育ちにくく、いつもなにかモデルによって行動し、モデルをかたどって造営するのが普通であった。

明代の、農民騒動でも多くは、いざとなると野心家が利用し、いったん時流にのれば専制支配の組織をつくる、といった動きのほうが多かったのも事実である。満州族が北辺に迫り、明朝は精兵をすべて山海関の守備に投じていたが、長城内が静穏だったわけではなく、四《し》川《せん》・河南《かなん》・湖北《こほく》・陝西《せんせい》と、流賊といわれた潮流は勢いを鋭くしていた。闖王《ちんおう》を称した李自成《りじせい》は、一六四三年には西安を根拠地とし、翌年正月には皇帝を名のり、国を大順《たいじゅん》、年号を永《えい》昌《しょう》とうたって北京へ向かい、三月北京を陥れて明の崇禎《すうてい》帝を自殺に追いやった。

崇禎帝は、北から満州族がたびたび侵入し、国内の各地に反乱が続出するのにあせって、厳罰主義で臨み、これで紀綱を張ろうとしたが、それは衰弱した病人に劇薬を用いるようなものであった。この皇帝は崩壊していく自分らの組織を見つめていたので、「地下で祖宗にまみえる顔がない、髪で顔をかくして死のう、自分のからだは賊の手で八つ裂きにされようと、百姓は一人たりとも傷つけるな」という最後の言葉を遺さざるをえなかった。

李自成（1606～1645）

李自成と明の宮廷人

李自成が北京へはいると、崇禎帝を見殺しにしたような明の宮廷官僚は李自成を皇帝に推戴し、この大順王朝がわずか四十日でドルゴンに率いられた清軍に駆逐されると、宮廷官僚はまた喪服をまとって満州軍を北京に迎え入れた。かつて北方から異民族が侵入したときは、まず皇族や貴族が逃亡し、ついで大官や富豪が移動し、どこへも動けない市民や農民が残ったのだが、各地が不穏で身を寄せる所のない明朝は北京で消滅し、宮廷官僚は農民と同じく残存してその安全を図らざるをえなかった。そのかわり、各地に残った諸王を擁立して、地方の官僚は明朝の回復を図る動きをつづけた。元朝に倒された宋朝が軍事力が尽きるとともに消滅したのと異なって明朝支持が各地に残ったのは、かならずしも偶然ではなかったようである。武力ですべてを解決してしまうことができない事情が芽生えていたこと、李自成が急に転覆してしまったこととあわせて考えてみることができる。

李自成は駅卒上がりの兵士だったが、闖《ちん》王となると、李巌《りがん》といった読書人らの献言で、農民は田を均《ひと》しゅうし三年間免税、百姓は殺さぬということをたてまえにし、金銭の私蔵を許さず、兵士が人民の私宅にかってにはいるのを許さず、婦女をおかすものは斬るという厳正な軍紀で支持を受けた。したがって北京入城後は田税を徴収せず、富豪からの徴発で賄ったため、商人たちの離反を招いて北京を維持することができなかった。武力の抑圧に財力の反発が物を言うことは昔もあったが、これがいっそう強くなり、しかも中央都市ばかりでなく、地方にも分散してその力を強めていた。それは武力と財力との対決といったものではなく、それぞれの力にたよる自信や期待が総合的に変化してきたといってよい。

明の宮廷官僚がこのように腑甲斐《ふがい》ない態度に終始しても、これにさして非難がましい批評は当時もそれ以後もあまり見られず、宮廷官僚自身も恬然《てんぜん》としていたのは、道義の内容が変わってきたことを示している。死にいそぎすることを潔しとする気風よりも、生き存《なが》らえて

北京西直門風景

事の成り行きを見ようという人が多く、明の遺老（後述）といわれる人たちが多数出たのもそれであろう。そしてこの習気が貴族や武人よりも庶民や文人に濃かったことも、たやすく想像されるところで、明代社会が庶民的な傾斜を大きくしていたことの証拠である。したがって明朝に代わった満州政府は、異民族という体質からばかりでなく、その傾斜を制御し、武人的な統治を貫徹しようとしたのは、また当然であった。

三　明代の遺産

漢人の官僚組織

清朝が、明朝のために李自成を討つという名目で、呉三桂の先導によって北京にはいり、無《む》瑕《きず》のまま明朝の組織を引きついだので、明朝の官僚は多く残存した。もともと漢民族は夷をもって夷を制す政策を第一としてきたが、異民族はまた、その逆に、

清朝の武官　漢人(左)，満人(右)

漢をもって漢を制するのが常套手段であった。中国のような巨大な社会を中央集権で統治しようとすれば、官僚組織で当たる以外に方法はなく、その組織と権威の樹立には、すでに各王朝がくり返し努力してきた。漢民族の多くはこれに憧れ、これに執着し、これに自信をもっていた。満州政府がこの習癖と熟練とを利用しないわけはなく、まず漢人に衣冠を与えることから着手した。

官僚とは、制度そのものであるかのように、人間を序列的に組みこむものではあるが、その制度の緻密さや見かけの壮大さなどは、その運営や動向をかならずしも反映するものではなく、同じく官僚といっても、歴朝若干その性格を異にしていた。

明代官僚は、その気質からいって文人官僚といったものが多かった。文人とは武人と対照的によばれたものだけではなく、中国でいわゆる文人的なものを多く身につけた人たち、文雅で風流を好み、温和で文化を愛し、争うよりは退き、名誉よりは生命を選び、富貴より安定を望む人たちが多数であった。明代にも、武人官僚で名を成し、名将として勇武を謳われた人も少なくはなかったが、一般には文人官僚がしだいに増加したようである。このことは、官僚をささえている基盤が貴族や地主だけでなく、商人層も多く加わってきたことと並行し、事実、商人にも文人商人が増し、著書をもち研究に従うものすら出てきたのであった。

ただ、このような文人官僚は、支配権力に対して執着することが少なかったから、新興の清朝にとっては望ましくなかった。また、政権が成熟したあとでなければ適当でもなかったのであろう。政権の交替とともに、組織は温存されても性格は一変せざるをえなかった。もちろん清代にも文人官僚は多数存在した。が、明代に比べて昇任の機会が少なくなり頭打《あたまう》ちの状態になったのは事実である。清朝が一般に武力政権であり、その領土の拡大も統治の維持も武力によって遂行され、武力の衰退とともに倒壊したとされるのも、この武人官僚への依存度の高かったことにより、結局は、異民族支配が体制保持のためにとらなければならなかった守旧反動の性格によるものであった。

陽明学から考証学へ

明代を代表する思想は陽明学《ようめい》だとされている。が、陽明学の特色とされるものが明代思想の特色ではなく、陽明学を生み、また、これをささえた社会に、やはり能動的なもの、計量的なもの、合理的なものへの傾斜が強くなってきたことに由来するようである。陽明学の実践性も、功過格《こうかかく》という行動評価の数値性も、儒教や道教に基盤をおくのではなく、庶民的な生活体験に根ざして、その生活が拡大するとともに一般化したものであった。さらにはっきりいえば、商人の計算や行動力が他より優越してきたので、これが、従来の観念的で抽象的な考え方を圧倒したのだといえる。その特色をもっともよく示したのが明代の校訂学である。

「明人がよく古書を校訂したので、かえって古書本来の面目が失われてしまった」と嘆く人すらいるが、明人は難解な古典の字句を自分らの読める当代の言語にしなければ気がすまないかのように校訂した。あいまいな、感覚だけでわかったような気になることはできなかったのである。読めないもの、読みにくいものを読めるようにしようとする意欲は、文人が当然おこすものであるが、またたいへん市民的なもので、もってまわった解釈よりそのまま読めるものを尊んだ。陳継儒《ちんけいじゅ》などがその代表的な人である。そして、この学問が発展して清代の考証学となったので、清代は、明代の遺産として中国社会を、その傾向もその動力もそのままひきついだといえるようである。ただ、官僚組織についていえることが、思想の傾向についてもいえるので、校訂学に始まった追求が、文人的な趣味から真剣味を帯びた、手を振りかざした姿になってきた。

清代の考証学は、清朝が異民族統治を批判することを忌避《きひ》し、これを冒《おか》した疑いがあれば厳刑をもって臨んだので、これを避けて、儒学も史学もいっせいに古典の考証だけに走った、という俗説は、かならずしも当たっていないこともない。清代考証学のもつ熱っぽさが、そのような潜在的ななにものかを感じさせるからである。

が、考証学には本質的に抵抗の性格はなく、文人の遊戯的な精神が基礎になっていたが、清代になると、いわばひなびた民謡がお座敷歌になったように専門家を生み、専門としての権威をもつようになった。その権威の背景は、やはりこれが公に認められているということで、決してその地盤となった民衆の合理性や具体性への依存だという自覚からではなかった。

発展いちじるしい商工業

桃山時代の精華が結実したのが江戸時代にはいってからであったように、同時代の明代の精華は清代に受けつがれて、もっともみごとに開花したのは経済の繁栄であった。すでに租税の銀納が一般化してきていたので、政府は抑商政策を強化することができず、商品の量と質とはしだいに前代をうわまわっていった。清代の商工業関係の多くの事項が明代、ことに明末から始まったと記録されているのを見ても、明代社会で成熟し、または芽生えた産業やその組織、運営などが、そのまま受けつがれて、さらに発展したことは明らかである。中国歴代の王朝が、その交替によっても、中国社会の深部まではなんの影響も及ぼさなかったといわれるなかで、明清の間に伸張した経済力は、もっともめざましいものであろう。

これは、政府の方針として上から育成されたものではなく、みな個々の力の積み重ねで盛り上がってきたからで、たとえば、明清間に各地に多数成立した同郷や同業の組合も、地方の小団体から成長し始めたのであった。首都の北京には、各地方からの上京者のために数百の会館が建設されたが、その記録を見ると、県のような小単位のものがまずでき、府とか省のような大きな単位はのちに建設され、その性格もちがってきていた。

これと同じように、手工業製品も、かつては宮廷用が最高技術を誇っていたが、各地に特産品が確立して、伝統的な絹織物・陶磁器・製紙などは世界最高の技術にまで達した。いわば民間の総力がきわめて高い数値を示したのであった。この力が、清朝政府の武力が領土を拡大したり、その豪奢を誇示した情勢にささえられたものか、どのような政治のもとでも生きぬいていくという民衆の自信によったものかは、改めて後者を特筆するまでもあるまい。

陶器の窯入れ風景　『景徳鎮陶録』より

してみると、清代の文化のほとんどは、これに培養され、これに育成されたものと考えられる。かつての宮廷文化が消滅したのではないが、考証学のような無縁に見えるものも、その思惟の形成に商工業者の生活と思想とが先行していたのではないかと思われる節がある。考証学者たちもまた、宮廷文化の装飾としてその仕事を果たしたのではなかった。清朝にとっては、江戸幕府同様、朱子学こそ望ましい学問体系だったが、考証学はこれを翼賛して片棒を担ぐということをしなかったのである。商工業者が自分らの道を自分らで招いていったように、考証学は、市民の学問でなくとも、自らその道をきりひらいていった。

盛んな庶民文芸

中国民衆の文化としては、いっぱんに小説や戯曲の盛行を取り上げるのが普通である。作品の内容や読者が庶民だったというだけでなく、これを支持し、盛り上げたのが庶民だったからというわけであろうが、かならずしも民衆の生活から醸《かも》し出《だ》されたとだけいえないものがある。中国のばあい、その作者も読者も、むしろ読書人であり、余技であり、戯作であるといった傾向が強かった。いわば、民衆に仮託して鬱屈を晴らし、民衆からいえば、このような生活もあるのかと夢を見る思いのあるものが多かった。

それでも、ものを書くということがここまでおりてきたと見るか、おろしたと見るかは決定しがたいことで、明清間の文芸を通じて見れば、そのいずれもが観取されるようである。元来、明前期におこった通俗文学の初期の作家は、施耐庵《したいあん》にせよ、羅貫中《らかんちゅう》にせよ、その履歴が明らかでなく、少なくとも、作品の発表に覆面しなければならなかったのは、文人が俗界におりてきたことであろうし、清代の『桃花扇《とうかせん》』の孔尚任《こうしょうじん》にせよ、『長生殿』の洪昇《こうしょう》にせよ、あるいは官僚であり、あるいは名門の出であっても、もはや俗界を潔しとしないといった躊躇はなかった。

実は、民衆の生活から直接民衆の手で生まれてくるものが、文芸の場へ上ってくることはほとんどなかったといってよい。しかし、明代から清代へひきつがれた民衆のエネルギーは、かつて読書人が専有していた筆の世界を蚕食《さんしょく》し始め、書翰文は商業文を生み、三字経に託して種々商工業上の実習に資する教訓をつくり、善書といわれる勧善懲悪の冊子はいよいよ盛んに刊行されるようになった。これらが通俗文学の底辺をささえていた民衆の文化であり、社会の動きであった。

清代には、通俗書を刊行し販売する専門の書店もあって、これで営業がなり立つようになったくらいで、それがただのきわものでなかったことを示している。ただ、いずれもその内容は、洗練された、高度の芸術性をもつものではなく、幼稚なものの多かったことはいなめない。それは、文人官僚が少なくなったことと表裏し、民衆の活力に共鳴する読書人が少なかったことによるものであろう。明代には有名無名の文化人にこうした傾向をもつものが多く、通俗書にも風格を示したが、清代にはそのような指導が少なくなり、いったんこの道にはいれば、かえって文化人の仮面をかなぐり捨てたもののようである。

手工業の全盛

今日も中国の手工業の多くは世界の最高の水準にあるが、そのいくつかの部門は、かつて生み出した作品には達することができず、失われた技術として愛惜されている。たとえば伝説のように、乾隆《けんりゅう》期の紙をはじめ文房具類は、文字どおり清代が空前絶後の高級品を生んだといわれる。これが陶磁器や絹織物にも類推されて、いっぱんに清朝の衰退とともに、すべての技術が低下したように考えられてきた。伝承を失ってしまった技術のあることは事実であるが、すべてその質が低くなったように考えるのは、比較する機械工業の作品の飛躍的な向上からくる錯覚であって、実は、中国手工業の質は多く今日まで維持されてきている。近年、明の万暦帝の定陵《ていりょう》の遺品が発掘され、その材料も工程も同様にして多数の模作《レプリカ》が作製されて、国外での展観に供されたが、これを倣作といって、模造でない点が強調された。技術の確かさを誇示する意味もあろうが、工人の伝統が根強いことをよく示したものであった。

ここで今日をいうのではなく、かつて元代が宋代の遺産をどのようにひきついだかを想起すれば、清朝が漢人文化を尊重したというより、生産と技術とを守りつづけた民衆のたくましさが浮かんでくるのである。元代も、宋の遺産を荒廃させただけではなく、維持し発展させた分野がなかったわけではないが、商工業の混乱は、民衆の蓄積を助成するより食いつぶすほうに働き、元朝の漢人蔑視は官僚群をも意気沮喪させて、全般的に文化は退廃した。この堕落を民衆文化の向上ととりちがえることから、従来は民衆の位置を見まちがえてしまったようである。

鳳冠　定陵出土（倣作）

清代の意気軒昂たる官僚と、これに呼応する活発な民衆とのあり方を見れば、基盤である民衆の健康な発展があったればこそということができる。いわば、民族の力といったものが後退せずに伸びていたことで、これが結集された形が手工業の数々になったのであった。

手工業の中でも工芸というべき芸術品は、いずれも絢爛豪華《けんらんごうか》をきわめ、形式に走って清新を失い、装飾に堕ちて末技の観を呈したが、絹・綿・麻などの繊維、陶磁器、農具、雑器類のような一般手工業製品は、その種類も質もきわめて多様になった。銘柄が増加し、品質の幅が広がることは需要と供給の成長を意味し、産業の発達の象徴であって、明代の豊亨予大は底辺においてさらに拡大していった。業種にその消長に差こそあれ、いわゆる民度の上昇は著しく、これをささえたものは手工業の全般的な伸張にあったといえる。

清末になって均衡を失い、はげしい国外からの経済圧迫によって急激に衰退し、ことに民衆生活の低落がおこり、産業は荒廃したが、その事実だけで清代のすべてを蔽うことは誤りであるばかりか、民族の力を過小評価する因縁ともなるものであろう。

四　明の遺老

明清交替期の知識人

中国において十世紀の前半、五代といわれるはげしい王朝の交替があったさい、当時随一の文化人馮道《ふうどう》は、四王朝に歴仕して宰相をつとめ、後世から無節操の代表のように非難された。馮道は、その昔秦の始皇帝が皇帝の玉璽《ぎょくじ》をつくり、李斯《りし》が伝国の璽として「受命于天既寿永昌」の八字を書いたといわれる宝が唐代になくなったので、改めてつくったとき、「皇帝承天受命之宝」と書いたほど重用された人で、同時代の人たちからの信用は絶大であった。下克上のはげしい武人政治の時代に、このきわめて柔和な儒家がもっとも重い責任を負わされたのは、希有の例ながら、またまさに然るべきことだったのであろう。

明の李卓吾《りたくご》は、戦乱の世に民衆の被害が最小限に食いとめられたのは、一つに馮道の愛民の指導力によるとまで絶賛している。ただ、かれが韜晦《とうかい》せずに、いつも正面に出てきたのはなぜであろうか。

つぎの宋代以降、この馮道に対する評価はきびしく、五代という悪い時代の象徴とされ、生命を惜しみ、富貴を愛し、妥協と遊泳で毒害がはなはだしかったというのである。宋代のように遼・金・元と北方民族との交渉に困難した時代には、遼朝にも仕え、さらに漢人王朝を転々した宰相などは、とても許せなかったであろうし、馮道がその自伝に、多くの名誉を与えられたことを列挙しているのを、思い上がりもはなはだしいと卑しめている。

中国の知識人が、多くその生活を王朝に依存していた故もあって、王朝が滅びるとこれに殉ずるのが美徳とされ、ことに宋学で鼓舞されてからは、このふうは儒家の信念になったようである。宋朝が滅びると、夷狄に汚された土を描かないといって、裸根の蘭の絵を多く残した鄭思肖《ていししよう》は、民族主義者であるより大義名分の信奉者であった。国外へ亡命するものも知識人であり、二君に見《まみ》えずとがんばるものも知識人であった。もちろん、宋の遺臣で元に仕えるものも多数あったし、元朝もこれを利用しないでは統治のやりようがなかったが、俗吏としての待遇では、夷狄に仕えることを潔しとしないうえに、きわめて不愉快な生活となったことであろう。

知識人が信条に生きようとすることは昔からのことであるが、これが王朝に結びつくことは、限られた支配者の一部に見られても、風潮とはならなかった。しかし宋代の文治政策が、武断的勇気を知識人の心理の中へ追いこんだかのように、この悲壮な精神を鼓舞するのに力があったことはいなめない。したがって、官僚制度の運営につまずいて自壊してしまった元朝の滅亡にも、その官僚のなかから亡命者を出すほどであった。当時の理由はしばらくおくとして、王朝に殉ずることが国に殉ずるという心理的強制をもつようになったのは、宋元交替からの風潮であり、明清交替も、またきわめてこれに近い様相を呈したのであった。

黄宗羲

明清交替のさいに明の遺民をもって任じ、清朝に抵抗した人に、三大師といわれる黄宗《こうそう》羲《ぎ》・顧炎武《こえんぶ》・王夫之《おうふうし》がいる。三人は三様の生き方をしたが、その悲壮な精神が民国になって高く評価され、また評価は常に悲壮で裏打ちされなければならなかったのも、この風潮によったもので、インドの寡婦焚殺にも似た圧力が社会的に生じていた。明末には、このような情勢を醸し出す温床に、文社《ぶんしゃ》といわれる団体があった。科挙の受験生らを中心に学問文章を学習する集団で、蘇州の応社《おうしゃ》、復社《ふくしゃ》、松江《しょうこう》の幾社《きしゃ》、予章社《よしょうしゃ》などの諸文社が有名で、官僚もその勢力を利用したが、任官しない読書人が多数を占めていたので進歩的な傾向が強く、清朝に対しては強い抵抗運動を展開した。黄宗羲も顧炎武もこの復社の出身であった。

黄宗羲は明朝の御史《ぎょし》黄尊素《こうそんそ》の子で、少年のころから東林党の父に従って明朝の宦官《かんがん》の腐敗政治に対するはげしい政論の中で育った。かれは父を死に追いやった魏忠賢《ぎちゅうけん》一派を憎み、復社に名を連ねては阮大鋮《げんたいせい》を弾劾した。阮は魏忠賢の腹心で、魏の失脚後、南京において遊侠の徒と交わり、戯曲の作家として名があったが腐敗の元凶とされていた。

三十二歳で中書舎人に推薦された黄宗羲は辞退して明の宮廷にははいらなかった。官僚の家に生まれ、はげしい党派の争いの渦中にあって、また、農民の反乱や満州族の侵入の多難な時局にあって、かつ小東林とよばれた復社が農民や商工業者の大きな支持を受けた事実をまのあたりにして、この知識人の選んだ道は険しかった。当時の知識人には仏教への関心をもつものも多かったし、また官僚に絶望してこれと絶縁を決心するものもあった。また、民衆の力に改めて目を見張って自分らの立場を反省しようとするものもあったが、かれはもっともはげしい形を示した。

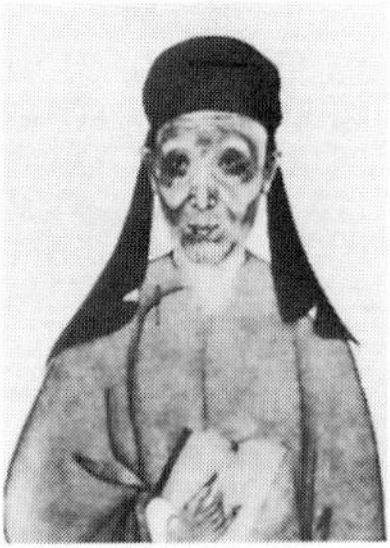

黄宗羲（1610～1695）

黄宗羲は明朝に仕えなかったが名家の子弟であり、明朝が滅亡したときは三十四歳になっていた。かれは、排斥していた阮大鋮に捕えられそうになったが脱出して、故郷の浙江省で世忠営《せちゅうえい》という団体をつくり、数百の同志と清朝への抵抗運動に従い、紹興に擁立された魯王について明朝回復に挺身《ていしん》した。そのため、同志とともに援兵を求めて日本の長崎まで来たこともあったが、各地に擁立された明朝の遺王たちは、明末の党派の争いをそのままもちこして、気脈を通ずることができず、相ついで清軍に滅ぼされてしまった。黄宗羲は傍観者としてではなく、渦中にあってその推移を身にしみて経験し、明朝回復の望みを絶って故郷に帰り、著述に専念した。清朝になって康熙《こうき》十七（一六七八）年、博学鴻儒《こうじゅ》に推挙されたが辞退し、翌年、明史館《みんしかん》に招かれても受けなかった。

明の衰亡を見たかれには、フランスのヴォルテールのように君主権に依存しようというような傾向は現れなかった。ヴォルテールはかれの死んだころ生まれた人であるが、ルイ十四世の全盛を見た人と崇禎帝《すうていてい》の悲劇を見た人との差であろうか、黄宗羲が書いた『明夷待訪録《めいいたいほうろく》』には、天下の主人は民であり、天子は客であるという主張が展開されている。この書物はのちにルソーに比較されて、民主主義を鼓吹し、革命を期待するものとされたが、著者自身、当初発表をはばかって世に出さなかった部分もあったといわれる。明史の編纂に、直接にはたずさわらなかったが、史料を提供したり、子の黄百家《こうひゃっか》や弟子の万斯同《ばんしどう》をさしむけたり、『明儒学案』や『宋元学案』を書いて学統を重視したりするなど、世の激動にあわただしく身の処し方を変えるような動揺は見せなかった。しかし、かれの民本主義が孟子いらいの伝統とはいいえ、明末の民衆の生きざまに触発されたことは疑いをいれない。

顧炎武

顧炎武も代々明の官僚の家に生まれ、明朝が滅んだとき三十一歳であった。その後、明の諸帝の陵に参拝しているから、明の遺臣という自覚は強かったようである。少年時代から、書を読めば目は十行先まで見たといわれた俊秀で、復社の人たちと交わって正義派とともにたち、清軍が迫ると、母といっしょに兵難を常熟《じょうじゅく》に避けて、反清運動に投じ、魯王についたが、明朝回復は失敗に終わった。母はかれに二姓に仕えるなと遺命し、食を絶って死に、かれは二頭の馬、二頭の騾馬《らば》に書物を積んで、河北・江蘇・山東・山西の間を遊歴して回った。

こうして十余年、知友を訪ね、読書と著述にすごしたが、やがて陝西《せんせい》の華陰《かいん》に居を定め、故郷の江蘇へは帰らずに、ここならば一歩も戸を出なくとも天下の人を見、天下の事を聞くことができるといっていた。かれも黄宗羲と同じように清朝から招聘《しょうへい》されたが節をまげず、また、近隣の諸生が講学を請うてもこれを謝絶した。

顧炎武（1613〜1682）

明代の学者は、多く講学でその説を広めるふうがあったが、かれはそれを拒否し、また文人をもって目されるのを潔しとせず、いっさい応酬の文章をつくらず、ひとから名士の伝記を書くように頼まれても書かず、ただ自らの著述に専心した。かれが故郷へ帰らず、友人から南へ帰るよう勧められても周遊や隠棲をやめなかった間、かれは懇田度地、千金を致して生活は豊かだったといわれたように、生活力が旺盛で、経世致用の実学は、また実践によっても裏付けされていた。

懇田度地とは地主になったことであろうが、どのように農民と接触したかについて定かでない。豊かであったというのは、かつての五代の馮道のように召使いといっしょに食事したとか、夜半に病農に代わって耕作したとかいうのとは異なった生活であったろう。これを背景にかれの著述はつづけられた。著述は各分野にわたったが、史学に関するものが多く、それは祖父の紹芳《しょうほう》から学んだものだという。

祖父はかれに、明人の書を百巻読むより宋人の書一巻を読め、新旧二書に同じことが書かれているときはかならず旧のほうがよい、『漢書』は『史記』を書き改めて『史記』に及ばないし、『新唐書』は『旧《く》唐書《とうじょ》』を改めて『旧唐書』に及ばないし、『通《つ》鑑《がん》綱目《こうもく》』が『通《つ》鑑《がん》』を改めると『通鑑』に及ばない、旧書を改作するよりはむしろ書き抜きをしたほうがよい、と教えた。これがかれの学風の基礎になり、また、多くの証拠を揃《そろ》えて論断する考証の方法を成立させたが、かれの意図とは別に、商業資本蓄積の時代に並行して経史にわたる資料蓄積のふうを生んだことは争えない。と同時に下級官僚まで読書層が広がってくると、かれの追随者たちは資料を集めてその該博を誇るふうや、注釈はするが論評はしないという性格まで、すべてその学風となってみな考証学の中へまきこんでしまうようになった。

かれの実用の学とは、やはりいかに統治すべきかが主眼であって、多数の地方志を書きぬいて『天下郡国利《ぐんこくり》病書《へいしょ》』を編み経世の基礎に地理を見、『音学五書』を書いて経義の解明に音韻を手がかりとし、実際に即して展開する方法をとった。これを集約してかれの歴史が成立したわけであるが、かれが理論を空虚として拒否したため、歴史に体系が生まれず、事実とは統治の事実で人間の事実ではないとしたため、歴史に感動が伴わなかった。

かれが三十余年かかってその一生の精力を注いだと自負する『日知録《にっちろく》』は、千余の課題を取り上げ、これに史的観察を加えたもので、あるいは、清代が受容できる前代の遺産として、もっともふさわしいものであったかもしれない。

王夫之

明朝が滅んだとき、王夫之《おうふうし》は二十五歳、いわば豊亨予大の明代の風にあたることが少なかった人で、二十三歳で挙人となったが、上級試験を受ける機会はなかった。自分も周囲も官僚になる以外のことを考えなかったこの秀才が、崩壊した王朝のあとを追いかけるのは当然で、南方に擁立された桂王永暦《えいれき》帝のもとに投じ、抗清運動に加わった。しかしこの宮廷も内紛が絶えず、かれは運動から離脱して故郷の湖南へ帰り、著述に専念することになった。もともと正統にたつことで学問にいどんだかれは、現実に見た宮廷の醜悪に失望していよいよ原点としての正統に依拠するようになり、陽明学を排して朱子学に、夷狄を排して中華に強く執着するようになった。現実の統治を越えて将来に呼びかけるため哲学的となり、依拠するところが明快なためその立論は透徹した。果たしてのちに曾国藩《そうこくはん》のような信奉者を生み、さらに曾国藩をのりこえて清末の革命思想に大きな刺激を与えたといわれるのも、その故であった

王夫之（1619～1692）

ろう。

かれも経学・史学・文学の各方面に多くの著述を残したが、革命思想に影響を与えたのは政治論『黄書』などである。しかし、清末までは埋没していて焼棄の厄を免れていた。かれの著書でもっとも読まれたのは、『資治通鑑《しじつがん》』によって歴代の歴史を論評した『読通鑑論』で、統治のための歴史がみごとに貫徹されており、この統治をしない人が、どう統治してほしいというのではなく、どう統治すべきだという理想を述べる伝統は、中国では孔子以来の癖で、この形式以外では思想らしいものさえ形成されなかった。かれもまたヨーロッパの啓蒙思想家に比較される人だが、当時かれはなにを啓蒙したのだろうか。華夷の別にきびしかったから民族主義で、腐敗官僚を排斥するために反封建で、朱子学をたてまえとして精神主義で、王朝崩壊を目の前にみて唯物論で、しかも、そのいずれも清代に直接引きつがれるものではなかった。

三大師といわれたこの三人は、清代でも尊敬を失われなかった。その節義と業績が高く評価されたからである。が、節義の点でいえば、この三人と同じように官途に望みを絶って隠退したものはきわめて多数あった。おそらく歴代王朝交替にあたって、明清間が、このような道を選んだものがもっとも多かったのではないかと思われる。そして、明清交替ののち、この人たちが講学という教育の場を避け、著述という研究の場へはいったのは、講学が直接政治運動の一つの力になりやすいことをはばかったからで、啓蒙思想であっても、啓蒙運動にはならず、反封建であっても封建制否定にはならなかったのである。

第二章　清朝の盛大

一　統治の貫徹

皇帝の政治・壮大な官僚機構

中国古代の帝王図などをみると、冠の前に目を蔽うように旒《りゅう》という珠簾がさがっている。皇帝のは十二本だったといわれ、天子はものをはっきり見きわめすぎてはいけないからだと理屈がつけられている。なるほど「無為にして化す」とか「帝力なんぞわれにあらんや」とかが理想で、目を光らせているのは皇帝にふさわしくないようである。

しかし、ながい中国の皇帝政治は、ヨーロッパ人から、自由なのは皇帝ひとりで、すべての中国人は皇帝に奉仕するため生きているといわれたが、その唯一の自由人も、いつも安穏にすごしたわけではなかった。自由とは、皇帝にとっては専制政治を運営する作業であり、たいへんな労力を伴っていた。独裁を完遂するため、昔、秦の始皇帝は全国から集まる報告をすべて自ら決裁し、その量は膨大なものだったという。また、清の雍正《ようせい》帝には『雍正硃批《しゅひ》諭旨《ゆし》』が残されているが、それは、臣下の上奏文に帝が朱筆で自己の意見を加筆したもので

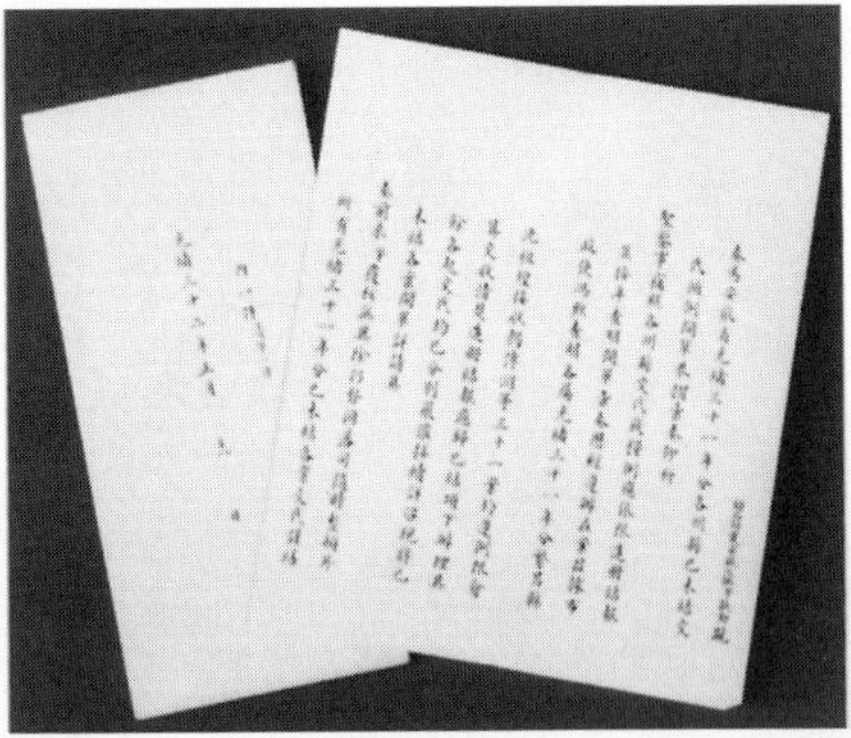

清代の上奏文

ある。

このような作業を分担させるために官僚が早くから組織されたが、これを駆使するのも容易ではなく、多く儀礼を重ねて統率したので、鵜匠《うしょう》が鵜をさばくのとは異なり、定石を置く囲碁の連続のような手法となった。官僚組織の運営は定形化しやすく、前例のない事態の処理能力を欠き、そのような事態を招かないようにつとめる。清代はもっとも官僚制度が整備し、壮大な機構をつくり上げた時代だったといわれる。それは、相ついで起こってくる前例のない事態に対処するため、儀礼を厳重にする以外の手をもたなかったからであろう。儀礼という宗教的威厳がかつてもっていた実効を、いつまでも信じていたわけで、その頂点にたつ皇帝は、効力がなくなって薬害だけ残っている儀礼の主体になり、ここへだれをおいても変わりのない飾り物になりやすかった。官僚制度が自動的に作動して、その軌道に乗っておれば、皇帝は大過なくすごせる仕組みであった。清代の皇帝が歴代英明だったといわれるわけの一つはここにあった。

しかし清代の皇帝は、このような飾り物になることに抵抗するものが多かった。どのように満州人を重用してみても、その能力が漢人に劣るのを見せつけられたこともあろう。満州人人口の絶対少数や伝統の厚薄を否応なしに思い知らされたこともあろう。これを意に介するに足りないとしてしいて強権を維持しようとしても、武力の衰退、補強の絶望は年を追って明白になり、異民族支配の違和感と限界感とを強くしたにちがいない。これをカバーするためには精勤しなければならず、官僚を督励しなければならず、儀礼は厳しくしなければならなかった。清代は太子密建といって、皇太子を予定せず、皇子たちが競ったために屑が出なかったといわれるのは皮相の見方で、官僚もまた共倒れになるのを防ぐのに必死で、これをもりたてたというべきであろう。

満州人がいなくなった満州王朝

かつて日本の東洋史学界では、異民族の中国支配という課題が多くとり上げられた時期があった。いうまでもなく、日本軍の中国進攻に伴って中国へ進出した匈奴《きょうど》以来の仕事を、得失を論じて指針としようというわけであった。ただ異民族の支配が、結局すべて失敗に終わったことを、だれもが知っていて、他民族が支配するなという簡単な言葉をなかなか口に出せなかった。遼より金、金より元、元より清と時代が下るにつれて強力な支配ができたのだからという、順番を数えるような安易な読まれ方が普通であった。「馬上で天下をとることができても、馬上で天下を治めることはできない」といった古人の言のとおり、征服はで

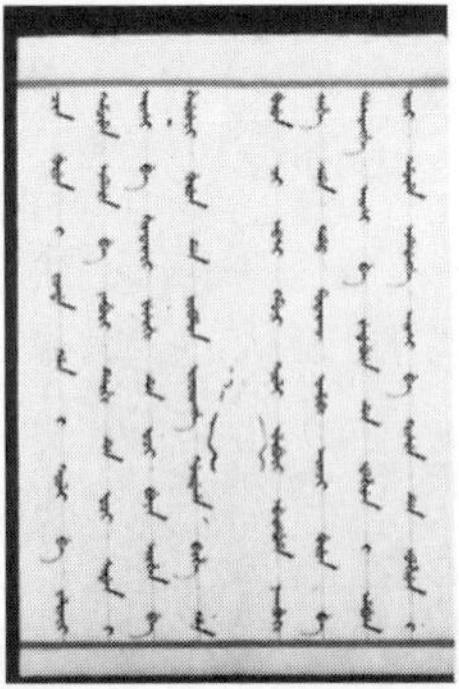

満州文字　満州人の科挙の答案

きても支配はなみたいていのことではなく、これを世界の征服者がみな示している。その征服者一代で崩れ去った帝国がなんと多かったことであろう。

　満州族が中国を征服し、さらに支配をつづけることができたのは、鞭《むち》と飴《あめ》とをじょうずに使い分けたからだといわれている。鞭とは弾圧による強制で、飴とは誘導による懐柔である。ではだれが鞭を受け、だれが飴をなめさせられたのだろうか。満州族の風俗である弁髪《べんぱつ》を強制したり、満州軍に抵抗した一つの町を見せしめに皆殺しにしたり、そのような強圧の被害にあうのはすべて漢人だった。編集事業をおこすにしても、動員され、俸禄を受けたのは読書人であり、旧来の特権をそのまま許可されることで官憲と結んだのは、地方の指導的な人たちだった。決して同一の人が脅されたり甘やかされたりしたわけではなく、それならば、中国の各王朝が多かれ少なかれ、その初期に、論功行賞の形で行った内容とさして変わるところはない。ただめざましいのは、編集の大事業に数百の文化人を動員し、その精力を一点に集中させ、その口を封じるのに徹底したことで、これも飴をなめさせたとだけいいきれるものではなかろう。

　してみると、本質的には、満州人も蒙古人と同じように、支配の貫徹をねらって、あらゆる手をうったものであった。ただ満州王朝が蒙古王朝の三倍近く持続したことは、そのかわり、満州人がいなくなってしまったことと表裏するようである。同時代の江戸幕府が封建制の再編成でその政権を維持したといわれるように、清朝は漢人の官僚制をさらに成長させ、自らはその中に埋没して中国化し、言語も風俗も意識も伝統もすべてかなぐり捨てて、ただ保守的な政権として生き残ったということであろう。

清朝史と『三朝実録』

中国史が宮廷史のくり返しで叙述されてきたことは、中国自体がそうであったし、これを移し借りたどこでもそのように扱われた。したがって清朝史といえば、愛新覚羅《アイシンギョロ》氏の歴史ではなく、その統治した時代のすべてを包含しているが、やはり、ヨーロッパ史でのブルボン史とかチューードル史といったばあいのように、宮廷が中心になっている。それは、中国の正史といわれる王朝のもとで編纂される歴史書が、まずその王朝の皇帝ごとに書かれてあった実録という記録を基礎にしていたからである。

清朝でも、史官が正確を期して記録する実録は、皇帝自身も口をさしはさむことができないくらい尊重され、宮廷内に秘蔵されていた。初期の太祖ヌルハチ・太宗ホンタイジ・世祖福臨三代の実録はたびたび改修されたので若干は民間にも流出したと見え、中国商船が宝暦十三（一七六三）年に長崎へもたらし、日本では、これをもとにして『清三朝実録採要』や『清三朝事略』が編纂されて民間に流布した。

明治のころ日本へ来た中国の知識人は、中国ではみることのできない実録が容易に入手できるのを珍重して、争って買って帰ったといわれる。日本でも乾隆時代の清朝の盛大を感知することはできたし、この王朝がどのようにして中国で制覇を果たしたかは興味の深い課題であったろう。が、こうして刊行された書物がどのように読まれたかは定かではない。

清朝初期の史料として近時利用されることはあったとしても、当時読む人は、こういう方策をとったのかと驚くよりも、封建制を維持しなければ、という共通の立場に共感したことであろう。それは、強力な支配力、それを推進できる武力、そして勇敢な闘争、廉直な補助者、みな江戸幕府にとっても気に入る題材であった。だいたい、読むということは、不可解なものを読むより、自分の考えを整理し、これでよいのだという自信を与えてくれるものを読むものだし、またそう読み取るものであり、封建制の弛緩《しかん》しかけた当時の日本では、やはり『清三朝事略』など、鼓舞の意味をもったにちがいない。

日本では、これとほぼ時を同じくして、長崎奉行中川忠英の『清俗紀聞』が刊行され、中国への関心はもり上がっていたが、これらが一つの場へ結びつくきっかけはなく、これは地理風俗の紹介であり、歴史書はやはり愛新覚羅《アイシンギョロ》氏の実録から始まり、また、それで終わったものであった。

支配者の事業をたどって歴史を組み立てることは、きわめて古い由来をもってはいるが、これに賛美や詠嘆を付加するだけでなく、支配そのものを跡づけてゆく組み立て方、いわば支配の擬人化は、あるいは封建社会に共通したものかもしれない。なにか人間本来のあり方にむりが大きいときは、人間よりも先に旗幟《はたじるし》や執念のようなものが先導し、それがまた、輝かしく魅力あるものに見えるもののようである。

『揚州十日記』と幕末日本

『三朝実録』についで、清初の著作で日本に輸入され、日本で翻刻されたものに、『揚州《ようしゅう》十日記《じゅうじつき》』や『嘉定屠城紀略《かていとじょうきりゃく》』がある。江戸時代に中国書の翻刻された種類と量とは膨大なものであるが、清初のものの選択がこのような鞭の記録に集中したのは興味深い。

一六四四年、北京を占領した清軍は、北京から陝西へ逃亡した李自成を追うとともに、南方に擁立された明の諸王を討伐するため、時をおかず大軍を動かし、主力は英親王アチコを総帥《そうすい》として、呉三桂や尚可喜《しょうかき》ら明の降将は、楡林《ゆりん》、延安から西安へ、予親王ドドは降将孔有徳とともに潼関《どうかん》から西安へ進み、一方、徐州や江淮《こうわい》へも攻撃をはじめた。李自成が西安を放棄して湖北へ退くと、清軍はほとんど抵抗を受けずに江南へ向かった。南京には明の福王が馬士英に擁立されていたが、まったくの腐敗政権で、明軍の離反や略奪がつづき、ひとり史可法《しかほう》が揚州によって清の予親王の軍隊にはげしく抵抗した。

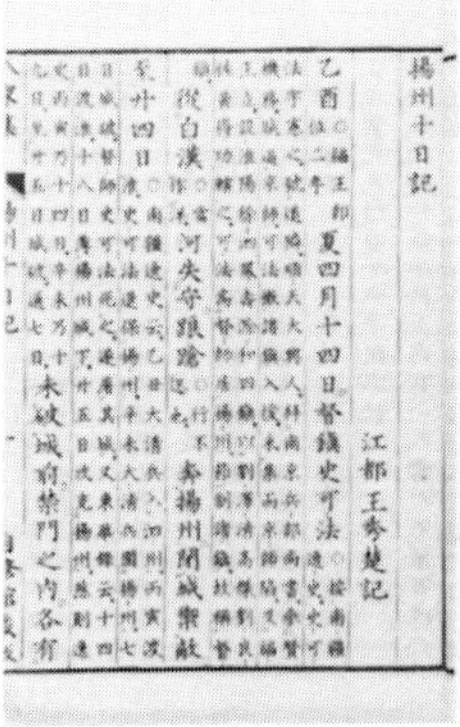

『揚州十日記』

『揚州十日記』は、順治二（一六四五）年、清軍がこの揚州を攻略したときの目を蔽うばかりの残虐ぶりを、著者王秀楚《おうしゅうそ》という人の体験から書かれた記録である。史可法のひととなりは清軍もよく知っており、三度投降勧告をしたがきかれず、それまで抵抗を受けた経験のない清軍は、史可法の頑強な抵抗に憎悪を燃やし、八十万に及ぶといわれた大殺戮を行い、揚州は生き地獄となった。

その凄惨な十日間の記事は読者を戦慄させるもので、早く日本に伝わり、文政十一（一八二八）年斎藤南溟《なんめい》が校訂本を出し、日本の読書界では広く読まれていた。中国では禁書とされたので、中国人は読むことができなかった。明治になって、在日中国留学生の手で中国へもたらされ、復刻されて反満革命運動に利用されたが、日本ではなぜこれを選んだのであろうか。おそらく外敵の侵入がこのように狂暴なのを知っておこうということであったろうが、その裏には、支配はこうして貫徹されるのだという、当時の自分らの社会とあわせてうなずくものがあったかもしれない。

揚州の虐殺が終わって四日目、清軍はさらに嘉定でふたたびはげしい略奪殺人の狂暴をくり返した。清軍が徐州に迫ったとき、逃亡した明軍の李成棟《りせいとう》が降服して、嘉定攻略の主力となった。ここでは、明の官僚も軍隊も無為無能であったが、市民が頑強に抵抗した。その四ヵ月にわたる清軍の残虐さを記録したものが、朱子素《しゅしそ》という人の『嘉定屠城紀略』で、これも日本で斎藤南溟が刊行している。

この二書が日本で読まれた時期は天保年間にはいっていた。したがって日本人は、あるいは、アメリカ船・ロシア船の来航によって、迫ってくる異民族への恐怖をも二重写しにしていたであろうし、さらに、ひとつの支配の末期といったものへの不安をもかきたてたことであろう。

薙髪令

清朝が中国統治においてとった強硬手段としてもっとも著しいものは、満州族の風俗の一つである弁髪《べんぱつ》を強制したことである。男子が頭髪を剃って後頭部の髪を残して編んで背後にたらす風習は、一見して明瞭なもので、これに従わせて清朝に服従した保証とした。しかもこれは、中国人が夷狄の風俗としてながく軽蔑してきた形を強制して自尊心を麻痺させるもので、「頭を留めんとすれば髪を留めず、髪を留めんとすれば頭を留めず」という制札をたてて、この布告を励行させた。

弁髪をあむ巡回理髪師

　このような、踏み絵にも似た強制は、ある程度、元朝にも金朝にも見られ、清朝も北京占領以前から試みていたが、北京占領の直後、順治元（一六四四）年薙髪令《ちはつれい》を出し、翌年、長江《ちょうこう》流域地方をも確保すると徹底的にその励行を命じた。布告が到達してから十日以内に実施させ、例外は僧侶と道士だけに限るというものであった。

これに対する中国人の反発ははげしく、ことに江南での抵抗は、知識人を中心にきわめて強かったが、時を同じゅうして揚州や嘉定などで行われた清軍の残虐は、これらの反抗をたちまち抹消してしまった。清代を通じて欧米人から「豚のしっぽ」とあざけられたこの風習はすぐ定着し、清朝が滅んだのちも、この弁髪を捨て去らず、これに執着するものも出たほど、中国の中にとけこんでいった。

一つの風俗を強制することは、一つの宗教を強制するのと同じで、アジアの各地で見られた現象であり、中国の弁髪は、イスラム圏のイスラム教とともに、もっとも規模の大きいものであった。そしてイスラム教は、もちろん、アラビアの権威とは別にイスラムの権威を形づくったが、弁髪は満州の権威ではなく、中国の象徴となった。弁髪だけ残って満州族が残らないというめぐりあわせも興味をひくものである。

二　三藩の乱

順治帝の政治

満州朝廷第三代の順治帝が北京へはいったのは六歳のときであった。叔父のドルゴンは皇父摂政王となって清朝支配の基礎づくりに当たったが、その第一は、前代の組織をほぼ踏襲する方針をとったことであった。これは漢人にとって寛大と受けとられた。この幼帝は、実は満州人ではない、その昔蒙古に滅ぼされた宋の天子の血をひく人だ、という噂もささやかれた。

帝が十五歳のときドルゴンが死んで、皇帝親政となり、ドルゴンの一派を宮廷から追い、さらに漢人を重用して、呉三桂や洪承疇《こうしょうちゅう》・孔有徳《こうゆうとく》らに、広東《カントン》・広西《カンシー》・雲南《うんなん》・貴州などに残存した明の勢力掃蕩《そうとう》に当たらせた。この順治帝は二十三歳の若さで死んだので、年齢的にも守旧のふうより進取のふうの間の生涯で、かれにとって進取とは中国化以外のものではなかった。『資治通鑑』を学び、儒学の正統を至上とする道は、かれにとっては陳腐《ちんぷ》なものではなかったのである。

世祖順治帝　(1638〜1661)

順治帝は南方ばかりに気を使って世を終えたが、その南方も、まだかたづいたわけではなかった。明の残存勢力は自滅に近い形であらかた終息してしまったが、南方討伐に当たらせた明の降将たちが、新しい脅威となってきたのである。順治帝は、死ぬとき「中国風に習いすぎ、純朴の旧風を失ったことを悔いる」といったが、それも、満州族の旧俗をなつかしんだというより、漢人を重用して飼い犬に手を噛まれるような形勢を招いたことを後悔したのであろうし、漢人たちはまた、武力は手中にあり、清朝くみしやすしと見るふうをおこしたがそれも当然であった。

順治の時代は岐路であり、蒙古のように高飛車に中国を抑圧して、蒙古流の統制をおし通すこともできた。が、蒙古の自信はイスラムとの交流による広い視野と、異質のものを多く席巻した事実によってささえられていた。しかし、満州にはそれがなかった。夷をもって夷を制する方略をとるならば、中国ふうに同化されるのは、ただ時の問題だったのである。

平西王呉三桂
(1612〜1678)

清代は明代につづいて北京を首都とし、ここからうつることはなかった。北京を首都としたのは、蒙古と同じく、故郷に近く、北辺を背景に南方を制圧する意図からであったが、中国大陸にあっては、北京の位置は北によりすぎており、地理的にもっとも海外からの影響の聞こえにくいところ、およびにくいところであった。清末に外国軍が北京に迫ったとき、皇帝は満州へではなく、西安へ逃げこんだのは奥地というものがその方角になっていたからであった。北京政権は外部の力を受けずに既定の方針を推進するには都合はよかったが、脱皮したり、転化したりするには、これを助成する力が乏しい環境にあったといいえよう。

平西王呉三桂

清軍を山海関から北京へ導き、李自成を追って清朝を中国に君臨させたのは、明の降将呉三桂であった。呉三桂がこのような売国の行動に出たのは、北京に残した愛妾の陳円円を李自成の部将に奪われた恨みを晴らすためだった、と噂されたが、かれが李自成を追って流賊を討伐し、陝西から四川《しせん》にはいり、さらに明の桂王永暦帝を討ったのは、騎虎の勢いともいえるものだった。明朝に対する責務より、清朝に対する責務を重いと考えるようになったのとは別に、その間に征服の成功から権力への欲望を強めたというほうが当たっている。雲南・貴州を平定してさながら独立国をなすにいたった。

かれは雲南の昆明《こんめい》を根拠地とし、貴州の辺境を討って、従来の中国の統治が及ばず、少数民族の自治に委されていた地方まで統制下に組みこんだ。かれは行政軍事を掌握し、鉱山の採掘、貿易の管理など、財政的に裏打ちされて強大な勢力となり、ほとんど清朝に対抗するかに見えた。しかし、ビルマまで逃亡した明の永暦帝を捕え、明朝の最後の息の根をとめたのはかれであり、明朝の回復といった、もっとも動員力のある旗幟をふりかざすことはできなかった。

永暦帝が清軍に捕えられたのは順治帝の死んだ年であったが、それから六年、呉三桂は現役を退いて軍事に専念し、さらに六年、ついに清朝に反旗を翻すにいたった。このときかれは周王を称し、やがて帝位につき、昭武という年号を建てたのも行くところへ行きついたものであった。

明の遺王が各地に擁立されたうち、南京の福王朱由崧《しゅゆうすう》（弘光帝）、福州の唐王朱聿鍵《しゅいっけん》（隆武帝）、広州の永明王朱由榔《しゅゆうろう》（永暦帝）を平定するのは清初の事業で、その経緯をしるした『三藩紀事本末』という書物がある。この三王討伐に決定的な役割をつとめた呉三桂が、雲

広州市の廟

南を根城に広東や福建の勢力と結んで清朝にそむいた乱は、清朝の死命を制する事件で、いっぱんに三藩《さんぱん》の乱とよばれた。これをのりきることができるかどうかが清朝政権の課題であった。順治帝が若くして死に、跡をついだ七歳の幼帝康熙《こうき》帝が、当初からこの三藩の処置を決意していたといわれ、まさに清朝の大きな試練となった。

平南王尚可喜

尚可喜《しょうかき》は出身が遼東でもあり、早くに清朝に帰属した明の部将で、それも上司と反目して投降、朝鮮や遼西地方で清軍南下の側面援助をつとめていた。清軍の北京占領後は、李自成を追って陝西・湖北と転戦、順治六（一六四九）年には平南王に封ぜられ、南方に進撃して広州の永暦帝を討ち、広東を平定、十三年には広州に駐屯してここを根拠地とするようになった。広州は古くからの貿易港で、かれは財富を蓄え、苛酷な政治を行った。今日広州市には、十七甫《ほ》十八甫《ぽ》といった数字による街路名が多く残っているが、これは、かれが番号をうち、日によって突然その街路を閉じ、通行人をすべて兵役に徴用する拉夫《らふ》を行ったものだと伝えられている。

尚可喜は、六十五歳になってその長男尚之信《しょうししん》に王位を譲り、さらに、引退して故郷の遼東へ帰ることを清朝に求めた。尚可喜の清朝への依存は強く、康熙帝がこれら南方の三藩は除こうとすればそむくだろうし、除かなくともそむくだろうからと、かれの引退請願を機会に広東の尚一族全員に帰郷を命じても、なお清朝から離脱しようとはしなかった。かれが清朝から受けた恩顧は大きかったし、かれもこれを裏切らなかった。

康熙帝が平南王の撤藩を命じたことから、もっとも離脱しやすかった呉三桂が清朝にそむき、尚可喜は、湖南に進出した呉三桂軍、福建の耿精忠《こうせいちゅう》軍、広西の孫延齢《そんえんれい》軍、台湾の鄭経《ていけい》軍などに攻撃されることになった。孤立したかれは苦戦したが、しばしば清朝から激励されて節を変えず、呉軍が広東省にはいって投降を勧め、かねて隙のあった長子尚之信が呉軍に通じ、反旗をひるがえしても屈しなかった。

尚可喜は呉三桂より年長ではあったが、呉三桂が明朝で名だたる将軍であったのに対し、かれはただの一部将であったころ清朝に投降し、破格の優遇を受けたので、清朝から離れることはできなかった。しかし、自分の息子にそむかれ、その軍隊によって囲まれ、自殺しようとしたが果たさず、憂悶のうちに病死した。

靖南王耿精忠

明末、明朝にそむいて清朝に帰属した孔有徳《こうゆうとく》と耿仲明《こうちゅうめい》は、同じく遼東の出身で、ほとんどその行動を共にした仲間であった。清朝は、早く帰服した武将はこれをとくに優遇して利用し、尚可喜の軍隊を天助軍、孔・耿らの軍隊を天佑《てんゆう》軍といって、遼東遼西の明軍掃蕩や、さらに李自成を追って河南・陝西への転戦、湖南での明の永暦帝攻撃に使った。

耿仲明は靖南王に封ぜられ、尚可喜とともに広東を遠征したが、部下の罪を問われて自殺し、子の耿継茂《こうけいも》が広州にはいって王府を開いた。耿継茂は、その後福建へ移り、福州を根拠地とし、北京に残した子の精忠《せいちゅう》を呼び寄せて南方の巨大な勢力となった。

耿精忠は、若いときは北京で順治帝に侍していた。福州へ移ったのは康熙のはじめである。そして、康熙十（一六七二）年、父耿継茂が死ぬと靖南王となり、十二年、尚可喜が引退を請願すると、呉三桂とともに引退を請うて北京の意向を打診しようとした。北京の宮廷では、このさいに南方の三藩をいっきょに廃止しようという議論と、事を荒だてず、なし崩しに廃止を計るべきだという議論とが沸騰したが、十九歳の康熙帝は自分の責任で廃止を決断した。ただ、北京にながくいた耿精忠は、あるいはなお利用できるかとして福建に駐屯するように命じたが、精忠は呉三桂の勧誘に応じてついにそむき、福建各地から浙江《せっこう》、江西に及ぶ地域を占領した。また、台湾の鄭経の意図する大陸攻略と呼応したが、やがて清軍に敗れ、康熙十五年降服して、福建で反清軍と戦った。そして十九年、北京へ呼び返され、二十一年殺されてしまった。

呉三桂が清朝を北京に導き入れながら南方で離反し、独立の形をとり、尚可喜が独立の誘惑をしりぞけて清朝への忠誠を変えず、その子にそむかれて憤死し、耿精忠が権力の間を右往左往して、結局誅殺されてしまった姿は、そのまま清朝初期の漢人の在り方を象徴しているようである。明朝との交替が李自成のような農民軍では果たされず、呉三桂のような権力によっても果たされず、民衆の経済生活の向上とは逆に、気概の喪失、清潔さの減少が、中国の国土を異民族の手に委ねる結果を招いたといえるかもしれない。

三藩の乱の性格

王朝史を繙《ひもと》けば、一王朝の成立にはかならず傑出した人物が大きな困難を克服した事実が伴い、これを冒頭の栄光として記念するのが常である。インドのムガル帝国第三代のアクバル帝が十四歳でパニーパットに戦い、デーリーの主権を確立したことがムガル史の語り草になったように、清朝第四代の康熙帝が十九歳で三藩の乱に会い、九年間戦いぬいて清朝に不動の地位を与えたのは、清朝史のはじめのページを飾るものであった。もちろん、大きな賭けではあったが、康熙帝のばあいは九年にわたる悪戦苦闘にくずおれず、しだいにその勢力をもりかえしたことは、人間の力といったものを感じさ

三藩の乱図

せるものがある。この成功によって、若い皇帝は自信をもつことができたろうし、その聡明さをも養うことができたであろう。

乱の当初、呉三桂は尚之信および耿精忠との結合を固めようと図り、これに応じて、陝西では王輔臣《おうほしん》、広西では孫延齢《そんえんれい》が清朝にそむき、台湾の鄭経も呼応して、江南はほとんど全域にわたって離反するかに見えた。しかし、この反乱には共通した目標がなかったし、ことに漢人自身に訴える力を欠いていた。清朝は漢人で編成した軍隊を投入して、まず王輔臣、孫延齢を降服させ、ついで尚之信も降った。呉三桂は湖南に進出してここを根拠地とし、一軍を四川から陝西へ、一軍を江西から福建・広東へ進攻させたが、やがて湖南に孤立するようになった。

康熙十七年、呉三桂は衡州を都として帝位に即いたが、半年ほどで病死し孫の呉世璠《ごせいはん》がこれをついで雲南へ引き上げた。清軍は湖南から貴州を平定し、広西・四川もその手におさめ、康熙二十年、呉世璠が自殺して乱は終息した。いわば、清朝の威令はそれぞれの地方で膚に感じさせることができ、またよく全中国にしみ通るようになったわけである。

中国の政治が、その広大な地域を舞台として、分裂と統合をくり返してゆくうちに、統一体としての安定に民族の安全や発展を経験したながい習慣が、統合を志向する基礎になったのかもしれない。権力の争奪場面においては、いずれが統一の可能性をもっているかをすばやく見抜き、主義や理想は手ぎわよく調整し、情報の収集や判断は的確で、行動は慎重だという、中国人のひとりひとりにできふできがあるにしても、みな政治家のような準備はすでにできあがっていた。三藩の乱は、このような社会で、明末の分裂傾向の継続としておこったものといえる。これが九年間ももちこたえたのは、分裂の傾向をもった政治情勢によるので、中国の周辺までその動揺にまきこまれたのは、まさに政治の流れであり、これが清朝統一におちついたのは指導者の有能もさることながら、異民族統治に同調することにもっとも統一と安定の可能性を見いだしたためであった。

台湾の鄭氏

三藩の乱と同時代にこれに呼応した台湾の鄭経は、鄭錦《ていきん》ともよばれ、鄭成功《ていせいこう》の長子で、父の志をついで明朝回復の軍事行動をつづけていた。鄭成功が明の遺王のひとり唐王の知遇に報いるため、廈門《アモイ》を根拠地とし、沿海貿易を掌握した財力を背景に清朝の降服勧告を拒絶し、順治十八（一六六一）年、オランダ人が占拠していた台湾を攻略して、さらにその根拠地を全台湾へ拡大していった。オランダが台湾から追放されたことはヨーロッパにも衝撃を与え、台湾の名は急にヨーロッパ人の興味をよび、サルマナザールの『台湾誌』という徹頭徹尾空想で書き上げた偽書まで生まれたのは有名である。サルマナザールと名のるヨーロッパ人の偽日本人が、ヨーロッパ各地で講演して歩いたといわれる。しかし鄭成功は康熙元（一六六二）年に急死し、廈門にいた鄭

鄭成功（1624〜1662）

経が台湾に帰り、台湾にいた弟と争ったため、鄭氏の勢力は急に衰えた。

清軍は厦門をとり、さらに台湾に降服をよびかけたが、当時中国にとって台湾は朝鮮と同様、外国といった存在で、鄭氏が清朝に好《よし》みを通じ、入貢すれば、それで清朝も納得したはずのものであった。が、三藩の乱がおこると、耿精忠が鄭経に救援を求め、鄭経もこの機会に大陸反攻を図り、厦門を奪回し、さらに福建の泉州・漳《しょう》州、広東の潮州をとり、南下して恵州にまで及んだ。これらの地域は父祖以来の沿海貿易による勢力圏であり、イギリス東インド会社との貿易にも手をつけたが、乱が平定されると台湾に退き、康熙二十年病死、次子の鄭克塽《ていこくそう》が跡をついだ。

克塽はこのとき十一歳、鄭氏はいつも兄弟相争う内紛をはらみ、清朝は圧力を強めて澎湖《ほうこ》島を占領した。康熙二十二年、鄭一族は台湾をあげて清朝に降服し、一族すべて中国へ移され、鄭氏の二十三年に及ぶ台湾領有は終わった。

鄭氏三代にわたる抗戦は、鄭成功が日本人を母としたこと、台湾が日本に特別の関係があったため、ことに回想されることが多いが、中国史としては、鄭氏の抵抗が台湾をはじめて中国領として確立する契機となったこと、台湾が貿易を通じて国際的地位を維持して自立する可能性の大きいこと、を経験させたものであった。と同時に、清朝が領土の拡大、武力の誇示に自信をもち、また、これを国策とする契機ともなり、前代の文人的気風を払拭《ふっしょく》して、武断的な、したがって権威主義・条文主義をいっそう官僚組織の上に積み重ねることになったのである。

三　康熙の治世

大帝という名称

世界史には、大王とか大帝とかよばれている何人かの偉大な支配者がある。元来は、いわゆる古代帝国とよばれるいくつかの民族国家を統一した帝国の支配者が、諸王の王として自ら大王と号したことに始まり、古代ペルシア帝国アケメネス朝のダレイオス大王などがその代表的なもので、この帝国にかわって、さらに大領土をひらいたアレキサンドロスを大王とよんだのもこれにならったものであろう。

ローマ皇帝コンスタンティヌスや、神聖ローマ皇帝オットーを大帝とよぶのは、その治績への賛美もあるが、カトリック教会にとって記念すべき人物として推されたことが、より偉大さを増したものであり、近代になってロシアのピョートルが国家の改革を成就し、フランスのナポレオンが一代の風雲をまきおこしたが故に大帝とよびならわされた。

古代では王の王を誇らしげに自ら大王とよんだが、インドのマウルヤ朝のアショカ王などは大王とは称えなかった。秦の始皇帝は王の王として帝の称号を始めたが、これは世襲されるものであった。大王とは、多くの民族が互角でひしめきあう西アジアに、とくにおこった呼び名だともいえる。

が、中世では、ヨーロッパで政教の支配が分離して恩寵を与える側から、賞賛をこめて大帝とよばれたようだが、アジアには、そのようなことはおこらなかった。
中国では、皇帝の死後、諡《おくりな》でその功績の特色を示すふうがおこり、特定の皇帝に大を冠することはなかった。近代では、国家形成を重要視し、ムガル帝国のアクバル、清朝の康熙帝を大帝とよぶ習慣が、回顧的にかつ外部からおこったが、かえってヨーロッパの近代国家では、エリザベス女王にしても、ルイ十四世にしても、処女王とか太陽王とかの呼び名はあっても、大を冠することは習慣とならなかった。大帝とは、あるいは古代的な武功を背景にしたものともいえる。

聖祖康熙帝
(1654〜1722)

とまれ、康熙帝は大帝とよばれるにふさわしい存在で、正史にも、創造と調整とをひとりの手でやり遂げたのは偉大だと賞賛している。中国にも、漢朝の武威を張った武帝や、唐朝建設の大業を完成した太宗や、明朝の永楽帝のような武功にも建国にも功績のあった皇帝はあったが、大をもってよばれることはない。これは、比較して康熙帝がより偉大だったというより、大帝という用語を用いたがる時代があり、また、その対象となる時代がだいたい集中していたというほうが当たっているようである。記念碑を建て、銅像をつくる例と同様である。

領土の拡大

黄河中流域に発祥した漢民族の文明社会が、中国大陸に拡大していった統一体の成長こそ、中国史の中心をなしているが、漢民族は、農耕地以外への進出には、異民族の討伐を除いて熱心ではなかった。異民族を統治するわずらわしさに、その侵犯を防ぐだけで、深入りを避けていた。ところが清朝は、新疆《しんきょう》やチベットなどかつて漢人が領土としようとしなかった地域を統一体に組みこんだ。これは満州族の支配が、漢人とその理念を異にしていたというより、北方のロシアの東方進出、南方のヨーロッパの沿海進出と合わせて、時代の趨勢だったといえるかもしれない。ただ、ヨーロッパ勢力の東漸は帝国主義の水先案内であり、清朝の西方拡大は康熙帝の成功であって、これを同じ歴史的性格をもつものと考えることが一般化しなかっただけのことである。

もっとも、康熙帝も征服欲に駆られて辺境の軍事行動をおこしたのではなかった。三藩の乱の間に北方の守備がゆるみ、蒙古やロシアの動きが活発となり、これに対処する必要があった。ことに、蒙古には新しい活気が充実して、西方からの脅威をなしてきた。

康熙帝はまずロシアの進出をおさえようと、二十四（一六八五）年、黒龍江にロシア人が築いた城塞アルバジンを攻め、ロシア皇帝ピョートルに親書を送り国境を定めることを提議した。両国の使臣は、二十八年、ネルチンスクに会して、外興安嶺《ヒンアンリン》とアルグン川を国境とし、出入国と通商とに関する条約を結んだ。これは、中国が外国と対等に結んだ最初の近代的条約として有名であるが、従来の中国と北方の匈奴《きょうど》や鮮卑《せんぴ》などとの関係を見れば、かなら

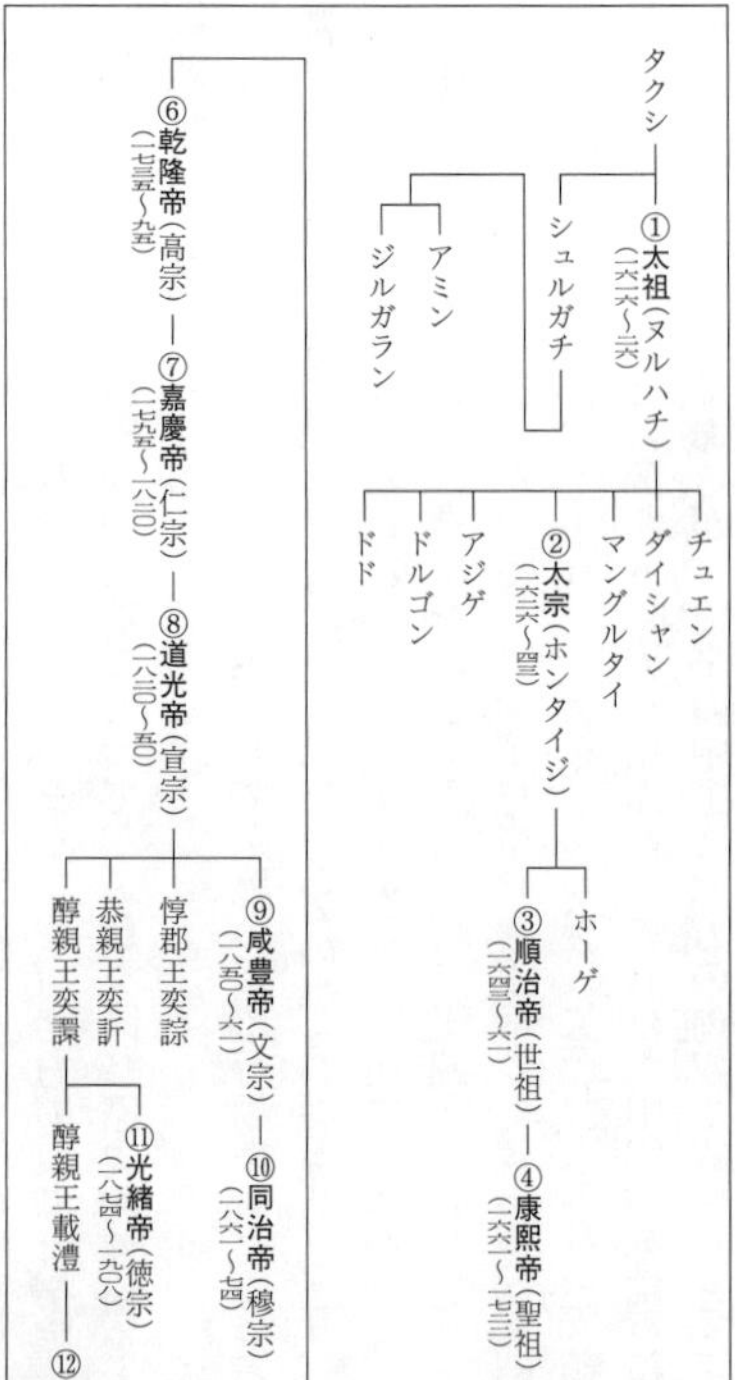

清系図

ずしも国境を認めない天下国家の意識を放棄したものとまでいえるかどうかは問題である。

その間に、蒙古のジュンガル部のガルダンは、チベットのダライ・ラマの後援もあって勢力を張り、蒙古族の統一を図って東進し、ハルハの諸部族を破ったので、ハルハの部長たちは康熙帝に援助を求めてきた。これに応じて帝は、二十九年、内蒙古に出兵し、いったんは和を結んだが、ガルダンはなおハルハに侵入したので、三十五年、帝自ら大軍を率いて出動し、外蒙古でこれを破った。清軍はさらにこれを追って大打撃を与え、ガルダンは自殺しその子は清軍に捕らえられた。しかしジュンガル部は、ツェワン・アラプタンをたててチベットへはいり、これを占領した。すでに内外蒙古から新疆へかけていわゆる朔漠の地方に支配権を確立した清朝は、チベットからラマ教による蒙古族支配の力を遮断《しゃだん》するため、チベット遠征を決意し、康熙帝は第十四皇子を総帥として大兵を送り、ついにジュンガル勢力をチベットから一掃して、中華帝国として空前の領土を支配するようになった。

このような領土の拡大は、清朝の権威を中国人に浸透させるに役だったが、こうして少数の異民族を支配下においたことは、中国にとってどのように作用したであろうか。農耕地の開墾のために移住民を送ることは、前代から南満州や雲南などで行われていたが、北西の砂漠地帯がこれを受け入れることはできなかったし、ここに移動しながら生活する諸部族をつなぎとめるためには、なおたびたびの征討軍を送らなければならなかった。いわば、権威のための負担が残されたのである。

文化事業

康熙帝についての記録がもっとも賞賛して伝えているのは、その多くの編纂事業の推進である。康熙帝が知識人を尊重したのは、かれらの批判を避けるためというよりも、帝の性癖からきたものであった。帝自身もすぐれた読書家で、朱子学を中心に、洋学・暦算・音律などに興味をもっていた。

帝は、康熙十八（一六七九）年、明史館を開き、清朝に仕えようとしない碩学《せきがく》を全国から

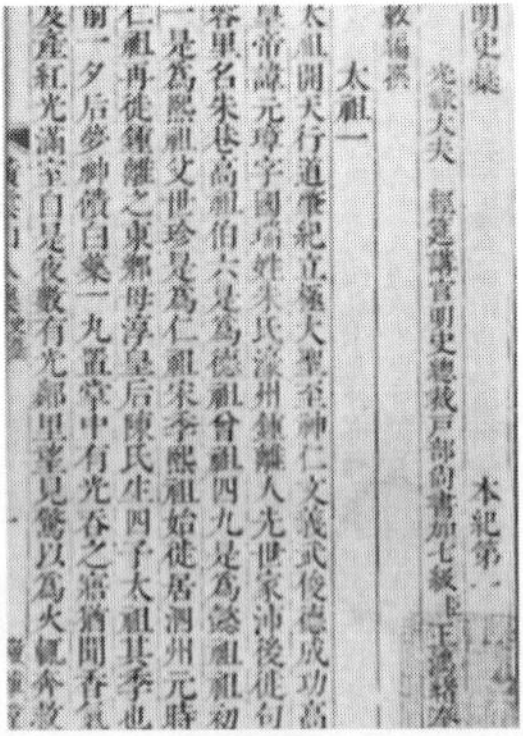
明史稿　本紀第一
光祿大夫　經筵講官明史總裁戸部尚書加七級臣王鴻緒奉
敕編撰
太祖一
太祖開天行道肇紀立極大聖至神仁文義武俊德成功高
皇帝諱元璋字國瑞姓朱氏濠州鍾離人先世家沛後徙句
容單名朱巷高祖伯六是爲德祖曾祖四九是爲懿祖祖初
一是爲熙祖父世珍是爲仁祖宋季熙祖始徙居泗州元時
仁祖再徙鍾離之東鄉母淳皇后陳氏生四子太祖其季也
娠一夕后夢神饋白藥一丸置掌中有光吞之寤猶聞香氣
及產紅光滿室自是夜數有光鄰里望見驚以爲火輒奔救

『明史稿』

招いて、まず『明史稿《みんしこう》』の編纂に当たらせた。中国には、王朝の交替ごとに前王朝の記録を編集して正史とするふうは早く成立して、新王朝の面目をかけるおもむきがあった。『明史』は雍正《ようせい》十三（一七三五）年に完成し、歴代正史の中でも傑作とされているが、前後六十年近くをかけたわけで、知識人の動員が成功したものであった。

康熙帝の命令で編纂された書物のうち、もっとも世に知られたものはもちろん『康熙字典』で、康熙五十五年に完成し、四万二千余字を集めた漢字典である。熟語には及んでいないが、漢字の字書としてはながく基本的な地位を占め、漢字圏で多く利用された。

これより先、康熙四十九年には、自然や人事万般のことがらを分類しその意義や出典を示した、類書とよばれる『淵鑑類函《えんかんるいかん》』が、また康熙五十年には、熟語を韻によって配列し、その出典を示した『佩文韻府《はいぶんいんぷ》』が完成しており、さらに五十八年には『駢字類編《べんじるいへん》』ができて、辞書類が出そろった。しかし、類書として最大の『古今図書集成《ここんとしょしゅうせい》』は、その編集も始まり、康熙帝が命名したが、完成は雍正三年になった。

このほか、康熙四十二年には『全唐詩』が編集され、また、イエズス会士を動員して全国を測量させてできた『皇輿全覧図《こうよぜんらんず》』のような全国地図が五十六年に完成し、『暦象考成《れきしょうこうせい》』という、天動説ならびに地動説による暦算書ができ、『数理《すうり》精蘊《せいうん》』という数学書には輸入された西洋数学が集成され、この時代の学術の高い水準を示す勅撰書が続々刊行された。

康熙帝が三藩討伐に大砲を用いるために、イエズス会士フェルビースト（南懐仁《なんかいじん》）にその鋳造を命じ、これが効を奏して帝のキリスト教への寛容となり、さらに、イエズス会士の天文学・暦学のすぐれていたことがその信頼を高め、また、ペレイラ（徐日昇《じょじつしょう》）、ペドリニ（徳利《とくり》格《かく》）などは音楽で宮廷に仕えた。西洋音楽や西洋絵画が宮廷をにぎわしたことは、当時アジアの各国で見られたことであったが、『律呂《りつりょ》正義《せいぎ》』のような音楽書を編纂させ、洋楽理論まで導入したのは康熙帝だけであった。このような文化が宮廷外へあふれ出ることはなかったにせよ、指導者が文化的意欲をもち、これを学術に定着させようとした努力は、別の形で社会に還元されていったことを認めなければならない。

施政とその成果

いっぱんに新王朝というものは、盛り上がる気概のこもったもので、前代の弊害を打破し、新しい理念で政策を実施する力を発揮するが、

フェルビースト（1623～88）　ベルギーのイエズス会士。1659年に中国に渡り，修暦事業や大砲の鋳造などに活躍した

若い康熙帝はその親政を開始した日、三藩と治水と漕運とが三大事だとしたという。事実、これらは帝が心血を注いだ事業であった。これによって、統治の貫徹が可能になるからである。

統治とは、支配者の責任であり、社会の安定こそ支配の目標であった。明朝が支配者の内部から腐敗し、腐敗の原因が宦官《かんがん》にあったことは清朝も知悉しており、順治帝は宦官の国政介入を排除しようとしてこれを遺言し、康熙のはじめに制度が改変されて、清一代を通じて宦官が政治に口を出すことはほとんどおこらなかった。

さらに、康熙帝は宮廷費用の節約を図り、これを明代の十分の一にきりつめたといわれる。外に向かって発動する政治は、その主体の座が緊張しなければ力が出ないが、緊張にはかならず清潔さが伴ってくる。康熙帝はその手綱をきわめて巧みにさばくことができた。

康熙十六年、三藩の乱の討伐と並行して各地の治水事業に着手し、河道の修理、堤防の構築など、運河による南方物資の北方への輸送や、氾濫による被害の防止につとめ、ことに、黄河の堤防には連年巨費を投じてこれを修復した。康熙二十三年、帝はその成果を見るため、はじめて南方を巡幸し、揚子江流域にいたったが、その後も合わせて六回、多く舟運によって南方を巡察した。しかし、これらの費用も宮廷の内帑金《ないどきん》でまかない、沿道でも物資を時価で買い上げさせ、民間へ負担が及ばないように心がけた。帝は大規模な遠征軍をたびたび出したが、その軍事費のための増税は行わず、しばしば減税を命じた。

ことに、即位五十年を記念して、国家の安定と国庫の充実を自負し、前年の康熙五十年の壮丁男子の人口二千四百六十二万を定数とし、それ以後増加したものは盛世滋生《せいせいじせい》の人丁《じんてい》として永久に人頭税をかけない永不加賦《えいふかふ》の制をしいたが、これは、中国の税制にとっても画期的な変革であった。それはだいたい、税という土地を対象とするものへ、役《えき》という人を対象とするものをくりこんでしまう方法で、このため中国の人口は急激に増加するようになったといわれている。もともと耕地をもって生産にあたる壮丁の増加と、耕地そのものの増加とは並行しないので、人頭税だけを人口増加に応じて徴収することは不可能であったからこの措置がとられたので、以後、清代の税法は地丁銀《ちていぎん》とよばれる形に整理されていった。

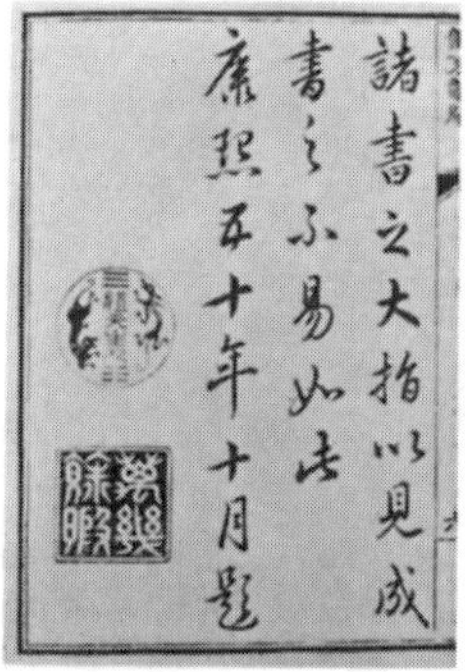

『佩文韻府』の序
康熙帝の自筆

康熙帝への評価

清代中国で、康熙帝を神聖視したのは当然の勢いだった。康熙六十一年、六十八歳で帝は生涯を終えたが、その孫の乾隆帝が在位六十年、祖父の在位を超えることははばかられるとして退位し、太上皇となったのもその一つの証拠であろう。フランスのルイ十四世が中国へ送った宣教師ブーヴェが、一六九七年ルイ十四世に報告した『康熙帝伝』の記述は賞賛に満ち、一時代前、インドのムガル皇帝アクバルに対してしるされたと同じ表現が随所に現れてくる。透徹した知性、すぐれた記憶力、天分の広さ、強い意志、大きな指導力などの批評は決してへつらいではなかったであろう。しかし、宣教師たちに示した寛容や好意が、康熙帝にもアクバルにも共通して、その偉大さを上塗りさせたことも事実であったろう。

一六七五年に中国へ来たロシアの使節は、「帝は朝と晩とではいうことなすことが正反対で一貫していない。万事は親任する臣下に委任し、それ以外の官吏や国民で帝を愛するものはいない」と報告している。これはまたムガル皇帝ジャハンギールに与えられた批評とまったく同一である。ジャハンギールのよき日とムガル史で回想されるこのアクバルの子は、気まぐれなアジアの専制君主という烙印《らくいん》をおされたが、皮肉な目には、アジアの帝王はみな気まぐれに見えたものであろう。康熙帝もその例にもれなかった。帝に重用されたフェルビーストも、「帝は栄誉や名声にかけて貪欲であり、中国人が学識のある統治者を尊敬するのを知って、たいへんな努力で中国伝統の知識を吸収した」といっている。

康熙帝は、多くの学者を動員して図書の編纂をさせたときは知識人を厚遇したが、かつて弁髪の強制に見せたような、支配の核心に触れたばあいは、苛酷な処置を辞さなかった。康熙二年浙江の富豪荘廷鑨《そうていろう》が明史稿本を入手し、これに崇禎朝を補って『明史輯略《しゆうりやく》』を編集したが、書中に清朝を忌む記事があり、告発されてこれに関係したもの七十余人が死罪になった。このばあいは康熙帝自身はあずからなかったことであろうが、康熙五十年、戴名世《たいめいせい》が明代の故事を研究していて、その著『南山集』に明滅亡後の永暦の年号を用いたり、呉三桂に属していた方孝標《ほうこうひよう》の『滇黔紀聞《てんけんきぶん》』を引用したりしたため、一族ともに死刑となった。これらはいわゆる文字の獄といわれる事件で、康熙・雍正・乾隆の時代に集中的におこっており、一方優遇し、一方極刑に処しても、これは気まぐれというものではなかった。龍の喉の下には一尺ばかりの鱗《うろこ》が逆に生えていて、これに触れるとかならず食われてしまうといわれるが、アジアの帝王には逆鱗《げきりん》があったのである。

四　雍正時代

太子密建

晩年すべて順調だった康熙帝も、後継者については死ぬまで苦悩していた。男子三十五名の子福者で、早く第二皇子胤礽《いんじょう》を皇太子としたが、皇太子をめぐって朋党の禍がおこり、康熙四十七年、これを廃して幽閉した。しかし、翌年諸臣の諫めでふたたびこれを皇太子としたが、非行多く、五十一年ふたたび廃し、また太子のことを上奏するな、と厳命した。その後、諸皇子の競争と疑心はつのる一方だったが、康熙帝は臨終のとき、侍臣の手のひらに筆で四と書き、第四皇子胤禛《いんしん》を指名した。実は十四と書いてあったのを十を指を曲げてかくしたとか、なめて消してしまったとかの噂も流れた。この第四皇子が雍正《ようせい》帝である。

雍正帝は、まず朝廷内の朋党の根を絶とうと、諸弟を厳しく糾問《きゅうもん》し、廉《れん》親王允禩《いんそん》を阿其那《あきな》（犬）と改名、允禟《いんとう》を塞思黒《さすへ》（豚）と改名させて幽閉し、皇太子を公表しないことにした。このため、帝の治世を通じて冷酷という評がつきまとったが、以来、太子密建《たいしみっけん》は清朝では原

乾清宮殿の内景
正面に「正大光明」の額がかかげてある

則となった。これは皇帝がその後継者を発表せず、その名を錦の箱に納めて乾清宮の正面にかけてある正大光明と大書した額の裏におき、別に皇帝の手許にも密封した指名書をおいて、皇帝の死後これを開くことを定めたものであった。

この密建によって、諸皇子が朋党をつくって競争する暗闘を防ぎ、諸臣も先物買いをせず、その本分に勤勉になろうというねらいであった。そして、少なくとも清朝に帝位争奪のための宮廷動乱がなかったことは、ムガル帝国に目を蔽うような帝位争奪が連続したこととは対照的である。

人によっては、清朝に暗愚な天子のなかったのも太子密建の功だといっているが、逆にいうと、このため、皇帝自体は一代を通じて代行するものもなく、第二の人物をおかない体制を固めたので、太子密建は、専制君主の座を完成したものでもあった。実は、雍正帝ほど、その形式も、またその実行も専制君主らしい姿をもった皇帝は、中国史上でも数少なかったのである。

専制君主というのは、程度の差こそあれ、恣意でいっさいを左右するものであるが、政務をどこまで官僚に委ねるかによって、その独裁度に強弱があり、勤勉であればあるほどすべての決裁をその手に握らざるをえなくなってくる。雍正帝は、地方に派遣した総督や巡撫《じゅんぶ》から送ってくる報告を自ら点検し、朱筆で可否を決して送りかえした。それが『雍正《ようせい》硃批《しゅひ》諭《ゆ》旨《し》』という文献として残されているが、その精励は伝説による秦の始皇帝のごとくである。地方政治の末端までその采配《さいはい》におさめ、官僚のだれよりも全体像を把握しておくということは、四十四歳で即位した帝が、官僚操縦の要諦として早く会得したものであったろう。

養廉銀

帝が官僚の機微に通じていた例は、その徴税法にも現れている。中国では古くから、穀納でも銀納でも、徴税や輸送の費用にあてるため、正規の納税額に若干付加税を徴収したが、これが実情に応じて地方官の判断に委されたため、私腹を肥やす弊害が多かった。

清代でも、穀納のばあいは倉庫や輸送のとちゅう、鼠雀の害で目減り（鼠雀耗《そじゃくこう》）があり、銀納のばあいは、いったん溶かして改鋳するための目減り（火耗《かこう》）があって、これをあらかじめ付加して増徴する耗羨《こうせん》という制度があった。康熙帝はしばしばこれを禁じたが効果は少なく、雍正帝はこれを公式に認め、さらに雍正六（一七八二）年、養廉銀《ようれんぎん》というかたちで、地方官の俸給に職務俸として別に支給するようにした。養廉銀とは、廉潔を維持させるための手当ということであった。薄給で家族を養えないから多少の役得は大目に見るといった習慣は、中国ではながく定着していたが、そうはいわせないという理づめの制度が帝の持ち味であった。

このような天子のもとでは、大政治家は必要でなかった。自分の職分に忠実で、粒のそろった練達の官僚が天子をもりたてる。事実、帝は官吏の人選には慎重であった。中国史で名臣といわれる傑出した人材と、名君といわれるすぐれた君主とが相呼応して一時代をつくり上げたことは漢唐の昔にしばしば見られたが、官僚制が整備されるに従い、名臣の出現は国家の衰退期に多く、君主によって一時代が画されるばあいが普通である。康熙・乾隆《けんりゅう》の盛世といわれる時期の中間、すなわち十三年間の雍正時代はさほど評価されないが、むしろ整備の期間として、これにふさわしい支配者をもったといえるようである。

国政の整備

すでに中国支配に自信をもった帝は、その目を末端まで配るとともに、中央政府の強化を怠らなかった。国家収入の安定のためには、康熙から始まった丁銀（人頭税）をやめて、地丁銀とする銀納を全国に推進させ、また、古くから賤民として一般の良民から差別されていた被差別民を解放して、徴税の対象とした。

中国の賤民とは、各地方ごとにその起原を異にするが、集団的に散在し、きびしい差別が成立していた。山西の楽戸《がっこ》、浙江の惰民《だみん》、九姓漁戸《ぎょこ》、安徽《あんき》の世僕《せぼく》といった、あるいは流浪民のような、あるいは奴隷のような、低い生活を代々つづけてきた人々である。雍正帝はこの人々を、一定の基準を設けて良民に編入したので、ある人はこれを中国の奴隷解放だと評している。しかし、これで蔑視が消えたわけでも、生活が向上したわけでもなく、制度として廃されたというにすぎなかった。

雍正帝はまた、辺境の少数民族の居住地を内地化する意図から、改土《かいど》帰流《きりゅう》を大規模に実行させた。辺境の住民はそれぞれの部族が族長のもとに自分らの習慣に従って生活し、この族長を土司とか土官とかよんでいた。中国からの移住民が増加するとともに、中央から派遣した官吏によって、内地と同じように統治することになり、この官吏を流官といったが、土司を改めて流官にする方針をとったわけである。雍正帝は、ことに雲南貴州方面の苗《ミャオ》族を吸収することに努力した。

さらに、北京語である官話《かんわ》を普及しようとして、広東や福建などに正音書院を設けてこれを学習させた。いずれも中央統制強化の一端で、厳格で精励の皇帝が頂点にたつと、その求心力がこのような体制をとるものであろう。

洋装の世宗雍正帝
(1678～1735)

したがって、帝は外征に対しては消極的であった。すでに拡大した領域をさらに伸ばすことはなく、これを維持し、固定するのが目標で、まず、青海のロプサン・テンジンがチベットのラマと結んでそむくと、将軍岳鍾琪《がくしょうき》をやって討伐し、また、チベットには駐蔵大臣をおいて監視を強め、雍正七年、ジュンガルのガルダン・ツェリンがそむくと、また岳鍾琪らをやったが大敗、蒙古将軍ツェリンによってようやく平定した。このとき辺境の戦闘が長びくのを見て、臨時の大本営として軍《ぐん》機処《きしょ》を設けたが、これはやがて、皇帝の諮問《しもん》機関として国政の最高機関となるようになった。専制政治は、皇帝権力が上昇するに伴い、官僚組織にうわ積みが行われ、屋上屋を架する式に膨張するのが常であった。

一方、南方には、連年ヨーロッパ船が来航したが、帝はその禍を未然に防ぐため、宮廷に奉仕する以外のキリスト教宣教師をマカオへ追放し、ロシアとは、ネルチンスク条約以来の懸案であったロシアと蒙古との国境を定めるため、雍正五年、キャフタ条約を結び、定期貿易を開くことにした。いずれも安定への守りであり、維持への布石であった。

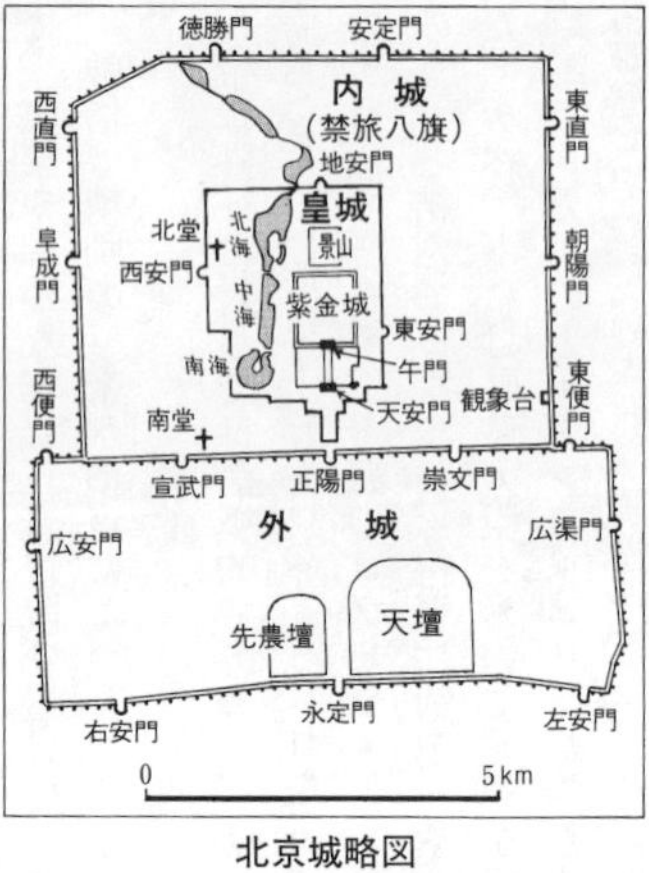

北京城略図

文字の獄

雍正帝は、厳刻という評をとったほどきびしい人物だった。康熙末からジュンガル部鎮圧のため西方経営に功のあった年羹堯《ねんこうぎょう》が、その功を誇って専横となり、弾劾されて九十二の大罪が数えられ、雍正帝はこれを自決させたが、その上奏文に不敬の語があったとされた。また、汪景祺《おうけいき》という人の書いた『西征随筆』に康熙帝をそしった箇所があるとして、これを死刑にしている。雍正四年、内閣学士で礼部侍郎だった査嗣庭《さしてい》が江西に試験官として出向し、郷試という科挙の試験に出題した、「君子は言をもって人を挙げず」という課題を、時事を風刺したものと断じ、「維民所止《これたみのおるところ》」という課題の、「維」は雍の、「止」は正の首をはねたものだとして投獄し、かれが獄中で病死すると、その死体をさらしものにし、その子を死刑、一族も投獄したり、流刑に処したりした。

雍正七年には、広西の陸生枏《りくせいなん》は『資治通鑑』を評論して、『封建論』など十七編を書いたが、不平の言が多いとして殺された。かれは蘇州の府知事をしたり、工部主事などをつとめたりしたが、連座で流刑となり、それを恨んだものと疑われたわけである。また、全州の謝《しゃ》済世《せいせい》は、御史で帝のお気に入りの田文鏡《でんぶんきょう》を弾劾し、逆に流刑となり、『大学』に注釈を施したその著述が程朱をそしったものとして死刑を論告され、恩赦で助かった。また雍正十年には、浙江の呂留良《りょりゅうりょう》の著書を禁じ、その死体をさらした。呂留良は晩村と号した文人で、清朝を嫌って仕えず、その文才をもって推薦されると剃髪して僧となり、何求《かきゅう》老人と号していた。

これらの例を見ると、筆禍のよって来たる理由は別にあって、いずれも清朝を怨んでいるのではないかと疑われたところに端を発しているようである。

また、江西の王錫侯《おうしゃくこう》は、『字貫』という書物をつくって『康熙字典』の誤を正すところが多かった。ところが私怨でこれを密告するものがあり、江西巡撫がこれを上奏することにした。雍正帝は、その内容よりも、むしろ凡例に康熙帝の名まえを書いたりしているのは大逆だとして著者を死刑に処した。そのうえ、巡撫《じゅんぶ》や布政使《ふせいし》や按察使《あんさつし》など、江西地方官の責任者を、かれらがその事実に気づかず、漫然と上奏したのは怠慢だとして処罰した。このばあいは、密告と功をあせる官僚とからおこった問題であり、康熙二年の『明史輯略』や五十年の『南山集』のばあいと同じである。専制政治にかならずつきまとう恐怖政治であり、密告や誣告《ぶこく》や、また、これで手がらにしようとするものがあって問題がおこっている。専制政治は支配者に高度の資質が必要となるが、官僚はいっぱんにこれによりかかってしまうため、低い次元で動き回るようになるのかもしれない。

五　乾隆期の繁栄

十全老人

雍正十三年八月、雍正帝は五十七歳で死んだ。密建によって、二十四歳の第四子弘暦《こうれき》が乾《けん》隆《りゅう》帝となった。そしてその年にもう乾隆の銭の鋳造を始めているが、中国の習慣で翌年を乾隆元年とした。帝は幼少から祖父康熙帝に愛されて宮中で養育され、即位すると、祖父の寛容と父の厳格との間を行くことを方針とした。

清朝が北京にはいってからすでに一世紀近く、宮廷も中国語を用い、満州という異質は形骸化してきていた。領土は拡大し、国庫は充実し、官吏は訓練された。豊熟は座して待つばかりだったようである。宮廷用に発達した工芸技術は民間に流出し、多くの手工業は最高の製品を産出し、都市も農村も活況を呈した。ただこれは新しい産業がおこったブームでも、新しい技術による刺激でもなく、安定の繁栄であり、発酵熱のような高まりであった。そして清朝としては、その安定をさらに意識させるには武功を歌う以外の手段をもたなかった。

元来中国人が中国史を回想するばあい、武功で著名な君主や時代にはあまり好意をもたないようである。当然、国民生活の窮迫が想起されるからで、むしろ文弱に近い時代を喜ぶ形跡がある。それにもかかわらず乾隆帝は、晩年、自分が辺境に十回出兵して大功をあげたことを誇って十全詩《じゅうぜんのし》を詠じ、自ら十全老人と号した。ジュンガルとグルカと金川へそれぞれ二回遠征し、回部・台湾・ビルマ・ベトナムと、中国を囲む地域を領土化したり、その宗主国

馬上の高宗乾隆帝（1711～99）
郎世寧・唐岱画

乾隆帝の十全老人之宝印

となったりしたことが、この老天子にとって、もっとも満足できることであった。それは、満州人が中国へ恩を売ったというものではなく、中国人として過去のどの王朝も果たさなかった大事業をやりとげたという自負心と、たびたび税を免除したり、全国を巡幸して、自分の目でその成果を確かめえたという自慢があったからであろう。

帝の外征は北西部でもっともめざましく、康熙・雍正を通じて頑強だったジュンガル部を、その内紛に乗じて徹底的に壊滅し、乾隆二十五年ごろには、天山北路・南路をまったく帰属させた。さらにチベットを制圧し、ネパールにはいってグルカ部族を降し、チベットへの支配も安定した。

乾隆帝の領土拡大図

これに対し、南方はビルマもベトナムも古くから民族国家が成立しており、ただ武力だけでこれを支配することはできなかったが、乾隆三十年ごろからビルマに内乱がおこり、帝はこれに介入して三十四年には朝貢国とし、五十三年、ベトナムが王朝交替で乱れると、これに介入して同じく朝貢国とした。さらに、タイやラオスも朝貢するようになり、朝鮮・琉球ともども衛星国をなした。中国と満州とを内地と

乾隆帝準回両部平定得勝図　清軍がジュンガル軍，回軍を撃破するところ。カスティリォーネ画

して、内外蒙古・新疆・台湾・チベットを領土化したのは、中国史ではじめてのことであった。

乾隆時代の社会

乾隆期は、康熙乾隆の時代と並称されて、中国の代表的な盛時とされている。あたかも同時代の日本では江戸期元禄時代の爛熟《らんじゅく》、フランスではブルボン朝ルイ十四世の全盛と、東西ともに繁栄期を迎え、ムガル帝国もアウランゼブ帝の時代で、その領土は見せかけにせよ、帝国の最大領土を築いたころで、その昔の唐代に、世界の各地で期せずして黄金時代の花を咲かしたことに匹敵するかのようである。

その多くは、支配者の号令による大規模な征戦と、これをささえる経済力の充実があり、ある程度の物質の蓄積と、またその流通が活発であったことが共通している。いわば、流通経済がその経済圏の拡大に伴って、その機構もその性能もめざましく発展したことがエネルギー源であった。これを絶対主義の時代といおうと、封建社会の開花といおうと、近代社会の序幕といおうと、その評価は自由である。ただ、この時代に接続するつぎの時代から、当代は、前代の産み落としたものとして評価するばあいと、その時代が、それ以前からの連続として、その蓄積だけではなく、なにか新たな活力をもったものを評価するばあいとは、たいへんちがった見方が出てくるのはやむをえない。

乾隆の社会は、明の万暦の豊亨予大《ほうこうよだい》の繁栄を再生した時代であった。ただ、万暦はその繁栄を食いつぶしてしまったが、乾隆は、その余波をなお一世紀近く継続させることができた。別に新しい産業がおこったわけでも、技術のすぐれた進歩があったわけでもなく、商品流通の拡大と、その組織の整備でささえられた繁栄の源泉は、おそらく銀経済の発展であったろう。銀の増産や海外からの流入が潤滑油となって、大量の商品移動、ひいては生産増強がもたらされ、経済の活況と物質の豊富とが現出した。

したがって、生産増強に追いやられる部門から抵抗がおこらざるをえなかった。強盛を誇った乾隆の治世も、すでに中国の将来を占わせる影の部分がしだいに露呈しはじめていた。人口は増加しても、新しい領土はこれを吸収する力はなく、都市の手工業も、まだ大きな労働力を要求しなかった。農村の過剰人口は、零細農民を増加させ、さらに、小作から雇農へとおちこむものを増していった。

が、社会不安はかならずしも困難の大きいところからおこるとはきまっていない。従来から継続的な辺境の苗族、台湾の反清運動は断続的につづいていたが、内地では皇帝がたびたび全国を巡幸して、示威とその地方出身の官僚への懐柔とを行っても、まだこれに対する直接の反抗はなかった。南巡六回をはじめ東巡・西巡と大がかりな巡回のほか、満州へ四回、五台山や嵩山《すうざん》や孔子廟へも出かけたが、そのために徴税することなく、巡幸先の免税までしたことは、皇帝の自負を示していた。それにもかかわらず、皇帝が譲位した年には、白蓮《びゃくれん》教《きょう》の乱が湖北を中心におこるようになった。

権臣の失態

乾隆帝は父雍正帝の設けた軍機処をつづけ、軍機大臣の張廷玉《ちょうていぎょく》や鄂爾泰《オルタイ》によって前代の謹厳な政治を守ったが、張廷玉への信任が厚く、それが満漢の反目を招き、しだいに恣意的な専制君主となった。そのため、皇帝の寵愛をかさにきて専横なものが輩出し、まず官僚の紀綱が弛緩し、腐敗するようになった。

漢軍八旗の広東将軍になった李《り》侍堯《じぎょう》は、一度手がけた事件は終生忘れないといった明敏さを

乾隆帝の礼服

和珅（？～1799）

愛され、雲貴総督になって賄賂を糾弾《きゅうだん》され、斬罪に処せられるところを皇帝の特赦で助けられた。そして、その後各地の総督を歴任したが、あい変わらず賄賂を貪ってやまなかった。このような悪評の高い人間が高官として安穏に過ごしえたことは、崩れた風紀を一般化し、いくらでも同類を生み出すことになるのは当然であった。

乾隆帝のもとでこの李侍堯の専横を調査した満州八旗出身の和珅《わしん》は、これをこえる専横をほしいままにした。乾隆三十四（一七六九）年、武人として軽車都尉《けいしゃとい》に任ぜられてから、その才を愛されてとんとん拍子に軍機大臣となり、その子は乾隆帝の娘と結婚するまでになった。が、専制君主に対応する才能は、国家や社会にとってはなにかを計画する総合的な建設には働かず、つねに反射運動をくり返すため、いったん私利私欲にかられると、とめどもなくのめりこむ。

四十六年、甘粛《かんしゅく》のイスラム教徒の反乱がおこると、和珅は将軍阿桂《アグイ》とともに討伐に向かったが、阿桂と意見が合わず、なんら実効をあげることはなかった。しかも阿桂の死後、その軍隊を私兵化して地方から上納する物資を独占、その家は暴富といわれるまで私欲の限りをつくした。その目に余る専横も、皇帝をはばかって弾劾するものがなく、曹錫宝《そうしゃくほう》という人が和珅の家臣劉全を主人の身代わりに弾劾したが、自分が免職されてしまった。

乾隆帝が譲位四年後に病死すると、たちまち和珅への弾劾が集中し、学者の王念孫《おうねんそん》らがその罪状を数え、嘉慶《かけい》帝はその大罪二十をもって自殺させ、家産を没収したが、その積んだ富は十億両をこえたといわれた。これは当時の国家全収入の十数年分に当たり、一官僚がその地位を利用して私利を図ったものとしては記録的である。どのような政治にも個人の悪徳を防止する力はないかもしれないが、専制君主に奉仕する官僚政治は、社会の制約から隔絶しており、官僚間の制約がなくなると、もっともはげしい悪徳がはびこりやすいものであることを示している。

官僚規正の一政策だった文字の獄も、乾隆時代になると禁書という基準をつくって、これを所蔵したり刊行したりするものを極刑に処する、という形をとった。事実は、これにひっかかるものが多くなり、弾圧がきびしくなったように見えるが、官僚を統制し、粛正《しゆくせい》する実効はさして上がらなかった。乾隆帝が、中国古今の重要な書物を整理分類させた『四庫全書《しこぜんしよ》』を編集させたのも、一つは、その内容を検閲して、好ましくない書物を除去したり、改訂しようとしたりしたもので、禁止される書目もできた。明末の史書をもっていたとして死刑になったり、呂晩村《りよばんそん》の書物を刊行して死刑になったものはあったが、これで官僚の腐敗を食い止めることはできなかった。

西洋との文化交流

明末に来航したマテオ・リッチ以来、明清の宮廷が、イエズス会の宣教師らによってヨーロッパの文物で装飾されたことは有名であった。宮廷の豪奢に遠来珍奇の機具が似つかわしかったのは、東西共通しており、中国で時計や望遠鏡や楽器などが珍重され、フランスで中国の家具や陶磁器などがもてはやされたのは、宮廷と貴族の趣味を出なかった。

ただ中国では、皇帝が暦を頒布する責任者であり、西洋暦学の優秀さは宣教師の地位を高め、さらに明清交替期の戦争に大砲の価値が認められると、宣教師の技術が重用されて、西洋文化の注入が、ヨーロッパで中国思想や中国文物を採取するより大きかったのは当然であった。が、それらが中国社会自体を潤すにはいたらなかった。たとえば、圧力ポンプはすでに明末に知られていたが、農耕地ではあいかわらずはねつるべや龍骨車《りゅうこつしゃ》や足踏み水車しか使われず、精巧な玩具時計はつくられても、実用の時計は民間には無縁であった。それは、知識が独占されていたというより、受けいれる準備がなかったというほうが当たっている。

乾隆帝は、父雍正帝が北京北西の郊外につくった離宮の円明園を改修し、宣教師ブノアの設計した噴水をつくり、また、カスティリォーネ（郎世寧《ろうせいねい》）らの手でバロック様式の西洋風建築を建て、それがヨーロッパへも紹介されて有名ではあったが、中国人の目に触れうるものではなかった。同様に、康熙・雍正・乾隆の三代に仕えた修道士カスティリォーネは、宮廷画家として数多くの絵画を残したが、その洋風技法は中国で一つの潮流をなすにいたらなかった。

洋風建築といえば、すでに広東《カントン》ではヨーロッパ各国の商館が珠江《しゅこう》のほとりに建ちならんでおり、ヨーロッパの帆船も多くの中国人の目にうつったものであるが、概括して、このような洋風文化がなだれをうって中国に流入し、中国社会に定着することはなかった。わずか彩色ガラスで民間職人が洋風装飾品をつくるか、各種のデザインに若干の欧風がはいってくるくらいで、中華思想というものが自らを高しとして他を夷狄視したというよりも、自分らの生活を変えないで、一つの貫徹をもったものといったほうが、まさにふさわしいのである。

その点は、ヨーロッパも同様であり、左右相対のデザインに固執していた伝統に、不整形の美を導入したり、専制君主の壮大さに陶酔したりはしたが、それも異国趣味を拡大するにとどまったようである。フランスの啓蒙思想に若干の影響のあったことは指摘されるが、啓蒙思想家たちの多くは、中国に対してむしろ批判的であった。

乾隆ガラス壺

現在ポルトガルの王宮には、かつて雄飛したアジア各地の風景が陶画で壁面を飾って残されている。中国の宮廷が朝貢してくる諸外国の文物を装飾品とみなしたのも同じだが、キリスト教となるとそういうわけにいかなかった。十七世紀にカトリック教が東アジアに布教をはじめ、日本ではたちまち十五万の信徒を獲得したが、同時代に、中国では二千五百名の信者しかいなかったといわれる。康熙帝はキリスト教を公許したが、イエズス会・ドミニコ会・フランシスコ会など宣教師間で中国の儀礼に順応するか、これを排除するかの布教方法から論争がおこり、いわゆる典礼《てんれい》問題でローマ法王の裁決が中国儀礼を排除することになり、雍正帝はキリスト教を禁止するにいたった。

しかし禁教は日本ほど厳格でなく、中国人もまた、信仰については熱狂的ではなかった。日本でも中国でも、支配者がキリスト教に随伴するなにものかを警戒した点は一致していた。それは当時の中国や日本にとって、社会体制の上からこれを動揺させる危険を感知したもので、その社会体制が変化してしまえば、目の鱗がとれたようになる。しかしキリスト教自体にも各派の教義や宣布の方式に相違があり、かならずしもアジアの伝道で、その背景をなした経済的進出に比べて、これに匹敵する実績をあげたとはいいがたかった。

第三章　清代社会の転機

一　支配の弛緩

嘉慶帝の軍・官粛正

乾隆帝は譲位ののちも太上皇として訓政《くんせい》をつづけ、宮廷には当然派閥を生じたが、上皇が死ぬのを待っておこった和珅《わしん》の事件で上皇派は壊滅し、官僚自身の萎縮《いしゅく》を招いた。ときに湖北から四川《しせん》・陝西《せんせい》と広がった白蓮《びゃくれん》教の反乱（後述）を討伐するため、嘉慶帝は、八旗軍の編成を固め、満州正黄旗の額勒登保《エルデンボ》、蒙古正黄旗の徳楞泰《デレンタイ》を登用した。このふたりとも歴戦の勇将で、指揮系統を確立しようとした。

そもそもこの八旗こそ清朝の支柱で、旗の色によって正黄・正紅・正白・正藍・鑲《じょう》黄・鑲紅・鑲白・鑲藍の八隊から成り、はじめは満州八旗だけであったが、やがて蒙古八旗・漢軍八旗も編成され、順治帝の北京入城とともに、二十四旗みな中国にはいり、近衛軍と地方駐防軍とに分かれてしだいに整備され、騎馬と弩弓《どきゅう》とを主要な戦力としていた。しかし、乾隆帝の征戦に満漢蒙の混成軍が、しばしば指揮の混乱のために実力を発揮しなかったので、これを改めようとしたのであった。

しかし八旗は北京入城のころ、明の遺臣で、李自成に降り、また清朝に降った金之俊《きんしゅん》がドルゴンに重用され、その献策で、武人は職業をもたないという原則が定められたという。が、八旗はたんに職業軍人ではなく、部族組織や行政組織にもかかわりのあったもので、平時に農耕に従事するだけでは、その生活が困窮化する傾向があった。三藩の乱以後、八旗軍の衰退は蔽えない事実で、嘉慶帝の粛正も経済的裏付けのないかぎりは効果は上がらなかった。したがって、各地に続発する反乱の平定に、各地の地主や豪商の募集する義勇軍にたよらざるをえなくなり、ここに郷土防衛軍ともいうべき郷勇《きょうゆう》がおこるようになった。政府のできることは、招撫《しょうぶ》という懐柔策か、城塞を築いて守備を固めるしかなかった。

仁宗嘉慶帝
(1760〜1820)

とまれ、三十六歳の分別盛りで第七代の帝位に即《つ》いた嘉慶帝は、当時でも盛大を誇った乾隆時代の悪徳や弱点を十分見抜いていたことであろう。そのために、軍紀を張り官僚を鞭撻《べんたつ》し、かつて貫徹した支配をふたたび築き上げるには、圧力を強化しなければならないと考えた。

しかし、第一段の八旗の編成は、あるいはこの時代にもっとも整備したといえるが、第二段の官僚規制には、ほとんどなすすべをもたなかった。かれは父のように南方を視察することもなく、好んで熱河《ねっか》の離宮に出かけた。それだけ内政に対して消極的になり、官僚に委任するふうが強くなった。うがっていえば、民族の郷愁といったものに駆られていたのかもしれない。

社会転機の背景

乾隆から嘉慶への清朝史の転換は、全盛から衰退と見るのが普通である。それは、その後の結果から当然考えられるところであるが、これが中国社会の質的変化なのか、それとも、ただ支配権力の弱化なのか。現象としては同様に露呈してくるが、どのように見たらよいか。また、これをもたらしたものが、のちにはげしくなった海外からの圧力の前ぶれなのか、また、国内社会の破綻なのか。ここにも各種の見方がある。第一に、嘉慶期にはまだなんらの変化はなかった、という人もいて、これによれば官制や税制などにほとんど大きな変化はなかったではないかというのである。制度が政治のハンドルだったと見るわけだが、制度史で全歴史が成立しないことも事実である。

十九世紀初頭の二十年間は、日本では寛政から文化文政へかけての江戸の爛熟期、ヨーロッパではナポレオン戦争とその後の再編成の時期に当たり、まだヨーロッパのアジア進出は政治的色彩を帯びなかった。もっとも、来航する商船は年を追うて多くなり、すでにアヘン貿易も始まっていた。ヨーロッパ勢力の炎で中国のからだがやがて焼きただれたとするなら、もう毛髪が焦げるくらいの事態がおこっていたともいえる。

その繁栄をささえていた銀の流入も衰え、銀価の高騰は一般的な情勢であった。が、物価高だけで焦げくさくなるというのは大げさで、やはり中国各地に動揺がおこってきたこと、前代の放漫な政治が支配全般を希薄にしたこと、これがなにか雲行きを怪しくしだした原動力だった。かつての文字の獄のような弾圧手段をとれば、組織すべてが瓦解してしまうおそれすらあった。嘉慶帝は多くの条例を制定させ、法律で規制しようとしたが効果はなかった。皇帝の恣意《しい》による恐怖政治が条文化されれば、官僚の思う壺だったわけである。

官僚が徒党を組んで自分らの利益を守り、勢力を拡張しようとするふうは、昔から歴然たるものであったが、専制君主の魔力が消失すると、この徒党の動きは強くなってくる。もともと中国の官僚は皇帝に対してだけ責任をもったので、かれらが皇帝に代わって恣意をほしいままにすると、民衆の犠牲が大きくなるのだった。やがてヨーロッパの帝国主義が世界の各地に植民地をつくり、他民族の犠牲をしいる。中国は植民地をつくらなかったが、それ以上の犠牲を自分らの民族に強制していた。

康煕・乾隆両帝とも、しばしば免税などを行ってその名誉心を満足させたが、嘉慶帝はこのような売恩の空しさを知ったばかりか、その八年、円明園で雑役の庶人に暗殺されかかった経験もあり、下賤を憎悪していたように見える。

官逼民反

中国歴代の王朝史は、初期に平和で繁栄が記録され、中期から社会不安がおこり、最後に反乱が続発して交替するというくり返しを演じてきた。反乱とは戦闘と略奪との連続で、疲《ひ》弊《へい》しきった民衆は新王朝に期待し、新王朝も、卵を産むまで太らせるため民衆を休養させる。そして、この安定期が過ぎると、どのようにたくさん卵を産ませるか、産んだ卵をどのようにかくすかの、官吏と民衆との競争になり、どうしても官吏が勝ってしまう。それは権力をもっているというだけでなく、その権力がいつも徴税に集中して、あらゆる手段に習熟していたし、民衆は膝をかかえて飢えを忍ぶのに慣れすぎていた。農民は、なまじ自作農として一本立ちでいるより、有力な地主の庇《ひ》護《ご》のもとにはいるほうが安全であり、都市の職人たちも強い親方の下で働くほうを選んだ。こうして官僚がその組織を強めると、社会は縦の関係に結びつかざるをえなくなる。

清朝大官の家庭

しかしだれでもが有力な地主や有力な親方について、小作人になったり職人をしたりすることができるわけではない。多くは自分らの仲間をつくって、その力で生活を防衛しようとする。ことに農民は地主に対して小作料の引き下げを要求して、いっぱんに抗租《こうそ》といわれる運動をおこし、地主は官吏と結んでこれをおさえようとした。
農民たちは古くから宗教的な結社をつくり、祈禱や相互扶助の団体をなしていたが、明代から、宗教的な色彩のない、たんなる抗租といった強い動きも現れてきた。平素は念仏を唱え、災厄をよけ幸運を招こうと集まり、急迫した事態には、信仰が団結の絆《きずな》になって反抗するといった会党が普遍的であった。このような結社はきわめて古くから存在し、あるいは流賊となり、あるいは扇動者に利用されたが、明代からは、ほとんど全国に常時蠢動《しゅんどう》するようになった。

このような情勢に対し、清代には、これは官吏が悪いのだという批判がおこり、官僚の間にもそのような自覚が広がっていた。官吏が悪辣《あくらつ》な手段で農民を誅求《ちゅうきゅう》し、農民が堪えかねて反乱をおこしたという場合、これを「官逼民反《かんひつみんぱん》」といって、この語を官吏自身も使うようになった。といって自粛して官逼がなくなったわけではなく、民反も年中行事となり、そのまま社会的衰弱につながっていった。

寄付をさせて官爵を与える＝捐納

官逼の一般化は官僚の素質低下に原因している。官吏の選抜は各王朝の苦心したところでもあり、専制君主の最大の特権でもあり、あるいは推薦制、あるいは試験制と、ながい期間にその経験を生かしてきたが、財政を補うために、捐輸《えんゆ》（捐納）という寄付によって爵位や官名を与える習慣も、漢代からしばしば行われてきた。このばあい、多くは虚銜《きょかん》といって、官位の名誉や特権だけで、実務につかせるものではなかったが、しだいに下級官吏のポストは事実上買うものとなった。明代以後、大商人が官名をもって俗称される例が多くあり、たとえば鄭芝龍《ていしりゅう》が鄭一官《ていいっかん》とよばれたのは爵位を与えられたからで、実際に実務にもつくものもいた。

清代の地方政治では、中央政府から派遣される高級官吏は、本省回避といって自分の出身地には任命されず、地方の官庁は多く実務を胥吏《しょり》といわれる下級吏員に任せ、その胥吏のポストは株のようになって民間で売買された。

胥吏は書吏・吏人などといわれ、中央政府の官人とは別系統をなして、官と吏との間に身分的な断層があり、官は中央に対して責任をもち、吏は民衆に対して圧力をもった。この胥吏は多く株を買ってその地位を得たので、俸給はなく、人民の差しだす手数料で生活するため、手数料と賄賂《わいろ》との区別もない取り立て方をした。胥吏に直接民衆を収奪する実権はなかったにせよ、その手心で動く官僚は、かならずしも弱いものの味方ではなかった。捐輸で地位を得た官人は、投資に見合う収入を早く回収しようとし、いずれは転勤する以上、事をおこさないことを第一とするのが普通であった。

捐納が弊害が大きいことは歴代王朝の等しく認めるところであったが、明代からは財政的に不可欠となり、清代もこれを採用し、天子の下問になんら答えることができず、儲《もう》かるからこの地位を買ったといってたちまちやめさせられた官人の例すらあった。しかも正式の国家収入となる捐納のほかに、皇族に賄賂を贈って高位を得ようとすることもあった。これは官僚がさらに高官を望んだもので、清末には、北京にその取り次ぎを専業とする美術商まであったといわれる。それは美術品によって総督とか巡撫とかの格が定まっており、その品を皇族へ贈り、皇族からその美術商へ返されてくると、美術商が金を届ける仕組みだったという。

このような腐敗が上下とも覚悟の上だったとすれば、すべて政治は納得ずくで取り運ばれたものとしなければならない。その納得がいかないほど苛酷な誅求や非道が重なると、これに対する反抗も激烈にならざるをえなかった。

首枷をかけられた罪人

軍隊・地方官の腐敗

清代に年中行事のようになった地方における大小の暴動は、「毛のごとく」剃っても剃っても生えてきたが、これを討伐する軍隊も、地方で監督しなければならない行政官も、ほとんど怠業という状態になった。これは続発するから徹底的に掃蕩しないという事情と、徹底的におさえないから続発するという事情との悪循環のようであった。専制政治が恐怖政治を伴って遂行される間は、あるいは表面的に平静に推移したものが、その恐怖政治の圧力が消失すると、どの分野にも渋滞がおこってきた。これは反動でもあり、本来内在したものでもあったが、専制が自発的な意欲をむしばんでしまったので、支配側の責任と農民側の自制とが減退した故であった。そして、これはたちまちに堕落し蔓延した。

支配側でいえば、まず討伐軍の諸将が軍費を着服して軍隊を動かさず、官兵は給与の不渡りから略奪を働き、民衆は反乱軍よりも官兵を恐れ、将軍は反乱の鎮圧より反乱の継続のほうが自分の仕事が続くものとした。中には反乱軍を避けてその後尾だけを追撃し、和珅《わしん》の一族で、河南巡撫の景安《けいあん》などは、尾追ばかりで迎撃しないので迎送伯《げいそうはく》とよばれた。そのうえ、降服者を皆殺しにして賊を殲滅《せんめつ》したと報告して軍功としたり、兵員の増派を請願せず、軍費の増額ばかり要求したり、互いに連絡せず、互いに補わず、醜態は各地で目を蔽わしめるばかりとなった。

このような情勢は乾隆末年から急激に広まり、嘉慶帝は「昔から兵を敵に対して用うることは聞くが、兵を自分らの人民に対して用うることは聞いたことがない。自分らで相攻撃して多くの人命を失っているので、わたしは哀憐《あいれん》、ほとんど寝食を廃するにいたった」と嘆いている。

政府は各地からの報告をほとんど信用しなくなり、民衆自衛の郷勇《きょうゆう》を優遇すること、反乱軍に脅迫されて加わったものや投降者を寛大に扱うことを奨励し、いわゆる堅壁清野《けんぺきせいや》の計をとることにした。これは、各地に堅固な案《とりで》を築かせ、堀をめぐらし、ここへ食糧や民衆の財貨を移し、村落には反乱軍が略奪するものをなくしてしまう方法で、はじめは有効でなかったが、郷勇がこれを採用するようになってしだいに効果を上げるようになった。すなわち、専制政治がその支柱である軍隊の腐敗から、大幅に民衆の自治に譲歩せざるをえなくなったことであり、これが将来の禍根であると警告するもののあったのも当然であった。

二　白蓮教徒の乱

白蓮教とその発生要因

清朝が嘉慶期から衰退しはじめたという転機の具体的事実は、白蓮《びやくれん》教の乱といわれる宗教結社の執拗な反乱であった。白蓮教とは仏教における阿弥陀《あみだ》信仰の民間結社で、南宋ごろから邪教として禁止されていたが、元代に貧農が多くこれを信じ、弥勒《みろく》仏が救世主として現れるという弥勒教の信仰が加わり、明の太祖もこれを利用して王朝を建設した。しかし、みずからその力を経験した太祖はこれを邪教として禁止したが、教徒はまた別の名を唱えて、明清の間にもしばしば反乱の母胎となった。乾隆三十九（一七七四）年山東の王倫《おうりん》が清水《せいすい》教を説いて反乱をおこし、五十年、河南の樊明徳《はんめいとく》が混元《こんげん》教を奉じて弾圧されたが、いずれも白蓮教系の結社であった。そのほか、記録をさぐれば、各種各様の名称を唱えた大小の集団が、あるいは衆をまどわしたといい、あるいは官署に乱入したといい、厳罰に処せられている。

これらの多くには、やがて大災厄がおこるから仲間にはいって厄運を免れようとか、この人こそ救世主だからこれに従って行動しようとか、きわめて原始的な動機が共通しており、それだけでは、自成的に拡大していく要因は少なかった。これに加わったものの大部分が貧農で、家を捨てて流浪しても悔いのない人々が土台であったから、かならずしも連帯の意識が強かったとは考えられない。これを結ぶ紐はやはり信仰であり、僥倖《ぎょうこう》をたのむ野心であったろうが、動員されたものが多数になれば、当然下層民としての共通の場をもち、共通の意識もおこったようである。

が、もっとも白蓮教徒が反乱をおこす直接の要因は、地域的に不均衡の大きい生活があり、たえず紛争のおこる情況のあることであった。四川の山岳地帯などは貧富の差がはげしく、かつ移住民が多く、従来の慣行が成熟していなかったので紛争が多かったし、生活の不均衡も大きかった。

白蓮教の説教

　白蓮教は仏教的教義にもとづいて発生したが、民間信仰として定着するにしたがい、祈禱や呪術などを主とした土俗的なものとなり、他の系統や名称を異にする団体と、なんら内容の異なるものではなくなった。それは、宗派の相違といった異質のものでもなく、すぐに合流できる同一地盤のものであった。もし合流せずに、互いに拒否するものがあれば、それは、教義の相違よりも、地域なり生活なりの相違から来たもので、元朝末の紅巾《こうきん》の賊以後は、宗教臭をもった団体はほとんど同一の範疇に属していたと考えられる。その故に、爆発的に数十万の徒党が雲集し、明末でも、わが党は二百万を下らず、と豪語したものがあった。

反乱の発端

山東で王倫の清水《せいすい》教が反乱をおこし、約一ヵ月で鎮圧されてしまったとき、政府はさらに同様の結社の反乱化を予防するため、弾圧を強めて、江南の樊明徳《はんめいとく》らの混元《こんげん》教徒を危険と見て、中心人物の劉松《りゅうしょう》を甘粛《かんしゅく》へ流刑に処した。劉松の弟子の劉之協《りゅうしきょう》は混元教を三陽教と改称し、劉松の四男を弥勒《みろく》仏の転生《てんしょう》した救世主だとし、王発生《おうはっせい》という童子を牛八《ぎゅうはち》と命名、明朝の子孫だといいたてた。牛八とは明朝の朱姓の朱を二分したものである。やがて大変事がおこる、入信者は水火刀兵の難を免れるといって結社を拡大し、湖北・四川・陝西《せんせい》・甘粛の各地に教徒が増加した。乾隆五十八（一七九三）年、これらの検挙が始まり、牛八は童子なので新疆《しんきょう》へ流されたが、首領の劉之協は官署にも潜入していた信者の手で脱出し、六年にわたってなお布教をつづけた。かれの組織力が白蓮教の大乱を培ったものであった。

地下にもぐった劉之協を逮捕しようと各地方へ厳命が下ると、これを口実に胥吏《しょり》は家探しを始め、白蓮教徒であるかどうかよりも、賄賂を出すかどうかという誅求ぶりで、富者は破産し貧者は無実で死に、惨憺たる状態になった。ことに湖北の官憲の横暴がはげしく、嘉慶元（一七九六）年、諸方で一党は蜂起《ほうき》して襄陽《じょうよう》の姚之富《ようしふ》・斉林《せいりん》の妻王氏らの黄号をはじめ、張添倫《ちょうてんりん》らの白号、張漢潮らの藍号などの教徒軍は、四川・江南・陝西へはいり、四川では達州の徐添徳《じょてんとく》らの青号、王三槐《おうさんかい》・冷添禄《れいてんろく》らの白号、龍紹周《りゅうしょうしゅう》らの黄号、羅其清《らきせい》らの白号、冉《ぜん》文儔《ぶんちゅう》らの藍号などの教徒軍が呼応して、反乱は大規模となった。これらの教徒軍は入信のとき米を提供し、その後は、略奪品などを均分する共産的な生活にはいったり、菜食をつづけ、姦淫を禁ずるなど、組織としての結合を強めるいくつかの特色を生み出していった。

清朝の法律では、一般の民衆が反乱をおこし、これで守備している城市が失陥《しっかん》したばあいは、その官吏は斬罪に処せられるが、邪教が民衆を扇動するのを事前に察知することができなかった官吏は、ただ免職されるだけであったので、いわゆる民変がおこると官吏の報告は、みな邪教の反乱だといって、自分の罪を軽くしようとした。清朝軍も、湖北・湖南では教徒軍を撃破したが、自然発生的な反乱は相互の連絡が弱く、個別的に崩壊していった。嘉慶四年に逮捕された四川の王三槐を帝自ら訊問したとき、官逼民反《かんぴつみんぱん》とくり返し答えるばかりだったので、帝は憮然《ぶぜん》としたと伝えられている。

反乱の推移

湖北と四川の教徒軍が合流したころ、その組織化も進み、統一行動は活発であったが、満州武官のエルデンボやデレンタイらが討伐軍を指揮するようになって、湖北・陝西の教徒軍はしだいに崩れはじめた。だいたい清朝軍は郷勇といわれた義勇軍を最前線に出し、そのつ

白蓮教徒

ぎに漢人部隊である緑営《りょくえい》の兵をおき、最後尾に満州の八旗が観望しているありさまで、これに対し、教徒軍もむりに駆り出した難民たちを前線に出し、教徒は後尾におり、難民と郷勇とは同一の民衆であったから、背後から督励されなければ戦わなかった。梁上国《りょうじょうこく》の上奏文に、賊徒のうち官吏を怨怒するものが十分の二、飢寒に苦しむものが十分の三、むりに従わされた脅従者が十分の四、真の教匪《きょうひ》は十分の一で、官吏を怨むものも飢寒に苦しむものもはじめは破れかぶれで、勢いが鋭く当たりがたいが、反乱数年でしだいにその緊張はゆるんでおり、地方が荒廃して略奪するものも少なくなるといよいよ弱体化した、といっている。

嘉慶四（一七九九）年、嘉慶帝は粛軍を断行し、総司令官の勒保《レボ》を免職、信賞必罰で多くの官僚を改職し、総司令にエルデンボを任じてから指揮系統も確立し、官軍の機動性は増し、各地の自衛策も強化するようになった。民衆が武器をもって自衛することを認めるのは、清朝のような軍事国家にとっては致命的なことであったが、それをあえて踏みきらざるをえなかったのは、教徒軍のゲリラ戦に対しては、これ以外に効果を期待できる方法がなかったからである。

こうして堅壁清野の策が教徒軍の困難を深めるにしたがい、教徒は流賊となり、郷勇も転戦のうちに反乱に加わったりして分散していった。しかし、多くの中心人物が相ついで逮捕されたが、また新たな指導者が現れ、甘粛や四川で勢いをもり返し、いくつかの拠点をもつことができた。嘉慶四年ごろを転機に、反乱の大勢は収束に向かったが、教団の中心教徒は狂信的で、むりに仲間へ入れたものの弁髪を切ったり、顔に蓮の字を入墨《いれずみ》したりして逃亡できないようにし、ゲリラ戦にはいった。

嘉慶五年、四川の新店子《しんてんし》・馬蹄岡《ばていこう》で、最後といえる殲滅戦《せんめつせん》が展開され、教徒軍は大打撃を受けて組織をたて直すことができなくなった。もともと指揮の中心があったわけではなく、また、政治目標や民族意識が強いものでもなく、数十万の動員力をもちながら、新王朝の宣言や儀礼的な支配形式もなく、まったくの農民暴動に終始したのは、まだ専制政治の呪縛が残っていたのだというよりほかはない。

嘉慶七年、清朝は論功行賞を行っていちおうの平定を祝った。そして翌八年、九年には、解散された郷勇の一部が残存した教徒軍と結んで、陝西・湖北で反乱をつづけたが、これも相ついで討伐され、嘉慶十年には討伐軍を撤収して、前後十年にわたり五省を荒廃させた大乱は終息した。この反乱に清朝が費やした費用は一億二千万両に及んだといわれ、かつて充満していた国庫はほとんど空しく、財政難の一歩を踏み出すこととなった。

天理教の乱

白蓮教の乱はおさまっても、白蓮教がなくなったわけではなく、名を改め、所を変えて、同様の集団はくり返しくり返し生まれてきた。それは隣り組よりももっと強い、社会生活の必要単位でもあったからで、いずれも民間信仰を核としていた。これに対し、宗教的色彩をほとんどもたない東南海の海賊が、明末以来鳴りをひそめていたが、嘉慶五年ごろから首領の蔡牽《さいけん》に率いられて跳梁《ちょうりょう》しはじめた。清朝ではこれを艇盗《ていとう》と呼び、福建水師提督の李長庚《りちょうこう》に、霆船《ていせん》とよばれる砲艦を建造させ、蔡牽を破ったが、蔡牽は閩浙《びんせつ》総督に賄賂をおくってのがれた。海上でも清軍の腐敗ははげしく、海賊へ武器を売るもの、戦うより賊を金品で懐柔しようとするもの、功あるものを嫉妬讒誣《ざんぶ》するものの多い中で、李長庚は自分の歯を故郷へ送り、骨の返らないのを覚悟していた。かれは蔡牽追及に生涯をかけ、嘉慶十二年交戦中に狙撃《そげき》されて死んだが、十四年、その部下が定海でこれを殲滅した。

　白蓮教や艇盗のような乱も、歴代にその例は珍しくないが、それが十年もつづいたということは、専制政治への抵抗がきわめて強かったからであろう。そして、これを象徴的に示す事件が、天理教徒の宮中乱入となって突発した。しかも、これは偶発的ではなく計画されたものであり、迷信や占星術によるとはいえ、とにかく専制の中枢を襲ったものであった。

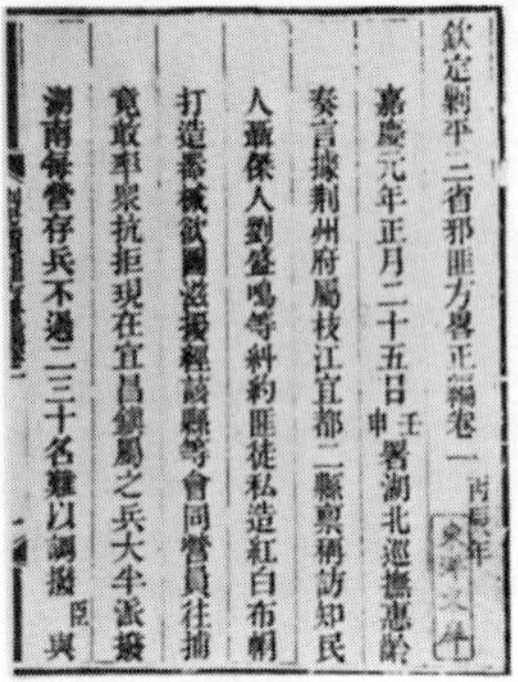
欽定剿平三省邪匪方略正編卷一 丙辰年
嘉慶元年正月二十五日壬申 署湖北巡撫惠齡
奏言據荊州府屬枝江宜都二縣稟稱訪知民
人聶傑人劉盛鳴等斜約匪徒私造紅白布幗
打造器械欲圖滋擾經該縣等會同營員往捕
竟敢聚衆抗拒現在宜昌鎮屬之兵大半派撥
湖南每營存兵不過二三十名難以調撥 臣

『剿平三省邪匪方略』
白蓮教の乱の平定を記した清朝の記録

白蓮教の乱後、華北には八卦《はっけ》教とよばれる信仰があり、いくつかの支派が統合されて天理教と改称されたといわれる。その中心となったのは、河南滑《かっ》県の大工だった李文成《りぶんせい》で、天文占星を習って教首になり、組織力をもって教団を拡大し、武器や戦馬を準備して反乱の機をうかがっていた。一方、河北大興県の胥吏《しょり》だった林清《りんせい》も、その地方の教首となって数万の衆を集めていたが、滑県の胥吏の牛亮臣《ぎゅうりょうしん》の媒介で李・林両者は連携し、李文成は天皇《てんのう》となって河南を、林清は地皇《ちおう》となって河北をとり、李一派の馮克善《ふうこくぜん》は人皇《じんのう》となって山東をとることを約し、嘉慶十八（一八一三）年九月十五日に事をおこすこととした。

この計画は事前に発覚して、滑県の知事の強克捷《きょうこくしょう》は、九月五日、李文成や牛亮臣を捕え、その足を断ったが、三千余の徒党が官署を襲って知事らを殺し、李文成を救出し、河北・河南・山東の省境で教徒が蜂起し、滑県に軍政府をおいて、李文成を大明天順李真主《たいみんてんじゅんりしんしゅ》と称した。一方、林清は十五日、二百人の徒党を北京に潜入させ、自らは郊外の黄村において、李文成が送ると約束した三千の援兵を待った。

北京に潜入した徒党は、市民が荷車を運ぶふりで、日没になって二隊に分かれ、東華門と西華門から宮中へ乱入した。これには、宦官《かんがん》がかねて打ち合わせて手引きをしたが、東華門では門衛がすばやく門を閉じたので十数名しかはいれず、西華門からは八十余名がはいって自ら門を閉じ、「大明天順」「順天保明」と書いた白旗を掲げて内城深く侵入した。

ときに嘉慶帝は熱河の離宮へ行って不在で、次男の旻寧《びんねい》が銃をとって撃ったが、銃を渡した宦官が実弾をこめず、皇子は服のボタンをこめて狙撃して倒し、侵入者は潰乱《かいらん》して、やがて到着した軍隊に、内応の宦官とともに逮捕され、十七日には林清も捕えられた。林清の冒険主義は破天荒の事件をひきおこしただけで、なんらの成果はなかったが、胥吏や宦官などに多数の同調者が存在していたことは、動乱の病弊が痼疾化してしまったものであろう。政府は全力をあげて李文成討伐に当たり、滑県包囲を強めた。文成は脱出して流賊になろうとし、急追されて自殺した。

官僚群の中の清官

専制君主のもとで、一世紀の間に、官僚政治がこのように腐敗し、このように不安定な社会におちこんだのは、なにが盛代だったのか、なにが平和だったのかと、人間社会の動向そのものへの反省をうながす問題を提供しているようである。官僚が、君主に対して責任を負うても、民衆に対しては道義以上の責務のない体制は、君主の威嚇《いかく》がなくなると、すべて無責任になってしまうものであろうか。いわゆる一世紀にわたる盛代が、官僚組織に筋金を入れるよりは、むしろただ食いつぶしてしまった、とも考えられないので、動乱の中でなにかを探し求めてみると、清潔な話がないわけではない。

四川の白蓮教徒の首領王三槐《さんかい》が捕えられたとき、嘉慶帝は自ら訊問して、四川の官吏はみなおまえのいうような悪い奴ばかりか、ときいたところ、清官に劉青天がいると答えた。それは四川南充県の知事をしていた劉清《りゅうせい》のことで、公正で民心を得ていて、前後百十戦、教徒軍も劉清を避けて去ったといわれる。劉清はしばしば単身反乱軍の陣営へ行って説得し、か

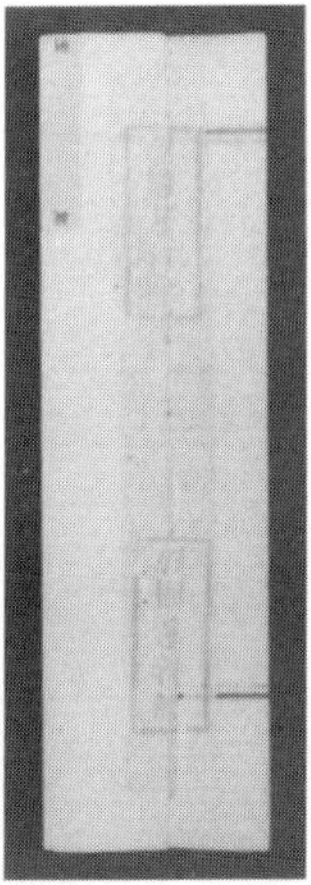
①

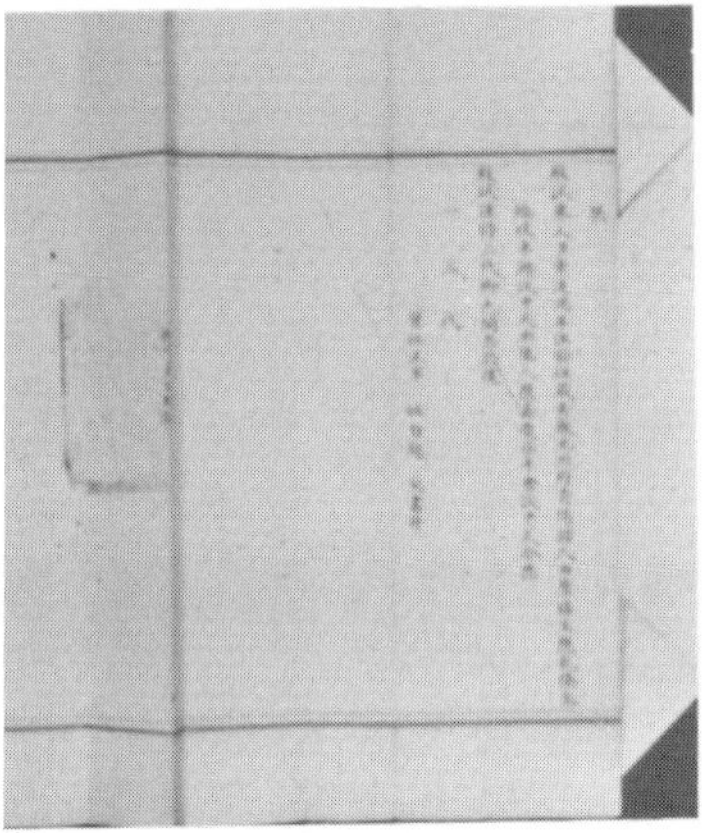
②

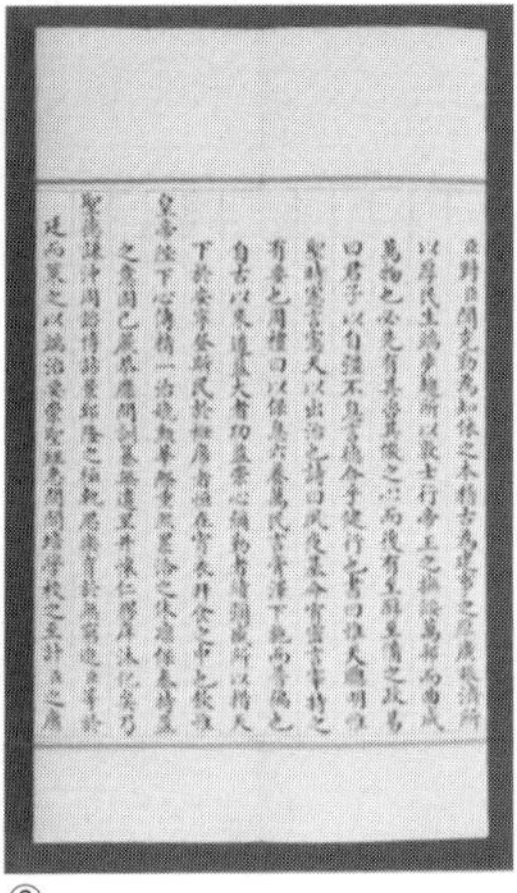
③

④

科挙の答案　①受験生の名を封じとじてたたんだもの　②受験生の署名　③答案部分　④裏側の採点者の採点

れに投降したものは二万余を数えた。一度、反乱軍の陣営で、かつて自分の部下だった羅其《らき》清《せい》が首領になっているのを見、互いに号泣し、羅はかれを饗応して営内を案内し、反乱軍も列伍を整えて迎送した。かれはのちに山東塩運使になり、滑《かつ》県の天理教徒を討伐したのち、雲南布政使となり、ついで自ら請うて武官となって登州鎮総兵《とうしゅうちんそうへい》となった。

このような例は、清朝の記録に散見される。もちろん、青天白日のような官吏を顕彰するためと、これを鑑とせよ、という記録者の期待があったので、清朝への忠誠が特筆されている。清朝も朱子学を堅持して、その空洞化には極力警戒してはいたが、朱子学の図式だけでこのような官吏が相ついで養成されるものではなかった。およそ思想がひとりの人間に具現されるには、その思想だけで十分なわけはない。清潔とか愛情とか、思想以前のものが培養土とならなければならないが、その豊かな肥料が、いわゆる清朝の盛代に普遍化したかどうかは疑問である。

三　銀経済の定着

貨幣経済の変遷

世界でもっとも古く、また中絶することなくつづいた貨幣経済の歴史をもつ中国は、また、もっともながく一定の形式に定着して、その運営を継続した。それは、制銭とよばれる法定の銅銭が基準となって社会経済が営まれたことであり、他の多くの社会現象——政治の形態にせよ、文化の特性にせよ、みな共通して同様の継続が見られた。それは驚くべき復原力であり、持続力であり、成長し変化していく歴史そのものへの抵抗が、たんに権力の維持や支配の形式にだけ求められるかどうか疑わしい。それで、もっとも権力の介入しにくい貨幣流通の実態を見ておくことにしよう。

世界のどの地域でも、貨幣がある程度流通の基本になると、金銀銅のいわゆる三貨が、その消長はあるにしても、並存するのが普通で、それぞれの役割はちがっても、形式としてはだいたいおなじような形で発行され、授受されていた。

中国でも、漢代に、白金や皮や赤銅などの貨幣がつくられたが、定着したのは青銅の五銖《しゅ》銭であり、官鋳も私鋳もあったが、私鋳は信用を失って廃れた。唐代以降、開元通宝銭が固定し、金銀は財宝として地金のまま用いられたが通貨にはならなかった。宋代ごろから紙幣が流通したのは、貨幣史上特筆されるが、遼朝がはじめての銀貨、承安宝貨を発行しても、たちまち廃絶してしまった。

貨幣経済が発展して高額取引が多くなってくると、制銭の百枚を日本でいう「さし銭」として用いるほか、銀地金を秤量《しょうりょう》貨幣として、その品質と重量とによって使用するふうが盛んとなった。これは中国で、古くから貨幣の流通を民間自治の問題として、慣行にまかせることが多く、発行権だけを財政の大本としておさえていたことによるのであろう。

このように貨幣の流通が自然に放置されると、銅銭でもこれを削って余利を計る位であったから、金銀では、偽造や変造でたちまち流通が止まり、地金にもどってしまうのであった。これは流通経済の自縄自縛であり、秤量貨幣という物々交換の遺物のような形から脱却できない理由であったが、早く銀貨幣を定着させた他の国々と、どのように事情が異なったのであろうか。

まず、地金の流通が先行して、銀そのものへの信用が、銀貨への信用をはるかに上まわってしまう習慣を植えつけたからといわなければならない。紙幣まで世界にさきがけて流通させた民族社会が、銀貨への信用をながくもたなかったのは、銀を財宝として扱い、交換手段としてみることに慣れるための機会がおくれすぎたからであった。

銀両の成長

漢代以来、記録には金銀の使用が数多く見られ、唐宋となると、ひときわその量を増してくる。これを盛んに使用したということは誤りではないが、記録に多いことが、当時の社会で一般化していた、ということにはならない。貴金属が、支配権の象徴として、名誉や権力の記号として用いられ、財宝として継承されることは、世界のいずれでも共通していたことで、それが王冠となり、仮面となり、印章となり、衣装や所持品となり、さらにこれが分与されて、末端は豪族・富豪・地主などに広がっても、一般民衆にとっては、まず無縁のものであった。

しかしその蓄積が多くなり、ことに商工業が盛んになると、商人や民衆の手にも若干渡るようになり、漢代以前にもその例はあるが、宋代以後は顕著で、そのような民間での蓄積が背景となって、紙幣も流通しえたのであった。

その貴金属は、銀が多く金が少ないのも、世界のいずれとも同様であったが、地金のまま用いられるときは、だいたい板状の細長い錠《じょう》の形状をとり、あるいは円盤形・円錐形など種々の形があったが、元代ごろから分銅《ふんどう》形が多くなり、銀そのものも元朝の手で多く集められて、明代には租税の銀納もおこって銀の使用は一般化した。ようやく農民の手にも銀がはいるようになり、その形は分銅形で、元宝銀《げんぽうぎん》と通称された。そしてその鋳造法から、分銅形の中がへこみ、両側に耳とよばれる張り出しができて、清代の馬蹄銀《ばていぎん》となった。

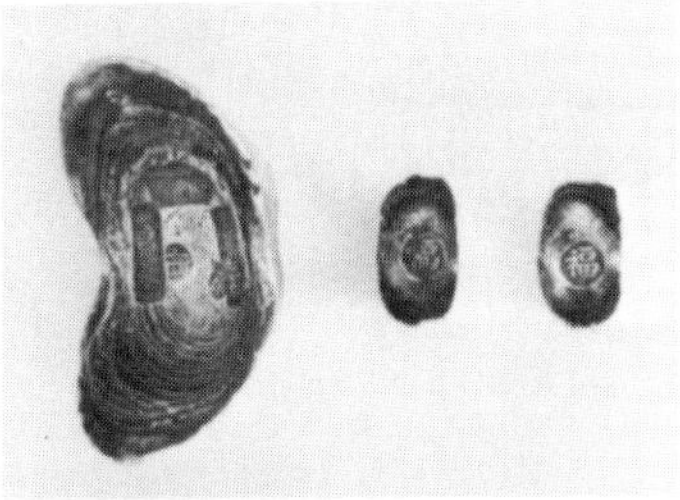

馬蹄銀　大は小元宝　小は錁子

馬蹄銀はだいたい三種の大きさがつくられ、大は重さ五十両前後で元宝《げんぽう》銀といい、中は十両前後、馬蹄形のものは小元宝、そのほか円錐形のものなどは中錠といい、小は三両前後、錁子《かし》といって馬蹄形もあり、いずれもその品質と重量とを計って取引する秤量貨幣であった。品質は千分比でよび、試金石にこすって検査したが、重量は地方によって衡器が異なり、その換算もきわめて手数のかかるもので、清代に中国を旅行した外国人は、そのめんどうさはほとんど気絶せんばかりだった、と口をそろえて訴えている。

そのため、馬蹄銀を鋳造する炉房《ろぼう》を初め、両替を扱う銀荘・銭舗《せんぽ》など多くの専門店ができ、その煩雑さを営業の手段とした。明朝にはスペイン、メキシコの銀貨が洪水のように流入し、しかもそれが、そのまま通貨とならなかったが、それは、外国貨幣だったからというよりは、これらの専門店が介在したためだった、というほうが当たっているかもしれない。日本で鋳銭の行われなかった時代に、識者は異論をとなえたとしても、民間で宋銭明銭を使用して怪しまなかったのを見れば、民衆の間には外国銭をはばむ理由はなかったと、考えられる。

銀経済の基礎

経済の動向は、中国のような広大な地域では地方差が大きく、また、政治史のように年表で刻んでいくこともできないうえ、その変化がかなりの期間をおいてでないと現れてこないのが常である。生産量は租税や漕運から推定できるし、国内の鋳銭には記録が残され、明清間に輸入された外国銀貨や貨物は東インド会社の記録から推定することもできる。しかし、それらの数字がすべて正確であるとはいえないし、さらにその数字で経済動向をすべて示すともいえないので、概括して、まず基本的な傾向を探ってみよう。

歴代王朝が銅銭だけを法定貨幣に固定したのは、支配層が金銀を独占し、ついで玩弄物にしたためであることはすでに述べた。流通経済の拡大に伴って銅銭だけでは賄《まかな》いきれず、一足飛びに紙幣にたよったのもそのためだし、銀が一般化しても、秤量貨幣にしてしまったのもそのためだった。

明代から税の銀納がおこってきても、農民は産物を売って納税の銀を買うだけで、その日常生活は銅銭の枠内にとどまった。これは都市の民衆も同様であったが、明清の間に、都市農村を通じて、民衆生活の中にも、銀が備蓄だけでなく流通に乗り始め、銭と銀との間に相場がたつようになった。銀高く銭賤しということが、物価騰貴で生活の困難を訴える語として、しばしば現れてくる。だいたい乾隆期には、多くの中国都市は物価が銀を基準とする傾向が強くなり、日用品は銅銭で売買されても銀の相場に左右され、これが都市から農村へと波及していった。乾隆末期から多くなった農民暴動が、これと無関係であったとはいえないし、泰平を謳歌する心情には、都市の優越感がなかったともいえないようである。

このように、事実上、銀本位となった経済の動きは、同時代の世界の主要な地域に共通した現象で、日本もふくめ、多くの国で金銀の貨幣が鋳造されて、その繁栄を記念するように今日に残されているが、中国では、乾隆期にわずかチベットで銀銭を鋳造しただけであった。銀銭を知らないのではなく、これを中国で発行する試みはなされなかった。政府も官僚も、偽銀の蔓延《まんえん》で混乱のおこることと、民衆生活に訓練を与えることとを計り比べたのではなく、銀銭の発行による国庫収入の増加が期待できないためであった。そして、銀と銭との比価が季節的に変化し、かつ恒常的に銀の騰貴がつづく中で、農村の貧困は加速度的に進んだが、清朝は、この新しい事態に対応できる経済政策をもたなかった。

資本の興隆と没落

このような情勢は、乾隆・嘉慶のころにはじめて現れたのではなかった。かつて、明代の

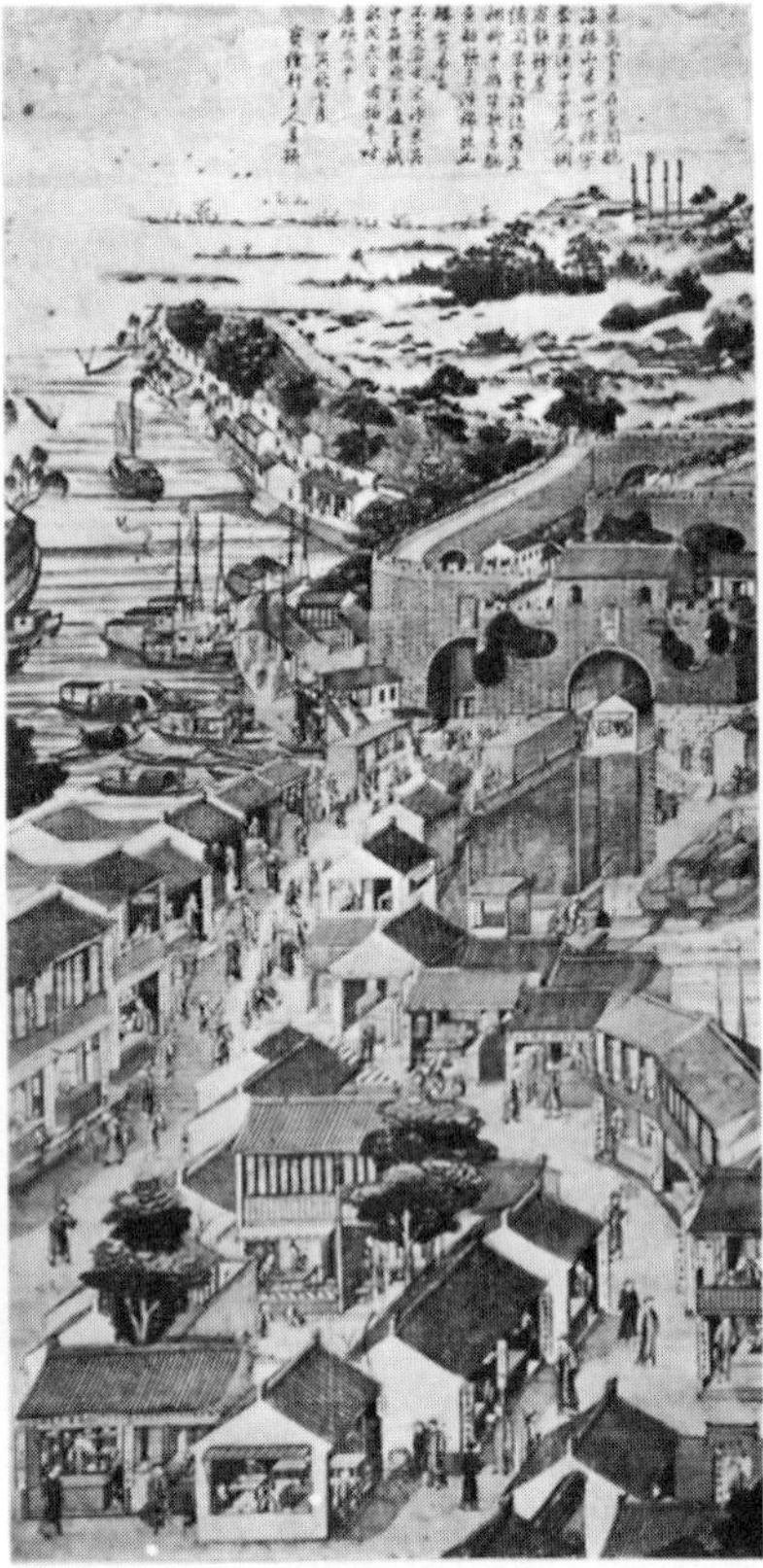

蘇州市街図

嘉靖《かせい》・万暦《ばんれき》のころにも、南宋のころにもあったように思われる。いずれも商業資本の蓄積が進み、流通が盛大となって市場が殷賑《いんしん》をきわめ、蓄積された財産は、ただ倉庫を充たしたり、土地を購入して地主になったりするだけでなく、物資の買い付けにあて、あるいは産業にふりむけて、桑や茶を植え付けさせるものもあった。また、その財をもって官位をもとめ、あるいは子弟を官僚界へ送りこみ、風流や学問を愛し、日本の桃山期や江戸期の商人たちと同様の様相を呈した。しかしこれらの、いわば市民ともいえる人たちが、社会の動力となり、回転軸となって政治や文化を把握することはできなかった。

それは国家組織の網の目をなしている官僚が、その網ですくいとろうとしたものは、網の目を洩れるような零細なものでなく、暴動の火の手をあげるような集団やなにかを動かそうとするような、富の蓄積であったからである。古くは製鉄・製塩、近くは貿易業・絹織業など、規模が大きくなればかならず誅求を受けて崩壊してしまうのだった。近世の西ヨーロッパで、まず世界の各地を占領して巨大な財富を集めたスペインやポルトガルが、これを国家の手に収奪して浪費してしまったのと軌《き》を一《いつ》にしている。官僚を手足にしている国家そのものの構造が、商業資本の巨大化やその活発な動きと相いれなかったものといえるようである。昔、秦の始皇帝は天下の富戸十万戸を都へ移住させてその繁栄を図ったというが、皇帝に奉仕しないものを察知して、これを集中把握したものであったろう。

中国では、くり返しこのような情勢が生まれ、くり返し崩壊したが、しだいにその力は増していった。清代はその強力さにおいて当時の江戸期日本の商人たちをはるかにしのいでいたが、清朝の圧力もまた、明朝や宋朝よりはるかに強かった。『康熙南海県志』という地方志に広州の市街図があるが、それを見ると、各所に織廠としるした絹織工場が散在している。これが、嘉慶・道光のころになると跡かたもなくなっている。同地の十三行といわれた外国貿易の商人団も相ついで破産し没落していった。これは、経営の失敗や競争による敗北ではなく、みな重税によるものであった。

資本主義の前段階

中国が資本主義社会を通過したかどうかは、かつてソビエトが同じ問題で議論の的になったように、しばしば論ぜられてきた。そして、清代の末に官僚が軍需産業をおこしたり、外国からの借款《しゃっかん》によって軽工業がおこったりして、急速に資本主義社会になったように論ぜられた。しかしこれは、西ヨーロッパの近代社会をモデルとすると、どうも腑《ふ》に落ちない話だし、論者も大して自信がなくて、徹底的に議論を煮つめようとしない。資本主義という言葉が日常使いならわされて、政治・社会・経済全般にわたる各種の現象を一括して表現しようとし、的確な条件さえ定かでない故もあろう。が、商業の盛大や利潤の追求は古代世界にも随所に見られたことで、近代資本主義は社会の工業化を考えるのが普通である。そしてそのメリットは、生産の増大、文明の進歩、生活の豊富さにあり、デメリットは、社会の格差、生活の格差が再編され、暴露されたことであった。

近来、資本主義のデメリットが意識されがちで、その投機性や弱肉強食が強く非難されるが、これらは資本主義の以前から存在した社会の矛盾であり、資本主義がこれを匡正《きょうせい》できなかったものである。そしてその意識が、資本主義そのものをそれ以前の体制と重ねて映し出している。いわば、封建社会の最終段階が資本主義社会であるといった考えも出てくるし、工業化以前にも資本主義を認めざるをえなくなるようである。昔、ある歴史家は、秦の始皇帝は資本主義を奨励したと述べたことがあった。専門家が規定した概念がいっこうに常識化せず、また、常識化を拒む要素が多かったといわなければならない。

ともかく、宋代以後、市民のような活動を示した階層は、市民社会を拡大し、市民政治までつくることはできなかった。これがもっとも強力になった清代でも、決して資本主義社会ではなかった。しいていえば、資本主義社会に見られる市民生活、ことに消費の形がきわめて近似して現れ、そのデメリットが、専制君主下の官僚制のデメリットと二重になったものであった。

それでも、その情勢は商人たちの自信を強め、自由を期待し、自由を呼びよせていた。自由という文字にまで成長する以前に、その動きは随所に現れてきた。中国には昔ほど隠遁者がいなくなり、官界にも学界にも商家出身者が多くなった。江戸幕府は、このような傾向を極度に警戒したが、清朝は、これをおさえる前に退潮を示し始めたのであった。

四　国際関係の転機

外圧の発端

清代嘉慶期に、中国に転機がおとずれたことは前述のとおりであるが、さらに明瞭なのは中国の国際関係である。その明瞭さが、従来、中国の衰弱をただ外国の圧力によってのみ解釈する癖をつけ、やがて、帝国主義・植民地化という図式を固定していった。

が、そのような外国の貿易船や軍隊の行動だけを追わずに、「太平の眠りをさます蒸気船」

東インド会社船　トルー・ブリトン号

といわれた蒸気船の中の人たち、もちろん、まだ蒸気船の発明されなかった帆船の中の碧眼紅毛《へきがんこうもう》の人たちの目から考えてみよう。

『ガリヴァー旅行記』を書いたイギリスの作家スウィフトは、ガリヴァーを最後にアジアへ旅行させている。この作品は、一七二七年ロンドンでケンペルの『日本誌』が刊行され、一七三九年パリでデュ・アルドの『中国全誌』が発表される以前のもので、そのもとづくアジアの資料は、まだ不正確で断片的ではあったが、エドの王様が動物愛護に徹底したり、ナガサキで踏み絵が行われたことなどを書いている。このあたりを執筆するころ、作家の痼疾が悪化し、文章も難解になっているが、ガリヴァーはラグナグという王国で「わたしは王さまの御前に伺候するとき、腹ばいになって床のちりをなめながら、匍匐《ほふく》していかなければならなかった」と、アジアの宮廷の大げさな儀式や、ばかばかしい習慣を風刺している。すなわち、イギリスの貴族のばかばかしさを書きたてるのに、アジアはよい資料を提供しているが、それよりも、もっとはっきり、このばかばかしいアジアをどうするかを書いたものもある。

それは中国に先んじて西の風に触れたインドに多く見られ、いずれは中国についても同様のことがいわれる順番であった。一六七〇年ごろ、ムガル帝国のアウランゼブ皇帝の侍医をつとめたこともあるフランスのベルニエは、インドの各地を視察してまわり、ルイ十四世の宮廷へ、大ムガル帝国は宮廷の内紛と国内の反乱とでもはやまったく無力となり、ヨーロッパの兵士が三万あればたやすく征服することができる、と報告している。やがて、その三万の軍隊を、アフリカの南端を経由させてインド洋に送ることのできる国が現れるのは時間の問題であった。古来、アジアの専制君主を羨望《せんぼう》しつづけてきたヨーロッパが、これをばかばかしいもの、その豪華さは張り子の虎だと考え始めたところに、その地位が逆転し、その視角が転回するきっかけがあった。

海外貿易の推移

ヨーロッパの帆船がインド洋や東シナ海に現れるようになったのは、それ以前に往来していたアラビアの商船の水路を踏襲して、明末からであった。その帆船が運んでくる商品も、想像されるほどヨーロッパ製品ばかりではなく、むしろ、とちゅうで手に入れたアラビアの製品が多く、また、そのほうが優秀なもので、日本に輸入された種子島《たねがしま》の小銃もアラビア製のものが多かったようである。

やがて中国では、広東《カントン》の港に外国船が集中し、清朝は粤海関《えつかいかん》をおいて、外国貿易をここに限って許可することとし、明代以来ここで海南島や南海の貿易に従事していた商人団に、

製茶工房

ヨーロッパ船との貿易に当たらせた。明代に、内陸を通って西方と接触する路がなくなってから、南海経由の交渉が盛んとなり、中国は、南シナ海から西方へ連なる地域を西洋と概括し、ポルトガル人やスペイン人を仏郎機《フランキ》とよび、オランダ人を紅毛蕃とよんでいたが、ついでイギリスの東インド会社がもっとも大きな対象となった。

当時中国は地大物博を誇り、外に求めるものはなにもない、たとえヨーロッパの器機類がすぐれていても、それは玩弄物《がんろうぶつ》にすぎないとしていたのに対し、ヨーロッパ諸国の船は中国の絹や金をしきりに買いあさった。ヨーロッパでは、絹はローマ以来憧憬の商品であり、金はしだいに高価になっていたのに、中国は昔のままであり、銀と金とは約四対一の価格で取引されたので、銀で金を買えば大きな利益があった。

しかし、中国の金が払底し、絹貿易も中国側の供給が伸びず、やがて西洋は中国茶の買い付けに熱心になった。魏源の『海国図志』に、外夷は中国の茶を輸出し、アヘンを輸入するが、ともに乾隆ごろから始まったことで、これで相手を制御しようとしているといっている。買い付ける側からいえば、特定の商人団からだけ買うのではなく、自由に商人を選び、また自由にどの港でも買えるように望むのは当然であったが、恩恵として貿易を許している中国側では、そんなわがままは許されないというのであった。

そのような交渉も、中国は広州の商人団に任せて、政府の責任者は前面には出ていかないことにしていた。十三行とよばれた商人団は、仲買のように内地の商品を集めてこれを輸出し、輸入品も一手に引き受けるだけでなく、めんどうな手続きや外国人の滞在などをせわし、税金の支払いにも当たっていた。このように、主人も番頭も出てこないで、小僧だけを相手にさせる中国に対して、ヨーロッパ諸国は大きな不満をもった。しかし自分らも、本国では多く他の商人を排除してアジア貿易を独占する東インド会社の手で貿易を行ったのだが、これを政府間の交渉の場にもちこもうとしたのは、まずイギリスであった。一七九二年、マカートニー卿がイギリス政府の意を受けてライオン号で出発した。これに対し、東インド会社は元も子もなくしはせぬかと乗り気ではなかったという。

マカートニー英使節

イギリス政府は乾隆帝八十歳の聖寿を祝うという名目で使節を送り、貿易に加えられているいろいろの制限、広州だけで十三行だけを相手の貿易を自由にすること、関税を軽減することなどを交渉させようと、マカートニー卿を主班に、ストーントンを次席として派遣し

マカートニー卿
(1737〜1806)

ストーントン卿
(1737〜1801)

た。ポーツマスを出たマカートニー一行は、十ヵ月かかって白河河口の大沽《タークー》に到着した。そして白河を遡行する一行の船には、「𠸄夷朝貢」の旗が掲げられ、これが読めたのは、ストーントンの十一歳になる息子だけだった。

清朝は一行を丁重に扱ったが、それは慶祝の使節として迎えたので、貿易交渉の相手としてではなかった。商利商略は国家の事ではないと見栄をはる中国と、それこそ国策の第一義とするイギリスとは、嚙み合わない歯車ではあったが、それをも承知でイギリス使節は北京に入城し、できればストーントンを北京駐在の公使として残していく意気込みであった。

乾隆帝はちょうど熱河の離宮へ避暑にいっており、一行は北京から熱河へ行き、拝謁《はいえつ》をまえにして、中国側は三跪九叩頭《さんききゅうこうとう》の中国風の敬礼を要求し、イギリス側は、本国で国王に対すると同種の礼を要求して、しばらくもめたが、結局イギリス側の要求が通り、拝謁は、九月十四日、十五日、十七日と三回にわたったが、なんらの成果も納めることはできなかった。

一行の中国での見聞には、ストーントンの詳細な記録が残されているが、自分らが毅然《きぜん》たる態度を崩さなかったのを、わずかに慰めとしているようである。そしてつぎの年、オランダ東インド会社がやはり北京へ使節を送ったのを、「かれらは罪人のごとく入京し、乞食のごとく退京したが、中国人の自負心を増長せしめる以外、なんらの効果も収めえなかった」といったことを述べている。

マカートニーがもち帰った乾隆帝のイギリス国王あての返書は、イギリスが求めたすべてを拒否し、「あらかじめ警告されなかったとて苦情をいってはならぬ、これで平和と友愛のうちにすごせるので、わが言を軽んじてはならぬ」とあったという。これを中国側の言葉にすれば、「多年イギリスには恩恵を与えているのに、これを感戴《かんたい》することを知らない」となる。自信満々の当時の中国宮廷を見ることができるが、これが妥協に傾いていくものか、中華の貫徹に傾いていくものか、その分岐点にあって、乾隆帝に侍してその采配を振っていたのが和珅《わしん》であり、おもしろいことに和珅の評判はマカートニーも知っていたのである。

アマースト英使節

マカートニーが慇懃《いんぎん》無礼に追い返されてから二十年、中国もイギリスもその事情が変化していた。ヨーロッパではナポレオン戦争が進み、近代国家の編成が足踏みしていたが、イギリスの産業革命は着々進行していたのに対し、中国では専制支配が形骸化し、社会不安がつのったうえ、アヘンの輸入増大が保健上にも経済上にも問題化してきていた。一八一六年、中国ナポレオン戦争の終結を待っていたかのように、イギリス政府は第二回の特使を送り、中国

アマースト卿
(1773〜1857)

と政府間の交渉を開こうとした。使節となったアマースト卿は、アルセスタ号に乗って、二月ポーツマスを出帆、八月大沽《タークー》へ着き、ふたたび拝謁の儀礼について悶《もん》着《ちゃく》がおこった。大沽から北京まで朝貢の旗を掲げられたのも前回と同様だったが、通州へ着くやいなや、夜通しの強行軍で早朝円明園に到着、疲労困憊《こんぱい》した特使に、清朝は直ちに拝謁するように命じた。

イギリス側の記録では、中国政府は前回のマカートニーに対する丁重な扱いを後悔し、今回は、否応なく三跪九叩頭《さんききゅうこうとう》をさせるため、休息させずに、いきなり百官列座の前につれ出し、威圧して叩頭させようとした、といっている。アマーストはこれを拒否したため、即日退去を命ぜられ、むなしく引き返さざるをえなかった。

　このように、外国の使臣を自分の臣下のように遇するのは、どんな国でも堪《た》えられないことだとイギリス側は憤慨したが、乾隆のときの寛大を嘉慶のときに示しえなかったところに、中国が、かつての分岐点から中華の貫徹に傾いたありさまが看取される。それは、形骸化したものがしいて虚勢を張らなければささえきれなくなった姿勢であり、そのために、ようやく無知の評を受け始める情勢がきざしてきた。自分らの社会的伝統を、そのまま国際社会に押し通そうとすると、どこの地域でも、それへの風当たりが強くなるものだが、中国はこれを代表したかのようにたたかれ、あたかも、この無知を匡正《きょうせい》するには武力の行使しかなかったのだと印象づける事態が積み重ねられていった。

　アマーストが追い返されてから十八年たった一八三四年、イギリスは三度めの使節としてネーピア卿を送ったが、事情はさらに悪化していた。イギリスのアヘン貿易に対しては、中国政府から再三禁令が出され、その悪徳に中国側がきわめて硬化していたのは当然であった。これを平和的に打開して国家間の交渉にもちこもうというイギリスのやり方は、耳を蔽うて鈴を盗むような態度であったが、それが正々堂々たる形に歴史に焼き付けられたのは、ネーピアに随行したデーヴィスの著書が、当時の中国イギリス間の関係を説いた好資料として、多く利用されてきたからであろう。

ネーピア（1786～1834）

　ネーピアは北京政府を相手としてではなく、広東・広西の両広総督を相手として、当時イギリスで東インド会社の対中国貿易の独占が廃止されたので、これに伴い、中国側の制限をも解除するよう求めたのであった。それを、従来のように十三行の商人を通じて請願書を提出する手続きをとらず、直接対等の交渉にもちこもうとした。しかしこれはきびしく拒否され、貿易を停止すると脅かされて失敗に終わり、ネーピアはマラリアで急死するにいたった。

清・英の理念の相違

このように、イギリスが自由主義の経済政策をとり、産業革命が進み、豊富な生産品を海外に売らねばならなくなり、自信に満ちて世界の各地に活躍したことは、その昔のローマが地中海に大帝国を建設したような輝かしい歴史をつくり上げた。ローマが征服地の民衆を奴隷としたり略奪したりしたのに比べれば、近代国家の罪業は軽かったかもしれない。しかし、勝利は正義だとして相手の無知を責め、相手がおくれているのだときめつけ、奴隷とする代わりに貧民にし、廃墟とする代わりに植民地にしたのは、あるいはローマより罪が深かったかもしれない。その後アジアの各地で、イランでもインドでも中国でも、はげしい排外運動がおこったのは、その地方の物質的、精神的傷害がきわめて大きかったことを意味している。

一方、中国側がイギリスの事情を知らなかったこと、また、知ろうとしなかったことは、これになにも期待していなかったから当然ではあったが、交渉の間にその真意を見抜けぬほど無知でもなかった。いや見抜いたればこそ、きみたちのもってくるものは、われわれにとってまったく不要のものなのだ、という態度を崩さなかった。ただ、しだいに専制支配に自信を失ってきたため、その政策なり対応なりに生硬さが増して、円転滑脱さがなくなってきた。また、たまに円転が見えても、それが狡猾《こうかつ》に、また、生硬は傲慢に見えたのはやむをえなかった。

当時、支配者の自信を裏付けるのは、どこでも武力であったが、乾隆以来、清朝の軍事力は低下はなはだしく、嘉慶にはいって、なお満州武人ですぐれたものは若干残存していたが、その層は薄く、戦力の劣弱はだれの目にも明らかであった。そして、これは外国との交戦で自覚されたものではなく、内乱によって実証され、しかも、旧式武器への不安も芽生えてきていた。

しかし中国政権の弱点は、満州人の漢人化が進み、しかも中国の伝統を身につけることは少なく、身分的な特権にしがみついているところにあったから、武力の低下は二重に自信を失わせた。漢人官僚が満人官僚と融和しなかったことは随時随所に見られたが、漢人官僚の間から王朝への軽侮がおこらなかったのは、国家より宮廷を重んずるながい習慣からであった。しかも、イギリスの圧力が強まれば、むしろ宮廷への傾斜を強めていったようである。

五　広東十三行

広東貿易

江戸期の長崎のように、清代の広州は中国へ新風を吹きこむ窓口になっていた。諸外国はここをカントンとよびならわし、中国をめぐる国際関係の焦点となり、ここで外国貿易を扱う商人団が、清代の転換期に当たってとくに注目されるようになった。

広州は珠江の河口からやややさかのぼったところに位置して、古くから海上交通の拠点となり、福建の泉州などとともに、ほとんど固定的な繁栄をつづけた。清代のはじめ、海寇《かいこう》や台

1655年の広州　珠江から望むと光塔（左）と華塔とがみえる

湾の鄭氏の反乱で、海禁といって沿海貿易まで禁止したが、三藩の乱が鎮定すると、広州では、従来どおり海南島との交易を中心に、ヨーロッパ船の来航も多くなった。当時の広州の風物を歌った屈大均《くつだいきん》の『広州竹枝詞《こうしゅうちくしし》』に、「洋船争って出《い》づ是れ官商、十字門は開いて二洋に向かい、五糸八糸、広緞《こうたん》好《よろ》しく、銀銭は堆《つ》んで十三行に満つ」といっている。

ヨーロッパ船は来航後、広州から北上して浙江方面への入港を希望するようになり、これに対して、清朝はなるべく南方の広州に限りたいとし、乾隆二十二（一七五七）年には、広州一港に限定するようになったが、これは早くから予想されていた。福建地方の貿易商は、台湾やフィリピンとの貿易が不振になると、早く広州へ移住して、その牙行《がこう》（仲買商）としての経験を生かそうとするものが多かった。明代の万暦ごろ、福建の漳州の海商潘秀《はんしゅう》というものが熟練しているといわれたが、この潘家はのちに広州最大の貿易商潘啓官《はんけいかん》となり、外国にもPuankhequa として知られ、三代にわたって広東貿易の指導的役割をつとめた。広州の外国貿易は、康熙年間には官商とよばれたように、官憲から特許を得た商人が独占していたが、牙行の一団が団結してその業務を妨害したため、官商はたびたび出現し、たびたび没落し、結局、古くから十三行とよばれた牙行の一団が実権を握ったのであった。

十三行といっても、かならずしも十三人の商人団ではなく、数十家の仲買商のうち、有力なものが、あるいは倉庫をもち、あるいは店舗を張って、珠江の沿岸に建ちならび、その数にちなんで、古くからそれらの建築物を十三行とよび習わし、その商人たちをも同様によんだものであった。これらは、一六八五年におかれた粤海関《えつかいかん》監督のもとに、貨物の集散、関税の徴収などに当たったが、海関では、統制上なるべく少数の商人に特許を与えようとし、牙行たちは、その独占で市場攪乱《かくらん》を防ごうとしていた。

広州　珠江沿岸の外国商館。これらの商館も十三行とよばれた

公行

康熙五十九（一七二〇）年、海関監督は牙行数十家のうちの十六行を選んで組合をつくらせ、うち五行は貿易の全額、他の五行は半額、残りの六行は四分の一の責任を負い、新たに加入しようというものは一千両を支払って第三の六行に加えることにした。これは清朝政府の意向を端的に示したものであったが、たちまちこの組合は多くの牙行の反対で解散し、雍正四（一七二六）年、広東巡撫兼海関監督の楊文乾《ようぶんけん》は、また有力牙行六家を選んで外国貿易を独占させ、関税収入を確実にしようとし、雍正帝もこれを許可した。この六家は保商《ほしょう》とよばれ、監督に対する責任を負い、一般の牙行はこの保商の保証のもとで貿易に参加した。このような経緯は、中国の官僚と商人との競争であり、有力な牙行はみな官位を買って、一般に官とか秀とかよばれ、外国船の記録にも、その行名を正式の行《ホン》とするさず、qua とか shaw とするされている。

乾隆二十五（一七六〇）年になって、広州の牙行を外洋行・本港行・福潮行に分け、ヨーロッパ船・タイ船・国内船と取引の分担を定め、外洋行は九家が当たり、関税や貿易に連帯責任を負い、外交交渉まで任されるようになった。『粤海関志《えつかいかんし》』という書物には、これを公行《コホン》とよばれる組織の結成だとしているが、イギリス東インド会社の記録では、一七二〇年末の組織の編成が公行だとしている。

Co hong は東インド会社側すなわち外国でよんだ名称で、Co は Cooperation の Co で、hong は hong-merchant（行商）、すなわち広州の牙行たちのことだといっているが、中国

広東十三行商人の邸宅

でも公行《コホン》といい、十三行の名も通称として用いられた。公行は、その文字どおり、政府の公と行商の行との合作で、対外的にはその両面を使い分けることになった。イギリス東インド会社はその廃止を要求しつづけたが、それは、その公が責任をもたないし、また、もてもしなかったからであった。

公行についての東インド会社側の記録に、毎年どの家がどの程度の取引をしたかが記載されているが、五、六家から十家程度が参加しており、これらは連帯責任をもって海関事務に当たっていた。しかし関税納入の遅延や資本不足のために、巨額の負債によって倒産するものも多く、乾隆四十年から取引に付加税を課して行用銀《こうようぎん》とし、これを積み立てて負債や関税納入の基金とすることになった。このように、当時中国でもっとも有利な商人を、その故に官僚がよい餌食《えじき》としていろいろの名目で誅求し、商人はまた自立的精神を育てることができず、しだいに没落していくのだった。商人は官僚と対話するために官位を買い、官僚をなどめるために献金をし、官僚を納得させるためにヨーロッパの経済力の優位を説いた。が、粤海関監督になるのが中国官僚の羨望《せんぼう》の的になったように、ここで数年の間に蓄財するほかは、それほど熱意を示す監督官はいなかった。

十三行の潘家・伍家

十九世紀になって公行の一員に列した経官《けいかん》(Kingqua) は、天宝《てんぽう》行と称した梁《りょう》家であるが、その子孫の梁嘉彬《りょうかひん》に『広東十三行考』という著述がある。主として公行の政治的役割について研究したものであるが、十九世紀になって、有名な商人たちには、怡和《いわ》行の伍《ご》氏 (Howqua 浩官)、広利行の盧《ろ》氏 (Mowqua 茂官)、同文行の潘《はん》氏 (Puankhequa 潘啓官)、東興《とうこう》行の謝《しゃ》氏 (Goqua 鰲《ごう》官)、天宝行の梁氏 (Kingqua 経官)、興泰《こうたい》行の厳《げん》氏 (Sungshin)、中和行の潘《はん》氏 (Mingqua 明官)、順泰《じゅんたい》行の馬《ば》氏 (Soaqua)、仁和《にんわ》行の潘氏 (Puanhaekwan 潘海官)、同順行の呉氏 (Samqua 三官)、孚泰《ふたい》行の易《えき》氏 (Chingshin)、東昌行の羅《ら》氏 (Lamqua)、安昌行の容《よう》氏 (Takqua) などがあったという。中でも潘氏と伍氏とは旧家でもあり、多くの人材を出した行商《こうしょう》であった。

潘氏は早く福建《ふっけん》から広州へ来て貿易に従事し、乾隆・嘉慶の間を通じてもっとも活躍した行商であった。乾隆二十五年、公行設立の中心となったのは潘振成《はんしんせい》で、その後もつねにこの一家が公行の首班を占めて、外国船との交渉に当たっていた。十九世紀にはいり、潘仕成が豪奢をきわめ、その壮麗な邸宅海山仙館はヨーロッパにまで知られるほどであった。アヘン

伍敦元　十三行浩官

戦争で公行は解散したが、その後も塩商として富盛をつづけ、ついに重税のため没落した。『清朝野史大観』という俗書に、海山仙館は政府に没収され、政府はこれを富籤《とみくじ》で売却し税金に充当しようとし、メキシコ銀貨三枚の富籤三万枚を発行した。世人は海山仙館の四文字を組み直すと毎人出三官食の六字になり、みなが銀銭三枚ずつ出して富籤を買い、結局官の食い物にされたと評判だったといっている。この潘仕成が出資して刊行した『海山仙館叢書』は、今日でも利用されている。

伍氏は、はじめ潘氏の番頭で、乾隆四十七年、海関監督から行商になるよう命ぜられたのが怡和《いわ》行のはじめだという。同じく福建出身で、その一族の伍《ご》敦元《とんげん》が怡和行をたよって広州に移り、主人に代わって両広総督との交渉に成功し、怡和行を背負うようになって巨万の富を積み、道光年間には世界最大の富豪としてその名は欧米人にも知られていた。ハンターというアメリカ人は、その財産は二千六百万ドルだったといっている。かれは、道光六年に隠退したのちも原商として実権を握っていた。

その子伍《ご》崇曜《すうよう》が刊行した『粤雅《えつが》堂《どう》叢書』も、今日よく利用されるものである。十三行の多くの行商がめまぐるしく交替し、盛衰のはげしかった中で、この二家がながく命脈を保ちえたのは、商才だけではなく、やはり官僚と密着し、その信用をつなぎとめていたからであろう。

巨大商業資本

江戸期の日本にも、数々の大商人が豪奢をきわめた物語が残されている。また、十七世紀のインドでは、スラトのヴィルジ・ヴォラ Virge Vorah がインド国内国外の交易をほとんど一手に取り扱い、巨富を擁してイギリス商人の一敵国をなしたことが語り草となっている。ヨーロッパでも、十六、七世紀の名家、フィレンツェのメディチ家、アウグスブルグのフッガー家など、多くは金融業を基礎としていた。中国でも、古く製鉄や製塩で巨富を積んだものはあったが、これが国家の経営にうつされると、製茶や製陶にたずさわるものより、これらの製品を仲介するものに利益が蓄積される傾向がつづいた。消費が増大して流通が活発となり、その流通を握るものの蓄積は、やはり消費に向かって暴発する。浪費の余波が風流となり、奢侈の波が装飾を生み、そのようなはなやかさは、どこでも同じようにくり返し現れた。

このような商業資本は永続するものが少なかった。利益の追求は、限定された生産のもとで、結局は投機に走って破綻することが多かったのである。中には問屋の形をとって生産を刺激したり、生産まで規制するものもあったが、消費が生産を追いかける今日とちがって、生産がやっと消費にひきずられていた時代では、資本が生産に投下されて設備や原料となり、製品の増大を導き出すような働きをしなかった。それは当時の商業資本家たちが、馬に倍の飼葉《かいば》をやっても倍の速さでは走らない、と考えていたからであろう。いわば工業化といった現象がおこっても、同様の規模の設備が増加して、これに無限に労働力を投入すれば事が足りたので、集荷したり、運搬したりする流通部門に重点がかかるようになった。

このようにして蓄積されたものとして、中国では、広東十三行がもっとも巨大なものの一つで、典型的なものであった。そしてその寿命は、組織として約一世紀半、一家としてはだいたい二世代約五十年、やがて貿易商品が変化するとともに衰弱していった。

輸出品として茶や陶磁器、輸入品として雑貨や銀貨が中心のうちは全盛であったが、アヘンの輸入がおこり、これが禁止されると、密貿易となって正規の輸入品とすることができず、不振になれば、資金の不足からいよいよ不振を重ねる結果となった。多角経営をしていたものは、塩のような生産を背景とした営業に重点をうつし、貿易専業者はただ投機的な商品を追うだけで、十三行は、アヘン戦争の結果、廃止される以前にその機能が麻痺しはじめていた。

第四章　アヘン戦争

一　中国の近代

常識としての近代

わたしたちは、近代という語を聞くと、まず日本の明治以来の形を思い浮かべるのが普通である。それは、国家も社会も充実と上昇との輝かしい内容をもち、生活も豊富になった記憶につながるものだが、この点は、欧米ではさらに強く、近代とは、勝利の同義語のように謳い上げられ、さらに大きな未来を約束するもの、という期待を与える響きをもっているようである。

これらをかりに西欧型の近代とすれば、産業革命が石炭と水、電気とガス、石油と軽金属とによって進むにしたがい、文明とは豊富であり、自由とは競争のことだという勝者の意識と表裏するようになった。いや、さらにさかのぼって、文芸復興以来の人間発見がこのように結実したのだと、ためらいもなくいえる自信があったように思われる。

このように、近代は自分たちのものだ、よい時代なのだとする一方、古来、昔はよい時代で、しだいに悪くなったという考えはどこにでもあった。昔は黄金時代、今は鉛の時代とか、昔は正法《しょうぼう》、今は末法《まっぽう》の世とかいうように、現代や近代を否定する意識もないわけではない。これは日常の生活から生まれてくる素朴な感情であり、昔はよかったとも、今は便利になったとも相通ずる、毎日使われる言葉にほかならない。そして、もうひとつ、ある変革があると、それ以前を諸悪の時代とする癖がいっぱんに見られる。日本でも、江戸幕府の創設や明治維新など、室町期の下克上や、江戸期の封建制を極端におとしめて考えるふうをおこしたし、ヨーロッパの近代国家も、中世を暗黒時代といって平気であった。

結局、昔はよかったがだんだん悪くなり、また盛り返してよくなったが、そのきっかけにはなにか変革が必要なのだといった通念が、歴史を考える前に固定するようになった。そこで、その変革がなんなのか、その後の方向はなんなのか、などが性急に探求され、このような理念的な問題には大した苦労がいらないので、いろいろの主張がおこってきた。

しかしわたしたちの常識が、ヨーロッパと日本の近代といったもの、それも、多くヨーロッパの近代国家でつくられた既成の概念が出発点になっていて、世界の多くの地域、古い歴史をもつ西アジア・東アジア・南アジアの社会については、無関心のまま通念ができてしまったようである。少なくとも中国の近代を考えれば、日本の近代でも考え直さなければならないところが出てくるかもしれないのである。

香港　アヘン戦争当時の風景

常識としての中国近代

まだインド史がイギリスの学者の手で編纂されていたころ、インド近代史をムガル帝国の創設から説きおこしてだれも疑うものはなかった。十六世紀から、インドも新たな支配のもとに近代にはいったとするのは、ムガルが近代国家であるとか、インドが近代社会になったとかとは無関係で、便宜的に時代を区分したものではあったが、イギリスは、インド帝国をつくったとき、その政権がムガルの支配を正当に継承したものだという大義名分から、ムガル帝国をきわだたせる必要もあった。

同じ手法をとるならば、中国史は清朝の成立から近代とすべきであったが、このような説きおこしは普遍化しなかった。近代とよぶには、清朝はあまりにも旧制度にかたまっていたというのならば、ムガル朝の制度はさらに旧制度であったし、日本で江戸期を近世、明治以後を近代と使い分けるような手法をもちこんでも、納得させるよりいっそうめんどうになるだけである。中国の近世は、なにが近世で前代とどう変わったのか、なにが近代でそれはいつからか、やはり答えにくい問題になってくる。

　ただ時間的に現在に近いということから、ある時点から近代とするのでなく、近代精神とか、近代社会とか、近代文明とかを取り上げて、その性格をきめると、逆に、その性格に見合う諸条件を考えるようになって、なにが近代なのかが常に議論の種となった。これには、すべてを満足させるような条件を設定することは困難であり、なにかが適当すれば他は合わなくなるのが普通のように見える。しまいには、足を切って靴に合わせるようなことになりかねない。そこで、こうあるべきだといった未来論が出てくるばかりか、主義とか方向とか、内容のはっきりしないもので表現するので、いよいよ複雑になってしまう。

　が、それも、もとをただせば常識の集積なので、普通は、中国がヨーロッパ化することで近代が始まったと考えられてきた。それは、「むりやりに引きずり出された」とか、「いやいやながら扉を開いた」とかのことわり書きをつけて、アヘン戦争から洋務運動、戊戌《ぼじゅっ》変法と、上からの革命の筋書きを追うようになる。

　いや、それはちがう、中国は日本のようにヨーロッパ化しなかったし、洋服を着せられたからといって人間が変わるわけはないし、自分から開拓していった近代こそほんものなのだといって、太平天国、義和団、五四運動という筋書きをたどろうというものもある。が、これがなにを切り拓いていったかは、かならずしも明確にされていない。はっきりしているのは、だだをこねるように抵抗する中国の姿である。これらが理想をもち、清潔な行動に出ると進歩的に見え、盲目的で衝動的に終われば退廃的に見えるのも一般的な理解であろう。

欧米型近代は実らなかった

日本の進化論者丘浅次郎氏は、『猿の群から共和国まで』という著書で、形式的に共和国を人類進化の一応の最終段階と認めたが、その内容については語っていない。どのような社会が先行したものか、その先後を計る基準はなになのか、それは議論の尽きない点であり、将来に対する信仰や、それを先取りしようとするだけの努力で開発されるわけはない。なにを近代と考えるかも、社会の内容に関係するため、将来への期待が先にたって、一致した見解を見いだすことは困難である。近代とは資本主義の社会であり、資本主義とは産業資本によって社会のほとんど全般が領導される体制だ、という欧米型の見解から脱却すれば、さほどむずかしくなくなるのかもしれない。いわば欧米型の近代が世界史のすべてではないということである。

ところが、西アジア・南アジア・東アジアの古い文明国をはじめ、アフリカ・ラテン＝アメリカの諸国について、それぞれ民族国家としての自覚や独立が近代のきっかけなのか、それとも国家をこえての連帯が近代への発足なのか、それはまだ模索されているわけだし、それならば、そのような事態を醸し出したいわゆる解放が、なにからなにを解放するのか、フライ鍋からとび出して火の中へ落ちるのも解放なのか、この究明もまた進行中である。

ともかく、よかれあしかれ、ヨーロッパの近代国家は一つの指標であり、これでなければならないという呪縛が解けてきたことは事実である。それとともに、近代を設定すること自体にあまり意味を認められなくなったともいいうる。未来も歴史であるという強い主張をもつなら、いっそう過去の整理について真剣でなければならない。歴史を科学だとしてたやすく信念に転化するのは、その昔の宗教団体と異なるところがない。今日、アジア史・アフリカ史などでは、近代とはこうあるべきだといいきれる材料は出そろっていないのである。

それにもかかわらず、近代の要素といわれる合理主義・平等主義・能動主義が中国史にも現れてくると、近代の躍動を思わせ、それらを積み重ねて、時の流れになるかと期待させるが、みな泡《あわ》のように消えていってしまう。このような思想は、中国史できわめて古くからしばしば見られるのに、核になることはなかった。啓蒙思想が啓蒙を果たさない中国の土壌には、近代の種子は芽ぶかず、ただ一陣の香気となって吹きすぎたようである。そしてそのような風は、さかのぼれば古代の中国の間にも吹き、歴代、モンスーンのようにくり返されたが、新しい時代を醸成する酵母ともならず、新しい社会を結氷する朔風ともならなかった。それでは、中国においては、土壌改造のような事業がなにから始まったかが、まず問題となろう。

近代への傾斜

中国の土地改革、社会構造の変革といえば、だれでも農民戦争を思い浮かべる。ことに、はっきりと小作料引き下げを目標とした抗租運動が、農民の底辺からおこった世直しの行動だとされている。もちろん農民たちに変革の理想があったわけではなく、その運動は、地主や官僚にたちまち鎮圧されるのが常であったが、これが集中的に起ったのは、南宋、明代の中期以降、清代の乾隆末年以降であった。そして、その時期はまた商品の流通が旺盛で、いわば市民生活の繁昌がうたわれた時代であった。農産物の商品化に拍車がかけられ、都市と農村の格差が増大し、経済的にも心理的にも、農民の貧窮ははげしかった。しかし、地方に農民が暴動をおこし、社会不安はあったとしても、都市の消費生活はそれぞれの時代に盛況を呈し、市場を中心に、娯楽や趣味の種類も内容もきわめて多彩なものとなった。

日本で発行されたアヘン戦争記

江戸元禄期の町人文化を語る人は、そこにどうしても近世的な特色を認めざるをえないというのが普通である。その特色が直接に社会の組織を変革することはなかったが、支配権力を批判したり、経済的自立を自覚したり、自由への意欲を強めたりした。それらは風紀であり傾斜であって、おのずから発火するものではなかった。いや、発火することもありうるとして、幕府の警察網はたえずこれを規制し弾圧した。また、町人の消費生活に依存した多くの傾向は退廃することも早く、淘汰されながら次代へもちこされたわけで、その遺産は伝統のなかに大きな位置を占めたのであった。

これは中国でも同様であり、早くから、宋代＝近世という考え方は、日本で普遍的になっている。これを説明するため、思想や芸術や法制や経済の諸方面から多くの証拠が提出され、中国は西ヨーロッパより数世紀早く近世にはいったものと宣伝された。西ヨーロッパのルネサンスが多く東方サラセンの影響下にあり、このサラセンと拮抗していた当時の中国は、まさに文明史的に先進的であったといえる。

が、この文明を形づくった多くの要素が結びついて、化学変化をおこすように、社会に変革をもたらすことはなかった。そして、下って明代に、さらに深化した思想や美術を生んだが、やはり変革はおこらず、清代においてもまた、もとの木阿弥に終わった。これは、同時代の日本の鎌倉期・安土桃山期・元禄期などと対比してみれば興味が深い。中国も日本もともに変革を促す要素と、変革されるべき要素とが、実は並行してしだいに強くなってきていたのである。

旧制度の自壊

ムガル帝国と清朝と江戸幕府とは、性格は異なるが、同時代のアジアで同じような位置を占め、それぞれ旧制度の維持者を代表した。ムガル帝国は、これに代わるべき勢力が成長しないうちに崩壊し、イギリス勢力の蚕食《さんしょく》に委ねられたが、清帝国と江戸幕府とは、まだその組織が強固な間に欧米の圧力にさらされた。そのため、旧制度は外国の力で動揺し、その一撃で崩壊したかのような外観を呈したが、補綴を重ねているうちに、徐々に崩壊が進んでいたといってよい。内部の不均衡から反乱や混乱がおこるにしたがい、支配の組織を強化すれば、それ自体が柔軟さを失い脆くなり、老化が進んだからである。江戸幕府をささえる武士の貧困化より早く、満州人の無力化がめだち、幕府の官僚より早く清朝官僚の弛緩は、ほとんど復原力をもたないまでになった。

イギリス人は、インドはイギリスの手で近代化した、独立運動ですらイギリス人が教えたものだ、という。これをそのまま移しかえれば、中国はアヘン戦争で近代化し、日本はアメリカの開国強要で近代化したとなり、太平洋戦争で東南アジアの諸国が独立し、さらに、世界の多くの植民地が解放されたというのと同じである。そのように見ることはできるとしても、しっくり納得できる話ではない。文明化はしたかもしれないが、近代化したとはいえず、独立国家はできたかもしれないが、解放されたとはいえないのが事実であろう。

はっきりいえば、インドで旧制度の主体が崩壊しても近代化しなかったのと同じように、中国でも日本でも同様であり、文明化は進み、解放も進んだが、アジアの夜明けはおそかったというほかはない。近代と見えたものは虚像であって、かりにまとったヨーロッパふうの扮装だったのかもしれない。いや、そのヨーロッパ社会ですら、前近代の過程だったといわなければならないのであろう。

してみると、中国史でアヘン戦争から近代への幕が開けたとするのも、太平天国が近代を切り開いたとするのも、やはり便宜的な扱いにすぎないわけで、その役割を吟味し、その足跡を見直すことが必要となる。民族の伝統になにを付加し、なにを棄却し、くり返される近代への傾斜の中で、簡単に近代を獲得した地域とは比較にならない、多くの訓練と習得があったところを見きわめなければならない。そうしてこそ、中国には古代と現代しかないといったり、古代と中世との混合体だといったりする考察より、何倍か正確な視点と方向とを定めることができるであろう。

二　アヘン貿易

アヘンと中国

ケシ科の植物の実を傷つけて分泌する乳液を干し固めた薬品については、ギリシア以来の記録に散見し、鎮痛麻酔の効用を知られていた。西アジアから小アジア、エジプトあたりがその産地であった。これが丸薬として使用され、その特効を珍重された間は問題はなかったが、麻薬として常用することがおこってから、保健上、経済上のいくつかの問題をはらむようになった。この習慣はインドに流行し、ポルトガル船員によって各地に伝わったようで、ことにたばこにまぜて吸い、または、直接広い雁首《がんくび》をもった煙管《キセル》につめて、火にあぶりながら吸うようになると、急激に流行しはじめたようである。

アヘンの名は、ギリシア語で、「汁」「液」のオピオン opion ではないかといわれるが、ポルトガルの船員たちはアルフィウン arfiun、オアフィヤム oafiyam、インドではオピオ opio、アフィオン affion などといった。

中国では、明代の李時珍《りじちん》の『本草綱目』に、阿芙蓉《あふよう》、すなわちアラビア語のアフィユーン

アヘン吸飲図

afyūn の音訳でしるされ、やがて阿片《アヘン》、鴉片《アヘン》と通称された。清代の蕭令裕《しょうれいゆう》という人は、『粤東《えっとう》市舶論』を書いて、「前代にはこの物はなく、明時初めて中国に入った。阿片泥を糯米《もちごめ》とまぜて丸薬をつくり、百病を治め、一粒金丹と名づける。雍正中の医書にしばしば見えるが、吸飲のことはいっていない。竹や磁や銀で管をつくり、雁首《がんくび》につめること粒の如く丸の如くし、灯《ひ》にかざして吸い、枕に倚って臥し眠ることは、けだし乾隆末年から始まる」といっているが、雍正七年には、福建巡撫劉世明が鴉片烟の吸飲を処罰し、九年には、全国的に禁止し、販売者や鴉片烟館の経営者、取り締まりに手落ちのあった官吏などへの罰則をきめている。アヘンの吸飲はマラリアに効くとして台湾でおこり、台湾から福建にはいったのが康熙末年であったようである。

中国でのアヘン吸飲は、たびたびの禁令にもかかわらず、はげしい流行をおこし、民間ばかりでなく官僚の間にも浸透し、その情況は輸入当事者たちにも驚異であり、中国社会が単調で刺激が少ないからだろうなどと評された。中国へ輸入されたアヘンはすべてインド産で、はじめもっぱらポルトガル船によったが、一七七三年、インドでイギリス東インド会社のヘースティングスがアヘンと塩とを専売とし、大量のアヘンを一手におさめた会社が、これを中国へ輸出することになった。これでアヘンは、中国とイギリスとの国際問題とならざるをえなかった。

アヘンとイギリス

イギリス東インド会社の中国貿易は一六八九年に始まった。イギリス船はそれ以前にも中国へ渡来したが、ポルトガルの妨害で貿易を開くことができなかった。一七一五年、広州にイギリス商館も設置され、インドから、触手を中国へ伸ばすようになった。当時はまだ、一《いっ》攫千金《かくせんきん》を夢みる宝石や香料や金の獲得に狂奔する略奪貿易の余風が残っていたが、しだいに恒常的な組織化が進み、中国では、生糸・陶磁器・茶の買い付けを主とし、ことに茶が中心となった。

はじめ、イギリス政府は茶に重税を課したが、その結果は、オランダやフランスからの密輸入が増すばかりであったため、十八世紀末に減税したことと、フランスでは革命の動乱があったことから、中国貿易はイギリスが主導権を握るようになった。しかし、イギリスから輸出する毛織物は不振をきわめ、インドからの鉱産物・象牙・木材・綿布なども、茶との取引と見合うものではなかった。

茶貿易の盛行とともに中国に輸入されたものは、当時メキシコ銀山の開発で大量につくられたスペイン銀貨、のちに墨銀《ぼくぎん》とよばれたメキシコ銀貨であった。銀経済が固定しようとしている中国へ洪水のように流入したこの外国銀貨は、中国を変質させずにはおかなかったが、イギリスは、このような片貿易にいつまでも堪えられるものではなく、メキシコの独立後、中国貿易に使っていたメキシコ銀貨は枯渇《こかつ》し、しかも、茶の需要は伸びる一方であった。さらに、東インド会社自身、その東洋貿易独占の特権維持が困難になるほど、イギリス本国における通商の自由への要求が強くなっていた。

これらを打開するため、イギリスにとって残された方法は、目をつぶってインド産アヘンを中国へ輸出することであった。ただし、このような麻薬を東インド会社の手で公然と輸出することはなく、また、東インド会社の取引先の公行《コホン》も、これを扱うことはできなかった。

イギリス東インド会社の記録には、中国へ輸入されるアヘンは、アメリカの自由貿易業者の手によるか、

茶の搬出　福建

イギリスその他の私営商人（社外商人）の手によるものとされているが、インドでは東インド会社の専売であり、私営商人が広州以外の地で密貿易することは、中国沿岸の開放を期待する会社の希望とも合致し、密貿易で得た現銀は会社の茶購入に提供されて、十九世紀にはいると、会社は新たに銀を補給する必要がなくなってきた。一八一三年、会社のインド貿易の独占は廃止され、三四年には、中国貿易の独占も廃止される予定となると、最後の収益をアヘンにかける活動は、はげしさを加えるばかりであった。

貿易数量

茶貿易の盛大で中国に流入した銀貨は数億ドルに上ったと思われるが、正確な数字は把握されていない。メキシコで鋳造されたスペイン銀貨の多くが、大西洋、インド洋を回って中国にはいったことは事実だが、それ以前のヨーロッパ銀貨もあり、インドのルピー銀貨もあった。日本には、明和ごろの『唐阿蘭陀《からおらんだ》持渡《もちわたり》金銀銭図鑑』や、天明ごろの朽木《くちき》龍橋侯の『西洋銭譜《せんぷ》』があって、アジアに流伝した外国銀貨の種類を想像できるが、中国では、十九世紀末までそのような図録はつくられなかった。

ただ、一八四〇年ごろまでに中国から流出した銀が五千万ドル以上に及んで深刻な経済問題となった点から、これを流通量の三割と見、さらに貯蔵されたものを加えれば、三億ないし五億ドルとみてよいかもしれない。この額が、その後の中国を銀本位経済に釘づけすることになったのである。

『唐阿蘭陀持渡金銀銭図鑑』
長崎で記録されたもので，
花辺銀銭（スペイン銀貨）
が描かれている

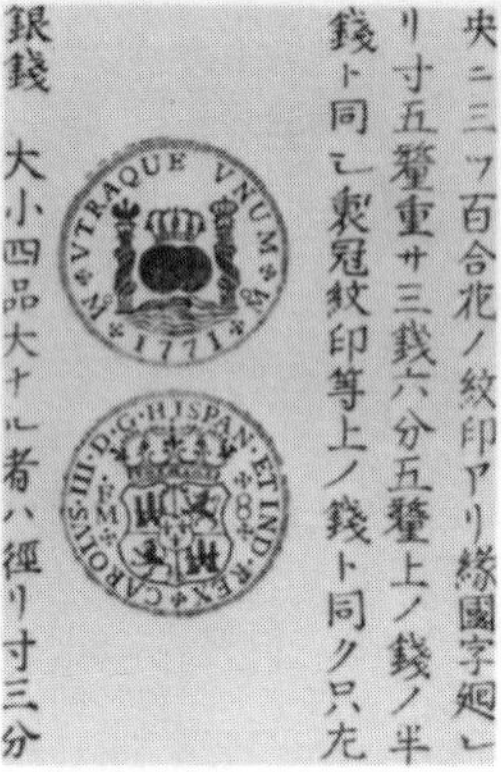

『西洋銭譜』に図示された
スペイン銀貨

一方、アヘンの輸入はどうだったろうか。これは総計をうんぬんするより、一八三〇年ごろからの急上昇を示すために数字を上げる作業がいっぱんに行われている。これにはいろいろの記録が残されているが、密貿易であるうえ、積み出し港も、ベンゴール・アヘンがカルカッタ、マルワ・アヘンがボンベイであり、その計算の基礎が異なるうえ、荷上げもまた、広州であったり、マカオであったり、また、トルコ・アヘンを主とするアメリカ船もあって、その数字はまちまちである。もっとも通用されているものは、H・B・モース Morse が'North China Herald'や E. C. Bridgman, Phipps, John Shepherd などの記録から集計したもので、それはつぎのようになっている。

これらの数字はあくまで概数で、くり返していえば、本国で自由貿易論が盛んとなり、東洋貿易独占が終末にきたイギリス東インド会社のあせりとか、インド植民地が成長し、インドは市場としてよりも税による収奪地となり、その産物で新市場を開くものだったとか、中国のアヘン価格が漸落して、その減収を数量でカバーしようとしたものとか、その理由をあげる材料にはなる。が、麻薬で茶を買う作業がこのように白熱していったのは、やはり異常のことであった。

近代国際貿易の性格

日本にはじめて訪れたポルトガル、スペインと、そのまま国交を開くことなく、ながい鎖

年次（西暦年）	中国向け積み出し（箱）	売り上げ（ドル）
1799〜1800	4,113	
1800〜　01	4,570	
1801〜　02	3,947	
1802〜　03	3,292	
1803〜　04	2,840	
1804〜　05	3,159	
1805〜　06	3,938	
1806〜　07	4,306	
1807〜　08	4,358	
1808〜　09	4,208	
1809〜　10	4,593	
1810〜　11	4,968	
1811〜　12	5,091	
1812〜　13	5,066	
1813〜　14	4,769	
1814〜　15	3,673	
1815〜　16	4,310	
1816〜　17	5,106	4,084,000
1817〜　18	4,140	4,178,500
1818〜　19	4,359	4,745,000
1819〜　20	4,186	5,795,000
1820〜　21	4,244	8,400,800
1821〜　22	5,959	8,822,000
1822〜　23	7,773	7,989,000
1823〜　24	9,035	8,644,603
1824〜　25	12,434	7,927,500
1825〜　26	9,373	7,608,200
1826〜　27	12,231	9,662,800
1827〜　28	11,154	10,425,190
1828〜　29	13,868	13,749,000
1829〜　30	16,257	12,673,500
1830〜　31	19,956	13,744,000
1831〜　32	16,550	13,150,000
1832〜　33	21,985	14,222,300
1833〜　34	20,486	12,878,200
1834〜　35	21,885	
1835〜　36	30,202	
1836〜　37	34,776	
1837〜　38	34,373	19,814,800
1838〜　39	40,200	

アヘン貿易統計表

国の末にアメリカ、フランス、イギリスと国交を開いたことは、日本にとって幸せであった、と説く人がある。浪費的な南欧に感化されず、質実な北欧に学ぶことができたからだというのである。

くり返すことのできない過去に軽々しい評価はできないが、日本と同様に鎖国はしたが、それほど厳重ではなかった中国においても、初期のスペイン、ポルトガルは凋落《ちょうらく》し、イギリスを先頭とするはげしい産業資本の攻勢となったので、さきのような想定はむだなことかもしれない。しかし、同時代でも位置をかえれば同じことをだれでもやったとばかりはいえない、性格の相違はあったようである。これも軽々しく善悪の批評は与えられないが、その事実は、歴史が人間の対話の集積である以上、認めざるをえない。

かつて十字軍がおこったとき、ヨーロッパでは、以前に交渉のあったアラビア人と、近く交渉が生じたトルコ人とを比較して、十字軍のおこらざるをえなかった一因をトルコ人の頑《がん》迷《めい》に帰したことがあった。アヘン貿易の紛争から戦火に訴えたイギリスは、やはり中国の頑迷をいいたてたが、それでは、インド人はアラビア人のように愛想がよかったのだろうか。今日、ブラジル政府は、アマゾン上流の未開発部落へのキリスト教伝道師の立ち入りを禁止しているが、自分の論理しか認めないものは、いつでも摩《ま》擦《さつ》の種子をまいたようである。

このような貫徹への要求は時代によって異なり、一部のものの主張が他の多くを圧倒するような情勢もあって、かならずしも民族の伝統となったり、国家の性格になったりするわけではないが、いっぽんに、宣伝力の強い宗教に養われた民族や国家に、その傾向が強いようである。ことに、これが強者や勝利者の自覚に裏打ちされると、ほとんど問答無用のようになった。

だいたい、近代国家というものは、この傾向を強く押し出すくせがあり、帝国主義といわれる基本には、このような論理の押し売りがあった。しかし、その押し売りのやり方にも若干の相違があり、事実、その相違を縫ってインドではイギリスとフランスとの間を右往左往したし、幕末の日本もこの感触を数々味わわされた。これをアジア進出の前後におきかえて、おくれたものが強引で、先だつものが理づめだったなどとするのは、かならずしも当たらない。むしろ、直接交渉に当たる首脳部の人がらが事の成り行きに大きく作用し、その連続のうえに、誠実は誠実なりに、傲慢は傲慢なりに持ち味があって、出会いの糸口をつくっていたといえるかもしれない。

双方の持ち味が嚙みあって歯車が動いている間は、きしんだり逆行したりしても一定のバランスは維持されるが、嚙みあわせが狂えば全部が破壊することもありうる。中国人とイギリス人と、おそらく世界でももっとも我慢強い両民族が、ともに我慢を重ねたところにアヘン貿易の推移があり、その決算報告書は、今日もまだ出ていないといえるのである。

三　戦争への突入

実効あがらぬアヘン禁令

アヘンが麻薬として常用されるようになって、雍正年間からしばしば禁令は出されたが、禁令がきびしくなれば密売と賄賂《わいろ》が横行し、また、禁令を励行すべき官吏の間にも吸飲の習慣が広がって、その流行をおさえることはできなかった。そのうえ、国内でケシの栽培もおこり、中国は世界でもっとも広大なアヘン消費地となり、その弊害はしきりに論議されたが実効は上がらなかった。十九世紀にはいってその消費量が急激に増加し、銀の流出がはげしく、国内経済が混乱するようになると、清朝も強硬手段をとらざるをえなくなった。日本のある歴史家は、中国が保健上の問題で強硬な態度をとらず、経済上の問題から急に強硬手段をとったことは、中国にとって残念なことだったと評している。

宣宗道光帝　(1782〜1850)

清朝は、道光の時代となると、連年のようにアヘンの禁令をくり返し、また、銀の輸出を禁じたりしたが、道光十八（一八三八）年、鴻臚《こうろ》寺《じ》卿黄爵滋《けいこうしゃくじ》がアヘン厳禁の上奏をし、これが朝議を動かして、アヘンに対する強硬手段の決定をもたらした。道光帝は、湖北や湖南でアヘンを厳禁して成果を上げた湖広総督林則徐《りんそくじょ》を挙用し、欽差《きんさ》大臣として広州へ派遣した。

着任した林則徐は、アヘンの吸飲と販売を厳禁することを布告し、駐在する外国商人に対し、在庫アヘンの引き渡しと、今後アヘンを輸入しないという誓約書の提出を命じ、外国商館を封鎖して出入りを禁止した。外国商人は誓約書とアヘン千三十七箱を提出したが、在庫はその程度のものでないと睨んだ林則徐は、商館から中国人雇人を引き上げさせたり、食糧の搬入を禁じたりして全部提出することを迫り、急をきいてマカオからかけつけたイギリスの貿易監督官チャールズ・エリオット C. Elliot（義律）をも監禁してしまった。

こうしてイギリス商人の在庫アヘン二万二百九十一箱を没収し、虎門《こもん》の海岸に池を掘り、アヘンを塩水に投入し、焼いた石灰をまぜて沸騰させ、三週間かかって全部海へ流し捨てた。その間、政府は没収アヘンをもとにアヘンの専売制をしくだろうとか、政府が買い上げて大きな利益をもくろんでいるとかの噂が流れたが、林則徐は、衆人の目の前で悪徳の根元としてすべての憶測を粉砕した。

このような秋霜烈日の行動は中国人好みではなく、むしろ妥協の間に打開の道を開いていくのが中国の伝

アヘンの銷却図　人民英雄記念碑台座レリーフより

統をなしたかにも見えるが、清朝が武力統治を前提としたため、武人的傾向が強くなり、この林則徐の強硬策は拍手をもって見守られたのであった。

イギリスの対中貿易策

一八三四（道光十四）年、東インド会社の中国貿易独占の特権が廃止され、代わって貿易監督官が派遣されたが、その当面の任務は、両広総督と対等の交渉権を樹立することで、本国政府の目的も中国を市場にしようということに集中していた。イギリスの産業資本家たちは、アヘンでさえあのように売れるのだから、という計算をし、外相パーマストンは、その旗手をつとめていた。アヘンを梃子《てこ》にし、密貿易を触手にして、中国沿岸一帯に突撃口を開くことに期待はしても、麻薬の密売という手段にさして後《うし》ろめたさはもたなかったように見える。当時のヨーロッパで、政治的な記録にこそその文字は見られないが、文学作品などにはようやく関心を深めてきた東洋の問題について、「東洋のさるども」といった呼び方が一、二にとどまらず見られる。してみると、さるがアヘンを吸うことすら、滑稽で僭越なことだったのである。

ことにイギリスはインドにおいて多くの経験を積んでおり、東インド会社に直属の軍隊があって、武力によって問題を有利に解決することが習慣となっていた。清朝が密貿易を禁じても、根拠地を沿岸から外洋へ移し、珠江河口の伶仃《リンチン》島を中心に、躉船《たいせん》とよばれた艀船《はしけぶね》に積みかえ、そこで菰包《こもづつ》みに詰め直して、快蟹《かいかい》とか扒竜《パルン》とかいわれた船あしの速い武装船で内地へもちこんでおり、快蟹の武装が監視船以上だったので、「清朝官吏は、収賄もできず、取り締まりもできなくなった」とうそぶいた。

このような満々たる自信に冷水をかけた林則徐の処置は、無法で暴力的に見え、挑戦とも受けとられた。かれがイギリス人をみな広州からマカオへ退去させ、ついで、イギリス兵と中国商人との衝突で中国人ひとりが殺されると、犯人の引き渡しを要求してマカオへの食糧供給を止め、マカオからの退去をも命じ、イギリス人はみな、香港付近の海上で船内に寄住せざるをえなくなった。

本国議会では一八四〇年四月、グラッドストーンがつぎのような有名な演説をした。

「中国はイギリス人の密貿易を禁止した。イギリスがこの不法な貿易を止めないときは、中国はこれを沿岸から駆逐する権利がある。しかし外務大臣は、この貿易を援助し奨励した。中国の領土に居住して中国の法律を拒むものに、中国が糧食を供給しないのは当然である。かかる不正義による戦争は、永久にこの国の恥辱となるであろう。イギリスの国旗は外相パーマストンによって汚辱されたのである」

この議事録はイギリスの免罪符のように扱われているが、このグラッドストーンでも、もし当時かれが政局を担当していたならば、ロンドン、グラスゴー、マンチェスター、リーズ、リバプール、ブラックバーン、ブリストルなどの商工会議所が政府を鞭撻し、中国に対して強硬策を主張したのをどのようになだめることができたであろうか。まして、出先機関というものは本国に比べてより強硬になるのが普通であるが、このばあい、戦争遂行中に全権大使のエリオットをポティンジャーH.Pottinger に更《こう》迭《てつ》するほど、本国のほうが積極的だったのである。

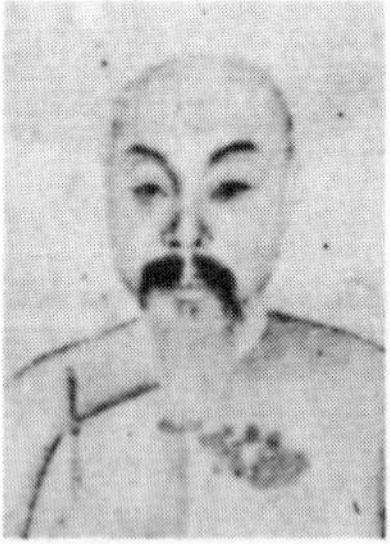

林則徐　(1785〜1850)

福建の一匹狼・林則徐

アヘン戦争の立て役者となった林則徐は福建生まれで、古来一匹狼の名士を多く出した福建の典型的な人物である。生まれたとき、ちょうど雷雨を避けて、福建巡撫徐嗣曽《じょしそう》の行列がその家に雨宿りしたので、父の賓日《ひんじつ》が、徐巡撫にあやかるよう、則徐となづけたという。父は科挙で生員になっただけで、貧しい私塾の教師で終わったが、則徐は十四歳で生員、二十歳で挙人、二十七歳で進士に及第、地方官として浙江へ赴任した。晩年かれが愛用した印章に、「歴官十四省統兵四十万」と刻したように、浙江《せっこう》・江蘇《こうそ》・陝西《せんせい》・江《こう》寧《ねい》・湖北《こほく》・河南《かなん》と巡歴し、水利や河防の工事、災害救済などの実務に誠実な治績をあげていった。

かれの仕事はどれもめんどうで、報われることの少ないものであったが、中央政府の鼻息をうかがうことも、これに色目を使うこともなく、各地で、「林公が来たからは、おいらは生きていけるぞ」という声がおこるほどの名声をえた。

かれは中央政界には自ら縁故を求めることはなかったが、四十六歳のとき、三ヵ月北京《ペキン》に滞在して、中央にまきおこったアヘン問題の成り行きを見、また、自分より年少で気鋭の名士たち、黄爵滋《こうしゃくじ》・龔自珍《きょうじちん》・魏源《ぎげん》らと相知った。かれは、弟が挙人になりながらアヘン中毒で早死にしたため、アヘンを憎む心情が強かったといわれるが、黄爵滋の禁煙上奏と呼応し、湖広総督として管轄下の湖北・湖南ではアヘンの売買と喫煙を厳禁し、取り締まりを励行して、賄賂や手心を加える道をまったくふさいでしまった。先述のように、この成果が買われて道光帝によばれ、アヘン密輸の根元を断ち切るため欽差大臣として広州へ派遣されることになったのが五十三歳の秋であった。

北京では、例によって硬軟両論があり、許乃済《きょだいせい》に代表される弛禁説と、朱嶟《しゅそん》に代表される厳禁説とは、あるいは現地と中央とのそれぞれの傾向を代弁したものでもあったが、道光帝は後者を採用し、これに対しても、林則徐は峻厳をもって答えなければならなかった。

北京を出発したのち、林則徐は、後年失脚してからかれに代わることになった琦善《きぜん》に面会している。琦善は満州人、当時直隷《ちょくれい》総督で、対外的には妥協派であったから、おそらく事後処理について話しあい、問題を広州に限って北方へ及ぼさないことなどを約束したのであろう。

しかしイギリス軍が、広州の貿易が破壊されるのをはばかって直接の攻撃を避け、北上してパーマストンの書簡を北京朝廷に伝達するといって、中国の長い海岸線を脅かし、白河河口にまで達し

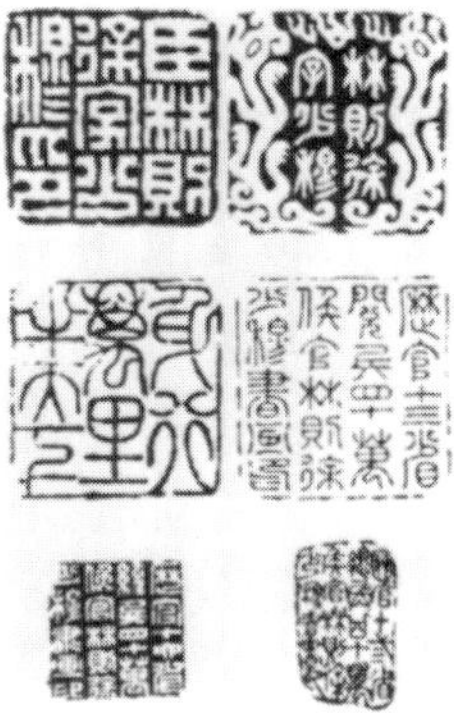
林則徐の使用した印

た。北京朝廷は震駭《しんがい》し、琦善をやって大沽《ターク―》で交渉させ、ともかく会談を広州へ移し、林則徐を処罰してその鋒先《ほこさき》をかわそうとした。林則徐の強硬策を採用した道光帝は、イギリス軍の北上をかれのふてぎわとして激怒したが、その広州での声望をはばかって免職しても他へ移すことはできなかった。かれに代わって琦善が広州に着任すると、道光帝は両者の政策の相違が地元での反目を醸すのを恐れて、林則徐を浙江の河防事務に当たらせ、さらに官職を剝いで新疆《しんきょう》へ流した。

林則徐の日記には、かれを裏切った道光帝や琦善などへの非難がましいことはなんらしるされていない。琦善のとりまきの、鮑鵬《ほうほう》という男を漢奸として、はげしい怒りをこれにぶつけている。しかし、この男は広東人で英語がよくでき、イギリス人にも調法がられ、アヘンではあくどい儲けをし、禁煙がきびしくなると北京へ逃げて琦善にすがりついたもので、琦善がこれに賠償金や広州以外の開港を相談すると、それがみな、イギリスに筒抜けになった。が、林則徐はイギリスとの交渉から手を引いても、実務家として東奔西走し、その間にも、次代に備えて世界情勢をまとめた『四洲志』や、中国の憂患はロシアだと見抜いて、『俄羅斯《おろす》国紀要』を編纂した。六十四歳で引退したが、隠居七ヵ月でまた起用され、太平天国の討伐に病軀をおして出発、広州へ向かうとちゅう、潮州で病死した。

戦局の推移

一八三九年末には、イギリス政府は中国に対して開戦を決意し、翌年六月に広東港を封鎖する予定で艦隊の配備を用意し、軍司令官には、貿易監督官チャールズ・エリオットのいとこ、海軍少将ジョージ・エリオットを任命した。かれは、軍艦十六、武装船五、陸軍用船一、輸送船二十七の艦隊と兵員約四千を指揮し、予定どおり四〇年六月、南シナ海に到達して珠江の河口を封鎖し、北上した艦隊は、七月厦門《アモイ》で交渉を開こうとしたが目的を果たさず、さらに舟山島の定海を占領、寧波《ニンポー》と長江を封鎖、北上をつづけた軍艦六、武装船輸送船おのおの一は、八月には白河河口に達した。ここで琦善に対し、エリオットは強硬な要求をもち出して、結局物別れになったが、正式の会談を広州へ移すことにし、九月イギリス軍は南下した。

　南下のとちゅう、十一月、司令官エリオットは定海で欽差《きんさ》大臣伊里布《いりふ》と停戦条約を結び、同月末、マカオへ帰った。そして病気で辞任し、あとはチャールズ・エリオットがひとりでとりしきって、十二月、琦善との交渉にはいった。

　チャールズ・エリオットが、アヘンの賠償と香港の割譲とを中心に十四項の条件を要求して譲歩しなかったので、琦善は開港

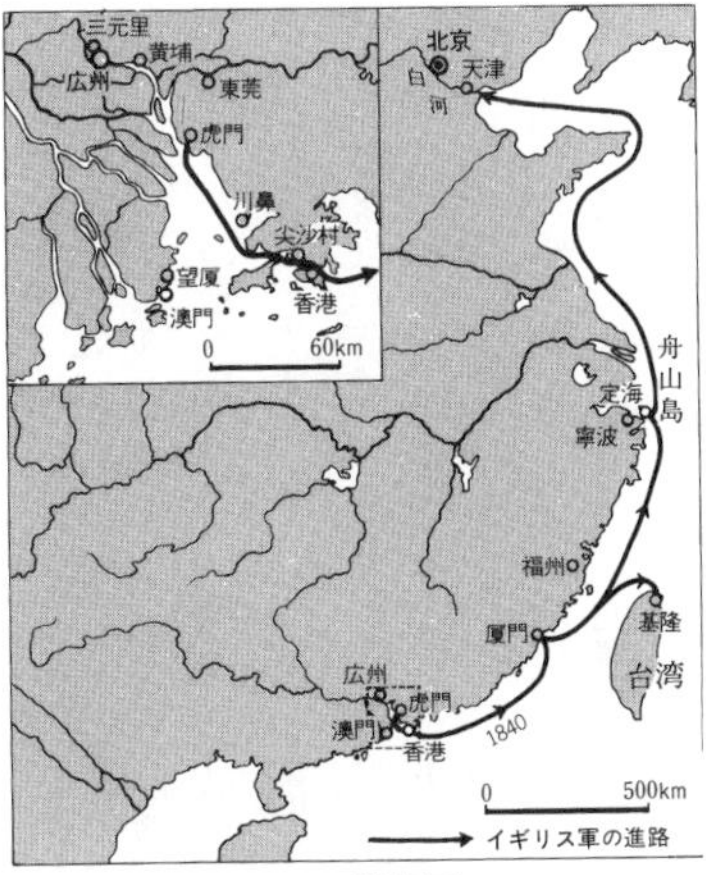

アヘン戦争図

アヘン戦争　虎門を突破するイギリス海軍

と割譲についての回答を遷延した。そこでエリオットは、翌一八四一年一月には虎門の砲台を攻撃し、力で川鼻《せんび》仮条約を結ばせた。しかしこの条約で香港の割譲、六〇〇万ドルの賠償金支払い、両国政府の直接交渉権、貿易の再開などをきめたことが北京に聞こえると、道光帝は激怒して琦善を召還し、いっさいの官職を剝奪して英夷撃攘を決意した。そして、皇族の奕山《えきさん》を靖逆将軍に任じて戦備を増強したが、二月、エリオットは虎門の攻撃を始め、清軍の増援部隊をつぎつぎに撃破して、五月には広州周辺の要塞を占領、まったくこれを制圧した。

奕山はここで清軍の撤退や賠償金六〇〇万ドルの支払いを約して講和したが、イギリス政府はエリオットの方針を軟弱だとしてポティンジャーと交替させた。しかし、眼前で清軍の無能と劣悪を見せつけられ、イギリス軍の横暴の被害を直接受けた広州付近の民衆の憤激は、イギリス政府のいらだちよりも何層倍もはげしかった。五月末には、広州の北の三元里で占領した

アヘン戦争　イギリス軍の厦門攻撃

砲台から撤退しようとするイギリス軍の一隊を武装住民が襲撃し、「平英団」という旗を掲げて続々集まって数万の群衆となり、救援にかけつけたエリオットまで包囲されてしまった。

この事件は、イギリス軍の抗議を受けた広州知府余《よ》葆純《ほじゅん》が、民兵を解散させたことで終わったが、郷土を防衛しようという自衛的な民衆組織は、反英運動を目標として、その後もたびたびイギリス兵への襲撃を敢行した。

ポティンジャーは、八月マカオへ到着すると、広州の休戦をそのままにして香港を確保し、ふたたび北方へ艦隊を進撃させた。そして八月中に厦門《アモイ》を、ついで十月に定海を陥れ、さらに鎮海、寧波《ニンポー》を占領して、寧《ねい》海《かい》で年を越し、翌一八四二年にはインドからの後続部隊をも加えて、五月に乍浦《さくほ》を陥れた。乍浦では、守備の満州八旗兵はほとんど全滅して凄惨をきわめ、これを詠じた詩集『乍浦集詠』は、幕末の日本でもひろく読まれた。

乍浦戦闘図

イギリス軍は、六月にはさらに上海を占領し、揚子江をさかのぼって、七月には、華北への糧道を絶ため鎮江を陥れ、ここでも守備の八旗兵は全滅した。そして八月になると南京攻撃を開始したが、この自信の強いイギリス軍の行動は、かつてインドで訓練されたもので、戦闘員だけで非戦闘員と戦闘員の混在する間を見さかいなく突破する方法であった。

清朝は、事態がここまできたのを見て、香港の回復や貿易制限の継続を断念し、皇族で、それまでも対英懐柔の実務にあった耆英《きえい》を欽差大臣とし、伊里布と両江総督の牛鑑《ぎゅうかん》らに命じて南京で和議を結ばせることとした。当時軍機大臣の首席であった穆彰阿《ぼくしょうあ》は和議の首唱者で、かつては琦善を推薦し、こんどは耆英を起用したが、のちに宋の秦檜《しんかい》同様の嘲罵《ちょうば》を受けることとなった。同じく軍機大臣であった王鼎《おうてい》は主戦論者で、林則徐を推薦していたが、穆彰阿を弾劾した遺書を残して服毒自殺してしまった。

四　南京条約

異民族の侵略と中国

中国のように古来、異民族の侵略をしばしば経験してきた地域では、いつも、その侵略をどのように回避するか、侵略者をどのように懐柔するかに苦心してきたが、ときには敢然これを討伐し、撃退したこともあった。懐柔には多くの策謀を伴い、卑屈や迎合がつきまとうが、討伐は簡単明瞭な条理のため、主戦論がさわやかさをもって回想されるのが常であった。これが遊牧民のような社会では、さらに侵略や略奪まで英雄的行為として賞賛されたので、広大な農業社会の中国は、懐柔や妥協の価値を認め、これを尊重することのできた地域だったといえるかもしれない。

歴代の天子についても、外征の多かった漢の武帝のような人より、文事に傾いた唐の太宗のような人が、はるかに高く評価されてきたのもその故であろう。軍事が獲得であった遊牧民と異なり、軍事が浪費にしか見えない農耕民の経験が然らしめたものにちがいないが、それでもなお、抗戦や征討の華々しさにも、観客のように拍手したわけであった。

中国が積極的に他民族を侵略したことはほとんどないと、中国人がよく自慢するが、必ずしも正確な言い方ではない。日本やジァヴァを遠征したのは蒙古軍だとしても、漢代の朝鮮・匈奴・嶺南への遠征や、隋軍唐軍の朝鮮征討、清代の新疆・チベットの併合はやはり侵略であり、その戦果をうたい上げたのも事実である。しかし、地大物博を誇った中国の自給自足圏は、他に求めるより他から求められることが多かった。また、これに与えるという基本的な形も早くできあがり、双方対等で有無相通ずるのでなく、恩顧として与えるという思い上がりにつながった。ことに宋代以後、生産が上昇すると、軍隊で解決するより物資で解決する方法が習性となり、明末からヨーロッパ文明に接しても、それを使い捨ての奇巧玩物としてしか見なかった。中国が、ヨーロッパ諸国は恩顧としての貿易に感戴《かんたい》を知らないといって憤慨したように、ヨーロッパでは、中国は固陋《ころう》で文明の利点を認めようとしないといきまいた。

これは、アヘン貿易というものを契機としないでも、いつかは文明の利器で痛い目に会わせなければ解決しないと、ヨーロッパの指導者は感じていたであろう。インドにイギリスの帝国を建設したときでも、イギリスは、将来インドがインド人の手で平和に成長できる日まで、インドを預かっておくのだといってはばからなかった。もし、アヘンのような、だれの目にも不法な種子でなく、綿布か毛織物だったら、あるいは中国にもイギリス帝国ができなかったとはだれもいいきれない。アヘンというイギリスのひけめは、自分たちの「近代」を貫徹しようとする鋒先をにぶらせ、かつて蒙古が中国を草原にして馬を飼おうといったのを、耶律楚材《やりつそざい》がおしとどめたような役割をつとめた。侵略がとちゅうで打ち切られたため、いっそう明瞭に、侵略という印象を浮き彫りにしたともいえる。

南京条約

一八四二年八月二十九日、南京の揚子江上に停泊したイギリス軍艦コーンウォリス Cornwallis 号で、清朝の耆英《きえい》とイギリスのポティンジャーとは講和条約に調印した。その日まで、交渉はわずか三日で、清側は、ほとんど唯々諾々と屈辱の条件をのまなければならなかった。

条約の大綱は七点で、(1)香港の割譲、(2)五港の開放、(3)領事館の設置、(4)賠償金の支払い、(5)公行の廃止、(6)関税の協定、(7)対等関係の確認を骨子としていた。香港島はすでにイギリス軍の占領下にあり、さらに舟山島の割譲をも考えていたが、広州に近いので香港をイギリス領とし、のちに一八六〇年には対岸の九龍《カオルン》をも割譲させ、さらに九八年には、新界(九龍半島)を九十九年間の租借地として、イギリスの東アジアの根拠地とした。従来広州にだけ限られた外国貿易を、広州のほか、厦門《アモイ》・福州・寧波《ニンポー》・上海でも行えるようにし、それぞれ領事館をおくことになった。

耆英　(1787〜1858)

賠償金は、戦費について一二〇〇万ドル、没収されたアヘンについて六〇〇万ドル、行商の負債三〇〇万ドル、合計二一〇〇万ドルを三年以内に支払うことを約したが、アヘンは禁制品であり、イギリスも気がとがめ、広州で危険にさらされたイギリス人の生命に対しての賠償だというこじつけが行われた。しかも、アヘンそのものについてはまったく触れることはなく、条約締結ののち、イギリスはアヘンの自由化をしばしば迫り、清朝は一八五八年の天津条約までこれを拒否していたが、密輸入は盛んになり、戦前に倍増するありさまであった。

条約になにがうたわれていようと、これを盾にとってなにを遂行するか、その後の行動こそ事実を雄弁に物語っている。南京条約も、条文そのものでは、賠償金以外にさして不法、不合理なものとはいえなかったが、イギリスはこの条約で綿織物や毛織物を大量に輸出しようとしていた。ところがアヘンと抱き合わせでなければ売れない状態がつづき、イギリスは大きな不満をもつようになった。そのうえ、茶や生糸への需要は多く、やはり大量に買いつけなければならなかったから、さらに強い態度に出ることになった。

この南京条約につづいて、一八四三年七月二十二日、五港通商章程ができ、領事裁判権が規定さ

香港島　アヘン戦争当時。九龍から望んだもの

れ、十月八日には虎門で追加条約が結ばれて、最恵国待遇という条項が加わった。林則徐が、一歩譲ればたたみかけてくると恐れたとおりになったばかりか、領事裁判権や一方的な最恵国条項のような不平等条約の第一歩が始まり、以後、一世紀余りの屈辱の歴史がつづくことになったのである。こうして中国はいわれのない軽蔑を受けつづけ、中国人には国家観念がない、共和政の能力はない、忠誠心がない、合理主義をもたないといった評価を、ほとんどたてつづけに浴びせられてきた。

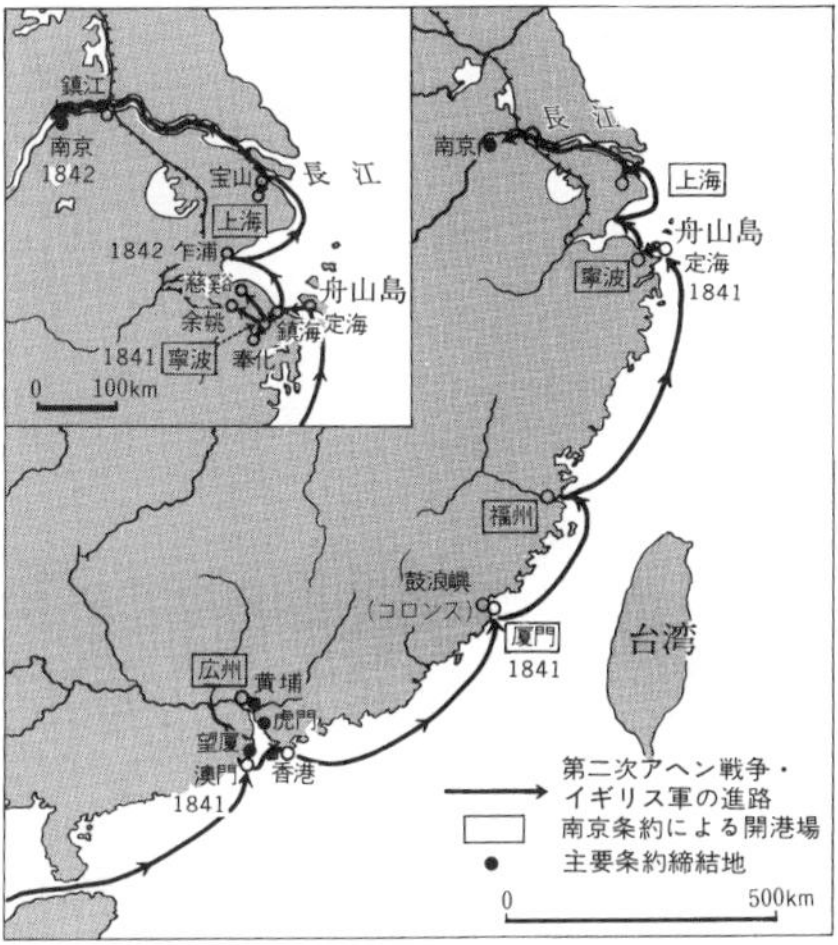

南京条約による開港場

不平等条約と中国の立場

当時、中国の対外貿易でイギリスにつぐ貿易額を示したのはアメリカ合衆国で、アヘンの密貿易にも、アメリカ商人の参加も多かった。南京条約でイギリスの特権が強化されるのを恐れたアメリカ大統領タイラーは、アメリカにとって南アメリカ諸国との貿易よりも大きくなった中国貿易を重要視して、議会に教書を送り、中国との通商条約締結の用意を要求し、下院議員カシング C. Cushing を全権使節として中国へ派遣した。カシングは、一八四四年二月マカオに到着、ここから北京へ向かおうとして阻止され、マカオ郊外の望厦《ぼうか》村で欽差大臣耆英《きえい》と交渉し、七月三日新条約に調印することになった。

この望厦条約は三十四ヵ条から成り、南京条約や五港通商章程、虎門追加条約の規定に準じたもので、アメリカはアヘンを扱うアメリカ市民を保護せず、アメリカ国旗を濫用して清国の法律を犯すことを禁ずるなどを、ことさら加えているが、一方、領事裁判権はいっそう詳細となり、治外法権にまで及んだ。

清英・清米間に条約が結ばれたのを見て、同年八月、フランスも全権使節としてラグルネ T.de Lagrené を軍艦とともにマカオへ派遣し、十月二十四日、黄埔《こうほ》に停泊していたフランスの砲艦アルチメード号上で、欽差大臣耆英と、三十六条から成る黄埔条約に調印した。これは、だいたい望厦条約を基とし、治外法権を一歩進めて、中国在住外国人の納税の義務を免除し、ローマ旧教の布教の自由をも含むものであった。

つづいてベルギー、スウェーデン、ノルウェーが以上の諸条約の準用を要求し、ポルトガルはマカオの領有を正式に認めるよう主張した。すなわち中国は、形の上でいやおうなしに国際舞台に引き出されて、しかも道化師役を演ずる羽目になった。

ただこれは、考えられるほど中国自体の打撃にはならなかった。清朝は、なるべくなにごともなかったようにとりつくろいたがっており、民衆も、直接被害を受けたもののほかは、なんら関心を示さなかったし、事態はなんの変化もおこさなかったかのように推移した。しかし、三元里の平英団以来、排外感情の培われた広州とその周辺では事件が頻発していた。一八四二年には、広州の外国商館焼き打ちがおき、外国人への襲撃も断続的につづけられ、清朝がほおかむりしていても、かつてつぎつぎに発生した民乱が、地主や役人を対象としたのに加えて、外国人排斥という、きわめて素朴な民族感情を育てて、暴動をおこすようになった。

外圧の強化とその要因

清朝政府が戦争の痛手を過大評価しようとしたことは、その政策や姿勢に戦前とさして変化をみないことと並行した。列強の要求には唯々として従うが、あい変らずめんどうなことは遷延し、困難なことは回避し、国際交渉にはなんらの積極性を示さなかった。これは伝統的な中華思想による倨傲《きょごう》だと列強は考えたが、むしろ、相手が理不尽なら柳に風と受け流す以外はないという中国的な合理性によるものであった。

たたけば殻《から》をとじる貝のように、北風が旅人のマントを吹き飛ばそうとすれば、これを強く身にまといつけるように、中国が頑固であったことは、あるいは当然で、また、その事情が理解できないほど迂闊《うかつ》な相手たちではなかった。より重要なのは、アヘン戦争で門戸を開かせた中国の市場が、イギリスの産業資本家をはじめ、列国にとって期待はずれであったことである。「中国の一省で消費される靴下でも、全イギリスの生産量以上だ」という期待は皮算用にすぎなかった。

戦後イギリスは、中国向けにピアノまで輸出したほどの熱狂ぶりであったが、もっとも期待した綿織物の輸出は伸びず、無限の需要があると信ぜられた神話は、たちまち色あせてしまった。中国の需給は、手工業を基礎として、都市と農村との間に短距離の回路を固定していたから、開港場からの輸入品が拡散する経過はきわめて緩慢であった。

ヨーロッパ諸国の市場が国家単位で回転していたのを、そのまま中国に想定することは誤っていたが、そのうえ、中国の手工業が外国の機械工業に抵抗する別の面は、生産から消費までの路が習慣で定まっており、安くてよいものを求めるといった通念が弱かったことであろう。列国は、これを打開するにはさらに開港場をふやし、内河溯行権を認めさせ、内地にも交易場を開き、直接、国内市場と接触すべきだとし、また、内地関税の廃止や関税協定の履行などを強く望むようになった。

戦争を梃子《てこ》として改善を要求しても、中国の旧態が依然として継続しているかぎり、外国の圧力は手がゆるめられず、中国側では、もっとも好ましくない点ばかりを追求されるので、いよいよ圧力として受けとることが多かった。アヘン戦争以来、清朝の首脳部は、世界情勢に暗く無知で傲慢だという批評を受けてきたが、清朝首脳部に的確な判断を下せるものが絶無だったとはいいがたい。しかし、このような圧力を理不尽だとする空気は共通して識者の自覚となっていった。

清朝の対外抵抗

戦後中国の開港場には列国の砲艦が停泊し、これに援護されて、一旗挙げようという商人や無法な水夫、宣教師や軍人上がりの山師たちが大挙上陸してきた。関税は協定されていても賄賂による脱税が横行し、アヘンは半ば公然と取引されていた。

このような状態を、清朝は開港場に局限し、まず北京に波及するのを防ごうとして、外国公使の北京駐在はもとより、入京することも許さず、広州の両広総督をして外国公使との交渉に当たらせた。その両広総督も、地元に排外運動が頻発するようになると、きわめて冷淡となり、外国政府は北京との通信はできず、かつて公行《コホン》を相手に埒《らち》のあかなかった時代と同様となった。ただ、このような推移のうちに、広西でおこった太平天国の反乱勢力は南京を陥れ、開港以来広州に代わって貿易の中心となりつつあった上海を脅かすようになり、北京・上海・広州では、それぞれ、対外関係と心構えにははっきり相違が現れてきた。

南京城

首都の北京はもっとも強硬で、戦禍を受けず、自ら銃をとることのないこの人たちの間では、外国人を一歩も帝都に踏みこませないという意気込みが広がっていた。清朝政府も、これを子もり歌のようにきくときがもっとも安心だったようである。これに対し、太平天国の脅威にさらされ、新しい貿易の迫力におしまくられる上海では、事を穏便にすます和平論が多く、有力な外国砲艦を眼前にしており、貿易の実利で上昇しつつある地域を破壊しようとは考えられなかった。一方、広州はすでに戦火の洗礼を受けており、北京の強がりを児戯とは見ても、猛烈な排外感情と、かつて林則徐も計画した最後のきめ手、義勇軍によるゲリラ戦には自信をもちはじめていた。

これらを総合すると、北京の主戦論が圧倒的な政策基調となり、列国もまた、どうしても北京で城下の盟をさせなければ中国の体質は変化しないと見抜くようになった。

五　アロー戦争

中国市場へのイギリスの執着

一八五〇年代にはいると、アヘン戦争後の情勢もはっきりして、イギリス政府は、条約を改正するためにふたたび戦争に訴えるのもやむをえないと考えるようになった。一八五二年、ミッチェル W. H. Mitchell という商人が香港《ホンコン》総督に提出した報告書は、中国が簡単にイギリス産業の市場とならないことを警告したものであったが、イギリス政府は中国への執着を捨てなかった。

しかし、中国で太平天国の乱がおこり、その急速な拡大に対して、これが中国の新王朝となったならば、というイギリスの躊躇があり、さらにクリミア戦争がおこって注意を中国からそらすことにもなった。アヘン戦争の道義的な不評をくり返すまいとしたイギリス政府は、五四年、フランスとアメリカと連合して清朝に条約改正の交渉を試みたが、もちろんなんの成果もなかった。イギリスが単独で行動せず、フランスやアメリカなどもこれと共同する新しい共同の方針がたてられてきた。

外交交渉ではなんの効果もない以上、イギリスは開戦理由を求めており、広州駐在の領事パークスH. S. Parkesは、帰国中のロンドンにおいてこれを十分察知して任地へもどった。パークスはのちに日本駐在公使となり、治外法権を強行して知られた人物である。

パークス　(1828〜1885)

一八五六年十月八日、広州の珠江に停泊していた香港の中国式帆船アロー号の中国人乗組員十四人のうち十二名を、清朝官憲が海賊の嫌疑で連行し、そのとき、船長のイギリス人は不在で、官憲がイギリス国旗をひきずりおろす事件がおこった。いわゆるアロー号事件である。パークスは両広総督葉名琛《しょうめいしん》に厳重な抗議を申し入れた。まさにイギリス政府の待ち受けていた事件で、香港総督のバウリングJ. Bowringもパークスを援助し、葉名琛もまたきわめて強硬であった。

この交渉が決裂すると、広州駐屯のイギリス海軍は広州周辺の砲台を占領して広州を砲撃し、イギリス政府はこれを支持して開戦を決定した。しかしイギリス議会では反対論が強く、下院ではコブデンR. Cobden議員が、アロー号の香港《ホンコン》船籍の有効期限が事件当日にはすでに切れていたことを指摘してパーマストン内閣を非難し、政府反対の動議を提出、この動議が成立した。パーマストンはこれに対抗して下院を解散して総選挙を行い、新議会で可決させるという手続きをとった。

連合軍の第一次侵寇と天津条約

イギリス政府はフランスのナポレオン三世と共同しようとし、フランスも、一八五六年二月に広西省でフランス宣教師が殺害されたのを理由に開戦を決定した。また、アメリカやロシアにも呼びかけが行われたが、この両国は戦争に加わらず、条約改正の要求には共同しようと約した。

イギリスはエルギンElginを、フランスはグロGrosを全権に任じて遠征軍を派遣したが、イギリス軍は、インドでセポイの反乱がおこったので、ベンゴールでその鎮圧にも加わり、広州前面に英仏軍が攻撃態勢をととのえたのは一八五七年十二月であった。

事件がおこってから一年余、この間、広州では排外運動が猛烈となり、外国商館は焼き打ちされ、敵愾心《てきがいしん》は燃え上がったが、実質的な防衛はできるわけはなく、広州を空城にして退避する策などは考えもつかなかった。

アロー戦争　大沽砲台

英仏連合軍は、一八五八年一月、広州に入城し、総督葉名《しょうめい》琛《しん》を捕虜としてカルカッタへ護送し、広州の軍事占領を三年にわたってつづけた。イギリス、フランス、アメリカ、ロシアは清朝に対して条約改正を要求し、清朝もやむをえず、ロシアとは黒龍江《こくりゅうこう》で、他の三国とは広東で交渉する旨を回答した。が、列国はその手続きを不満とし、艦隊を北上させて大沽《ターク－》に迫ったので、清朝は直隷総督譚廷襄《たんていじょう》を派遣したが、列国はこれも拒否して大沽砲台を占領した。派遣される人物の肩書きが、政府が問題をどの程度に受けとめているかの指標であるのは今日と同じである。

四国の全権は軍隊とともに天津《てんしん》にまで達した。清朝は改めて東閣大学士桂良《けいりょう》を全権大使として、一八五八年六月、まずロシアと、ついでアメリカ、イギリス、フランスと各個に天津条約を結んだ。それぞれの内容は若干異なるが、最恵国条項が含まれているのでイギリスとの条約が典型とされ、外交官の北京駐在、内地旅行の自由、長江の開放、開港場の増加、キリスト教布教の公認、領事裁判権の拡大などがおもな項目であった。

しかし連合軍が撤退すると、清朝はこの条約を破棄しようとし、ことに外交官の北京駐在と内地開放とは取り消したいとして、桂良らに、関税は全免にするということを交換条件に交渉するよう命じた。桂良らは、国家財政の立場から関税の放棄には従うことができず、ただ外交官の北京常駐権は行使しないという了解だけをエルギンから得ることができた。それは外交官が随時北京にはいることや、天津条約の批准交換を北京で行うことまで拒否できるものではなかった。

したがって、翌五九年六月、イギリス公使ブルース F. Bruce とフランス公使ブルブロン M. de Bourboulon とは、批准のため大沽《ターク ー》へ来たが、大沽砲台を守る僧格林沁《サンゴリンチン》の軍隊に砲撃されて上海へ引き返した。同行したアメリカ公使ウォード J. E. Ward は北塘《ほくとう》から上陸して北京へはいったが、皇帝への謁見の儀礼で叩頭を拒否し、北塘で批准交換を終えた。

第二次侵寇と和平勢力の支配

アヘン戦争は短兵急に事が運んだが、今回は四国連合といったこともあり、また、清朝相手の交渉には根気のいることも痛感されたのであろう。イギリスはその強硬な態度を終始変えず、埒《らち》のあかない交渉を執拗につづけてやめなかった。

一八六〇年になると、イギリス、フランスはふたたび遠征軍を編成し、八月、エルギンとグロとは二万の軍隊をもって北塘に上陸、大沽砲台を陥れ、天津に達した。清朝は桂良と直隷総督恒福《こうふく》をやって交渉させたが、エルギンらは相手にせず、怡親王《いしんおう》載垣《さいえん》が派遣されて通州で交渉し、またも皇帝謁見の問題で決裂にいたった。

九月、連合軍は北京に迫り、北京郊外の離宮円明園にいた咸豊帝《かんぽう》は、皇族や重臣とともに熱河の離宮へ避難した。この間、通訳に当たっていたパークスはじめ二十六名のイギリス人とシーク兵、十三人のフランス人が僧格林沁《サンゴリンチン》の軍隊に捕えられ、二十日間に及ぶ虐待で半数は死亡する事件がおこった。

ここで皇弟恭親王奕訢《えききん》が桂良および軍機大臣文祥の補佐で交渉にはいったがまとまらず、連合軍は円明園を略奪したり、北京へ入城の示威運動を行ったりした。ロシアはすでに四月に北京で天津条約の批准交換を行っており、公使イグナチェフ Ignatieff が北京にあって調停役を引き受け、エルギンは十月二十四日、北京にはいり、グロは二十五日北京にはいってそれぞれ天津条約の批准を交換し、新たに北京協定として、償金の増額や九龍《カオルン》の割譲、天津の開港などがきめられた。清朝は、この全面的降伏によって各国公使の北京常駐を認めざるをえなくなり、翌六一年一月には総理各国事務衙門《がもん》を開設、恭親王奕訢や桂良、文祥ら、そ

北京に入城する英仏連合軍

北京協定の調印　エルギン（右）と奕訢（左）

れまで交渉に当たった人を首脳部に据えて対外交渉に当たらせることになった。

このように、清朝は天津条約で屈辱的な国際関係の第一歩を踏み出したが、一八六一年ドイツなどの諸国と天津で通商条約を結び、六二年ポルトガル、六三年デンマーク、オランダ、六四年スペインと同様の条約を結んだ。

この間、六一年八月、咸豊帝は熱河で病死し、側近の怡親王載垣《さいえん》、鄭親王端華《たんか》、その弟の粛順らの主戦論者たちは幼帝穆宗《ぼくそう》を擁して巻き返しを計り、東太后西太后《とうたいごうせいたいごう》を疎外して政権を独占しようとした。両太后は北京の恭親王奕訢《えききん》と結んで、十一月、載垣らの一派を殺し、政局は和平論者によって維持されることになった。

列国の清朝支持

アヘン戦争がおこったのが道光二十年、アロー戦争が終わったのが咸豊十年で、前後二十年にわたり、中国は太平天国の大乱に動揺し、内外とも空前の事態だったといえる。清朝は、そのどちらかの圧力によって崩壊するのが当然の状態に陥っていた。ところがイギリスもフランスも、恭親王による清朝を支持することが有利だという判断に立つようになってきた。アロー戦争の継続の間に、どのような中国政府がもっとも望ましいかの具体的な事例を多く経験したし、少なくとも針をもった蜂《はち》よりも無害の蝶《ちょう》のほうを選ぶべきだと考えるようになった。いっぱんには、列国が清朝と結んだ条約を履行させるため、ことに多額の賠償金を支払わせるため、これを温存しなければならなかったのだと噂されたが、清朝を支持して清朝の地方統制を強化し、各開港場での条約を履行させるのがもっとも近道である、というのが結論であったようである。

恭親王奕訢　アロー戦争の終結にイギリス全権エルギンと天津条約・北京協定を結んだ

　イギリスはインドで実力をまったく失ったムガル皇帝を見ており、これを利用しようとするのは、むしろセポイや一部の貴族であり、イギリスはまったくムガルを無視して、各藩王と直接の交渉と戦争で支配を浸透していった。本国では、イギリスのインド政権がムガル帝国の栄光を受けつぐものとして、ムガル帝国を顕彰しようとする動きがめだったが、現地ではムガルを無視し、抹殺《まっさつ》しようとして、インドの民族主義の象徴となることを防いでいた。

　中国では太平天国が清朝を倒して漢人政権を建てようとしており、この新興勢力が外国の侵略にかならずしも妥協的でないこと、これを脅したりすかしたりするには、またながい期間が必要なことを見抜いていた。アメリカやフランスでは、中には清朝とこの新興勢力とを天秤にかけようとするものもあったが、イギリスは一八六二年ごろからはっきりこれに武力干渉を加え、清朝援助に踏みきった。しかし、清朝を顕彰しようとする気配は毫《ごう》もおこらなかった。

清朝はこれから、いわゆる同治《どうち》中興の小康状態にはいり、イギリスはインドに、フランスはインドシナに根拠地をもって、軍事的にも経済的にも中国の後見役のようにふるまった。が、この老大国の上品な蝶の群れは、ときにはさなぎになり、ときには毛虫になって、後見役をたびたびてこずらせたのであった。開港場には外国商船が群れ、外国の居留民や事業家は増加し、開港場から内地へはいりこむ商人や宣教師は、はるか奥地へはいって、アジアの神秘な大国は、その全貌を世界に現すようになった。

海関税務司、関税の外人支配

かつて外国商人が中国でもっとも悩まされたのは関税であり、広州の公行時代、清朝の派遣した海関の監督は、外人からHoppo（戸部《こぶ》の音訳）とよばれ、正規の関税のほかに多くの付加税をいろいろの名目で徴収し、そのうえ多くの賄賂まで強要していた。付加税は、ときに関税の二十数倍にも達したが、南京条約でこの障壁は除かれ、輸出入とも従価五分の関税を原則とし、他は協定によることにして、広州は従来どおり粤《えつ》海関監督、福州と厦門《アモイ》には福州将軍、寧波《ニンポー》には寧紹道台《ねいしょうどうだい》、上海には蘇松《そしょう》道台をおき、諸外国はそれぞれ現地の領事でこれと協定させたが、協定ということを清朝官吏に理解させることは困難であった。

咸豊三（一八五三）年、太平天国軍の上海攻撃に呼応して小刀会の反乱がおこり、上海はその一味に占領され、蘇松道台は外人居留地へ避難して、上海海関はその機能を停止してしまった。翌年イギリス、フランス、アメリカの三国領事は道台と協議し、三国から一名ずつの委員を出して関税管理に当たることとし、五八年の天津条約で、この方式を他の開港場にも通用することになった。

1894年の上海税関

関税管理に当たる外人の委員 Commissioner が税務司で、その総監督 Inspector General of Customs、すなわち総税務司にはかならずイギリス人が当たり、北京に在勤して総理各国事務衙門に属してその委任を受け、各海関の外人税務司を統率した。税務司は従来の監督や道台と対等の地位であったが、実務はすべてその手に帰し、従来の中国官吏は名目的な存在となり、清朝財政の大きな財源は外国人の管理となるにいたった。

初代の総税務司は一八五九年から四年間をレイ H. N. Lay が、そして六三年からハート R. Hart が、ほとんど半世紀にわたってこの職にあり、清朝の財政ばかりでなく、政治顧問として活躍した。ハートはもっとも中国を理解したイギリス

ハート　(1835〜1911)

人のひとりであったが、中国の関税が外国人の手に掌握されていた事実は、清朝にとっても国恥の象徴のように考えられ、のちに一九〇六年、ハートにも相談せずに、総税務司を総理各国事務衙門の後身である外務部から税務処の所属に移してその権限の縮小を図った。税務司は、アヘン戦争・アロー戦争の残した、もっとも代表的な官職だったといえるのである。

第五章　太平天国

一　近代的思惟と近代的行動

異端の思想

いつの時代でも、支配者が自分らと理念を異にするものに危険を感じ、ちがった信仰や思想を禁じたり弾圧したりして、ときには民衆が多く犠牲にされ、また、指導的な知識人が抹殺された例は、歴史の多くのページに満ちている。宗教となると、団結をつくり勢力をもつために宗教戦争となり、思想では、萌芽のうちに摘発されて多くの受難者を出す。そして、いつも支配者側が正統であり、これに同調しないものが異端であったが、その異端は多くの悪徳と同類とされがちであった。これらの例の中で、宗教のばあいは、その信仰がどのようにして形成されたかということより、集団としてどのような動きを示したかに興味がもたれ、思想のばあいは、これがどのように主張されたかより、その思想形成の過程が問題となったようである。

思想というものが信仰や通念だけで形成されるものでなく、多くの要素が、個人なり集団なりの中で調合されて成立し、著述の形で伝えられるので、ことに、その要素や調合の過程に興味がもたれている。が、これに異端の烙印《らくいん》がおされるのは、たいがい同じ土俵の上からで、権力と結んだものが他の派閥を排除することから始まった。そのばあい、異端とされたが故に、その土俵からとび出してしまうことはめったになかった。

　江戸幕府は朱子学を正統とし、古学や陽明学を異学としたが、陽明学の大塩平八郎が乱をおこしたのは異学の故ではなかった。安藤《あんどう》昌益《しょうえき》や佐《さ》藤信淵《とうのぶひろ》などは、はじめからその土俵の上にいないので、異端ですらなかった。もしその思想が大きい影響力をもち、正統の人たちが違和感をもつようになれば、異端とされ、排除されたであろうが、そこまで成長しないで埋もれてしまった。昌益のいう「直耕直織安食安衣」は、中国でいう「耕者有其田」と同様の、素朴な労働至上主義であったが、その門弟でも、「この書をみるものはたちまち神を驚かし、伝え聞く者は胆を寒うして、一たびは嘲り一たびは悪《にく》み、これを罪《つみ》せんことを欲せんか」といっている。

太平天国の砲台遺跡

これをいい、これを書けば罪せられるだろうとは、ほとんどすべての思想の異端者に共通した立場で、すでに確立している秩序に、多少なりとも変革を期待するからであり、多少反体制の主張があったからであるが、また、その時代の中では、体制と癒着《ゆちゃく》した部分のある複合体でもあったことは見落とすわけにいかない。権威主義が強かったり、反権力という権力主義であったりして、異端であるが故に百パーセント異端であることはない。

中国史では、明末にこのような異端の思想家が輩出し、正統の人たちは、陽明学の末流が横行して羽目をはずしたものと指弾した。たとえば李《り》卓吾《たくご》（本名は李《り》贄《し》）は『水滸伝《すいこでん》』や『三国志演義《えんぎ》』を推賞して万人必読の書物とし、『蔵書』という歴史書を書いて、時代を趨勢《すうせい》によって区分し、男女の平等や商人の営利を正当とし、古今未曽有の妖人とされたが、一方、聖人に匹敵するとまで崇拝されもした。この李卓吾の『焚書《ふんしょ》』という書物は、吉田松陰も愛読し傾倒したが、中国の代表的な異端思想であり、その書物はみな、明清を通じて禁書となっていた。

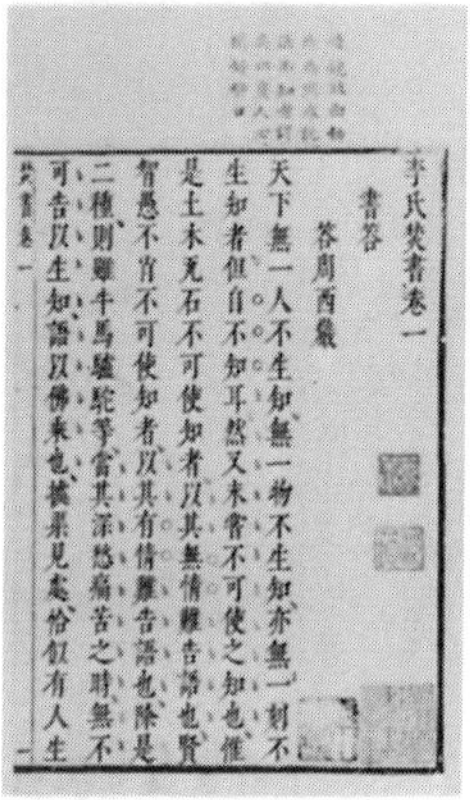
李氏焚書卷一
書答
答周西巖
天下無一人不生知無一物不生知亦無一刻不
生知者但自不知耳然又未嘗不可使之知也惟
是土木瓦石不可使知者以其無情難告語也賢
智愚不肖不可使知者以其有情難告語也除是
二種則雖牛馬驢駝等當其深愁痛苦之時無不
可告以生知語以佛乘也據其見處恰似有人生

李卓吾『焚書』

異端の行動

李卓吾は福建の泉州に生まれ、イスラム教徒に囲まれて成長し、官途についたが陽明学にうちこみ、また、禅宗にも心酔し、退官してから仏寺に住んで、著述と講書に専念した。多くの名士を初め民衆の間にかれを信奉するものが群れをなし、南京でかれに会ったマテオ・リッチも、これをローマに報告している。が、かれの行動は著述と講義に終始して、政治に関与することはなかった。風俗を乱すとか、聖人を侮辱するとかの理由で弾劾され、はげしい迫害を受けると、かれはその支持者とともに強権を避けて転々と放浪する以外はなかった。

もともと剃髪《ていはつ》して世俗を捨て、世外の放浪人としての言論であったから、自由ではあっても、それを主張する社会的な契機は自分から捨てたものであった。マテオ・リッチが宮廷にはいり、大臣を動かそうとしたような意図も方法もなかった。中国の異端の思想は、啓蒙思想ではあっても、啓蒙の役は果たさなかった。いや、ある主張に対して、いつもその裏側の存在を信じさせる役割をつとめたともいえるのである。

李卓吾が、漢代の昔、卓文君《たくぶんくん》という才媛が夫の死後、司馬相如《しばそうじょ》の文才を愛して駆けおちをしたことを真の良縁を得たものと推賞し、五代の混乱時に四朝の宰相をつとめた馮道《ふうどう》を、無用の戦乱をおさえ、混乱時代に民生を守った政治家と称賛したことは、中国で目の鱗《うろこ》をとり払った議論であった。が、これを書き、これをいったが故に、結局李卓吾が自殺するまで追いこまれていったのを見れば、鱗のとれた目もまた、まぶたを閉ざさざるをえなかった。異端の思想が開眼の役を果たしても、同時に躍動を伴わなかったのは、凍結したような社会通念からであったろう。それは、倫理から人生観にまで浸透していた儒教体制が、これを直撃する力をはね返したのだが、民間では、こんな笑話が流布するようになってきた。

「孔子が、弟子の宰予《さいよ》が昼寝したのをひどく叱責したら、宰予は、夢に周公に会いにいったのになぜそんなに叱るか、といい返した。孔子が昼間は周公を夢みる時間ではないというと、宰予は、周公は夜半にふらふら歩くような人だろうかといい返した」

民乱の本質

異端の思想や行動は、それだけで忽然《こつぜん》と形成されるものではなく、これに見合う社会情勢のもとで醸し出されたものであった。明代に地方小都市も経済活動の舞台となって商工業が盛んになり、農村より漁村が自由で冒険的であり、農業より商工業が自由で計画的であったのが、思想にも自由な動きを与えたといえる。

しかしその同じ条件は、同時に、さらにはげしい反体制の直接運動を培養していた。農村にも手工業が普及するにしたがって小作人たちの生活も変化し、地主との争いが多くなり、ひいては租税に対する反抗の運動が頻発した。歴代の中国史にきわめて多発している民乱は、宗教的な連帯と、扇動や功利によるものがほとんどであったが、ときには農民の解放という自覚の強いものもあった。盲目的な暴動の中にも、なるほどという理解は広がっていたようである。

明代になると、小作人が、地主に納める収穫は地主が受けとりにくるべきだ、と主張してこれを実現させせ、地主の訴えから反乱になった鄧茂七《とうもしち》の乱がおこっている。これは、宗教的な団体でない民乱として注目されているが、実は、このような農民の理屈が考えつかれ、しみとおっていくのが民乱の底流であり、耕すものがその田畑の主人だという言葉に重さが加わっていくところにその本質があった。

しかし、それが当然のことで、また、きわめて合理的なものだというところまで一直線に進んでいく性質はもっていなかった。これが不法であり、不徳であるとする規範を乗りこえられなかっただけでなく、民乱が上昇して、その指導者が権力の座につけば、たちまち鎮圧者となって、その法と徳とを護持したからであった。こうしたくり返しは、民乱もまた初めからくり返す循環をなしたし、自覚の展開にもくり返しをもたらしたように見える。

中国で自由なのは皇帝ひとりであったと評されるような権力の座は、富と恣意の座であり、また、神の座ではなく、だれでもすわれる座であった。そして、ひとりにすべてを預けてしまうこの形は、ながい習慣とともに、もっとも安定できるものと思われ、また、もっとも気楽なものであった。なんとかしようというより、なんとかしてくれるというほうが安易なので、皇帝が武力による恐怖政治をやろうと、警察力による監督政治をやろうと、それは上部の意志決定に関するだけであったが、民乱は結局これと対決する性格をもっていた。そうした民乱に対して上層が容赦なく弾圧したのは、いつも、微漸の端を防ぐものとして、一貫した方針であった。

合理性の前進

このように見てくると、中国史は出口のない部屋の中を彷徨《ほうこう》しているかのように受けとら

街頭における笞刑執行

れるが、民族国家として、また民族社会として、きわめてながい経験の蓄積は、なにものかを身につけさせたことであろう。それは、きらびやかな文化遺産とは事かわり、荒廃の中にも失われず、繁栄の間にも損われない生活の知恵のようなものがあったはずである。それこそ民族の自信の基礎となり、社会生活の絆《きずな》となったもので、たとえば中国商人が契約書より信用を重視し、その信用は相手まで信用を重んずるようにさせるほどの力があるが、このような気合いを少数のものが会得するだけでなく、その気合いがほとんど一般の習性になっているのは、一朝一夕のことではなかったであろう。

　そのような気合いの一つに、中国的合理性の定着がある。これは、儒教の指導理念とは別に、合理的な思考や合理的な方針が、権威や慣習と対置され、これが有力になったことがあげられる。たとえば、農村の自治運営は地主や有力者の恣意のままに運営できなくなってきた。このような情勢は、当然、その衝に当たる人の問題であり、古来良識と非常識とは相半ばしてはいたであろうが、民乱の続発と表裏して一部の独占が困難になったのは事実である。そのような傾向を推進したのが、合議の普及であったか、地域の世論が無視できなくなったか、地域差もあり、時点による相異もあったが、いわば世論の粒はしだいに大きくなったようである。ただその世論が圧倒的な強さをもつまでに盛り上がることはなかったし、これを支配している合理性も、論理でたたみかけてくるような説得力をもたなかった。

中国の合理性の基本は、筋を通すところにあった。その筋が、かつては権威であったのが、しだいに人間的になってきたところに、その強さも弱さもあった。数字や理屈で押したり、納得したりするのではなく、人間の生活を尊重するという筋であるから、対人的には強いが理念的に弱く、納得させやすかったが宣伝力をもたなかった。

これは感情に訴えたり、情緒を利用したりするものではなく、生活権の擁護に立脚して強者をたしなめるという性格で広がったから、主義や信条にはなりにくいものであった。が、旗幟を掲げて時代をきり開いていかなければ歴史は展開しない、と考えるのがヨーロッパの近代の癖であるから、このような合理性は推進力にはならないように思われる。しかし中国社会の底辺に普遍化したこの中国的合理性は、その中で生きぬいた人たちを見る大事な手がかりでなければならない。

退廃の道

ヨーロッパのルネサンスは、「人間の発見」だったといわれる。中国においても、一部の選ばれた人が、目の鱗がとれたように人間を発見したことはたしかであるが、ただ、ルネサンスが人間の美しさ・大きさを描いたのに、中国の合理性は人間の醜さ・小ささを土台にしていた。人間を発見したが、また人間を没却することも容易にしたように見える。尊厳をうたい上げないで卑小を前提としていたため、人間を抹殺することに無造作だったともいえるが、むしろ敗北主義といってもよい底流があって、気概を失うと一度に破綻《はたん》するものであった。あらゆる圧力に耐えることには慣れていたが、能動的に計画することには不慣れで、多くのものを受容するには、それをとりこむだけの容量をもちながら、放出するとなると、その発散力の弱い中国社会は、しだいに重心が下がって、揺れるたびに搭載《とうさい》しているものがずり落ちてしまうかのようであった。

中国史が、目を見張るような豪華な絵巻きを展開するかと思うと、とめどもない転落退廃の姿を見せるのは、ブレーキのきかない構造、底なだれをおこしやすい仕組みがそうさせたものであった。また中国社会の蓄積は果実を生むより食いつぶされてしまうほうが多く、事態の推移は、いつもそのような経過をたどった。復原力が強いといえば聞こえはよいが、つねに、もとの木阿弥といった結果が各方面に現れた。これは中国人が個人としては砂粒のように固いが、社会としては砂山のようで、強風で一夜に移動してしまうと評されたことにはかかわりがある。歯止めがないから飛散し、連帯の規模が小さいからもろともに転落する。このような社会に近代を考えるとき、その芽生えとなる思惟も行動も、どこにどのような歯止めをつくるかにかかっていたことになるようである。

ひるがえって、転落の歴史は、「目を蔽うような」とか、「道義地におちて」とか、いっさいの評価を許さないような扱いを受けがちである。歴史家の多くも、このような心情をかくそうとはしていない。かつて唐末五代の時代がそのような扱いを受け、今、清末民国の時代がそのように扱われている。しかし、その時代にも生まれ合わせた人間があったのだし、それなりにせいいっぱいの生き方をしたものもあったのである。ある事態でも、その勃興期には興味がひかれても、衰退期は、つまらない、堕落だとかたづけられる。しかし、なにが堕落なのか、なにが退廃なのかは、なにが興隆させたのか、なにが流行させたのかと同様、あるいはそれ以上に大事な問題であろう。

二　拝上帝会

暴動の中核・会党と教党

清代にも、歴代王朝の治下と同様大小無数の農民暴動が相ついだが、農業社会がこのような巨大な統一体になったばあい、均衡を求めておこるべくしておこったものといえる。いっぱんにその性格を、記録の上から、暴動の中核になった会党と教党に区別している。

会党とは政治色の強い秘密結社で、康熙《こうき》のころから天地会・添弟《てんてい》会・三点会・順刀会・双《そう》刀会《とうかい》などの名が現れ、親分《こぶん》乾児の任俠的な組織をつくり、反政府的な要素をもっていたが、さらに匕首《ひしゅ》会・三合会などとなり、清末には哥老《かろう》会・華興会・興中会などの反清運動へつながるものとされている。

教党とは宗教的秘密結社で、元代の白蓮教の流れにつながり、清水教《せいすいきょう》・天理教・大乗教・無為教・白陽教・八卦教などと多くの名で随時現れ、民間信仰をもとに相互扶助の組織をつくり、ときには狂熱的な暴動をおこしたものとされる。

南京のキリスト教会

この両者の起原については伝説も異なり、伝統もまた異なったが、集団となり行動にうつったばあい、さほどの相違があったとは考えられない。アヘン戦争後、キリスト教の布教が盛んとなり、信者を教民といって、これと地元民との紛争がおこると、これを他の宗教関係の事件と同じく教案といったように、ただ記録を区別し、官僚の口実にしたにすぎなかったようである。会党も教党も、その名称はちがっていても、内容も性格も同様で、集団となり、行動をおこせば、みな同じ型にしかならないのは、だいたいどこでも見られるところである。中国のばあいは、むしろ集団の中核に宗教性があったかどうか、また、その拡大に地域的な特性があったかどうかよりも、官僚層と農民層との間隙の大小が決定的な条件だったとしてよい。清朝官僚群がしだいに加重されるにしたがい、かつて官《かん》逼民反《ひつみんぱん》といわれた官僚の横暴は、ほとんど普遍的になった。富戸を誅求し、貧戸を暴圧する個々の事例は減少したとしても、いつでも、それがおこる不安はつのっていた。

そのうえ、アヘン戦争後の中国官僚は、もうひとつ頭の上がらない外国勢力を意識しなければならなくなった。満州人に頭の上がらなかったことまで思い出させる二重の圧力は、これを下へ転嫁する以外に救われようがなくなった。賠償金支払いのために税金が重くなったとか、外国製品の押しつけから経済的に苦しくなったとかよりも、このような圧迫感が中国民衆にのしかかってきた現実は見のがせないところである。つまり、いったん民乱がおこれば、かつての白蓮教の乱より大規模になる下地は用意されていた。

中国のキリスト教

明末清初に、カトリック各派の宣教師が中国に来航して、ヨーロッパ文明をもたらしたことは著名なことである。宣教師たちは王公貴族を布教の対象に宮廷にはいりこみ、これを踏み台として全国への伝道を試みた。そのため、これに付随した文明もほとんど宮廷用になって、中国社会に浸透することは意外なほど少なかった。たとえば揚水用の空気ポンプといった、もっとも実用的なものでさえ、知識としては知られても普及はしなかった。したがって、日本の島原の農民に見られたような熱狂的な信徒を生まなかったばかりか、かつてイスラム教徒を受け入れたほどの反応も示さなかった。

もっとも、痕跡は定かでなくても、民間信仰の中にまぎれこんだり、道教の中にしのびこんだりしたものがなかったとはいえないが、伝道の熱心さに比べてその反響の少なさは、中国もインドと同様に頑強な抵抗をもったように見える。宣教師はアジア人の頑迷を嘆き、中国もインドも、おそらく宣教師の善意は信じても、その押しつけがましさには我慢できなかったようである。

しかしアヘン戦争後、プロテスタントの伝道が始まると事情はやや変化した。一八二〇年ごろ、イギリスの宣教師ミルン William Milne は、マラッカで伝道に従い、同地の華僑《かきよう》たちにも信徒をつくった。プロテスタントは民衆を相手に伝道し、華僑のような海外移住者には、この新しい信仰によりかかるものも多かったのであろう。

ミルンの信徒で、マラッカ教会で植字工をしていた梁阿発《リャンアファ》（学善）は、『初学便用勧世良言』というキリスト教入門書を書いた。この中国人向けの伝道書が、広州の街頭で配布されたりして宣伝に用いられたのは当然であった。しかしこれとてカトリックと同様、反響はきわめて乏しかったようである。一八二六年、プロテスタント最初の伝道者、イギリスのロバート・モリソン Robert Morrison は、広州に来て伝道し、三四年に死を迎えるまでの八年間に、わずか十名の信者を得たにすぎなかったと自ら述懐している。

明末のマテオ・リッチは儒服を着て、中国化したキリスト教でよいとしたが、この方針をローマ教会は許さなかった。中国やインドのように、すでに自分の世界を確立してしまっている地域では、言語でも宗教でも美術でも、他民族のものは自分らのものに鋳直さなければ通用しなかった。中国の仏教でも回教でもそのとおりだった。そして、キリスト教がこの鋳

洪秀全の故郷　官禄㘵村

直しを拒否した以上、宣教師の背後に軍隊を見、いたけだかの商人を見、そして落ちぶれた自分たちを見ることは、もはや中国民衆の本能にまでなっていたといえるかもしれない。

洪秀全のキリスト教的幻想

梁阿発《リャンアファ》の『勧世良言』は、一八三六年、広州へ科挙の予備試験を受けに来ていた洪秀全《こうしゅうぜん》も入手した。広州の龍蔵《りゅうぞう》街というところで、路傍伝道の宣教師からもらったのだといわれる。しかし、これでかれがキリスト教に帰依したのではなかった。

洪秀全は一八一四年生れ、広東省花県の官禄㘵《かんろっぷ》の農民の三男で父は洪鏡揚《こうきょうよう》、兄は仁発《じんぱつ》と仁達《じんたつ》、秀全も本名は仁坤《じんこん》といった。花県のあたりは客家《ハッカ》の村で、広東、広西方面へ新しく移住してきたものの子孫であり、原住民〔本地《プンチ》〕の村に比べて、多く貧農であった。洪家も、偽作ではあろうが、系図によると南宋の名士洪皓《こうこう》の子孫で、洪皓の孫が福建に来て南方に分散し、秀全も嘉応州から花県へ移住した四代目の子孫となっている。貧しかったが学問好きで科挙の受験を志し、村

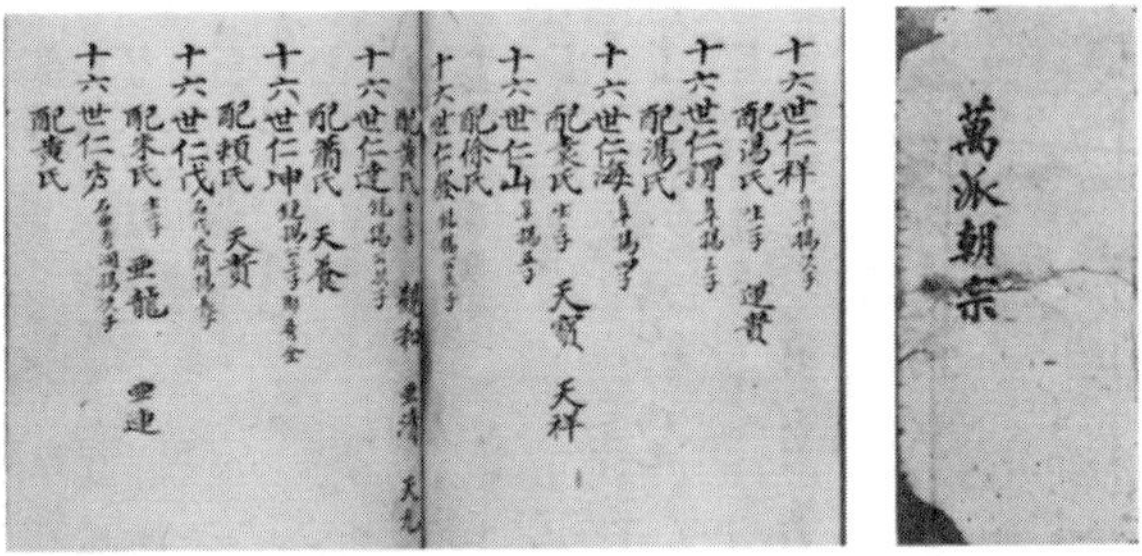

洪秀全の家系『万派朝宗』　右は表紙，左の洪氏第16世洪仁坤が秀全

塾の教師を勧めながら三回受験して、三回とも失敗した。失望のあまり四十日ばかり病臥したかれは、病中に幻想を見た。

かれは多くの人や鳥獣に導かれ、からだを清浄にされたうえ、天上に登り、りっぱな宮殿で金髪黒衣の老人に面会した。老人は、世界の人類はみな自分の子で、自分が養っているのに、だれも自分を思い出さず、悪魔を崇拝していると嘆き、かれに一振りの剣と一個の印綬を与え、この剣で悪魔を討ち、この印綬を身の守りにせよとさとした。かれはたびたび剣をふるって下界の悪魔と戦い、宮殿へ帰っては天女たちの歓待を受けたという。

この幻想は、香港に在住した宣教師ハムバーグ T. Hamberg の著『洪秀全の幻想』（一八五四年）で紹介され、早くから、中国の新しいキリスト教国発祥の機縁として有名になった。洪秀全は、この幻想を見たのち、前にもらった『勧世良言』を繙《ひもと》き、その説話と幻想の一致に驚き、幻想に現れた老人こそ上帝エホバであり、そのかたわらでかれを激励してくれた人こそイエスであったと考え、自らエホバの子、イエスの弟だと確信し、悪魔とは、閻魔《えんま》をはじめもろもろの偶像で、偶像を捨ててエホバに帰依し、つねにこれに感謝し、土地も食物も衣服もみなエホバのもので、みなこれを均等に分配し、貧富の差もなく、生きて地上の天国、死んで天上の天国へ行こうと考えるようになった。

このような信仰は、のちにしだいにキリスト教的に潤色されたが、その原型はまったく中国的なもので、平等思想はキリスト教の専売だと思いこんでいる人以外は、平等の分配が原始社会本来の人間の知恵であることに思い当たる。閻魔をはじめ偶像の威圧的なのも、素朴な恐怖につながっていたのであろう。科挙の壁にはばまれたかれが、中国従来の諸権威に見はなされたものとなって、新たな権威をエホバに求めたといえる。のちに、洪秀全が広州でアメリカ人宣教師ロバーツ I. J. Roberts のもとで洗礼を受けようとしたが、まだ信仰が十分でないと拒絶されたと伝えられている。

洪秀全・馮雲山の上帝教

洪秀全は、かれが教師をしていた蓮花塘《れんかとう》の塾の孔子像を撤去し、自分の信仰を周囲に説きはじめた。かれの病気が再発したものと思った村人は、かれを塾から追ったが、親戚の李敬芳《りけいほう》・洪仁玕《こうじんかん》やかれと同じように科挙の落第生だった馮雲山《ふううんざん》などは意気投合して上帝を拝し、エホバを唯一神とする教団をつくろうとした。キリスト教的な教義や儀礼はのちにしだいに付加されたもので、当初かれらを翻心させたのは、完成したキリスト教への憧憬からではなく、平等への回帰と旧権威への反発からであったのは明らかである。が、これがそのまま多くの共鳴を得るものではなかった。まず、故郷の花県付近で行商をしながら布教に従ったが反響は少なかった。そこで洪秀全と馮雲山とは広西省の南東部にはいり、この地方の客家《ハッカ》の貧民の間に布教した。

この山間の僻地での布教は馮雲山の手でかなりの反響を得たが、洪秀全はいったん帰郷して、洪仁玕とともに広州のロバーツを訪ねたり、また、何種類かの著述をしたりしていた。が、広西の馮雲山は客家の信徒たちとともに、同地方に以前から住んでいた本地との争闘にまきこまれ、たびたび政治問題をおこすようになった。

洪秀全がロバーツのもとからいそいで広西へ帰ったのもそのころで、上帝教の会衆は弾圧を受けるごとに反官的色彩を強めていった。ハムバーグの伝えるところでは、広西省貴県の客家で温という富豪が本地の娘を妾としたが、そのとき温が巨額の金で娘の許婚を破談にさせたことから、本地と客家との間に争闘がおこり、客家が上帝教の信徒たちを後ろだてとしたため、会衆がそれにまきこまれるようになったといっている。

このような地方の部落で、利害の対立や生活の格差から部落どうしが争うことは珍しいことではなかった。華南では、これが武器をとって戦う械闘《かいとう》とよばれるはげしいものとなり、飢饉や疫病がおこると、その衝突は頻発した。それればかりか、土匪《どひ》や流賊も横行して物情騒然たるありさまであった。これらの集団行動が、いずれも天地会と総称してよい会党を中心とし、または、会党がその行動へわりこんでくるのがつねであったが、広西の客家のばあい

洪秀全像と伝えられた洪大全像

は、上帝教がこれに代わるだけ有力になってきていたのである。

金田起義

道光三十（一八五〇）年七月、洪秀全は上帝教の会衆に、広西省桂平《けいへい》県金田村《きんでんそん》に集合するように命じた。上帝教に対する監視の目がきびしくなり、地方政府がこれを解散に追いこもうとすればするほど、会衆の反抗意識は駆りたてられ、すでに武装できる農民や山間の民衆を数千人把握できると判断した洪秀全や馮雲山は、公然、反政府の軍事行動を起こそうと決した。もはや慢性的になっていた民乱の主導権を握ろうとしたのである。

翌年一月十一日、金田村の富豪韋昌輝《いしょうき》の邸におもだったものが集まって、義軍をおこす宣言をした。洪秀全の誕生日を期したというから、かれを盟主として、馮雲山《ふううんざん》・楊秀清《ようしゅうせい》・蕭《しょう》朝貴《ちょうき》・韋昌輝・石達開《せきたつかい》・秦日綱《しんじっこう》らが中心人物だった。

上帝教の会衆が旗上げをすると、近隣の天地会系の徒党はつぎつぎにこれに呼応した。大頭羊という仇名の張釗《ちょうしょう》や、大鯉魚《だいりぎょ》と名のる田芳《でんぽう》、倦嘴狗《けんしく》といわれた侯志《こうし》や羅大綱《らたいこう》らの親分が、手下をつれて続々参加した。そして、洪秀全のもとに合流した八人の会党の親分が、米や牛や豚を貢物として納めたのに対し、上帝教から十六人の宣教師がそれぞれ派遣されたが、そのひとりが自分に与えられた報酬を上帝教に納めずに私用に使ってしまったために斬首されたとき、親分たちは、上帝教の規律はきびしすぎる、自分たちは守ることはできないと羅大綱《らたいこう》を除く七人は離脱して清軍に降ったという話が伝わっている。また、洪秀全が、自分はかつて会党へはいったことはない、かれらが明王朝の復活を呼号していることは知っているが、今日では意味をなさない、まして会党は悪魔を崇拝し、三十六の誓いをたてて、下等で無価値な目的に変わってしまったと、この連中を重視しなかったということも伝えられている。

上帝教がはげしい粛清手段を用いたことは、香港を通じてヨーロッパにも知られたところである。このような興奮は、運動の初期には共通して現れることではあるが、上帝教がエホバに直属し、天国に近いところにいるという自覚が、これをかきたてたものであろう。そして、やがて多くの民衆から信頼されたという自信が強まると、これにこたえるかのように、また純潔を強調した。これも当然、緊張のつづく間は持続されるものであったが、それが、やがてどのように定着するか、またはどのように腐食するか、これが運動の性格となるのである。したがって、歴史は鋭く見抜くことと、目をつむらずに見通すこととが要求されるわけである。

三　太平天国の成長

いったん反政府の軍事行動をおこせば、中途でやめるわけにはいかなかった。清朝が地方に配置した軍隊の中でも、広東・広西あたりは問題の多い地域だっただけに手軽な相手ではなく、一勝一敗の苦戦であった。

太平軍の進撃

が、起義の初めに太平天国と号した反乱軍は意気軒昂で、永安州城を陥れ、これを占領すると、軍政や軍律を制定し、楊秀清を東王、蕭朝貴《しょうちょうき》を西王、馮雲山を南王、韋昌輝を北王、石達開を翼王に任じ、すでに天王を称していた洪秀全の麾下《きか》を固め、官制や暦法などを定めて新王朝建設の準備にかかった。アメリカ宣教師のウィリアムズS. W. Williamsはこの王朝の正式の名は平で、清朝を大清といったように太平と号したのだと当時説明しているが、太平天国を国号としようとするものであった。

太平軍は、永安を占領すること半年、清軍に包囲され、糧道を断たれてこれを放棄した。太平軍の挙兵をきくと、その首脳陣の家族は広東省にあって多く捕えられ、迫害を受けたが、永安占領で広東の官憲も形勢を観望し、これに乗じて反乱を図るものすら出た。

清朝では、新しく即位した咸豊帝《かんぽう》が、林則徐を起用して討伐に向かわせたが、潮州までいって病死したので、改めて蒙古正藍旗《せいらんき》出身の賽尚阿《さいしょうあ》に宝刀を下賜して平定に向かわせた。

一城落ちて事の重大さを察したのであろう。賽尚阿は永安で天徳王洪大全というものを捕えて北京へ送り、その功を誇った。

太平軍は、永安を放棄したのち、広西省城の桂林を囲んだが、一ヵ月かかってこれを陥れることができず、北へ鋒先を向けて全州を突破し、湘江に沿って湖南省にはいり、道州・郴《ちん》州・永興と諸城を陥れ、疾風枯葉を巻くような勢いを示した。これは流賊とまったく軌を同じくし、すなわち、転々としながらその勢力を大きくしたものであった。「道州を攻む、会党これに応ず」「郴州を攻む、会党これに応ず」「郴州から長沙へ向かう、会党この嚮導《きょうどう》をなす」というぐあいに、軍団が進撃する道は各地の秘密結社がこれをならし、また、糧秣や部隊の補給にもこれが当たっていた。

この間に、南王馮雲山《ふううんざん》が戦死し、長沙を襲った先遣隊の西王蕭朝貴も戦死した。こうして同志を失った首脳部の殉教的な熱情はいよいよかきたてられたであろうし、蕭朝貴に見られたような純潔が強く回想されたことであろう。

行進中の太平軍の戒律は、夫婦でも男女の事あるを許さないというきびしさであったが、蕭朝貴の両親が一夜同枕したのを発見されたことがあった。東王楊秀清は、蕭が秀全の妹婿でもあり、とくに寛大に扱おうとしたのに、朝貴はまっ先に斬罪を主張して、これを実行してしまった。この戒律の厳しさは、盛り上がる自信が自らを規制する自律性か、見せしめにしようという恐怖政策の表現か、いずれにしても狂信的な熱情がもたらしたもので、おそらく両面の効果があったであろう。

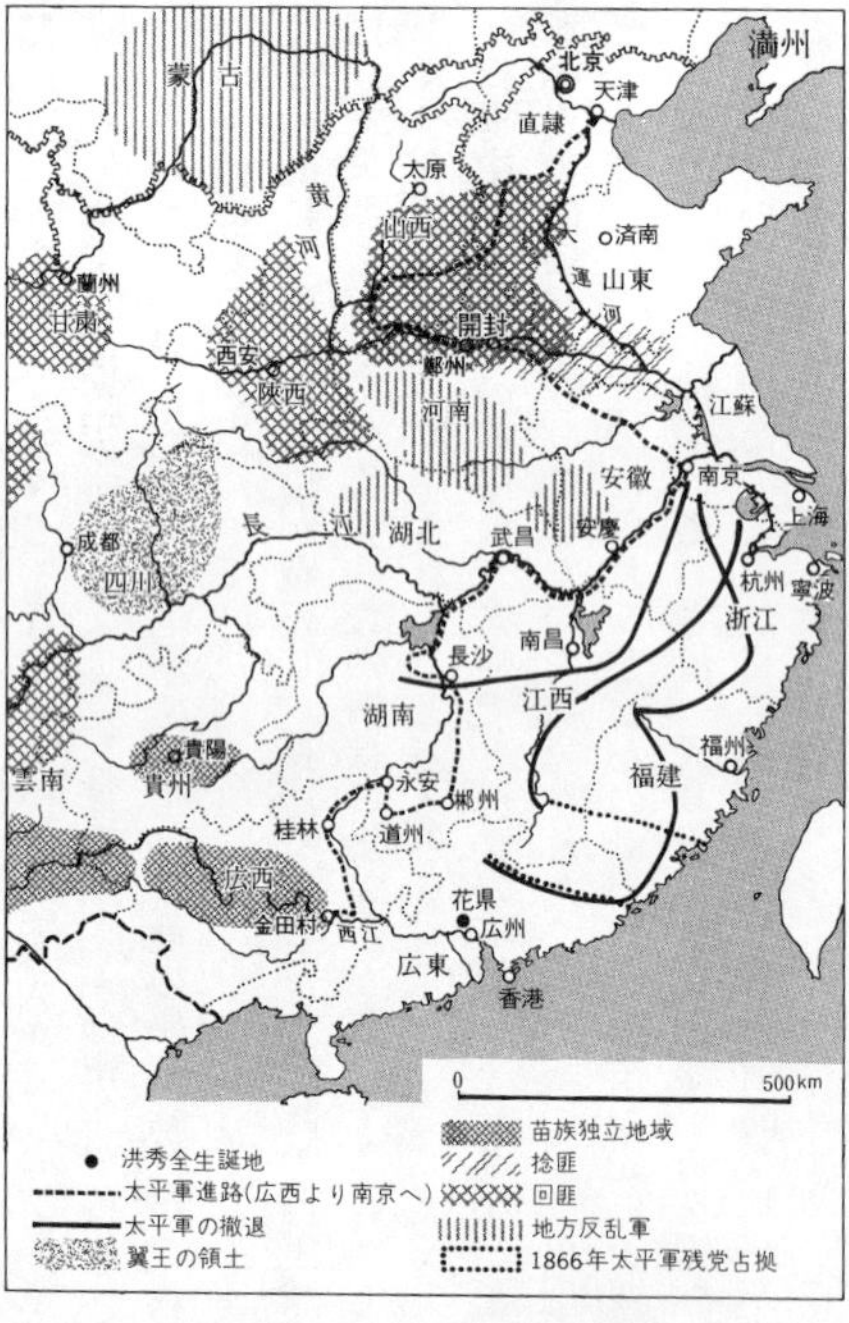

リンドレーによる太平天国図

太平軍は長沙総攻撃を敢行したが、やはりこれを陥れることができず、湘江を渡って西側に出、益陽を占領して民船数千隻を捕獲、洞庭湖を渡って岳州を占領し、長江へ出て漢陽を襲い、漢口を奪取、咸豊二年の末には武昌の城門を爆破して武漢三鎮をその手におさめた。そしてこのときには、すでに五十万の大軍となっていた。

軍団が膨張するにしたがい、太平天国としての組織もしだいに整備され、財貨の私有を禁じて聖庫に納めさせたり、進貢公所を設けて献納品を受け入れたり、戸籍を整理したり、女館をつくって女子軍は男子と住居を別にしたり、老疾館に病人や老人を収容したりした。軍団に投じたものは、小農・鉱山労働者・交通労働者といった貧民が多く、家族とともに家を捨てて従軍したもので、太平天国ばかりでなく、世界の各地におこった無産者の軍事行動にかならず随伴した原始的な平等主義が、ここでも不可欠の条件だったようである。

が、一方で首脳部は、玉璽《ぎょくじ》をつくって天授と称し、衆に万歳を叫ばせて天王の権威を誇示し、選妃といって美女六十人を選んで天王の侍妾とするような、政権も確立しないうちに旧王朝の悪習がそのまま露呈しはじめていた。だいたい太平軍の首脳は、天王洪秀全・南王馮雲山が貧書生、東王楊秀清・西王蕭朝貴が客家の炭焼きあがり、北王韋昌輝・翼王石達開が富裕な地主であり、これらが多少の知識人や地方の有力者を吸引して混成さ

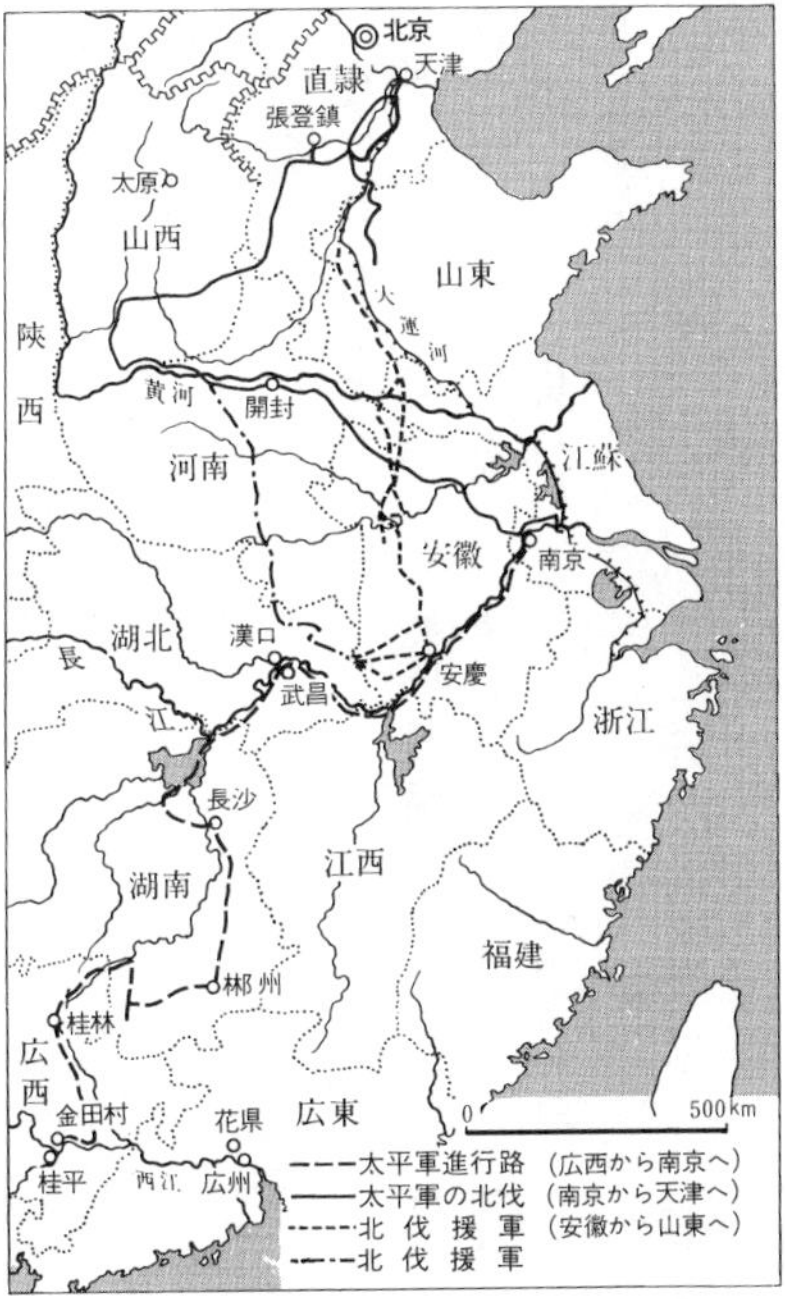

郭廷以による太平天国図

れていて、太平天国についてはイメージもあり、期待ももったようだが、新王朝の中核そのものは、そのイメージに見合う構想はもたなかった。かれらは、強い権威があれば、変革された王国が成就できるものとしていた。

南京奠都

武漢三鎮を占領するまで、太平軍は、自主的に進撃しているとも、清軍に追撃されているともいえる流賊であったが、武漢を放棄し、万余の軍船を徴発して長江を下り、南京攻略に向かったときは、あとを追う清軍もいなかった。それまで桂林や長沙のような大都市が攻略できなかったのを見れば、当初、広州のような南方の拠点をうかがわなかったのは当然であり、また武漢において、さらにどこに拠点を求めるかについて議論されたのも当然であった。天王に、武昌は守るべからず、進んで南京を占領すべしと勧めたのは、銭江《せんこう》という幕友だったといわれる。いや、銭江は無関係で、太平軍ははじめから南京占領をめざしていたのだともいわれる。また、胡孝先《ここうせん》という人が西安を占領するように勧めたとか、天王や東王も南京から進んで洛陽をとって拠点にするつもりだったとかいわれる。しかし、すでに全中国を平定できるかもしれない軍団を擁して、全中国を平定できるかもしれない拠点は、やはり南京であった。

武昌から水陸二軍に分かれて長江を下り、武昌を出発して二週間で安慶を陥れ、また一週間で蕪湖を抜き、さらに一週間で南京城下へ迫った。太平軍は男子百八十万、女子三十万といわれ、女兵の活躍もめざましく、清軍は気を飲まれたように無気力であったが、南京の攻防は苛烈で十数日にわたる死闘がつづけられた。太平軍は地下道を掘って城壁の爆破を企て、清軍は濠を掘ってこれを防ぎ、南京駐防の八旗兵三万が決死の防戦に努めたが、咸豊三年二月十一日（一八五三年三月二〇日）、南京は陥落した。

太平天国の残した壁画

　この報道は、翌年には日本にも伝えられ、南京城は鮮血でまっかになったといわれたが、欧米には、清軍はほとんど無抵抗だったように伝わった。天王は南京の両江総督衙門《がもん》にはいって天王府とし、南京を天京と改称して新王朝の本拠とした。南京では捜妖《そうよう》といって清朝の残党狩りが行われ、民衆には上帝を拝せよと布告し、男館・女館を設け、新たに太平軍に編入された男子を新兄弟、女子を新姉妹といって、広西以来の老兄弟・老姉妹にこれを監督させ、教会をつくり賛美歌を歌わせる施策は、血なまぐさい交戦と同時に進行していった。

　金田起義から二年半、奉天誅妖《ほうてんちゅうよう》・諭救世《ゆきゅうせ》人《じん》・

南京にあった瑠璃宝塔　明の永楽10（1412）年建立，中国でもっとも美しい塔といわれたが，太平天国軍が破壊してこの銅版画にその姿を残しているのみである

奉天討胡《ほうてんとうこ》などのはげしい檄文《げきぶん》をとばして清朝打倒を一途に進撃し、役所や役人、地主や富商を襲って略奪し、いたるところで偶像を破壊し、道教儒教の神像や仏教の仏像なども、多くその厄に会った。当時、南京にあって中国でもっとも美しい塔だといわれた瑠璃宝塔もこわされてしまった。

太平天国は首都を定めたが、まだ領土が形成されたわけではない。太平軍は、南京からただちに下流の鎮江《ちんこう》・揚州《ようしゅう》を占領し、上流は安慶の再占領、北は北伐軍を出して安徽《あんき》の滁州《ちょしゅう》・鳳陽《ほうよう》、南は江西の星子《せいし》・南昌へと進撃を開始した。南京を中心に、長江沿岸と南北の平原へ領土建設の軍事行動にはいったのである。

太平天国に従軍し、その心酔者として有名なリンドレー A. Lindley は、一八六六年にロンドンで出版されたその著『太平天国史』の付図に、その領土と想定される華南の広大な地域を図示しているが、事実は、南京近隣の州県と、これを結ぶ路線が確保されたにすぎなかった。もっとも、領土とは点と線から形成されるものではあったが、清朝は欽差大臣向栄《きょうえい》に、南京の東の沙子岡《さし》に江南大営を、欽差大臣琦善に、揚州城外の雷塘《らいとう》集に江北大営をつくらせ、清朝の拠点として太平軍の内懐に深く匕首《あいくち》をつきつける姿勢を崩さなかった。

太平天国の施策

中国歴代の民乱の中で、太平天国に見るその規模の大きさと、掲げた政策の特異さは、たしかに注目に価するもので、明王朝を建設した朱元璋《しゅげんしょう》の軍団などよりはるかに強大であったし、その爆発的な拡大ぶりは比類ないものであった。今日、これに対して、なぜかという好奇心が強くなれば、太平天国の特異性ばかりを追いかけるようになり、反対に、いや、いつの時代も同じ型で、珍しいものではないという平気さを装うと、いずれも中国在来の陳腐《ちんぷ》なものに見えてくるようである。

太平天国の政策については、なおさら論者の解釈がそのようなへだたりを見せている。かれらの政策は、中国古来の理想を羅列したものにすぎない、漢代に整理された『周礼《しゅらい》』の大同の世をうたったもので、しかも、その実行がどの程度まで推進されたか不明である、という人がある。その昔、中国では均田《きんでん》法を施行しようとした。その効果は上がらなかった。しかし、やる気はあったのである。すると、そのとおりで、太平天国の政策も、専制支配にとっては好都合のものだったのだという。ではどんな政策か、見ておこう。

南京を占領した年、太平天国政府は、天朝田畝《てんちょうでんぽ》制度を発布した。これが新王朝の理想の具体化で、耕作地の私有を禁じ、国有として耕作者に均分し、収穫の剰余は国庫に納入させて

天朝田畝制度

蓄財を許さない、というものであった。耕作地は九等に分け、一畝で二毛作一二〇〇斤の穀類を産する田を上上田とし、以下、一〇〇斤を減ずるごとに等級を下げて、年四〇〇斤を産する田は下下田とした。したがって、上上田一畝は、上中田一畝一分、上下田一畝二分、中上田一畝三分五、中中田一畝五分、中下田一畝七分五、下上田二畝、下中田二畝四、下下田三畝に相当させる。これを男女の別なく、十六歳以上は、ひとりに上上田一畝相当分を、十五歳以下は、その半分を分配する。

一家六人の例をとれば、三人は好田を、三人は醜田として労働の均等も図り、その実施には、だいたい二十五家を一組として責任者をおき、銭穀の出入りをつかさどらせ、それぞれ国庫と礼拝堂とを設け、慶弔も平等に行い、裁判・教育・服役のことなどもこれを単位とし、また軍事組織の基礎にする。なお、毎家めんどり五羽、めす豚二頭など、財産も均等とし、大工や左官の仕事も農耕同様に共同とし、農閑期には軍事訓練をする。

成年者一人当たり、中等の耕作地一畝半といえば約九〇〇平方メートルで、十分とはいえなかったし、当時の江南地方の自作農平均に比べれば、よほど下まわっていたようである。しかし、人口の多い南京付近での可能な数字であったろうし、これで十分と喜ぶ小作農や雇農も多かったであろう。均分のためには没収した土地は、官僚や富商や地主たちのものから、祠堂や廟観《びょうかん》や会館などの所有したものも含まれていた。が、このような基本政策は、その実施にどれほどの根気が必要かを、新政府は理解していなかったようである。戒律はきびしく、交戦中という緊張は、いつも鞭《むち》となって自分らの主張に集中させたが、首脳部は、その主張を権威によって強行できるかのように、権威の位階造成に熱中した。

北伐とその挫折

南京の太平天国は、周辺の領土建設に着手するとともに、北京攻略のため、李《り》開芳《かいほう》を定胡《ていこ》侯、林《りん》鳳祥《ほうしょう》を靖胡《せいこ》侯、吉文元《きつぶんげん》を平胡《へいこ》侯に封じ、揚州を進発して、江蘇から安徽《あんき》を北西に抜け、河南に軍を進めて開封《かいほう》を攻め、黄河を渡って山西を東北進し、一八五三年十月には天津に迫る勢いとなった。これは、広西を出てから南京を占領するまでの行軍に匹敵したが、かつての燃え上がるような軍団の膨張、相呼応する会党の動きは、めっきり少なくなっていた。華北の民衆が、華南の人たちより熱狂しなかったのか、会党の性格が異なっていたのか、あるいは、北伐軍が広西老兄弟を中心としていたため、華北で意思の疎通を欠いていたのか。北伐軍はその故にいっそう偶像破壊や狂信的な熱情を高めたが、糧食の補給に苦しむようになった。

太平軍の接近によって清朝は震駭《しんがい》し、猛将僧格林沁《サンコリンチン》を起用して防衛に当たらせたが、北京の市民で難を恐れて疎開するものは三万戸に及んだ。しかし、天津の攻防に冬を迎えた太平軍は、寒気と飢餓で苦戦し、これを救援するために天京から派遣された黄生戈《こうせいか》らの率いる援軍は、安徽の捻匪《ねんぴ》をあわせて北上したが、山東の臨清州で清軍に囲まれ、孤立してしまった。北伐軍は退却して阜城《ふじょう》によったが、吉文元はここで戦死し、李開芳と林鳳祥はさらに退却して救援軍と合流しようとしたが、林鳳祥は僧格林沁《サンコリンチン》に囲まれ、李開芳は高唐で清軍に包囲され、死守十ヵ月ばかりで、一八五五年には援軍ともども相ついで全滅し、北京強襲の計画は水泡に帰した。

僧格林沁　(?～1865)

北伐軍の覆滅は、太平天国にとって大打撃であった。もっとも純粋な太平軍戦士の大半を失って、かれらのもっていた旧体制への反逆は色あせていった。そうでなくても南京奠都《てんと》の年に、かれらがもっとも憎悪していた科挙の復活を決定していた。すなわち、一八五四年から毎年太平天国暦で十月に天試を開くこととし、ついで、毎年三月三日に文官、三月十三日に武官の秀才選抜試験を行い、五月五日と十五日とに挙人選抜試験、九月九日と十九日に進士選抜試験を行うこととした。試験問題は政府が逐次発行した二十数種の書物から出題され、これらは、太平天国第一の文人何震川《かしんせん》の手で進められた。科挙で官吏を選抜したうえは、これに見合う職官も整備しなければならず、十六等を分かち、儀礼を定めるなど、官僚の旧体制がそのまま再現されていった。

太平天国がキリスト教主義を旗幟としたとはいえ、統治のモデルは従来の王朝しかなかったのだから、このように古い素材が復活するのは当然で、その運営にどのように公正が生かされるか、どのように平等が貫かれるかに歴史的意義はかかっていたといえよう。

当時、天京に入城したイギリスの使節もフランスの使節も、太平天国に対しある種の期待をもっていたからであろうが、この新王朝が公正で、外国勢力に媚態を見せないことを認めざるをえなかった。それでも太平天国の信奉する上帝が、博愛の神になるか、権力の象徴として恐怖の神になるか、まだこの王朝に課せられたいくつかの試練があったのである。

四　太平天国への評価

同時代の観察

十九世紀の後半という時代は、世界の各地で新旧勢力の衝突がめだったころで日本では倒幕運動がおこり、インドではセポイの乱があり、アメリカでは南北戦争、東欧ではクリミア戦争、西欧ではイタリアの統一、ドイツの統一が進んでおり、中国の内乱も、その情報のはいった地域では、それぞれの利害と照応する観察が行われた。

ことに、鎖国の日本はアヘン戦争の報に大きなショックを受けただけ、そのあとにおこるべくしておこった内乱としてたいへんな関心を集めた。吉田松陰は『清国咸豊乱記』を書いて、近時の風聞は妄語にすぎないといっているが、当時の日本にはその俗書妄語のおこる気運に溢れていた。太平天国が南京を陥れた嘉永六年ごろから、長崎在留の中国商人あたりを

『韃靼勝敗記』　江戸期に流行した太平天国に取材した小説本

通じて、『海外異説』とか『清国騒乱話』などと題した風聞が流れこみ、『和蘭陀風説書』もはいって、南京の陥落と新王朝の成功は確定的なものと信ぜられたようである。

ところが、この風聞を脚色して架空の物語をつくり、読本《よみほん》として刊行するものが相次ぎ、その流布も江戸や京阪ばかりか全国的となった形跡がある。もちろん書肆《しょし》が際物《きわもの》をねらったものであったが、内容はいちように、清朝が没落し新王朝を謳歌する趣向で、対岸の火災を見る弥次馬としてかたづけられないものがあった。なにか待望していた気配が強いからである。

しかし、年をこえて安政元年となると事情が変わってくる。『満清紀事』とか『粤匪《えっぴ》大略』といった清朝側の報告書がはいってきて、清朝側の勝利は確実で、一路平定されようと、事実はまだ平定の予想もつかない時点で、新王朝の没落確実が流伝されるようになった。これに伴って、読本の続編もまた、新王朝が滅んで再起を期しているなどと、まだ滅んでいない太平天国を、作品の中で滅ぼしてしまった。

これを、庶民は移り気で権力に迎合的だったと見たり、情報源が違うから当然の反応だとしたりするのは歴史以前の姿勢である。中国での筋書きがつぎは自分たちの番だとなれば神経質になるのは当然で、幕府の警察力がまだ衰えない時期に、外国とはいえ、新王朝に拍手するのは危険なことであった。興味をひくのは、日本の伝聞の当初は、満清を倒して明朝を復活する運動として受けとり、まったくキリスト教主義であることに触れていないことである。これは、さもあろうという推測が史実を決定していくよい例で、欧米でこれが新しいキリスト教国として喧伝されたのとは好対照をなしている。

ところが、文久年間にはいると千歳丸《せんざいまる》が上海に渡り、日本人が実情を見聞して帰り、高杉晋作《しんさく》の『遊清五録』、納富介次《のうとみかいじ》郎《ろう》の『上海雑記』、日比野《ひびの》輝寛《てるひろ》の『贅肬《ぜいゆう》録』などがあって、上海での感触と、この人たちの受けとり方は、太平天国を賊徒として怪しまなくなり、その後の評価を決定的にした。たとえば『上海雑記』にはこんなことをいっている。「長毛賊は、はじめ明を復興するようなことをいっていたが、今は専ら天主教を奉じて愚民を惑わし、従わぬものを殺し、ただ乱暴狼藉《ろうぜき》をはたらくばかり、これも賊中の将が戦死したり降参したりしたからである」。

したがって、太平軍の信義や公正な態度を紹介しても、賊扱いは変わらなかった。

はじめ、アジアで最初のキリスト教王国ができたと拍手した欧米人でも、かならずしもそのキリスト教につい

『盾鼻随聞録』　日本で出版された太平天国の史料。清朝側の記録

て信頼しているものばかりではなかった。日本へ来航するとちゅうのペルリ提督は、一八五三年五月の日付で上海での見聞をしるして、中国の政情の不安を述べ、「旧王朝の回復を主張する革命軍が国の半ばを占領し、南京に拠っているが、その主人公は現在の中国宗教を否定し、アメリカのモルモン教のような信仰を吹聴《ふいちょう》している」といっている。

太平天国のキリスト教の本質に疑問をもつものは多く、のちにはこれが一般化したが、当初は香港にいたハムバーグや、のちには太平軍に従軍したリンドレーのように、そのキリスト教徒たるを疑わず、賛美をもって伝えるものもあった。しかし、形勢を観望していた欧米列国が、清朝は蒙昧《もうまい》で太平天国は公正だなどと伝えながら、それはみな一時のことで、将来をなお清朝に委ねるべきだと判断して清朝援助に乗り出してからは、太平天国への評価は固定しはじめた。

歴史としての評価

日本で太平天国をはじめて歴史として取り上げたのは、明治十二（一八七九）年に刊行された曽根《そね》俊虎《としとら》の『清国近世乱誌』で、内乱の惨禍《さんか》のなまなましい跡を見てきた著者にしては、平静に、きわめて客観的に記述している。清朝側の記録をもとに、外人の従軍記を参照して内乱の顚末《てんまつ》を整理し、太平軍を賊とよばず、敵とするすなど、外国武官の観戦記風の叙述である。しかし太平天国という名称はどこにも見当たらず、新政府の政策などにも触れず、戦乱の推移をたどるだけであった。

その後明治期を通じて、同様に、内乱に意義や価値を認めようとするものはなかったが、大正元（一九一二）年に、はじめて田中萃一郎《たなかすいいちろう》が『太平天国の革命的意義』を指摘し、おりから清朝が崩壊して中国に革命のおこった時期に見合う見解を示した。田中博士のばあいは、太平軍を討伐したゴルドンの文書をロンドンで調査し、太平天国側の出版物を見てからの見解であった。

しかしそののちも、とくに興味をもたれたり、関心をよんだりする新しい契機もおこらなかったが、昭和にはいっていろいろの見解が陸続と提出されるようになった。そしていっぱんに、太平天国の民族主義や階級闘争に重点がおかれたのに対し、鳥山喜一は昭和九年『太平天国乱の本質』において、これが宗教運動であるとして位置づけを試みた。これは昭和二年、矢野仁一が義和団を宗教運動とみたことと照応する。

このような見解があっても、太平天国の乱が農民戦争であり、革命的意義をもち、さらに中国の解放運動につながるものだという考え方が強まり、これを前提として個々の問題の解明に当たるという評価は固定してきた。一つは、国民政府も人民政府も太平天国を革命の第一歩として顕彰することを政策にしたからでもあるが、また、無頼《ぶらい》の徒とか暴民とかいわれたものが、かならずしも不潔な集団や汚濁の民衆ばかりでないことの発見も手伝っていたからであろう。

欧米では当時から、政治的な目的から多くの報告書が出ており、ことにイギリスでは清朝を援助したゴルドン将軍を賛美することがビクトリア女王の治世の装飾となったから、太平

忠王李秀成の軍事会議
イギリス人リンドレーが想像したもの

軍に従軍したリンドレーを蔑視し、その著『太平天国史』を偽書ときめつけるようなはげしい風潮があった。しかし、一九〇八年にロンドンのタイムズ社が『歴史家の世界史』を編纂し、その第二十四巻で、中国史の黄帝から明代までを第一節、満州王朝を第二節、太平天国を第三節、洪秀全を第四節、太平軍の進攻を第五節、上海の国際貿易を第六節とし、以下、現代事情をもって構成している。粗雑とはいえ、太平天国以前を中国前史とした最初のもので、当時清朝に代わるべき時代を模索すれば、やはり太平天国しかなかったことを思わせるものがある。

アメリカでは一九三四年に、ヤコントフ Victor A. Yakhontoff が『中国のソヴェト』を刊行し、中国ソヴェトの歴史を太平天国から説きおこし、その最大の意義は農民の革命運動であるとし、つぎに、ヨーロッパの影響による道徳と宗教の新運動であることをあげ、満州朝廷に対する政治運動は第三の問題であるとした。このような評価が著者の観点からなされていることは明らかであるが、太平天国自体の希望が、どういう順位でこれを求めていたかということを判断するのは、やや困難である。太平天国の多くの首脳部が清朝を倒すことを第一とし、新宗教の宣布を第二とし、農民の解放を第三としたことは想像できる。しかし太平天国が含んだ各階層には、まだ別の期待もあったろうし、その順位もまた、それぞれちがっていたことであろう。

このような評価は、中国自体でもっとも顕著であった。明治三十七年ごろ日本に留学していた宋教仁《そうきょうじん》が洪秀全の銅像を建てようと同志をつのったり、孫文が若いときから、自ら洪秀全をもって任じたりして、洪秀全は革命の象徴となり、太平天国は新時代の先駆と考えられた。が、やがて太平天国が包含した各階層を分析し、首脳部の洪秀全や楊秀清は貧農の意志を代表し、洪仁玕は資本主義的志向をもっていたなどといわれるようになった。

中国の歴史観には、時代をとびこえて、歴史上の人物をそのまま現代へひきずりおろす癖が強いので、このような個人評価が、近来ことに盛んのようである。しかも歴史上の諸問題について、その創設の新鮮さにかまけて、衰退の哀歌には焦点が合わされないことも、同じく顕著のようである。しかし実は、個人の志向や性格が、事の経過の間にどのように貫かれるか、または、どのように成熟するか、さらに、どうして退廃するかのほうに問題が多いようである。

残された諸問題

かつて中島端《ただし》は、大正のはじめ、太平天国と清朝義勇軍の湘軍《しょうぐん》との戦いを、広東人と湖南人との戦いだと評した。中国人の郷党意識の強いのを勘定したのである。昭和二十年ごろ、

太平天国官庁で使用した
伝達文書用封筒

佐野学は戦時中、獄中で『清朝社会史』を書き、太平天国を革命として大きく取り上げたが、当時まだ、太平天国とよぶのを潔しとせず、長髪賊という人も多かったし、あんなものは歴史じゃないと公言するものすらあった。政治とは世俗のこと、人生の雅事ではないといった風流からではなく、手を染めるのを辟易する怯懦《きょうだ》や、歴史観の固定などによるものであろう。しかし、これに興味を示し、その史料を調査・整理し、見解や解釈に到達した人も多い。その概略を点出してみれば、またおのずから、なにを考えようとしてきたかも明らかになるであろう。

太平天国の爆発的な拡大とその特異性を前提として認めると、福建《ふっけん》・広東・広西に続発していた先行の民乱や、その時代的背景へ、まず目が向けられたのは当然だが、そこにはとくに目新しい発見はなかった。が、太平軍に女子軍が編成され、纏足《てんそく》をせず、天足（自然なままの足）で労働に従事したことは、客家《ハッカ》の習性であって女子の解放とはならない、女子軍があり、組織に編入された以上、科挙がはじまると女子も受験できたのもその延長で、男女平等という理念から学んだものではなかった、などの指摘が行われた。

また、当初広西から行軍を始めたとき、少数民族である苗《びょう》族や僮《どう》族の参加もあって、それが強靱《きょうじん》な牽引力となったのではないかという見方もあり、さらにまた、多くの知識人が、つかず離れずの形でこれを利用しようとした跡を追求しようとする人もあった。しかし、爆発的な拡大や集団の特異性は逃げ水のようで、これを追いかけると、ただ旧来と同型の動き、同型の性格ばかりが現出してくるのである。研究とは元来そのようなものかもしれない。

そこで、中国で唯一のキリスト教主義という思想内容と、行動への影響を強い動因として取り上げる人もある。かれらが発行した二十九種の出版物を逐次調査し、そのよって来たる原典との距離や、翻訳過程における中国化や、首脳部の個人差などを追求していくと、これも、キリスト教なればこそという幻影が消え去っていくようである。洪秀全はじめ何人かの狂信者の存在や、儀礼的な礼拝の励行などは信じられているが、これが政策の遂行や決定にどの程度の力を及ぼしたかは、計る物差しがないようである。なぜなら、中国古来の地方政治が地方官の個人的力量に委ねられて、循吏もあれば酷吏もあり、美俗も醸されれば退廃もおこったので、太平天国の連帯感がキリスト教信仰でどれだけ結ばれたかわからないのである。

初期の排他的なはげしい破壊が終わると、太平天国にも儒教への回帰が見られたことは事実であり、上帝教の教義によって四書五経の改訂が試みられたが、これは実現しなかった。孔孟を排斥しても人倫を廃すことはできず、また、官僚を憎悪しても官僚制を捨てることはできず、権威に対して反抗しても、新しい権威をつくる以外に統治の道はなかった。したがって、制度や組織をいくら分析しても、なかなか決め手になる材料の発見はないといってよい。

しかし、いつのまにか忍びこんでいるもの、たとえば文体や称号などの中に、庶民的な用語や表現が散見しはじめている。これは太平天国に限らず、清代中期から読書人以外にも、書物が必要となり尺牘《せきとく》（書状）や商業文が一般化するにしたがっておこってきた傾向で、これが太平天国文書にみられることは、この王朝の母胎が一段低い階級におりてきたか、または広い層に分散した証拠として興味をひく点である。

さらにアヘン戦争以後、中国が国際関係の間にさらされることになった以上、太平天国と諸外国との関係も、しばしば提起された問題であった。初期は清朝と同じく尊大で、イギリスもアメリカもフランスもその成功の確率を高く予想し、中立を守っていた。が、やがて諸外国が関税の理由から太平天国より旧制度の清朝を選び、太平天国は孤児となるようになった。この孤立化と没落過程との太平天国に、さらに太平天国の特色を見いだすことが、もっとも提起されるべき問題だったのかもしれない。

五　太平天国の没落

天京内訌

南京を天京として建国してから三年、ようやく建設の軌道にのるかにみえた太平天国は、血なまぐさい内訌《ないこう》によって、かつての張り切った紀綱は弦が切れたように凋《しぼ》んでいくことになった。天王を擁する東西南北の四王のうち、南王馮雲山と西王蕭朝貴とはすでに戦死し、東王楊秀清が事実上の実権者として、天王洪秀全を偶像化し、外国使節を引見し、決裁に当たっていた。

楊秀清は広西桂平県の出身で、かつて炭を焼いたり、すこしばかり耕作もやっていたが、才があって炭焼き仲間の顔役であったらしい。北王韋昌輝は同じ桂平県金田の富豪で、太平天国の旗揚げはこの人の邸宅で行われたといわれ、すこしは書物も読んでいた。東王はこの北王を、弱弟だ、色は白く女のような顔でなにができるか、と軽蔑していたという。『太平天国野史』や『太平天国軼聞《いつぶん》』といった通俗書には、このふたりにまつわる女性の物語をいろいろ伝えているが、嫉妬怨恨の末、北王は東王の招宴に出かけて自ら東王を刺殺し、東王府を焼いてその党派のもの数千人を殺戮《さつりく》するクーデターを行った。一八五六年九月のことである。このことあるを予知したものも多く、まきぞえになるのを恐れて天京を離れていたものもあったというが、天王はなんらの策をもたなかった。

天王の妻頼氏の弟、頼漢英《らいかんえい》は北王に与《くみ》して、天王を無視する東王一派の殲滅《せんめつ》に力を貸した。当時武昌にいた翼王石達開が、急をきいて天京に帰り、惨禍のはげしさに驚いて北王を責めると、北王は翼王府を囲んで石達開の母や妻子、一党数十人を殺すような暴挙をあえてした。しかし天王は、やはりこれをおさえることもできなかった。身をもって逃れた翼王は北王討伐軍をおこし、北王は腹心とともに長江を渡って逃走したが、北王の部下の一軍に捕らえられ、天京に護送されて殺された。

太平天国忠王府の生活

内訌ののち、太平天国が、東王を顕彰し、北王を抹殺しているのは、内訌の事実が北王の責任に帰せられたこともあったが、やはり、その出身の相違が同志的結合の間にも成長の歩度を異にし、いわば革命に堪えられないものを露呈していったからであろう。当時から、患難を共にするはやすく、富貴を共にするはかたかったといわれたように、太平天国のもつ矛盾は、早くも破綻となって現れたのであった。後期の太平天国の指導者、忠王李秀成《りしゅうせい》の書き残した『李秀成供』に、このとき清朝が太平軍の広西人を殺さないといったならば、太平天国はたちまち瓦解しただろうといっているのも当然であった。

北伐軍が失敗し、天京で骨肉相食む惨禍がおこり、その太平天国の安定は翼王石達開の双肩にかかったのに、天王はついに翼王を信任できず、自分の長兄の安王洪仁発と、次兄の副王洪仁達ばかりをたより、そのため翼王は天京と訣別《けつべつ》し、四川へ向かって流賊のような新たな行進にはいった。天京では、もう解散しようかという嫌気が広まっていたが、これをあえてしなかったのは、清朝が、広西以来の老兄弟はかならず許さない方針だったからだと、李秀成はいうのである。

太平天国の挫折

天王が翼王を信任できなかったのも、翼王に対する大きな人気を嫌ったというより、天王が固執する上帝教と、翼王の信条とがしだいに隔離していったためのようである。天王が家族的集団にとじこもってしまったのをかれの無能の証拠だといわれるが、これは、かれが上帝教の狂信の中にとじこもったことと表裏し、後期太平天国の苦闘は上帝教的殉教を誘い出していった。

翼王が天京を離脱したとき、太平軍の主将、英王陳玉成《ちんぎょくせい》と忠王李秀成とに行を共にしないかと誘い、英王はこれに従おうとしたが、忠王に諫められてあとに残ることになったという話が伝えられている。翼王がまったく旧来の天地会へもどってしまったのに対し、太平軍生え抜きの将軍たちには別の使命感が成長していたようである。それは、新王朝に対する期待と、わずかの期間でも、この王朝下で経験した充足感からきたもので、すでに天王に対する個人的魅力とは異なっていた。

忠王李秀成
(1823～64)

東王・北王を失い、翼王がいなくなった太平天国をささえたのは、英王陳玉成と忠王李秀成で、陳玉成は広西藤県の人、雇農の家に生まれ、十四歳で金田の蜂起に加わった。目の下に二つ瘤があって、四眼狗の仇名をもつ驍将《ぎょうしょう》だった。李秀成も同じく藤県の雇農の出身、二十六歳で太平天国に加わり、内訌ののち、陳玉成とともに江南大営が天京を包囲したのを救って王に封ぜられ、事実上、太平天国の支柱となった。

このふたりに太平軍の主力は集中し、加重された清朝側の圧力に対して、天京を中心に、長江上流における西部戦線、下流における東部戦線で縦横に活躍した。が、再編成された太平天国は、以前にもましてはげしい交戦団体として過ごさねばならなかった。それは、清朝軍に代わって清朝側にたつ郷勇（義勇軍）が有力になり、諸外国も清朝援助に踏みきったために圧力が加わり、天京防衛に全力をあげなければならなかったからである。

忠王は一八六〇年杭州を奇襲し、江南大営が援軍を出すと、その虚に乗じて江南大営を襲ってこれを掃蕩し、蘇州・常州を占領、蘇州・杭州に地盤を築こうとした。英王は上流の安慶を攻めたが敗れ、廬州に拠っていたが、一八六二年、苗沛霖《びょうはいりん》の裏切りにより、寿州で清軍に捕らえられて殺された。忠王は独力で江南の民政に当たり、しばしば上海を脅かし、江西や湖北を転戦したが、しだいに天京をしめ上げてくる鉄環がきびしくなってくるのをいかんともしがたかった。そのうえ、かつて石達開の声望の高さが天王の忌むところとなったように、忠王に集中する人気は、天王ばかりでなく、太平天国内部でも多くの嫉視を招いていた。

忠王は最後に蘇州を死守しようとしたが裏切りがあって陥落し、ついで天王に勧めて、天京をも放棄して再起を図ろうとしたが、天王はこれをきかなかった。そして一八六四年の春には、孤立無援となった天京へ、郷勇（義勇軍）や外人部隊の常勝軍が殺到してきた。すでに天京陥落を予定した常勝軍は解散し、天京から一歩も出なかった天王は病重く、五十歳で死んだ。

その年七月、義勇軍の天京総攻撃が始まり、激闘二週間、天京は陥落した。忠王は天王洪貴福とともに脱出したが、離散して三日めに捕らえられ、南方へ逃れた貴福は、九月江西で捕らえられ、太平天国は消滅してしまった。金田起義から十四年、十六省にわたり六百余城を陥れたという内乱は平定した。

湘軍の南京攻撃

湘軍と常勝軍

太平天国討伐の主役は清朝軍隊ではなく、民間の義勇軍であった。民間人に武装させることは、白蓮教徒の乱にも採用したことではあったが、中央政府の手足としてではなく、武力を民間に委ねることは地方の有力者の横暴を招きやすく、政府の威信を傷つけることから、清朝の好むところではなかった。しかし、直属の軍隊が腐敗して、これでは実効をあげることができないとさとると、一八五二年、清朝は曽国藩《そうこくはん》を起用して、その故郷の湖南で団練を編成させることにした。

曽国藩は長沙で太平軍が破壊した跡を見て義憤を発し、

曽国藩　(1811〜72)

討滅の決意を固め、義勇兵を募った。これは多く農民出身の実直なものを選び、油頭滑面のものはとらぬといって、商人や役所へ出入りするものを避け、指揮者も旧来の軍人から選ばず、書生を任ずることにした。この義勇軍を、湖南の義勇の意味で湘勇《しょうゆう》とか湘軍とよんだ。かれは武漢三鎮を占領して長江上流から天京をつこうと計画し、そのため、水軍の必要を痛感して自分から造船術を学びさえした。

一八五四年曽国藩が出した「討粤匪檄《とうえつぴげき》」には、太平天国が古来の名教を蹂躙《じゅうりん》して顧みないことに憤激を集中している。太平軍を上帝教軍、湘軍を儒教軍と見る人もあり、湘軍結成に基金を拠出したのが地主や富商たちであったから、貧農と富豪との対決だったと見る人もある。が、兵士たちは同質であり、宗教的情熱に駆られたと見られる節はない。

湘軍は、太平天国の成長とともに成長した。一八五四年のころは、長沙の北の靖港《せいこう》で石貞《せきてい》祥《しょう》の率いる太平軍に大敗し、曽国藩は失望して二度も投身自殺を図って助けられたり、九江付近では、石達開や羅大綱らの奇襲を受けて危うく脱出したこともあったが、天京内訌のあとは、長江の沿岸、湖北江西にわたって湘軍の力はしだいに充実し、曽国藩に呼応して、一八六二年、安徽《あんき》の団練を組織した李鴻章《りこうしょう》の淮軍《わいぐん》が結成されてさらに威力を増した。淮軍は上海から天京をつく形をとり、翌一八六三年になると、曽国藩も、「粤匪《えっぴ》がはじめておこったころは条理もたっていたし、奸淫《かんいん》をきびしくとりしまり、民衆をたいせつにし、民間の耕作も平和に行われていたが、今は賊がくると民衆は逃散し、耕作も捨てるありさまで、もうながくはもつまい」といっている。

その年、淮軍は外人部隊の常勝軍とともに蘇州に迫り、湘軍は曽国藩の弟国荃《こくせん》を主将として安慶から天京の南郊雨花台《うかだい》に迫り、翌年天京を占領したのであるが、曽国藩は官僚が義勇軍を独占することの危険をよく察して、湘軍を解散する方針をとり、淮軍に肩代わりさせて、自分に対する清朝の恐怖を除こうとした。事実、清朝に代わる漢人政府樹立の気運がおこるとすれば、かれがその第一人者としての声望をになっていた。しかし、かれが軍隊を編成し、艦船を建造し、洋学を尊重したのも、みな実用主義の枠の中にあり、かれにとって、朱子学の大義こそその信条で、社会は旧秩序の中で維持されるべきものであった。

さて太平天国が南京を占領した直後、小刀会という天地会系の結社を率いて、劉麗川《りゅうれいせん》などの一味が上海県城を占領し、大明太平天国と号して天京と呼応しようとしたが、太平天国ではこれを拒否したことがあった。上海居留の外人は中立を宣言したが、結局フランスは清軍を助けて小刀会を上海から掃蕩し、フランス人の居留地区として租界を獲得し、他の外国人も共同租界を要求して、中国領土内に外国を現出する因縁となった。

やがてアロー戦争となり、上海租界を拠点とする外国貿易は広州の繁栄を奪うようになったが、江蘇・浙江方面から太平軍に追われて租界に難を避けた富豪たちと租界の外国商人た

ゴルドン　(1833〜85)

ちの間には、太平天国に同調するものはほとんどなかった。一八六〇年、太平軍が忠王に率いられて丹陽・常州・無錫《むしゃく》・蘇州と陥れた当時、上海では、イギリス、フランス両国公使が上海防衛を宣言し、上海の大記《ターキー》という中国商人の斡旋でフィリピン人を集めて洋式軍隊を組織し、アメリカ人ワードF. T. Wardがその隊長となった。

これが清軍側にたつ外人部隊の最初であったが、これより早く、太平軍側にも羅大綱の部下に外人がおり、ワード自身もはじめは太平軍にはいるつもりだったといわれる。

ワードの部隊は洋槍《ようそう》隊とよばれ、太平軍が松江をとったとき、これと戦って大敗したが、ワードはさらに中国兵をも加えて隊を充実し、一八六二年には五千人の部隊となって常勝軍と名のった。そして寧波《ニンポー》付近でイギリス海軍と共同作戦中にワードは戦死した。そのあとは、副隊長のアメリカ人バージェヴァインH. A. Burgevineが隊長となったが、これが無頼な男であったため解任され、イギリス人ホランドJ. Y. Hollandが代わり、ついで翌年、イギリスのゴルドンC. G. Gordonが招かれて隊長となった。解任されたバージェヴァインは、部下数百人とともに太平軍に投じてしまったが、このような外国の無頼軍人は、植民地形成当初の特徴的なものであった。

ゴルドンは、太倉から崑山《こんざん》・蘇州《そしゅう》と失地を回復した。かれは、淮軍とともに蘇州を占領したとき、太平軍将士の降伏したものは殺さないと約束したのに李鴻章《りこうしょう》がこれを皆殺しにしたのを怒って、短銃をもって李鴻章を追いまわし、李鴻章は隠れて助かったといわれる。太平軍に参加し、その滅亡の不可避を知り、脱出してロンドンへ帰ったリンドレーA. Lindleyは、口をきわめてゴルドンを誹謗したが、イギリスは、ゴルドンの勝利を、ビクトリア女王の治世を飾るものとして賞賛した。ゴルドンが太平天国鎮圧の日以前に常勝軍を解散したのも、まさに曽国藩と相通ずるものがある。中国では、最後の花束を受け取るものは、皇帝以外にないことを、この人もよく知っていたのであった。

太平天国の残党

太平天国は消滅し、その主要な人物はみな死んだが、これに参加したものがすべていなくなったわけではない。清朝は光を回復し、同治中興を謳ったが、江北一帯には捻匪《ねんぴ》といわれるゲリラ的匪賊が猖獗《しょうけつ》し、曽国藩も李鴻章も、その討伐になお義勇軍を使わなければならなかった。

捻とは隊を組むことで、華北で遊侠無頼の徒の集団をよび、道光年間には、その略奪や暴動がはげしくなっていた。太平天国がおこるとこれと呼応し、長髪にして清朝打倒を呼号するものも出てきたが、分散して行動し、集中的な軍事力を発揮することは少なかった。いわば太平天国に刺激されたもので、太平軍の北伐当時は、まだ異質の集団にすぎなかった。しかし、東王・北王の内訌で天京を逃げ出した北王は、捻匪の中にまぎれこもうとしたくらい、太平天国からはじき出されると捻匪的な人間に落ちこむ道もあったと思われる。

太平天国の滅亡後、残党が捻匪に合流したのは当然で、頼文光の部隊は湖北にあって捻軍の張宗禹《ちょうそうう》らと合流し、一八六五年には山東で勇猛な僧格林沁《サンコリンチン》を敗死させるにいたった。かれらは騎馬を中心とした長槍部隊を編成し、当初の土着的なゲリラ戦から、まったく遊撃的な戦術を用い、湖北・陝西・山西・山東の各地を荒らしたが、六六年、東西の捻軍に分裂し、李鴻章が火砲による殲滅《せんめつ》戦を展開するに及んで、相ついで山東で壊滅してしまった。太平天国は民衆の支持を失うとともに没落したが、捻軍は、元来の土着的な性格を流動的にきりかえるとともに没落してしまった。このような動向が、革命的意義の有無よりも、さらにその基底にある民衆との連帯にこそ問題のあったことを示している。

かつて太平天国後期の中心人物忠王李秀成は、革命の指導者としてもっともすぐれた人物と評価され、一九四一年に、作家欧陽予倩《おうようよせん》は『忠王李秀成』を書き、歴史家羅爾綱《らじこう》らはこれを顕彰した。李秀成は曽国藩に捕らえられ、その供述書『李秀成供』を書いたのちに殺されたという。その供状は、もとは七万字ぐらいあったものを、曽国藩が不要のところを削って三万字ぐらいにして刊行したといわれるものが、早くから太平天国側の叙述として、その史料価値を高く評価されていた。そして、曽国藩が削った箇所は湘軍にとって不都合な点があったのだろう、などと想像され、のちには、曽国藩の家に残されたものを見たとして、一部偽作されることすらおこった。しかし、一九五四年になって曽国藩の家から原稿が提出され、その全文が発表された。結局三万三千字ぐらいのものであったが、意外にも、李秀成に

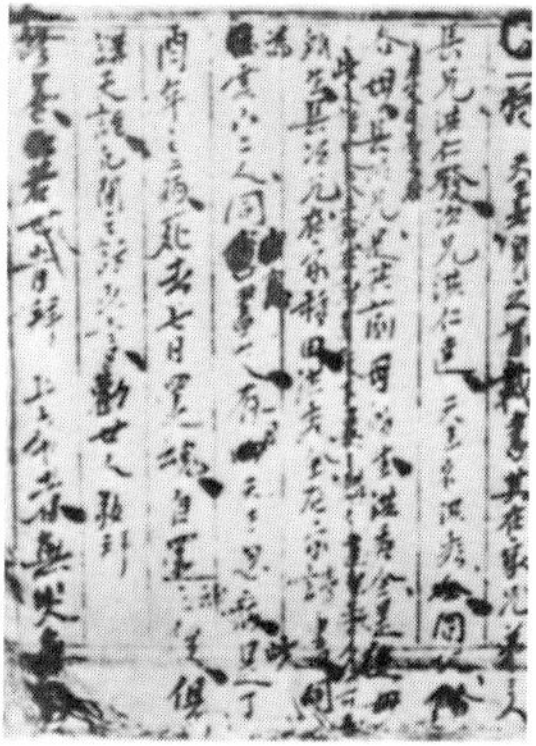

李秀成自筆の供述書

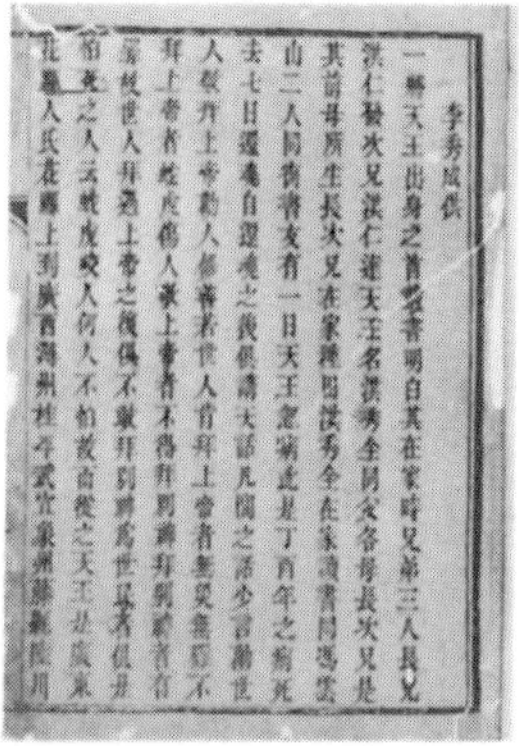

曾国藩が出版した『李秀成供』

投降の意志があったと見られるとして、中国では大きな論争をおこすこととなった。

『平定粤寇《えつこう》紀略』を書いた杜《と》文瀾《ぶんらん》は、李秀成は死をおそれて、自分を許し、残党を招降させてくれといっているとしたが、これを清朝の誣言《ぶげん》としてだれも信ぜず、李秀成を革命家の典型にしたててしまったので、なお李秀成を弁護するものは、これは偽りの降伏で再起を図るための苦肉の策であったとか、当時としてはこれで革命に貢献できたのだとかと説いた。しかしいっぱんには、李秀成が自分の戦功を誇大に報告したり、自分が人気のあることから周囲のものを無視したりしたとして、多くの欠点をあばきたてて、まったくの裏切り、偽者の烙印《らくいん》をおしてしまった。近時の中国で、曾国藩を漢奸首斬り役人とよんだのと同様に、英雄をひきずりおろす一連の運動の対象とされたわけである。

太平天国という支柱がはずれると、捻匪的な人間が残存するということは、さきに指摘したとおりであるが、歴史的評価のはげしい変化はまた、これを論ずる人自身の中に、背反する性行の存在と、これを意識し、恐怖する作用とを認めないわけにはいかない。

第六章　清代の社会経済

一　社会経済の基調

政治と社会

政治が社会のハンドルであって、社会のテンポをはやくするのも、おそくするのも、右へ向けるのも、左へ向けるのも政治の力だと昔から考えられてきた。したがって支配権力とその構造、その組織や運営が多くの関心を集め、歴史の記述もそれだけでいっぱいで、ことに中国のばあいはその傾向が大きかった。このような傾向を生んだのは中国の政治が社会から遊離し、政治は権力争奪の場であり、社会はそのとばっちりを受けないよう、自分らのことは自分らでしまつをつける自治組織を固める傾向と並行した。それで、社会に被害を及ぼさないものが善政であり、政治によって生産が増大したり、生活が向上したり、文化が拡充したりすることは初めから期待しないという伝統を培った。政治は大海の表面で、中国の社会はいつもどれほど大波がおこっても、海面下はじっとよどんでいるように変わらなかったといわれたゆえんである。

しかし中国において、その社会と政治とがまったく無縁のものであったとか、まったく相反した方向をもったとかはいえない。同じ地域で、同じ民族が同じ時代に営んでいる生活の集約であり、動向であってみれば、楯の両面であるか、同じ車の車輪のようなものであったろう。ただ、どちらが表面で、どちらが動輪であったかは、簡単にはいえない。政治という場では鼻もちならぬ人間でも、その政治的生命が高く買われるばあいがあり、社会という場では、宝石のように美しい人がらでも、その存在に意味をもたないばあいがある。それは、それぞれの場にはげしい潮流があり、燃えさかる火があって、人間本来の生活に加重するものが大きかったからで、清代中国が武人的政治を基本にしたから当然とはいえ、政治は貫徹を志向していた。中央政府はつねに末端まで把握しようとつとめるものだし、そのように紀綱の張った緊張を、みな拍手するのもまた普通であった。

しかし社会のすべての部門が、これを謳歌したものではない。政治の貫徹には圧力が伴うので、当然反発する部分もあったわけで、わずかに、地方自治の習慣と相互扶助の絆《きずな》がこれをカバーしていた。中国の社会が、協調と共存の、独自の話し合いの場を開拓し、これが基本的性格になって、政治の末端はこの壁ではね返されることが多く、また、社会の期待するものが為政者に反映するとき、政治の壁がこれをはね返すという繰り返しが、しばしばおこっている。老子は、「谷神《こくしん》は死せず、是れを玄牝《げんぴん》と謂う」といっているが、中国社会はこの谷神であり、玄牝であり、すべてのものを生み、すべてのものを養い、動かず衰えず、結局はなにものをも包摂してしまう。中国社会は中国政治が旗をまいて逃亡するのを待っていたのである。

政治と経済

いっぱんに社会を領導するものが政治、政治を左右するものが経済、経済を生成するものが社会と、三つ巴《みつどもえ》に理解されているが、それぞれがからみ合って推移するときはかならずしもどの力が先にたつものとは断定できない。ただ、近代中国で社会の動向が政治を左右したとはなかなかいいがたいけれども、経済が政治を動かしたことは、その事例がきわめて多いことで、経済的な説明が人を納得させるものをもっている。しかし、政治には首脳部があったが、経済には、高度に発達した資本主義でもなければ、首脳部といったものはありえなかった。

清代においては、広東の貿易商や安徽・山西の商人たちの活躍が有名であるが、中国経済を指導することはなく、また、そのような方向に進む気配もなかった。古来農本主義を貫いてきた中国では、地主層が主導権を握って、商工業をその傘下におさめていた。ただ、都会の商工業は、成長すれば蓄積を土地購入にあてて地主化するだけではなく、政治への投資ともいえる買官や官僚への献金、官僚候補者たちの養成などで、直接官僚に結びつこうとした。しかし、地主化するのも官僚に接近するのも、政治を動かそうとするよりは、その力を防衛するほうに重点があった。

しかし元来、経済的発展は自立の性格を生み出すことが多く、清代に海外各地に移住した華僑の活躍を見るまでもなく、国内にもそのような商人たちは輩出した。自立性を、中国では「俠《きょう》」とよんでいるが、この俠に複合されているいくつかの性格、権力への抵抗、正義感の横溢《おういつ》、徒党の糾合などは、自立性をもつために、当然摩擦のおこる面や、また摩擦との対決を示している。それで、この俠気が爆発すると、中国の沿海地方では海寇《かいこう》となり、内陸では匪賊《ひぞく》となる。清代の賊徒といわれた中心人物が、決して商人出身者に限られているわけではないが、かれらの冒険心や新機軸がなんらかの関与をもっていたことは蔽いがたく、経済的発展は社会不安につながるものという見解も、こんなところに因縁があったのであろう。

もともと中国経済の基礎となった農地には、前代にひきつづいて大地主が成長し、これを阻止する事情はなんらおこってこなかった。ただ、抗租や解放を求める民乱が頻発《ひんぱつ》したが、土地制度は、太平天国で一部変革された以外は安定していた。このことは、農業以外の産業一般についてもいえることで、しだいに民間資本が企業に食い入って、いわゆる官督商弁といった合同組織が多くなる以外は、部分的な起伏や変化を見せるだけであった。政治が経済を支配するという鍵は、古来、塩や鉄を専売にし、関税をおさえるという方法が踏襲されてきたが、これも、徴税権の強化だけしぼっていく方向が顕著で、産業機構の細部からは手を抜こうとしていた。したがって、逆に徴税収入の大きいところを追うために、政治が動かされる傾向が露骨になったのである。その問題は、通貨である銀と、銀を確保するための貿易に集約されたのも当然であった。

産業の基調

中国が国際関係の怒濤にもまれ、その経済が破産に瀕するようになった二十世紀にはいって、いろいろの統計的な数字が諸外国と比較されるようになったとき、改めてその貧困さが数字となって紹介された。一人当たりの農耕地が、アメリカの六分の一、米の生産は、一エーカー当たり、アメリカより五二パーセント多いが、他の穀類は平均二〇パーセント少ないといった報告が多く出されて、労働力の過剰、生産力の貧困が、あらゆる面で指摘された。

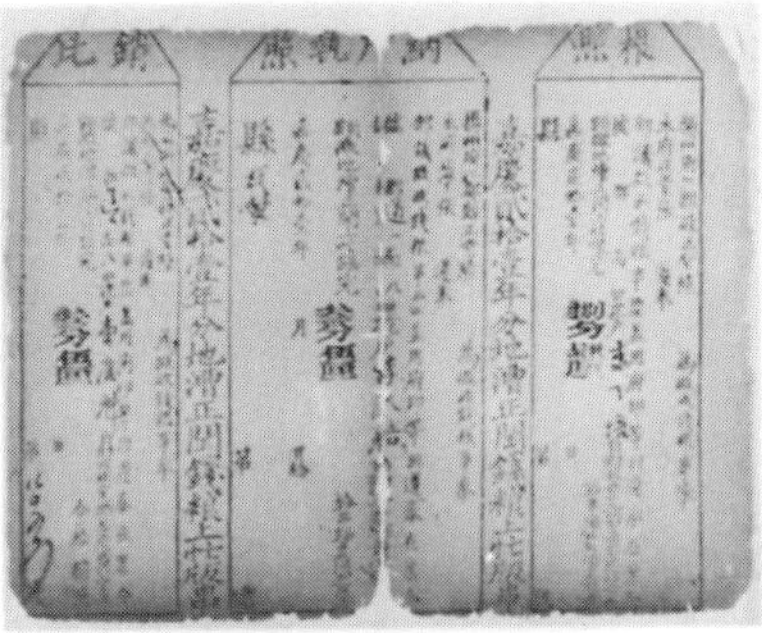

嘉慶年間の租税収納票

　二十世紀になって、中国の生産が質量とも低下したことは事実であるが、人口が多く、生産が伸びない傾向は、すでに早くから始まっていた。清代にはいって人口が急増したことは、一つは隠匿《いんとく》されていた人丁の数が公表されたことにもより、明代以来増強された江南の生産力、ことに穀倉といわれた江蘇《こうそ》・浙江《せっこう》に、また湖南・湖北が加わったことにもよる。しかし、増加した人口を吸収する都市の手工業は、かならずしも並行した発展を示さず、農村での雇農や、都市の日雇労働者が増加するばかりであった。

　農作物のうち、米・小麦・きび・コウリャンなどはほぼ固定した地域と生産をつづけたが、茶・もめん・桑・たばこ・さとうきび・けしなどの商品作物は変化がはげしく、茶がそうであったように、海外需要などによって急激に増減した。耕地の開拓は清朝初期の大きな特徴ではあったが、それも、治水や灌漑設備と同様に、しだいに荒廃にまかされ、集約的な農業経営にもかかわらず収量は伸びなかった。

この事情は、基本産業である鉱業についてもいえることで、石炭と鉄とすずとを中心に運営されていたが、生産は投入した労働力とかならずしも並行せず、鋳銭の材料である銅は枯渇しつつあり、鉱山の開発より外国からの輸入に待つという消極策が地下資源への関心をむしばんでいた。石炭の消費量において、工業用が家庭用に追いつくのは二十世紀にはいってからであったことだけで、鉱工業への意欲が不振であった事実を物語っている。

中国においては、大規模な製造業がおこると、たちまち政府の誅求に出会って崩壊してしまった事実は、南北朝から隋唐の間の製粉業、明清間の紡績業などに著しい例を残しており、わずかこれに耐えられたものは、製陶・製茶・製紙などである。つまり、地方産業として、これを破壊すると官民共倒れになる業種を除いては、多く成長のとちゅうで貧血症をおこすのであった。中国に大企業のおこらなかった理由として、しばしば家族制度が取り上げられ、同族が企業に寄生してその栄養を奪ったものとされるが、それより大きな寄生者は官僚であり、政府であったから、健康な成長は望めなかったというべきであろう。

このような旧産業に新傾向が生まれたのは、やはりアヘン戦争後、江南を中心に、まず軍需産業からと見るのが普通である。曽国藩が安慶につくった造船所で、中国人の手による小汽船がつくられて、それがはじめて走ったのは一八六二年である。そして、一八六五年には、上海に江南製造局を開いて軍艦や銃砲弾薬を製造し、六九年には、左宗棠《さそうとう》によって福建船政局が開かれたが、いわゆる官営工業は教育的効果をねらったとしても、外国から買い入れるより数倍の経費を要して、結局成功しなかった。これに代わって、民間の資本を導入しようとして招商局が計画され、一八七〇年に汽船会社として出発し、一方、石炭の開発に着手して開平礦務局がおかれ、さらに上海織布局など、いずれも官督商弁か、さらに民営に近づいた官商合弁で経営されたが、因襲が強く、官は商を利用しようとし、商は官にたよるばかりで、大きな発展はなかった。

左宗棠　(1812〜85)
清代の武将，政治家

ただ、外国資本の盛んな進出があり、かつて広州の珠江《しゅこう》河岸に十三行といわれた外国商社が軒を並べたように、上海の黄浦《こうほ》江河岸には、ジャーディン・マジソンや、サッスーン、ギッブ・リビングストン、デントなどの商社がたち並び、十三行の行商に代わった、買弁といわれる中国の仲介業者と取引をつづけ、さらに汽船や銀行などの企業に乗り出し、これに追随して、買弁が紳商として各種企業の代表者となるようになった。

外国資本は中国にまず買弁資本を生みつけたわけで、外国商社の中に、中国市場で一旗揚げようと乗りこんできたものが多かったように、買弁の中には、従来広州や香港での経験をもっていたものばかりでなく、開港場で一旗揚げようという中国商人もまじっていた。これらは共通して、中国政府が強固な体制をもつことを忌避する性格をもっていたから、いわば売国的な傾向を強めたのも当然であった。

中国に近代産業が芽生えても、これが国家権力と協力して、相互に保護育成する形の軌道にのらず、官営は効率が上がらず、官商合弁は、あるいは官僚が資本家化するか、あるいは商人が官僚化するかであって、国家に還元されることなく、民営は資本の貧困のために発展することができなかった。

中国の近代産業が未熟なままとり残されたことについては、いっぱんに、自国産より輸入品が割安であったこと、中国古来の金利がきわめて高く、株式組織の運営が円滑にいかなかったこと、中国社会が寄生的習慣から抜けきれなかったことなど、多くの理由が数えられているが、それでも多くの困難を乗りこえて、中国産業に新しい生命を吹きこんだものはあった。しかし、それは近代的な企業ではなく、古来の製茶・紡織などの民族産業の蘇生《そせい》の道だったのである。

民族産業

茶は、宋代に榷茶《かくちゃ》といって専売制度に組みこまれたことがあり、その栽培者である山戸、製造者である茶荘、販売者である行商などの間に早く組織化が進んでいた。ついで、茶荘が工場をもち、問屋となり、数百の労働者を使用するようになったのは、十八世紀に、茶が絹に代わって中国の輸出の大半を占めるようになってからではあるが、そのような拡大への弾力をもっていたことは、茶の栽培が荒蕪地《こうぶち》へも広められたことと、茶荘に潜在的な資力があったためであろう。

この点は絹業も同様であったが、絹は湖糸とよばれる原料の輸出に重点がおかれ、絹織物の生産は国内向けが多かったために問屋制の発達がややおくれ、また、高級品の種類が多く、専門職人の補給も困難だったため、茶に優位を奪われたものである。

もめんは、古く吉貝《きつばい》などの名で中国に知られ、南方産が輸入されていたが、元明の時代に全国各地に普及し、清代には、華北が綿花の主要生産地、江南が紡績織布の経営地という形ができあがった。そして十八世紀にはいり、松江付近の綿布が輸出されて南京《ナンキン》もめんの名を世界的にするが、それも、その背景に民族産業としての組織が確立し、生産が安定していたからで

養蚕農家

あった。十九世紀にはいると機械製綿糸の輸入が増大し、洋糸、すなわちインド産綿糸を経糸《たていと》とし、土糸、すなわち中国産を緯糸《よこいと》として織る方法が普及し、マルクスは、中国手工業はミイラが崩れるように解体してしまうだろうと観測したが、実は、もっとも頑強に輸入品に抵抗したのはこの部門であった。イギリス綿布が、インド市場を圧倒したように中国市場を席巻できなかったのは、江南の織工が農民としてその生活をささえ、切り下げられていく織布工賃に対応できたからであった。

しかし紡績手工業が解体し、農村婦人が紡車を放棄し、やがて織布手工業も、十九世紀末には、各地に官営や官僚資本と買弁資本とによる紡織工場が開設されるにしたがい、急速に消滅していった。中国の近代紡績織布工業は、イギリスより一世紀、日本より二十数年おくれて発足し、かつ手工業時代の技術・労働力・組織とはまったく異なる地盤に培わなければならなかったが、ここにその民族資本が根を張り、中国産業の枝葉を繁茂させる分野が成長しはじめたのであった。それは結局、綿布の市場が確立していたからで、綿花の栽培

製糸工房

が衰え、農家から紡車の音が消えても、商品が生産されれば、その流通をめぐって新しい組織が組み立てられていく典型的な形の現出であった。

二　通貨と商人

社会経済の指標

旧中国が農耕を中心にその社会を発展させてきたこと、したがってその生活が遊牧社会や半猟半農の社会とは異なり、思想も政治もまたこれと異るものをもっていたことは事実である。といって、農業の実態を追求すれば中国社会の基本的な解明になるとはかぎらない。農業には、その基礎となる土地問題があり、農耕の技術があり、作物の変遷があり、これをめぐって、政治的には制度の改変があり、経済的には需給の調節があり、社会的には耕作者と使用者の関係がある。これらを分析し統合しても、中国社会の一側面を描き出すにとどまってしまう。

では、食糧を離れて、衣や住について商工業に重点をおいてみれば、ここにも多くの商品の生産があり、流通があり、商人や市場の組織があり、通貨の変動があり、これを追跡し、整理しても、やはり中国社会の一側面を描くにとどまってしまう。

古来、『史記』で平準《へいじゅん》といい、『漢書』で食貨《しょっか》といい、社会の経済活動は社会の主要な機能であり、生活を左右する動力であるとされてきたが、その主要な課題は、つくられたものを

清人商人に発行された免許状

どう配分するかであった。つくるものが主人であるという考え方はつくらないものが主人であった期間の長さの反動としておこったので、すべての人間がつくる側にあれば、やはり配分の問題だけが残ったわけである。

では、配分を決定したものはだれであろうか。制度上ではまさに皇帝であり、支配権力であったけれども、皇帝も、ないものは配分できない。そして権力は消費の上に成立することを、もっともよく知っていた。そのうえ、農民は生産するものであり、放置しておいても生み出すことも知っていた。中国の古語に、「この日、いつか喪《ほろ》びん、吾れ汝とともに亡びん」といって支配者といっしょに死のうという極限を吐露したものがある。配分するものをなくしてしまえば、その権力も支配も消滅することを、実は、中国社会はよく知っていたのである。

中国の社会経済は、つくるものと使うものとのかけひきの軌跡であり、この両者の歯車であったが、歯車の一つ一つが問題ではなく、どう嚙み合うかが問題であり、どう回転するかが問題であった。もちろん、一粒の麦のゆくえを追いかけるだけでもその大綱をとらえることはできるし、ひとりの商人の哀歓の中にもその動向を察することはできるが、なにを指標として選んだらよいかは、かなりむずかしいことである。

まず社会経済といっても、反射的に浮かぶ歴史像は、人によって千差万別であり、そのおかれた立場からの解釈もまた多様であるから、社会経済的な視点といっても、そのいずれをも充足させる視野を広げることは困難である。またおびただしい記録の中からなにを抽出して体系づけるかに、現在なお史料が未整理のものの多いため、当然取り上げるべきものでも取り上げることができず、したがって史料不足といわなければならないことがある。そこで、ここでは通貨と商人の問題にしぼって考えていくことにしたい。この二つこそ、清代をきわだたせる社会経済的な主役であったように思われる。

通貨問題

中国は民族史と同様、貨幣史でも、世界でもっとも長期間の連続をもち、その形態も、貝貨のような原初的なものから、世界でもっとも早い紙幣まで、多くの種類を網羅している。その材質と形状に種類が多いだけではなく、その使用法や、貨幣に伴う習慣の種類も、おそらくもっとも多様な形があり、西アジアと並んで、貨幣経済のあらゆる様式を遍歴したといえるようである。その中でも、銅銭を主要通貨としたことや、銭面にほとんど図像を用いなかったことや、鋳造数量が巨額であったことなど、中国の特色と思われるものがいくつか数えられるが、また、王朝の象徴として支配権者が代わるごとに発行されたり、その要因は異なるにしても、インフレやデフレの現象をくり返したり、貨幣そのものの操作に職業が派生し、いっぱんの生活のエネルギーがこれに消費されたりするといった、世界共通の事態も多く見られた。

清代の通貨は、政治外交よりも一足先に国際的な銀の怒濤に洗われ、これを中国的に収束していった時代であった。メキシコ銀山の開発がヨーロッパの銀価の下落、価格革命の変動をおこし、銀は新市場のインドや中国へ放出されて、後進国はそのまま銀経済の国という状態が進行していた。中国の人々は「中国人は銀を愛好する国民性を有し」といわれるほど銀になじんだ。

しかし中国は銀産国でもなく、古来、銀を通貨にすることのまれな国であった。中国が、零細な経済を銅銭に委ね、主要な単位を秤量貨幣の銀とし、高額の取引は手形による運営を主体としたのは清代であった。それぞれの傾向は宋代や明代にさかのぼることもできるが、清代は、社会全般がその軌道の上で動き、これに伴う諸現象が社会経済の大きな現象面をなした。

このような軌道にもちこむまでの習慣と政策、また、その結果現れてくる社会の歪曲《わいきょく》や調整に、アヘン戦争や太平天国に象徴される中国近世の進行よりも、さらにいっそう純粋な中国的近世の歩みを見せる数多くの情勢がくり広げられた、といえるようである。銅銭がどのように使用されたか、銀塊はどのように入手され、どのように使用されたか、また、金と銀との相場、銀と銅との相場はどのように操作され、どのように社会生活に作用したか、これらを通じてどのような習熟があり、どのようなモラルが成立したか。中国近世の主要な課題は戦争や反乱ではなく、日常生活を踏まえてこそ近接する道があり、英雄や策士の業績ではなく、米を買い、野菜を買う計算の中にこそ解明する方法があるようである。

商　人

貨幣が発明されるよりさらに古く商人が存在したことは想像されるし、物が人よりも遠くまで移動し、物が人よりも多く動いたことは、遠く原始時代にさかのぼるものであった。しかし漢唐の昔に胡《こ》の字を冠した産物も、明清の世に洋の字を冠した産物も、この中国の自給自足を動揺させはしなかった。地大物博の中華帝国を縦横に走る道路・水路網は、日夜貨物を積んだ車馬の往来で混雑していた。

物資を移動させるものは、戦闘であれば軍隊、略奪であれば賊匪《ぞくひ》であったが、いっぱんには、きわめて古代から商人が活躍した痕跡が認められる。商とよばれた都は二階家の象形文字である商で示され、ここに都した殷代にすでに商業の盛大を思わせるし、商の文字の転用もおこったのであろう。つぎの周代に殷文化の多くを抹殺した中で、この商業があるいは目の敵にされたのかもしれない。つまり、商業は座して利を貪るものといった倫理観が固定し、その勢力の増大はつねに押さえられ、その蓄積はつねに収奪の的となってきた。

しかし戦国期以来商人で大をなし、その財力で政治に参与したものがしばしば出現し、また、支配権力は各種の専売で独占商品を設定し、各種の商税で蓄積の過大化を防ぎ、商人と

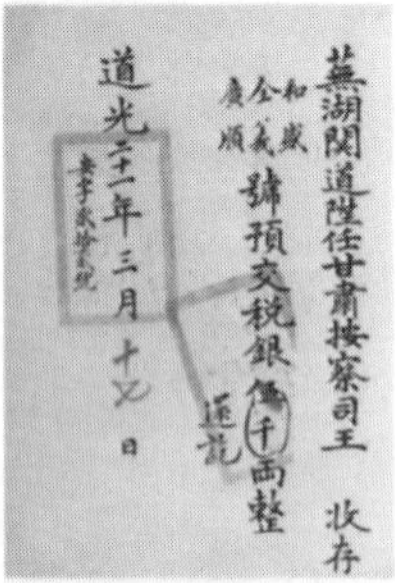

清代商人の納税徴収票
道光年間のもの

支配者の競争は古来くり返されたところであった。が、底辺での商人活動は、都市の市や農村の定期市を中心に、しだいに人も品もその数を増して、時間が歩みを止めたかのように、その様相を変えなかった。

宋代になって都市の市制が消滅し、代わって店舗が現れ、地方では、貨物の集散地に新しい都会が成立しても、官僚と商人の相克は基本的には変わらなかった。中国に自由都市がおこってもふしぎではなかったが、これは形成されなかった。官僚勢力を排除して商人団の自治が要求されてもよい情勢となっても、官僚はいつも上位にあって統制力を失わなかった。ながい抑商政策が商人の独立を養うより、官僚を懐柔し、これと妥協する方策へ追いこんだからであろう。

清末は、そのような背景のもとに、国際経済の中へ中国商人もまきこまれるようになった時代である。二十世紀初頭に東亜同文会が編纂した『清国商業綜覧』に、「中国の商人はその容貌は愚なる如く、その態度は鈍なる如きも、商機を見るに敏にして、商務を行うの捷なるは驚嘆すべきで、勤勉にして忍耐強く、商店は貧弱なるも資金を出すこと水の湧くが如し」といっている。中国商人がなんら政府の保護を受けず、互いに相互扶助の機関を設け、互いに然諾《ぜんだく》を重んずる習慣をつくり、他を犯さず、自らも犯されず、きわめて強固な商人道徳を守っていたことは、外国人の等しく賞賛するところであった。国家が破産し、経済が崩壊しても、基底の人間まですべて荒廃しなかったのは、中国農民だけではなく、中国商人の実態でもあった。

官商合弁

清代の盛時に外国の財貨が滔々《とうとう》と流入したころ、これが国富ともならず、民富ともならず、いわば、官富となり商富となったことは、中国が近代国家ではなく、中国人が国民ではない証拠として、諸外国の非難の種であった。孫文《そんぶん》も、中国人は砂のようで、その社会は砂丘のような存在だと慨嘆した。これはアジアの専制国家に共通した現象であり、近代国家が、一つの社会の到達した頂点だとするならば、こうしたアジアの専制国家の現象はまさに退廃した風潮と見えたのもやむをえなかった。しかしこのような社会にも、国家という至上命令でなく、方言による地域や、共同の職域や、自然律ともいえる連帯で、つき崩すことのできない共同体が成長していた。そしてこの共同体が、さらに有機的に離合集散する連繋もできていた。

その昔、豪族連合が後漢や三国の王朝を建てたり、実務官僚と門閥官僚とがそれぞれ連合して宋代の政争になったりしたころは、まだ個人色の濃厚な歴史像が映し出されたが、清代では、大勢として官商連合が社会の主要な指導力となっていた。清末に官商合弁の企業が多く発生したが、事実ははるかさかのぼって、官は商人に寄生し、自分から営業しないだけで、侮商の見栄さえ失いつつあった。それよりも、商人が献金で官位につく例も多くなり、

広州の帽子屋

商売を営むより儲けが大きいという例から、実務につかない、名まえだけの官位でも、これで官僚と対等に話そうとする例まで、枚挙に暇ないほどになった。清代社会は官商合弁の運営に近づいていた。もちろん、商人の層の厚さはきわめて大きくなったが、農民の階層とは異なって、固定することは少なかった。新陳代謝のはげしい官界と財界とがいつか握手していたが、その運営はかならずしも円滑ではなかった。

官と商との連繫が、国家とか主義とかの理想のもとに活動すれば、あるいは国富か民富かが蓄積されたかもしれない。しかし清朝護持は、官の目標であっても商の目標とはなりえなかった。このばあい、官は高級官僚をさし、商は紳商をさすが、下級官吏と零細商人とはどのような立場をとったであろうか。下級官吏が地主や紳商のとりまきをなし、零細商人が農民や貧農に近い位置にいたことはたやすく想像できる。かれらが中国社会のもっとも広い情報網をなし、情報源をなしていたことを思えば、官商連繫の耳目となり、刺激を与える役割を果たしていたものともいえる。

銀と商人

清代の商人には、従来の商人が経験することの少なかった銀使用に対する作業が、新しい要素として加わってきた。銀が賜与や贈答の材料として退蔵されている間は、さしてその純度や重量は問題にならなかったが、活発な流通をおこすと、これが秤量貨幣《しょうりょうかへい》としての基準であるため、日常の作業に、その測定が重要となった。が、これに対し、政府はなんら指導することができなかった。全国共通の度量衡《どりょうこう》もなかったし、純分の基準を制定することもなかった。これらを強制すれば、その便利さよりも煩雑《はんざつ》さが大きかったろうし、自治に委せて非難を政府がかぶることを避けるほうが賢明であったし、元来、算盤《そろばん》をもつことは政府の仕事ではなかった。商人たちはすべてを背負って、自分たちで処理していった。

銀を扱うには、純度千分の一まで肉眼で鑑定するだけの習熟を要した。専門の両替屋や金融業者だけでなく、中国で商人として生活するには、その目が第一の条件であった。地方ごとに異なる衡器の目盛りを換算するのも神速で、品質が異なり重量の異なる銀塊での取引にあらゆる対応を準備した。もちろん近代通貨以前の、むだな煩わしい手続きにはちがいなくても、偽造通貨ですら無価値ではないと換算するその手法を、今日でも釣銭をごまかしたり、計算が信用できなかったりするヨーロッパの人たちに嘲笑する資格はないのである。近代国家は国民のしつけまで国の仕事としたので、訓練された犬が自分で餌《えさ》をあさる野良犬《のらいぬ》を軽蔑するように、中国に停滞とか後進とかの烙印《らくいん》を押したが、野良犬が多くの錯誤をおかしながら弱肉強食をすれば互いに傷つくばかりなのを自覚していった過程は、清代商人の成長

清末の紙幣　太平天国の乱で財政窮乏を救うため発行された

によく跡づけることができよう。

中国は、近代世界になにも貢献しなかったのではないかといわれる。中国から世界の近代社会に採用されたのは、儒教的な倫理観や徳治主義が富国強兵の支柱とされたり、古典的な経典詩文、あるいは美術品が愛好されたりしただけで清帝国の栄光が消滅したのと、ムガル帝国の没落とが二重写しになって、アジアは汚辱と混濁の時を刻んだように思われてきた。その中で民族の活力を維持し、再生の英気を守りつづけたのは、いうまでもなく大衆であり、基盤に農民があって社会をささえたうえ、活発に動いたのは商人であった。中国における資本主義社会への萌芽や傾斜がしばしば論議されているが、商人が銀にかまけて流通資本の奔流を遊泳するばかりであり、産業資本の蓄積を準備したり、産業資本へ転化したりする契機を発見しなかったことは、注目しておかなければなるまい。

三　銀経済の展開

銀銭の由来

日本の古代貨幣である和同開珎《わどうかいちん》には銀銅の二種があり、開基勝宝《かいきしょうほう》という金銭もつくられたが、そのモデルだった中国の開元通宝にも金銀銅の三種があった。金銀は権威の象徴で、銅銭が流通したのは同様であったが、両国とも、その後も銀銭はながく流通の場に上ってこなかった。それは、金銀の絶対量にもよるけれども、取引が銅銭でまかなえる範囲が広く、これをこえるものには絹などが用いられたため、銀使用に慣れる機会がおくれたためである。金王朝が承安宝貨という銀貨をつくったが、これを流通させようとしてたちまち廃絶したのも、偽造が集中したためだといわれる。銅銭でも偽造変造がくり返され、五銖銭の流通でやや安定したくらいで、銀の使用も、地金に刻印をおし、絹などと同じく時価で取引されるにすぎなかった。

しかし中国も、西方諸国に王面を刻した銀銭があることは早く知っていたし、清代にチベットを領有すると、ここに蔵銭とよばれる銀銭を鋳造して、銀銭に習熟した地方の経済にこたえた。このように銀銭鋳造の経験をもっていても、中国自体では楕円形《だえんけい》の皿型の銀塊、すなわち元宝銀を使い習わし、明清の間、政府は銀銭の発行を計画することはなかった。民間で厭勝《えんしょう》（まじない）の銀銭をつくることはあったし、西洋の銀貨を入手すれば、これを珍重して祝儀に用いる風習もおこったが、流通はしなかった。通貨としては、鋳直して元宝銀とし、純分と重量を計って使用した。

元宝銀は清代にはいると両側の耳が高くなり、いわゆる馬蹄《ばてい》銀の形状をとり、外人はShoe Silverとよんだ。いっぱんに五十両内外のものを元宝銀、十両内外のものを小元宝とか中錠《ちゅうじょう》、二、三両のものを小錠または錁《か》子などといい、同時代の日本で丁銀《ちょうぎん》や小粒が使用されたのと同様であった。

十八世紀の後半、長崎へ来航した中国船やオランダ船がもたらした銀貨については長崎奉行所で残した『唐阿《からお》蘭陀持渡《らんだもちわたり》金銀銭図鑑』があり、また、福知山藩主朽木《くちき》龍橋が収集した『西洋銭譜』があって、当時日本にもたらされた元宝銀のほか、ドイツ諸国、スウェーデン、デンマーク、ノルウェー、オランダ、イギリス、フランス、イタリア、ポルトガル、ロシアなど、ヨーロッパ諸国の貨幣とスペイン銀貨が図示されている。これらは中国にも同様に流入したにちがいないが、数量からいって圧倒的に多かったのは、スペイン銀貨と、のちにはメキシコ銀貨であった。これらは総称して洋銀といい、明代から知られていたが、茶貿易が盛んになると大量の流入を見、また、鋳直されて馬蹄銀となった。が、地域によっては洋銀がそのまま流通し始め、これに慣れていく道もあり、これは中国の一つの近代化の具体的な経過を示すものでもあった。

洋銀の流入

スペインがメキシコにおいて銀山の開発に成功し、一五三五年にカルロス一世がメキシコに造幣局を設けて、八リアル銀貨以下七種の銀貨を鋳造させ、これがスペインの国力の基礎となり、国際通貨として世界に広まるようになった。これについて日本の大蔵省では、明治二十五年、メキシコ駐在の領事の調査によって『墨銀ニ関スル取調書』を発表し、大正四年、田中萃一郎氏の『墨銀考』でその歴史的意義が取り上げられたが、のちのドル銀貨、日本や中国の円銀貨の基礎となったのが八リアル銀貨だったことは、スペイン銀貨の世界経済の足跡であり、同銀貨は、世界経済といえるものの開拓者だったわけである。

初期のスペイン銀貨は、銭面にカスティラ、レオン、グラナダ、ブルボンの紋章を楯に組み合わせ、これに王冠をつけ、左にメキシコ造幣局を示すMM、右に八リアルの8、これをめぐってCAROLUS・D・G・HISPAN・ETIND・REXと刻され、銭背は、波の上に新旧両大陸の球面を重ねて王冠をつけ、その両側にヘルクレスの柱を二本、柱には旗がからんでこれにPLUS ULTRと陰刻し、コロンブスの大陸発見がギリシア神話のヘルクレスよりはるかにすぐれたものだという意味を示した。周辺のギザギザは三葉模様で、中国で花《か》辺《べん》銭とよんだもので、ヘルクレスの柱を見て双柱銭、カルロス三世のIII・四世のIIIIを見て、三工銭・四工銭などともよんだ。

初期のスペイン・ドル
花辺銭とよばれたもの2種

この銀貨は銀が千分の九百以上の良貨で、すでに明末から知られていた。『東西洋考』という明代の地理書に、「東洋呂宋の地は他産なく、夷人は悉《ことごと》く銀銭をもって貨物にかえるので、中国船のここから帰るものは、銀のほかにもってくるものはほとんどない」といっている。

清朝は、そのはじめ海禁を厳重にしたので、フィリピンからの銀輸入がとまり、中国銀山の採掘もほとんど枯渇して、しきりに海禁を解いて海外からの銀輸入を図ろうと請願するものがあった。これに対し、清朝は国内銀山の開発を奨励したが、しだいに産出は減って、雲南の楽馬廠だけとなり、さらに安南やビルマからの輸入で補ったり、日本から輸入したりしたが、海禁がゆるみ、広州の貿易が盛大になると、ふたたびスペイン銀は中国経済の主要な補給源となった。

十八世紀から十九世紀にわたって、中国における銀の七割は外国銀に依存していたといわれ、その多くはヨーロッパの商船の取引や関税によって流入したものであった。一七七二年以後は双柱銭に代わって、国王の肖像を鋳出したスペイン銀となり、中国では仏頭銭とか番頭銭とかよんでいた。

洋銀の流通

明末にフィリピンからはいった銀、康熙末から広州へはいった銀は、いずれもメキシコ産のスペイン銀で、一八二四年にメキシコが独立してからはメキシコ銀であり、中国に流入した総額は五億ドルをはるか上まわったといわれている。この洪水のような流入をまともに受けた閩粤《びんえつ》、すなわち福建《ふっけん》や広東《カントン》の開港場では、早く洋銀のまま貨幣として使用されたようである。康熙《こうき》年間の記録には、この想像を裏書きするような記述がいくらも見つけることができる。

しかし、この流通はそのまま定着しなかった。偽造や変造がたちまち流通を渋滞させ、やはり、秤量貨幣の元宝銀に鋳直す循環がくり返された。もっとも、洋銀そのものも、少額はともかく、多くは秤量して通用したであろうし、その品質を保証するため、両替や銀の鋳直しをする店の刻印を打って流通させた。この刻印のあるものをイギリス人はchopped dollarとよんだが、刻印の多いものは中国でも爛板《らんばん》といい、これは、やがて砕けて砕銀となり、これも秤量で通用した。

ただ、これらの洋銀の流通には地域差が大きく、また、時代によって異なった様相を見せた。想像されるように、もっとも早く洋銀使用に習熟した広州が、もっとも早く表価貨幣として使用することにはならなかった。これこそすでに、中国社会の性格に伝統的な地域差が成長していた証拠で、この具体例は他の歴史現象に対しても示唆に富むものになろう。表価貨幣として鋳造された洋銀が流入したばあい、日本では幕府が一手に扱ってすべて二朱銀などに改鋳してしまったが、秤量貨幣社会であって、銀を民間に野放しにしていた清朝では、これを銀地金とみる以外の手段をもたなかった。洋銀を小口取引には一応そのまま表価貨幣として用いることは、広東省の各地で乾隆ごろに盛んとなり、これが偽造の横行から結局刻印を打ち、爛板となり、しまいには砕銀となって秤量貨幣に還元してしまった。その完形の洋銀および爛板・砕銀は、地域によってその使用はそれぞれ慣習があって異なっていた。

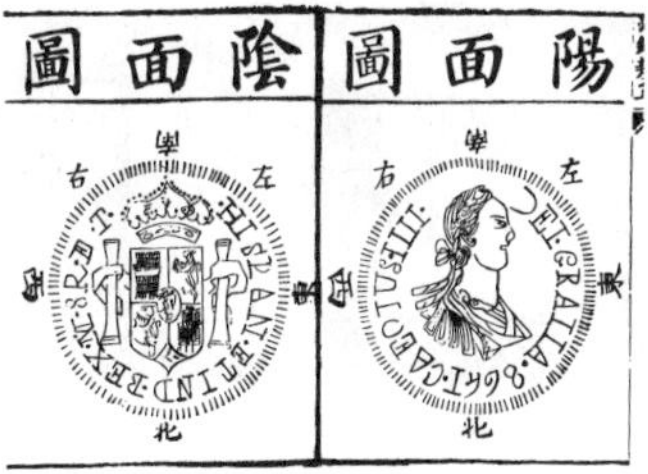

『洋銀弁正』の図　清の商人がスペイン・ドルを鑑定するために作った図

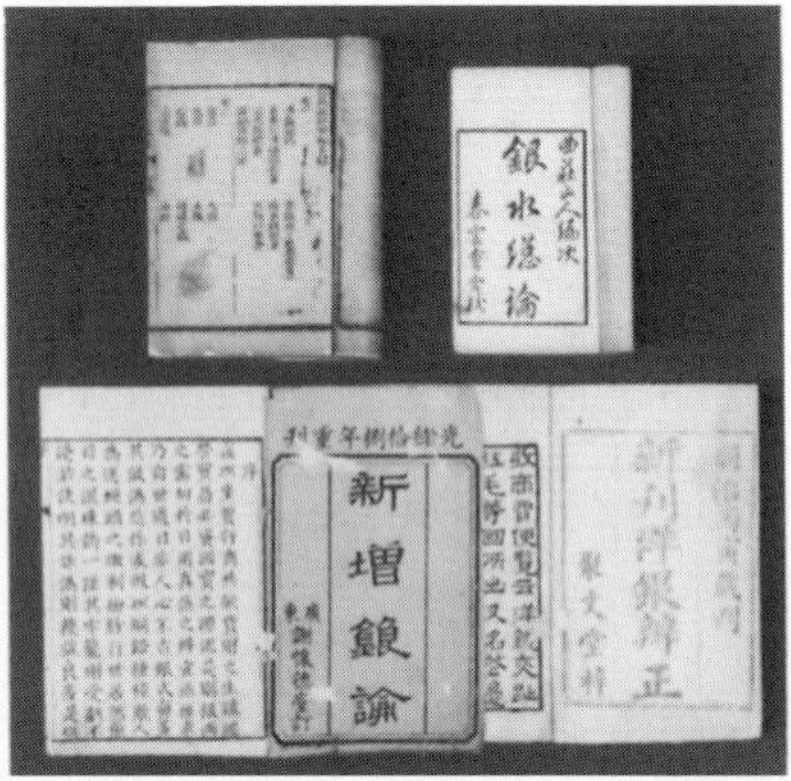

商人に使用された銀貨鑑定用の指導書
左上は『銀経発秘』

まず黄河以北、北京を中心としては、従来どおりの元宝銀ばかりで、洋銀の形では授受されず、蘇州を中心とする長江下流地域では、洋銀は完形のものだけが通用し、爛板でも原形を保っているものは、福建・広東の都会や街道筋の都会では使用され、砕銀となったものは広州周辺に限って用いられた。すなわち、長江地域では、洋銀の偽造も蘇板《そばん》とか光面とかよばれる完形のものをつくり、蘇板はおそらく蘇州製、光面はおそらく無紋の銀銭であろうが、刻印を打ったり、鉛やすずで粗悪品をつくったりする方法は少なかった。このことは、福建や広東では、秤量貨幣に還元しやすく、蘇州・杭州では、表価貨幣を維持しようとするほうに意欲が大きかったことを物語っている。

銀質の鑑定

銀使用の普遍化に伴い、清代商人はその生活をかけて、銀質の鑑定に習熟する必要があった。おそらく実地の訓練や口伝で多くの事例を学び、最後には勘の働きによって的確な判断を下すようになったもので、自分が守らなければだれも守ってくれるもののない庶民の生活が、どのような知恵を磨いたか、庶民文化の一端をここに見ることができる。かつてほとんど文字をもたなかった商人たちも、ここではおぼつかない文字を用い、口伝をそのままひき写していくような知識の伝達まで必要となったわけである。

光緒十一（一八八五）年、上海で刊行された『銀水総論』は、著者も読者も商人以外に及ばなかった代表的な冊子で、清代に習熟した銀質鑑定技術の総論を述べている。序文に「銀の品質を定めるには、まず色の死んでいるか活きているかを察し、叩いて音の澄んでいるか濁っているかを聴き、表面の銀の襞の厚薄や、底面の鬆《す》の穴の大きさや深さ、縁辺に潤いがあるか、鋏をいれて青みがかってみえるか、紅みがかってみえるかからはじめ、一切かくすことなく網羅した」といっている。

馬蹄銀は、まず試金石にこすって、その色を陽光にすかしてみる。足紋（純銀）や九九銀は磁灰色、九八・九七銀は瓦灰色、九六・九五銀は青色、九〇～八八銀は桃紅色、八七～八五銀は彩紅色、八四～八〇銀は紅石色、七九～七〇銀は紅色、七〇～六五銀は香灰色、五〇銀以下は翠藍色、三〇銀以下は天青色、といった表現で訓練しようとする。それから馬蹄銀の底面を見て、足紋から九七銀まで純分のよいものは穴が小さく深く、九〇銀ぐらいまでは穴が小さいが、八〇銀ぐらいになると穴は大きく浅くなり、七〇銀ぐらいは穴は小さく浅くなるといったことを教えている。色の感触、大小深浅の程度は実物を手にしなければ授受できないもので、同書はさらに、当時上海方面に通用した馬蹄銀七十六種をあげて、それぞれの特色や性質を述べている。

実は、上海でこのような鑑定書が商人間に流布するよりも早く、道光六（一八二六）年、広州で『銀経発秘』、咸豊四（一八五四）年、杭州で『洋銀弁正』といった洋銀鑑定についての商人の書物が流布していた。乾隆のころから盛んになった洋銀の流通とその変偽造に対応する商人の心得を説いたもので、両書を通じ、洋銀に関してはまず色沢を見、ついで花紋を調べ、さらに音を聞き、花辺や刻印や大小・厚薄・軽重を審《つまびら》かにすることから出発している。そして『発秘』では四十五種、『弁正』では二十七種の変偽造を列挙し、その偽造法を示して鑑定の材料とした。

二、三をあげると、素銅というのは銅を型に流して銀めっきしたり、白銅で銀色を模したりしたまったくの偽造品。土版というのは各地で銀を型に流してつくったもので、多くは銀質が悪い。鋸版は、洋銀を割って中に銅をつめたもの、夾銅は、洋銀をさいて片面を鉛でつくったもの、彫角版は、洋銀の一部から銀をほりとり、そこに鉛や銅をつめたものというふうに、可能な偽造はほとんど尽くされている。これで、銀分の残存するものは、それに応じた価格を示して取引に供した。

『銀経発秘』に記す偽造銀貨の図解

おそらく、この洋銀鑑定法に刺激されて馬蹄銀の鑑定法も書かれたのであろうが、上海市場が広州市場に比べて後進的で、なお馬蹄銀使用が多く、そのために、逆に洋銀の表価貨幣としての使用へ一歩先んじて踏みきれたのだといえるようである。ながく洋銀に慣れた広州は、これを中国的な使用へ後退させて、かえってそのまま定着してしまった。これが地域の住民たちの性格が然らしめたものか、また、このような情勢が住民の性格をつくったのか、断定できない点である。

清朝の銀銭

洋銀の流行につれ、中国でも南方の各省では、まず軍餉《ぐんしょう》、すなわち軍事費用にあてるため、洋銀に模して銀貨をつくり、如意《にょい》銀といわれる如意の紋様のもの、筆宝銀といわれる筆の紋様のもの、あるいは、ただ軍餉と書かれたものなどが発行され、民間では、土地公銀とか桃園三結義とかが鋳造され、銀元とよばれた。中には乾隆にさかのぼるものもあり、はじめは銀質がよい

スペイン・ドル，メキシコ・ドルから民国貨幣までの変遷　左上から下にスペイン・ドル(双柱銭，番頭銭)，メキシコ・ドル(鷹銀)，中上から光緒元宝，大清銀幣，香港ドル，右3種民国銀貨

ため信用されたが、のちには銀質を落として流通しなくなるのが普通であった。軍餉のものは府庫と刻して地方官の責任であったが、光緒三十年代になって光緒元宝を中央政府が発行、七銭二分、すなわち一両の単位で、七十二分という銀貨であった。宣統となって、大清銀幣が一円の表示をもって鋳造されたが、なお、土鋳といわれる地方官発行の一両銀貨も鋳造された。

中国の銀経済は、ながい遍歴ののち、ほとんど銀が世界経済の使命を終わるころ、清末になって政府が銀貨を発行し、袁世凱《えんせいがい》や孫文・蔣介石《しょうかいせき》の政府に及んだ。その原型はみなスペインの八リアル銀貨であり、$記号はペソのPSを組んで書き始められたものとされるが、ながく双柱に旗のまきついた図様からきたもの、あるいはヘルクレスの柱と8とを組んだものと信ぜられていたくらい、八リアル銀貨は世界の信用を得たものであった。江戸幕府が発行した南鐐《なんりょう》二朱銀がこれを材料にしたとの説もあって、日本にはいった数量も大きかった。

四　商人の活躍

商人道徳の普遍化

中国商人の信用の固いことは、すでに十九世紀には世界の話題になっていた。しかし、ヨーロッパ人の多くはこれを信じたがらなかった。東洋人はうそつきだと、頭から決めてかかった評価が多かった。しかし、信用とは相互のものであって、うそつきにはうそつきがはね返ってくる。取引に信用をもとにして、相手までも信用できる商人にまでしたててしまうといった倫理の浸透は、きわめてながい期間に養われた自信が裏付けになっているもので、いつどの地域からおこったかは明らかにしがたい。しかし商人が、その悪徳の故に軽蔑されたことは世界のいずれの地域でも同様であり、その中から抜け出すことは、また、それなりに大きな原動力が必要であったろう。

中国が世界に誇ることのできるこの商人道徳を、歴史事実として取り上げなかったことは、たしかに歴史家の怠慢だったといえる。日本は江戸期に中国の朱子学を、そして明治期に儒教道徳を、政府が率先して旗じるしにしたため、これに見合う社会倫理は植えつけられたが、この期間に互いの交流が少なかったため、中国のこの庶民道徳を学ばなかった。しかし日本でも、このような倫理が成長する地盤はいくらでもあった。わたしたちにも、職人気質とか、商家の家法とかの形でこれを貴重な遺産と考えるのが普通である。それならば、中国に普遍化した商人道徳をもっとわたしたちもたいせつにすべきであったが、これを政治力が庶民生活までを規制しなかったために、民間の相互扶助が育成したものとか、民間信仰が現世的な因果応報を教えたために培われたとか、その程度の理解ですましてきた。

おそらく、中国の各地で農産物の集散が始まってから数千年、王朝の変遷、戦乱のくり返しとは別に、ほとんどその歩みを止めなかった流通経済は、あるいは塩、あるいは鉄の生産地、また、生糸や茶の産業によっていくつかの拠点がつくられ、あらゆる悪徳や堕落を経験したことであったろう。商業的利潤が狡知の源であり、独占と高利とが諸悪の根であること

首都北京の繁栄　『清俗紀聞』より

も、痛いほど見聞したにちがいない。そのうえで、ある程度の蓄積が一般化してから、信用によらなければ、実際の運営が破綻してしまうことを、商人たちが肌身に知るようになったのであろう。

その時期は、地域によっては宋代以前にもさかのぼることはできようが、一般化したのは明清のさいにあったと考えられる。商人の活躍は官僚にとっては目ざわりなものであり、強敵でもあったから、史料的には悪徳が強調されているが、事実は、中国庶民の共同体的な意識の根幹たる倫理観であった。

首都商人

中国の首都、長安・洛陽《らくよう》・開封《かいほう》・杭州《こうしゅう》・南京《ナンキン》・北京《ペキン》などが、各時代の最大の消費地であったことは疑いなく、ここに各種の商人が集中し、活躍したことも当然であった。が、元来、首都出身者の役割は、多くは連絡係か倉庫業にとどまって、大きな蓄積を果たし、これをもとに政商となるような商人は少なかった。これは、首都に住む資産家たちも多くが不在地主で、地方にその荘園をもち、収入源をもっていたと同じように、生産地に根拠をもって貨物を運送し、首都に店舗をもつか、問屋をつくるかで大をなすのが普通であった。もちろん工芸品などに関しては、高級品は大都市でつくられるものが多く、これを扱う特殊の商人は首都在住のもののようであったが、たとえば広州の外国貿易に従事した大商人が多く福建出身者であったとか、北京の金融業者が多く山西出身者であったとかのように、業種によって特定の地方出身者が首都で活躍する例は、かなり古くさかのぼって見られたようである。

宋代に、首都に瓦子巷《がしこう》といわれた盛り場ができ、都市繁昌の象徴とされたが、このような雑沓《ざっとう》の街市はその後も絶えることはなく、清代の北京についても、『日下旧聞《じっか》』『宸垣識略《しんえん》』『都門紀略』のような繁昌記が多く書かれている。また、首都の近郊には、ここへ流入する貨物の貯積場や専門店の聚落ができ、衛星都市のように発展するものもあり、ことに舟車の集まるところは市場が形づくられた。これらは多く数世紀にわたって継続し、首都の顔といったものを形成したが、首都ばかりでなく、多くの都市に早くそのような特色が群小の商人によって生み出されていた。そのような商人の業種については、商売往来とでもいった『生意経《ションイチン》』というものを戴藹廬《たいあいろ》という人が書いている。これは一九二九年に上海で出版され、上海を中心に書かれているが、旧中国の事情を総括している。また、一九〇六年には、上海の東亜同文会から先にもあげた『清国商業綜覧』が出されている。

これらを通観して、十八、十九世紀の推移を計ってみると、銭業といわれた金融両替業の急激な増加がまず指摘される。これは、首都よりもアヘン戦争後の開港場に著しい傾向で

広州市の寺院

あったが、金融や運送や仲買のような中間利潤に依存するものの増加は、過去にもしばしばくり返された現象であった。これはかならずしも過熱の状態を示したものとはいえないが、生産を直接背景としない部門への集中は、社会のエネルギーの浪費につながったことはいなめない。しかもそのような部門に、中国でも、大資本の蓄積が顕著であって、中国を代表する生糸や茶などの産業には、大きな資本の活動はおこらなかった。大商人はあっても、経済的な動きは単調だったといえる。

広東商人

中国では広東人と湖南人とがもっとも活動的だといわれ、各方面に指導的な人材を出して有名である。広東が南方に隔絶して中国とは別の社会をつくっていたことは、はるか古代からのことで、広州が海外貿易の窓口になってからは、アラビア人・ヨーロッパ人の来航も多く、中国で新しいものは広東から始まるといわれ、海外からの貨物や知識はここからはいった。そのような来歴が古いだけにまた、旧中国の諸形式が、これと逆に、耐菌性をもったかのように残存した。広東の墟市とか七十二行とかよばれるものがそれで、清代を通じてその名が知られていた。

墟とは広州や近隣の諸県で行われた定期市のことで、北方では定期市を集というのに対して、広東では墟とよび習わした。集とは人の集まってにぎわうことをさし、墟とは市がすんだあとの寂然たる広場をさしている。このように呼び名の逆なのも中国人にとって興味があったとみえ、これを記述したものも多いが、定期市の内容はさして変わるところはなく、二十世紀にはいっても盛んに行われていた。また広州市内では、常時同じ貨物を売る屋台の集まる欄《らん》とよばれるものも各所に開かれ、東南アジア一般の習慣と共通していた。

七十二行とは、広州市には同業商店街がきわめて多く、同業が軒を連ねて一区画をなしたが、これらを総称した名で、それぞれの同業組合は清代にもっとも盛んな時期を過ごした。今日用いられる銀行の名もこの中の一つから一般化したもので、唐代の金銀行は、金銀の細工を商う店や、その組合をさしたが、銀行は清初に金融業者の組合となって、その名称が固定するようになった。

広州の七十二行は、そのまま広東商人の代名詞となり、同じ広州の十三行や漢口の三十六行とともに、中国商業の特色として喧伝《けんでん》されたが、いずれもその成立の時期は並行していたようである。ただ広州はその背景としての珠江流域が、上海の背景をなす長江流域に比べて生産力がはるかに低く、そのため、上海開港以後、広州の地位は低下し、さらに国際貿易港としては香港にとってかわられ、しだいに繁栄を失った。それに伴って広東商人の活力も分散的となり、中国経済を左右するほどの力はもたなくなった。

しかし、海外における中国商人の活躍は東南アジアがもっとも著しく、これらの華僑《かきょう》の出身地が福建・広東を中心としたため、いわゆる華僑資本はほとんどここに集中していた。清末の革命運動とその資金の関係などは、その顕著な具体例ではあるが、これが中国経済への寄与となると、かならずしも集中的な力になったとばかりはいえなかった。

山西商人

山西地方が鉄の生産地として豪商を生んだことは古く、太原《たいげん》を中心として、北方異民族との交渉から政権が樹立されることもしばしばおこった。ことに契丹《きったん》との交渉がおこった五代以後は、この地の商人勢力が強くなり、さらに蒙古がおこると、この地が兵站《へいたん》基地となって宋代の首都開封、明代の首都北京の経済的な一支柱となった。山西商人は鉄や毛皮で蓄積した資本をもって、米・塩・絹、のちには綿などの主要貨物の仲買で巨大化し、金融業に勢力を占めて、政府資金まで取り扱うようになった。これは、古来、政権と密着しがちであった性格がそのまま明清時代に発展したもので、華北一帯の商工業は、ほとんどその手におさめられ、南方の徽《き》州・寧波《ニンポー》などの商人勢力に対立した。

山西商人は、中国の他の地域の商人も同様ではあったが、山西出身者で団結し、徒弟制度や組合組織を固め、祭祀や取引を共同にしていた。清代にこれらの中心となっていた金融業を見ると、そのもっとも営業規模の大きいものを票荘《ひょうそう》といい、為替業務（匯兌《かいだ》）を主とし、票といわれる手形、すなわち紙幣を発行し、預金（存銀）・貸付（欠銀）も扱ったが、これは主要業務となっていなかった。金融は、むしろ銀号とか銭舗《せんぽ》の営業で、ここでは税の取り立てまで代行し、徴税分などの政府資金はほとんど無利息で保管し、これで大きな利益を上げていた。そのほか、銀両の鋳造に当たる炉房《ろぼう》でも預金や貸し付けを行い、さらに、当舗とよばれた質屋では農村向けの金融を扱っていた。これらは北京だけでなく、ほとんど全国に存在した中国の旧式銀行であり、資金は、土地の買い占めや高利貸的な運営にあてられていた。

銀経済が中心になるにしたがい、銀両と銅銭の間に相場がおこり、その操作も、多く山西商人の手で行われた。銅銭が農村経済を、銀両が都市経済を代表し、農村の収穫販売期、肥料農機具の購入期にあたってこの相場を動かし、銀高として農村がいつも負担を背負う形を現出した。銀と銭との比価は、銀両が衰え、洋式銀貨が通用するようになっても、引きつづき変動し、銀貨（大洋《ターヤン》）一円は決して百銭ではなく、百二、三十銭を上下するのが普通であった。このような山西商人の勢力も、新式銀行の発達と、国際経済の中国浸透とともに、しだいに衰退していった。

徽州商人

安徽省の徽州は、古来筆墨の名産地として知られ、このような文房具の名品は、これを裏打ちしている江浙地方の経済力の発展によって産出されたもので、広東や山西や四川に比べてややのちの、宋代からであろうと想像される。

絹糸染色工房

徽州は古名を新安と称したので、この地方の商人を新安商人ともよび、明清の間にはその活動力は大きかった。その中心は塩商で、明の中期以降、揚州に集まる塩を安徽の歙《しょう》県出身者が独占し、巨利を博して以来、その資本をもって、米・絹・綿・陶磁器・鉄・茶・木材などの貨物の仲買を営み、中には著名な海賊王直《おうちょく》のように、生糸などをもって海外貿易に従うものもあり、マカオで対ポルトガル貿易に従事するものもあった。徽州のばあいは、同郷よりも同族が共同する傾向が強く、長江を下って海外にまで進出したことが特色となっている。

なお徽州の伝統の然らしめるところか、商人たちが芸術を愛好し、学者を優遇し、また印刷業者などが輩出した。しかし塩業は清代にしだいに不振となり、徽州商人の資本は金融業へ転ずるものが多く、これにはすでに紹興や寧波の商人が進出しており、その地盤である上海が盛んになるとともに、地位を交替せざるをえなくなった。徽州出身の官僚が同族の商人に投資した例が多く、山西商人が政商として政府資金を利用したのに比較すると、官僚の私的投資の場で、これは清代に、どの地方でも大なり小なり行われた官と商との癒着であった。清代の商人で、もっともはなやかであった広州の十三行から、もっとも地味な徽州の商人まで、商人が自立しようとする力と、政府に依存しようとする力とは、最後は私的な紐帯《ちゅうたい》によって政府側に傾かざるをえなかったようである。

五　会館と公所

ギルド（同業組合）

ヨーロッパで、ギルドとよぶ同業組合が市民権利獲得の基礎になり、徒弟制から個人の自由へのめざめがおこったとされて、近代社会へ発展する踏み台となったことが議論されるに伴い、中国にも同様の組織がより広範に存在していたことが注目されるようになった。その事実は、早く海外にも知られていたにはちがいないが、はじめて指摘したのは、十九世紀の末、天津に在住したアメリカ人医師マクゴーワン MacGowan や、二十世紀のはじめ、上海の税関官吏だったアメリカ人モース H. B. Morse である。アメリカ人だからこそ、異質の組織として注目したのかもしれない。しかし、はじめは中国人の強い連帯意識や、これを破ったものへのきびしい制裁などに注意が集中して、この組織がどのように推移し、どのような歴史的役割を果したかについては、日本の研究者によって果たされることになった。

由来、中国社会が血縁や地縁の共同体を基礎として、自治的な運営に委ねられていたことは顕著な事実で、血縁団体としては祠堂《しどう》をもち、ここに死者の位牌《いはい》を並べて同族の集会にあて、共同墓地をつくり、相互扶助に当たったが、この遺趾は華南に多く遺っている。その系

北京の同郷会館
安徽会館の記録

譜を見れば、始祖から世代を数え、同世代は同輩であり、系列ごとに房をつくって組織の単位とした。この血族共同体は、開拓地や辺境では長く維持されたが、中原では早く弱体化したようである。

これに代わって中国国家が強大となり、各地方に中心都市ができると、ここに集まる地方出身者は出身地ごとの同郷団体をつくり、地縁的な連帯が強くなった。これも祭祀を共にし、共同墓地を設け、都市に出てくる同郷人の便利を図ったが、これは一方、同郷に同業が多く、その貨物の貯蔵や取引の拠点となる傾向をもち、一方、官僚との連絡所となる方向をもっていた。

ことに北京や南京では、科挙に上京してくる受験生のための宿泊所として不可欠の施設となり、各地方は競ってこれを設けた。このような施設を会館とよんだが、会館にはこのほかに宗教団体のものもあり、清末には学校の同窓会のものもでき、大邸宅から小規模な間借りのようなものまであった。同業組合の施設は公所とよぶものが多かったが、会館と公所とには厳密な区別はなかった。そして、この会館・公所を中心に結ばれる組織はまさにギルドであり、ことに商人や職人などの組織は、ヨーロッパの各種のギルドを髣髴《ほうふつ》させるものがあった。

同郷団体

後漢の時代、洛陽に郡邸があり、唐代の長安には進奏院、宋代の開封に朝集院があり、首都の官吏が出身地との連絡に供したといわれるが、これらは地方事務所に当たるもので、民間人の利用に供せられたものではなかった。が、中央政府と地方との連絡は歴代欠くことはできなかった。そしてこれに商人が直接参加するようになったのは明清間のことで、北京に蕪湖会館が開かれたのは永楽年間だったといわれている。その後会館が盛大になると、みな創建の古いことを誇示する癖があったから、かならずしも創立年代を信ずることはできない。

会館は共有財産であったから、その経理などを記録した会館録・会館志などを編纂したものが多く、これらによると、北京の同郷会館は、明代嘉靖《かせい》・万暦《ばんれき》のころから、富裕な府県が設備したもののようで、当初は、上京しても知人のないものや、旅費の乏しいもののためという名目があったが、たちまち有力者や高官に独占されてしまったようである。

北京の会館は清代にはいると全盛となり、清末の『京師《けいし》坊巷志《ぼうこうし》』などによると、各省の会館数は、別表のようになっている。このほか、いったんおかれて廃絶したものもあり、また、隣接した二省共同のも

河北省	七
山東省	九
河南省	一四
山西省	三三
陝西省	二〇
甘粛省	二
奉天省	一
江蘇省	二〇
安徽省	二七
浙江省	二五
江西省	四七
湖北省	二六
湖南省	一七
四川省	一七
福建省	二六
広東省	二六
広西省	八
雲南省	四
貴州省	五

北京の会館数

のもあり、大小さまざまで、その性格もいろいろであったが、通観すると、地方の府や県の商人が連合して資金を出し合い、また、その地の出身官僚が寄付して北京に宿泊所をつくり、貨物をもって上京する商人や、科挙の受験生のために便宜を図ったのが当初の出発であったようである。これが有力者に独占されて、その集会場となってしまうと、やがて廃絶するものもあり、あるいは高級官吏が別に会館をつくるばあいもあり、概して地方単位が小さいものは、商人や受験生の、地方単位の大きいものは官僚の利用に供された。いわゆる省館のような大規模なものはのちにできるのが普通であった。

同郷会館の記録例　左上・北京長沙会館，右上・杭州両湖会館，左下・南昌の江蘇安徽会館，右下・北京歙県会館

　これは北京だけでなく、地方の大都市にも、清代に広く見られた施設であったが、当然地方では官僚の関与することが少なく、塩商・茶商その他の商人が中心で、出先の官憲と共同して運営する形をとっていた。中には、杭州のような景勝地では、ここに来遊する官吏の宿

泊所として運営されたものもあった。これは太平天国の乱に義勇軍の湘軍と楚軍の戦没者二千五百余人を杭州に祀り、これに政府の給与金を基金として会館を建て、湖南・湖北両省出身の官吏の滞在に供したもので、付属に二軒の店屋があり、その家賃は祭祀の行事用にあてるというものであった。

同業団体

このような同郷団体と並行して、同業団体も会館を設けたり、同業者の共同仕入れや価格の協定などに、相互扶助的な連帯を強めていた。二十世紀の初め上海にいたH・B・モースは、上海のろうそく小売業組合のひとりが安売りをしたため、制裁として、組合員全員が一嚙みずつ嚙んで、これを殺してしまったことを取り上げている。同郷団体が商人と官僚との間で流動的であったのに対し、営業を賭けた同業団体は、扶助も制裁もきわめて強い共同体をつくっていた。同業といっても、商業には、卸売・小売・仲買があり、店舗のあるもの、屋台売りがあり、手工業には親方と職人があり、ほかに、交通や運搬の労働者があり、これに同郷関係や宗教関係が加わって、その連帯はきわめて多様であった。

規模の大きいのは、やはり金融業の施設で、北京の正乙祠とよばれた会館や、上海の銭業会館などには、祠堂のほかに劇場や取引所、会議室など設けていた。このほか、染物業の顔料会館、油商の臨襄《りんじょう》会館などが著名であったが、地方都市の会館は、むしろ同業的色彩が濃かった。手工業がその製品販売まで一貫して経営しているばあいは少なく、製粉・醸造などからしだいに商業資本の傘下に吸収される傾向にあった。

商業資本の多くは合夥《ごうか》＝共同出資（のちには合股《ごうこ》という）で成立したが、経営者より出資者が有力で、事業の利益より出資者の利益を重んずるふうがあった。このことは、そのまま組合をつくり会館を設けても、これが有力商人の独占に委ねられることが多く、会議なども、議長格の長老が発言すれば、すべてこれに同調し、また、同調せざるをえない運営であった。

中国の同業団体が連合して、地方都市でその市政を左右する傾向がなかったわけではない。その地方の度量衡の指定や市場の管理、取引規則の制定から治安のための警察・消防、さらに軍隊までもつものもあった。裁判を行ない、刑具を備え、また、貧民の救済や捨て子の養育に当たる育嬰《いくえい》堂の設置、城壁や下水の修築、学校の開設などの社会事業も行った。しかし、首脳部がその権威維持のために官僚と結託するのがつねであったから、ヨーロッパのギルド・マーチャントが自由都市の中核になったようなところまではいかなかった。

会館の役割

会館は、明清間の中国社会で流通経済の動力となり、人間交流の場となり、清末まで盛大な活動をつづけた。いや、民国になっても、その機能を保ちつづけたが、まず同郷団体から凋落しはじめた。中国の研究家は同郷意識の希薄化を説いているが、歴然たる理由は科挙の試験の廃止であった。千年以上、中国人は官吏になることを最高の目標に、その登龍門である科挙をめざしてきた。科挙は全国の青年の運だめしであり、いくつかの予備試験を通って数千の受験生が都へ上京した。清代、四年ごとに行われる北京の最高試験には、公車（挙人の意）という旗をたてた受験生の車が群れをなして集中し、その車には盗賊も手を出さなかったといわれる。これを受け入れるのが会館であり、この期間は、平素ここを根城にしている商人たちも遠慮して近よらなかった。会館では合格者に祝儀を贈り、郷土から官界へはいったものの増加を喜んだのである。

中国の官僚は、本省回避といって、その故郷へ赴任することは許されなかったから、首都の会館やその在留地の会館は連絡所である以上に大きな役割を果たし、郷土と中央を結ぶパイプは、そのまま官と商をつなぐ絆でもあった。ここで互いに利用し、また、互いに干渉しない習慣が訓練された。国民生活の大部分を自治に委ねて、そのしめくくりだけをおさえようとする中国の政治のあり方は、国民の箸の上げ下ろしまで干渉し、あらゆるせわをやこうとするあり方からは、放漫で無責任な悪政と見られ、その悪政の故にこのような共同体の防波堤ができたのだといわれた。もちろん、近代国家は国家としての目的をもち、国民を勢ぞろいさせて発展を図る方途を選んだので、成り行きまかせの方針は非能率であり、しかも、最後のしめくくりに合理性がなく、権威だけでおし通そうとしたことは封建的であり、後進的に見えたのは当然であった。しかし、商人たちがその自立性を犠牲にしても官僚を利用し、その専横を食いとめるための共同体を、すべてむだであったとはいいきれない。自立性を放棄したことは資本主義の道を見限ったものではあったが、農民や職人たちの出番を早めることになった。

会館は、官商共倒れの形でその幕を閉じていった。が、その組織は崩れたが、その巨大さがなくなっただけで、相互扶助と生活擁護の共同体は分散して残存した。ある組織がその内容と性格を変えながら、さらに大きな組織にバトンを渡していく形は、旧中国ではほとんど見られない。巨大となったものは、また分散して再編成される。会館は国際経済の前には分解したが、その間に育成された倫理や自信までは分散しなかったといえるであろう。

第七章　清代の学術

一　中国文化遺産の集大成

清代文化の位置

中国大陸の広大な地域にほぼ同一の民族が数千年にわたる生活を継続してきたことは、また、きわめて民族的体臭の強い部厚な文化をここに残すことになった。由来、民族臭の強い文化が外部へ溢出《いっしゅつ》して、異質の民族まで同化することは少なかったが、中国文化は漢字と儒教とを媒介として周辺民族を包含し、東洋といった世界像の内容をなすようになった。日本や朝鮮は、さらに中国仏教をも受け入れて中国文化圏を形づくったが、中国自体にも地域差があり、まして周辺諸民族は均質ではなかった。文化とは民族の生活に根ざすものであり、交流や摩擦、飽満や枯渇をくり返すうちに成長し廃退し、伝統となり伏流となって継承されるもので、民族を基底としてとらえるのが理解の道となっている。

中国文学で、漢賦・唐詩・宋詞・元曲といわれて、時代により、そのもっともすぐれたもので特色づけているように、周銅・漢漆・宋磁ともいえるし、諸子百家・漢儒・宋学・明学ともいえるし、それらはみな集積して民族の文化遺産となっている。

しかし社会をささえていた農業そのものには、このような時代的な特色を探り出すことはできない。作物の変化、技術の進歩は今日ある程度跡づけられているが、むしろ一貫して農耕社会の本質をなしてきた労働に根幹があり、その太い幹の周囲に色とりどりの花を咲かせたものが文化であった。かつては文化史といって、その遺産の整理や顕彰が歴史の主題であったが、今日は社会史として、幹の材質や栄養源の追求が主題となってきている。しかし農業ばかりでなく、開化したすべての文化には、人間の数々の働きが刻みこまれていたわけである。

文化は各時代にその特色が多いので、歴代を通観するには、政治史についでよい手がかりとされているが、清代の、すなわち十七世紀の後半から十九世紀にわたる期間の文化は、中国史において、また世界史においてどのように見られ、どのように扱われているだろうか。時代が新しいため湮滅《いんめつ》したものも少なく、旧中国のほとんどすべてを代表するように見られているのが普通である。これを同時代のフランスのブルボン王朝に比較して華麗な印象を強調したり、インドのムガル朝に比較して富強を回顧したり、また、江戸時代と連ねて濃厚な民族調を見いだそうとするのも普通である。

しかし中国では、過去の遺産を集大成する機会がしばしば訪れており、多くの総合的な業績が果たされてきたため、遺産の整理や研究には習熟し、かつすぐれた手腕をもっていたが、独自の見解や創造的な制作は少なかった。ことに思想は、清代のような軍事政権下では迎合事大的に傾き、したがって哲学的思考を伴わない史学が全盛となった。文物にはヨーロッパ文化の影響も見え始めたが、それは末端の技巧にとどまってこれを消化することなく、清代は、その政治同様に、文化も旧制度の発揮に終始したといえる。

清代思潮

今日から見て興味のひかれる対象は、かならずしもその時代にあって流行し、中心的な役割をつとめたものばかりとはかぎらない。また、その時代の社会通念や相互理解の基礎となっていた思潮といったものは、これを探る手がかりは少ない。今日の問題と当時の資料との間には、いつもかなりの開きがある。そこで、書かれているものを土台にして、思想ではなくて思想家を書き、思想の流れではなくて思想家の伝承を書くことになり、また、それで当然とされてきた。そのうえ、当時問題にされなかったもので、今日興味がもてるものを発見すると、ことさらにこれをもてはやすことになりやすい。思想史は思想家史であるか、または著者の恣意となりがちであるが、それ以外はあまり記述の方法がないように思われてきた。したがって、社会の上部で、自分らの仲間や為政者に向かって語るものが思想であるように取り上げられてきた。これに対し、社会をかけめぐっている思考の条理は、俗間信仰にすぎないとかたづけてしまうことが多かったが、それでは思潮ということにはならないようである。

明代の陽明学が心学となり、観念論となったのに反発して、清初は経世致用の実用の学が盛んだったといわれる。が、社会一般はいつも経世致用から一歩も出ていなかった。清代の思潮の基調は異民族統治への注文でもなく、社会的な基盤へたち返ったのでもなく、ただ空虚の学から実学への回帰だけであった。それがいかに実証的であったにせよ、諸学全般への総合的方向をもったにせよ、結局実学の求めるものは、創造ではなくて既成の概念の再編成にとどまっていた。

中国の学術が官僚のものであり、官僚が在地性をもたない浮草であったのと同様に、生活に根をおろした思想はなかなか生まれなかった。いや生活を捨象することで、より高次の思索や信条が獲得できるもののように考えられ、その窮極は「道」であるとされた。この道は凡庸の人間の及びもつかぬ高く大きなもので、刻苦精励して自覚すれば、修身斉家治国平天下の実があがるものとされた。

道光の時代に、唐鑑《とうかん》は、曽国藩《そうこくはん》の師であったが、『清学案小識』を書いて、清代の学者を品評し、伝道の人たち、翼道の人たち、守道の人たちのほかに、経学の人、心宗の人と分けている。道は自分たちで翼賛し守り伝えていくもので、余人の介入を許さないとするような気概が感ぜられる。道にのらないものは思想ではなく、仲間以外は学者ではないとして会員名簿を作ったようなものであった。唐鑑は、朱子学一点張りで、思想の流動を認めることはあえてしなかった。まさに官僚がその地位の不動を念願することと一致し、官僚制が壮麗であれば、このような思想体系も壮麗さを失わなかったものである。

史学の全盛

清代は異民族統治の時代で、歴史への回顧は民族主義を呼びおこすものとして忌避されるのが当然のように考えられるが、事実は、清代学術の中心が史学であり、その遺産は今日にもっとも大きい影響を与えている。

かつて中国の史学は儒学の一分野として発達し、南北朝のころ、晋朝の回顧が盛んで、儒学とは別の独立した分野を開き、経史の二系統が国家学であり、社会学であった。これが清代になると、儒学が史学に包含される傾向さえ生まれてきた。乾隆期の章学誠《しょうがくせい》が書いた『文史通義』の冒頭の句「六経は皆史なり」は有名であるが、これが冒瀆とも考えられず、歴史こそ事実をもって道をさし示すものとされた。儒学において実証主義が観念主義に代わって有力になれば、古典の歴史的足跡を究明することになるので、一歩史学に近づいたことになり、実証が合理性の裏づけで果たされるとなると、二歩史学に近づいたことになった。いわゆる考証学の隆盛は儒学をも史学にしてしまう意味をもっていた。

中国の文化遺産の中で史書がきわだって多いことから、中国は歴史の国だともいわれるが、それぞれの時代の記録のほかに、これらを通して歴史的作業が加えられた著作は、ほとんどその大半が清代に集中している。歴史家として数えられるものもこの時代がもっとも多く、史学が諸学の主流をなしていた。すでに宋代には地理学・文字学・音韻学などの分野が独立していたが、清代はさらに、これらにも歴史的編成を加えて、その系列下におさめるにいたった。もちろん専門の史家があってこれを業務としたわけではなく、官僚がその精魂を

関帝廟　『清俗紀聞』より

傾けて研究した成果であった。かれらの言い分をきけば、経学は深奥な哲理であって、到達しがたいが、史学は平明で、研究すればするだけ成果が上がり、蓄積が果たせるから、この道を選んだというのである。まさに実学はこのような方向へ進んだものであった。

清代史学の成果が中国知識人の教養となり、漢字文化圏の間に流伝したことは当然であるが、それは社会一般とは無縁だったとはいえない。たしかに、その知識が社会へ還元されるものではなかったが、それでも、その知識は社会を支柱にして開花したものであった。史学を経学より低いと感じていた史家自身が、それだけ俗世間に近いことを自覚していた。清代社会の風潮も、小説や戯曲を通じて、いくつかの中国史の劇的な情景を日常生活の中に取り入れており、『三国志演義』や『水滸伝《すいこでん》』の流布は、劇としてではなく、歴史的事実として親しまれていた。関帝廟の修復や遺跡の顕彰などが相ついで行われ、清代社会は、いわば歴史づいていたのである。過去の史実としていうより、日常意識の中に多くの英雄偉人がいつの時代より多く登場していた。清朝も、これを無害というより、道義の高揚として容認し、皇帝は自ら劇中の英主のようにふるまった。

実は、清代史学は日本の中国史研究者たちにとって、きわめて親しい存在なのである。多かれ少なかれその影響を受け、課題の選択や史料の操作がそのまま受けつがれた点があって、これを宝石のように珍重し、また、手品の玉手箱のように、ここから多くの材料を取り出して披露することもある。これを敷衍《ふえん》してながながしい説明を加えることもあれば、これを要約して急所をおさえることもある。そのようなことのできるのは、日中両国の史家の意識の何割かが共通していたからだ、といえるのかもしれない。

世界の中国像

ポルトガルのリスボン王宮には、かつてポルトガルが世界に雄飛した時代に領土とした地方の風俗が、タイルの壁画になって飾られ、それぞれの地方からもたらされた宝物が陳列されている。中国の風景も、中国の楼閣の模型も、陶磁器類も見ることができるが、当然みな清代のものである。中国の文物がヨーロッパにはいって陶磁器をはじめ多くの影響を与えたのは、多くこの清代のものであった。世界には中国美術の収集品が多く、銅器・玉器・陶磁器・絵画などにわたって、各時代の名品が中国から流出しているが、中国のイメージをつくり上げたのは清代の文物であった。世界の著名な図書館の中国部門は清代の図書で充満し、清代の書画は無数に散在している。アヘン戦争後の中国が、略奪や略奪に等しい収集にさらされたこともあるが、地大物博を誇ったとおり、中国はその物量で世界にその姿を見せ、東

魏源　(1794〜1856)
『海国図志』の著者

洋の夢を結ばせたのである。

ヨーロッパでも、西ヨーロッパと東ヨーロッパとでは、東洋についてのイメージを異にしていたようである。西ヨーロッパでは海路アフリカ大陸を回ってインド洋にはいり、南シナ海を通る航路とともに、アジアが眼底に浮かび、東ヨーロッパでは、バルカンから小アジアを通り、イラン高原をこえていく東のはてにアジアを描いたように思われる。東洋の豪奢とか、東洋の専制とか、古くからいだいていた映像はその後者のそれであり、これに、発見時代以後の前者の映像が二重写しされ、啓蒙思想に入りこんだアジアの政治思想や、マルクスのアジア的理解には、まさに中身と外装とにこのような相違があった。そして、その外装をなしたものはほとんど清代の中国像であり、中身は、日本が富士山と桜で象徴されたように、スペインのバレンシア市に残る布袋《ほてい》の像や、仏寺のパゴダが中国を醸し出していた。

中国自身の描く世界像が、道光年間に魏源の『海国図志』が出るまでは、マテオ・リッチの『坤輿《こんよ》万国全図』のようなものがあっても、いっぱんにはきわめて不正確だったのを思い合わせれば、まだ、同時代の世界のほうが中国を認識していたといえるのである。このような認識から始まって、その背後の巨大な文化の理解へ進んでいく間、中身の核をなしている素朴な映像が、外装である知識を絶えず誘導しながらイメージをつくり上げてしまったようである。ことに中国が世界市場となってから、とくにこの傾向は進行し、世界の中国像は二重像になる癖が強くなった。初心の愛憎と専門の知識とが混在することはどの部門にも見られることであるが、中国に対する接近には、これが異常に強かったことは事実であろう。

中国の文化遺産とわたしたち

革命後の中国は、中国人に対し、意識では過去との断絶を要求し、文物では過去の業績を保存し、維持しようと努力している。このばあい、過去の業績は物に還元され、これをつくった技術、これを残した作法に集中して、精神活動の継承についてはたいへん懐疑的である。継承すべき精神は現在の革命的意欲と創造的情熱だけで、過去の残滓《ざんし》は無用だというのはもっともなことである。居は気をうつすのたとえどおり、立場が変われば心構えも変わり、今日の中国人が生まれ変わったように見えるのは当然であるが、意識という心構えの奥にある精神活動の組み立てやその発動は、そうたやすく変わるものではなさそうである。これを暴走させず、控えめにさせることはできるであろうが、統一したり、一定のリズムに合わせたりすることは困難なはずである。儒教一色に塗りつぶされた時代でも、これにそっぽをむいたいくつかの集団はあったのである。

わたしたちにとって、中国の文化遺産は自分たちのものでないという出発点がある。そんなことは問題でない、かつて江戸時代の日本の儒者は同時代の清代の学者に匹敵し、中にはこれをこえるくらいの業績を上げたではないかと反問もできる。しかし、学問が装飾品で

立春の行事

あった時代と異なり、全生活をかける今日、生まれたときからその中で育ったものとは相違があり、茶碗を一つ手にとっても、それが中国製か日本製かを区別できる感覚をもっていては、中国の文化財は、精神的所産でも物質的所産でも、オブラートで包んだものとなりがちである。もっとも中国の陶磁器や絵画については世界的に鑑識眼が高まって、中国のものだからというだけではなんら権威を主張することはできないが、思想や学問、文学や演劇などは、なお独自性から解放されていないようである。文字や言語の障害とは別に、中国の民族社会の中での約束事や内緒話が多く、その間の事情を若干知っていると、「通《つう》」とか「博学」とかになって、外国人は中国文化財を自分の売り物にすることができるようである。

日本で外国史を学ぶばあい、このような通人や学者の遊戯が専門の場をつくり、元来、その民族の歴史がその民族にとけこんでいる、臍《へそ》の緒《お》のようなつながりとは別に体系をつくり上げてしまっている。ことに中国のばあいは、きわめてながい期間に自分好みの選択を重ねてきたので、そのようなかたよりは大きいし、やむをえなかったことであろう。日本の文化財が外国で扱われるばあいに、当を得ないと思われる節の多いのと同じである。これを匡正《きょうせい》していく道は、ただ世界的な観点をわたしたちが十分もつことと、これで従来の成果を再編成していくことしかない。世界的な視座とは困難な命題であるが、これへの道程として、なるべく権威から遠のく姿勢をとれば、やや近いかと思われる。

二　清代思想

朱子学の維持

漢代に儒学を支配の翼賛理論として採用してから二千年近く、儒学は中国の支配思想の根幹をなしてきた。その間に古典が成立し、多くの解説ができ、儒学自身も成長し、派閥を生み、イスラム教や仏教と匹敵する文化圏を形成したが、儒学は支配者の宗教であって、民衆の宗教にはならなかった。したがって教学の色彩を強め、古典の解釈に、伝といい、義といい、注といい、解といい、疏《そ》といい、鈴なりのように注釈をつけて肥大したが、内容は、家族道徳を推進して社会倫理たらしめんとしたものであった。これが国家道徳を確立し、支配倫理を完成したのは宋学であり、朱子学にいたって専制支配に見合う理論がととのい、国学であった儒学は、また官学として大成した。もともと儒学には支配の規制、人間の解放の根拠も含んでいたが、ここで国家学・帝王学の体裁となった。

元・明・清を通じて、統治者が朱子学を信奉したのは当然で、朝鮮の李《り》朝も日本の江戸幕府もこれに追随した。明代に陽明学がおこり、清代に考証学がおこっても、基本線は変わらなかった。日本では、古学や陽明学は異学といって禁ぜられたが、中国では禁ずる必要がないほど安定し、新しい傾向もみなその中に包摂する力をもち、異端を生む余地はほとんどなかった。

一つは科挙の受験勉強でしめつけることができたし、一つは官僚体制の骨格として、ひとりひとりの官僚が護符のように守らざるをえなかったためである。朱子学自身は教条となって、学としての回転は止まり、孔子と同様、朱子に神格を与えて官僚教となった。学としては純粋を求め、朱子以外の宋学まで排除するような動きもあって、思想も本来の流動性を失い、偶像をもたない偶像崇拝におちこんでしまった。

しかし、朱子学を基礎とした社会教育は強化の一途をたどり、明の太祖が発布した『六《りく》諭《ゆ》』、すなわち「父母に孝順に、長上を尊敬し、郷里と和睦し、子孫を教訓し、各々生理に安んじ、非為を作《な》す毋《なか》れ」といった素材に還元された形で明末にこれに解説を加えた『六諭《りくゆ》衍義《えんぎ》』が刊行され、清代を通じて教育原理とされた。これは広く儒教圏に流布し、庶民道徳の教科書となったが、事実は官僚や武士の教養として定着し、律義で実直な気風を育てたことは疑えない。が、庶民がこれにどれだけ同調したかは、やや疑問である。素材は同じ表現をとっても、これを生活へもちこみ、なにか規制の役割を果たすためには、また別の力をもっていたようである。

陰騭文に見る俗間信仰

明代に庶民の間に広まった思想に、人の運命は天がひそかにその人の行為の善悪を見て禍福を定めるものだ、という信仰があり、ひそかに定めるという陰騭《いんじつ》の語が使われた。これを教戒の種とした書物がつくられ、明の袁黄《えんこう》の『陰騭録《いんじつろく》』などが多く流布し、功過格《こうかかく》といって、善行をプラス何点、悪行をマイナス何点と点取り表をつくったり、各家庭で竈神《そうしん》がその採点をするとして、これを祀って甘い点をつけるよう祈ったり、清一代を通じて俗間信仰の中心をなすようになった。

カマドの神の祀り

この善悪を計算するような行為、これが円滑に通用する社会は、まさに貨幣経済にならされた庶民の感覚であり、かつて銭の名を口にするのもきらって「阿堵物《あとぶつ》」といった貴族社会とは、まことにかけはなれた観念であった。計量精神は近代をつくるといわれるが、その近代的な計量とは事変わり、数字で正しさをよそおい、客観性をもたない心情的なものであった。

前章で述べた洋銀の鑑定書にも、功過格が付載されて、偽銀を入手しても使用しなければ一功、入手して使用すれば百銭ごとに三過、わざわざ偽銀を買って使用すれば百銭ごとに五過、偽銀を売るものは百銭ごとに十過などとしるし、その他の応報のあることを実例でしるしている。これらの思想は道教の醸し出したもので、儒教とは系列を異にするといわれ、官僚が儒教を信奉し、民衆が道教に依存したと簡単に割りきることも多いが、このような生活の風潮は官僚の家庭にも及び、むしろ政治道徳を儒教が、社会道徳を道教が受けもったというほうが事実に近いのである。しかし、朱子学が思想の動きを失ったよりも、道教的な勧善懲悪は思想に昇華する熱源を欠いて、いっそう思想の動きにまで成熟しなかったように見える。

元来道教の神秘主義は世界と自己とを対置して、社会という中間体への把握に熱心でないアジア各地に見られる宗教的性格が濃厚で、自己の発現と自己への収束という思想は、政治や経済への働きかけが弱く、修養とか自覚とかの問題になりがちであった。したがって、社会理念として普遍化しても、これを背景に盛り上がってくる力は少なかった。善書と通称される陰騭文の類を無償で頒布したり、施与に寛大になったり、善根を積む行為が習慣化し、中国社会に緩和の空気を蓄積したことは疑いない。このような、じわじわと水のしみこむような動向が、思想とか主義とかとりたてて旗じるしを掲げたものより、中国の底力になっていたのかもしれない。

梁啓超があげた思想家たち

武力政権は被支配者の文弱を喜ぶものではあるが、満州武力だけでは統治の完遂が不可能であり、漢人武力にたよるようになると、文弱は好ましくなくなり、そのうえ、気ままな批判的言辞はもっとも忌避された。文字の獄の弾圧は、中国人を羊の群れとし、思想らしい思想の発表の場をなくしてしまった。ただ、文字の裏になにを読み、どのような萌芽を発見するかは別であるが、清代も道光以後の衰退期にはいるまでは、能動的な思想はまったく鳴りをひそめ、たとえば黄宗羲《こうそうぎ》の『明夷待訪録《めいいたいほうろく》』のような書物は読まれることなく埋没したままであった。

梁啓超《りょうけいちょう》の『清代学術概論』は名著であるが、開巻のはじめに、清代思潮は果たしてなにものか、簡単にいえば宋明の理学に対する反動で、復古が中心となり、ヨーロッパの文芸復興と似ている、といっている。かれがたどった系譜を引用すると、初期の代表的な人物として、顧炎武《こえんぶ》・胡渭《こい》・閻若璩《えんじゃくきょ》をあげ、古典に準拠して真理を求める道を開いたとし、これを受けて三派を数え、一が顔元《がんげん》・李塨《りきょう》・劉献廷《りゅうけんてい》らで、学問は瞑想や書冊に求めず日常行事に求むべきだとし、二は黄宗羲・万斯同《ばんしどう》・全祖望《ぜんそぼう》・顧祖禹《こそう》・章学誠《しょうがくせい》らで、史学や地理学に根拠を求め、三は王錫闡《おうしゃくせん》・梅文鼎《ばいぶんてい》らで、天文や算数に道を開いて自然科学の基礎をなしたものとした。なお、人名を連ねると、清代全盛期の代表的人物として、恵棟《けいとう》・戴震《たいしん》・段玉裁《だんぎょくさい》・王念《おうねん》孫《そん》・王引之《おういんし》をあげ、初期は宋学に大いに対抗したが、宋学に触れることなく考証に沈潜したとしている。

王念孫　(1744~1832)

　この時代は、皖《かん》すなわち安徽省、呉《ご》すなわち江蘇省が学問の淵藪で、呉を代表するのが恵棟で、父の恵士奇《しき》に学び、弟子には、江声《こうせい》・余蕭客《よしょうかく》があり、王鳴盛《めいせい》・銭大昕《せんたいきん》・汪《おう》中《ちゅう》・劉台拱《りゅうたいきょう》・江藩《こうはん》らがこの一派である。一方、皖を代表するのが戴震《たいしん》で、かれは江永に学び、金榜《きんぼう》・程瑶田《ていようでん》・凌廷《りょうてい》堪《かん》・任大椿《じんだいちゅん》・盧文弨《ろぶんしょう》・孔広森《こうこうしん》・段玉裁《だんぎょくさい》・王念孫とその子王引之らがこの一派とされ、ことに戴段二王といって、そのうちの四人が有名であった。なお、紀昀《きいん》・王昶《ちょう》・畢沅《ひつげん》・阮元《げんげん》などの政府要人もすぐれた学者で、この派に属した。梁啓超は最後に、清代末期、まさに脱皮しようとする時期を代表するものとして康有為《こうゆうい》と著者自身とをあげ、その動向をしるして筆を結んでいる。

　以上、梁啓超が数えあげた多くの人々は、もちろんそれぞれの特色をもち、清代のもっとも代表的な学者であったが、通じていえることは、「実事求是」「無徴不信」という実証主義であり、経典に依拠することのはなはだしい執着ぶりを示していた。

　中国の経典がながい間読みつがれてきたことは、キリスト教の聖書と同様であるが、聖書はその外なる世界を許容していたのに、中国の経典はすべてを包含しなければおかなかった。いや、これに包含されないものは末梢の技術であり、とりくんではならぬものとした。閉ざされた世界は精緻を競うようになるので、清代学術は考証学という思想の前段において、その精力を銷磨したのも当然といえるようである。考証とは、それ自体、どのような学問にも必要な作業であり、手ごたえもあり、充足感を与える研究であるから、足踏みしているとも思わずに、ここに集中したのはむりでなかったといえる。

考証学とその周辺に思想がなかったわけではないし、考証してなにをいおうとするのか、その意図を示したものもないわけではなかった。それにしても、いかにも歯切れが悪く、もってまわった言い分になるのも、その昔、「沙中偶語」といって、人に聞かれない沙漠で話すといった諺《ことわざ》があったとおり、人に発表する文章ではやむをえなかったことであろう。

清朝六儒

清代全盛のころ、六儒として顧炎武・胡渭・梅文鼎・閻若璩・恵棟・戴震をあげ、宋明以前の古学の復興は顧氏に始まり、黄河の河道を実際に調査して、易経に付会していた誤を正したのが胡氏、インド、イスラム、ヨーロッパの暦学を修め、中国暦法を大成したのが梅氏、古文尚書の偽作を断じたのが閻氏、漢代易学の大綱をまとめたのが恵棟で、これらを大成したのが戴氏だとされた。

すべて源流にさかのぼり、合理性を求めて実用に供しようとして、地理学・天文暦学に及んだが、経学そのものは宋明の学を排して漢代にさかのぼり、さらに先秦にさかのぼっていけば、それはらっきょうの皮をむくようなもので、その権威をしだいにそいでいく仕事であった。これを防ぐためには、孔子や孟子を常人の地位にひきおろさず、聖賢の絶対値を維持したまま、まちがいがあれば、それは漢儒以後の解釈に誤りがあったのだとしなければな

戴震　(1723～77)

らなかった。漢代の学術に執着するものの中には、漢代の説かいなかということだけを問題にするものも出てきた。

上記の諸学者で、もっとも代表的な思想の持ち主は戴震であったから、かれについて若干触れておくと、この人は、雍正のはじめに生まれ、乾隆の時代にその生涯を送り、したがって、戦乱や窮乏の経験をもたない清代全盛期に生まれ合わせた。

十歳のとき『大学章句』の講義を聞き、先生に向かって、「ここはどうして孔子の言で、曾子がそれを述べたということがわかるのですか、また、その曾子がそういったということを門人がしるしたというのも、どうしてわかるのですか」とたずねた。先生が、それは朱子がそういっているのだと答えると、「朱子はいつの人か」ときく。南宋の人だというと、「孔子や曾子はいつの人か」ときく。東周の人だというと、「周と宋とはどれくらいはなれているか」ときく。だいたい二千年だというと、「どうして朱子はそういうことがわかったのか」ときいて、先生は答えられなかったという話が伝わっている。

このような素朴な疑問は、中国でもいつの時代にでもあったことで、少年のときそのような質問をして叱られたという話は散見するが、戴震のばあい、これがどのように成長したのであろうか。かれは、漢代の儒学は純粋だったが、宋以後になると道教や仏教の思想が混じて、これで解釈するようになって過誤が多いと断じ、たとえば飲食や男女のことは人間本来の情欲で、聖人が天下を治めるときは人民の情を考え、欲を遂げられるようにしてこそ王道といえるが、宋儒は老子や仏陀を聖人と同じとし、その無欲の説まで信奉して、これをおしつけるようになったといっている。

宋学が「理」を盾にとって筋を通すことに重点をおいたのは、その前代の下克上の混乱が、官僚は主家をもりたてようという意志に代わって、主家が交替しても自分の本分を守ればよい、という気風が強くなり、これに対し、大義を説き、そのために犠牲をしいたことから無欲につながったもので、かならずしも仏教思想からとばかりはいえない。梁啓超は、この間の事情を、情感哲学が宋代の理性哲学に代わったものとしてルネサンスを認めようとしている。戴震は、この情欲肯定の説をその著『孟子字義疏証』に展開した。そして、自分の思想をもりこんだものとして、この書に愛着をもったようであるが、当時門下の間にも異議があり、これを戴震の著述から除こうとするものもあった。戴震の本領は考証にあって、このような思想は蛇足だというわけである。清代がいかに思想を拒否していたかをうかがうに足りるものである。

中国におけるヒューマニズムの足跡をたどろうとするものは、古来の専制政治に向かいあって、形をかえ姿をかえて、正統の間にも、異端の間にも、絶えず隠見してきたヒューマニズムが、このあたりでプツンととぎれるのを痛感することがある。これは、ヒューマニズムの敗退ではなく、専制政治の終末だと、ひしひし感ぜざるをえない。清代思想の貧困は異民族の統治のためでもなく、また、弾圧の故でもなく、一世紀あまりもつづいた康熙・乾隆への賛歌であり、思想を養う自由の源泉よりも、安定を欲する依存の精神を強めた結果であろう。

三　清代の史学

中国型史学

歴史の父といわれるギリシアのヘロドトスは紀元前五世紀の人で、その史書『ヒストリエ』はギリシア人と東方民族との抗争を探究し、自分の見聞を織りまぜたものであった。同じく中国の司馬遷《しばせん》は紀元前二世紀の人、その史書『史記』は漢帝国の統一をふまえて、歴代の王朝と人物とを組織だてて記述し、まま自分の見聞をも加えたものであった。ともにのちに多くの愛読者をもったが、『史記』の体裁は中国正史の典型としてながく伝承されたのに、『ヒストリエ』はその形式ではなく、記述の自由さが受けつがれたようで、その後の展開には大きな相違があった。ことに中国では、形式的に編年といって年ごとに事件を網羅する形と、紀伝といって皇帝を編年体にしるす本紀と、個人を説話体にしるす列伝とを合わせた形とが歴史書だとされ、形式が内容を先導する傾向が生まれた。

過去におこったことがらを説話として語りつぎ、教訓として教えつぐことは、どこの地域でもおこったことである。おそらく農耕地帯では、毎年くり返される行事から、しぜん固定した形にたよりがちになり、他方、遊牧地帯では、反射的対応が必要なことから形式になじまなかったことが、その伝統になったのかもしれない。もちろん中国にも当然、歴史として逸話や伝説が集められたり、伝記集や怪奇談もつくられたが、早くから政府の行事の中に史書の編纂が加えられたから、官選の形式を重んずる正史が重んぜられ、説話はむしろ文学の中へ散らばってしまった。しかし中国人にしても、いつも歴史に求めるものは、教訓よりも説話であったから、愛読されるものは『左伝』であり、『史記列伝』であり、あるいは『資《し》治通鑑《じつがん》』の説話の部分であったし、また、これらを追って教訓化する作業も行われた。

経学の一分野として出発した中国史学が、経学の仕事まで引き受けなければ発展できなかったのは、それだけ政治に密着していたからであり、また、史学はよくその代行をつとめて教学の性格をつくりあげた。しかし、歴史は真実を求める本質があり、真実はかならずしも教戒の趣旨にそうものばかりではない。これをのりこえて、かつて教戒の主題であった史実が事実でないことの究明も、あえてできるようになると、研究者は科学的だと考える。

清代の考証学はここにたどりついたものではあったが、それは歴史の本質であって、それだけで科学そのものは成立しなかった。史学の探究は、中国史に関してほとんどあらゆる分野に及び、清代の史家が提起した問題は、その後の研究も、その埒外《らちがい》に出ることがないほどであり、その精度もまたすぐれたものであったが、ついに教学的な性格からは脱却できなかった。

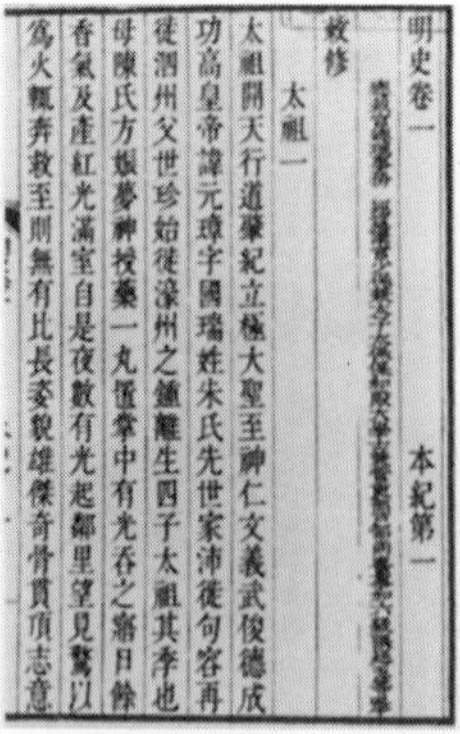

明史卷一　本紀第一

敕修

太祖一

太祖開天行道肇紀立極大聖至神仁文義武俊德成
功高皇帝諱元璋字國瑞姓朱氏先世家沛徙句容再
徙泗州父世珍始徙濠州之鍾離生四子太祖其季也
母陳氏方娠夢神授藥一丸置掌中有光吞之寤口餘
香氣及產紅光滿室自是夜數有光起鄰里望見驚以
爲火輒奔救至則無有比長姿貌雄偉奇骨貫頂志意

『明史』　二行目に総裁官総理事務としての張廷玉の名が記されている

『明史』の編纂

中国の歴代王朝は、建国すると、前王朝の正史を編集することが責務であり、それはまた、新王朝の確立をも意味するように考えられていた。清朝も、まだ中国支配が完全にできない順治二（一六四五）年に明史館を開いたが、康熙十八（一六七九）年、本腰をいれて王鴻緒《おうこうしょ》が総裁となり、自ら列伝の筆をとり、陳廷敬《ちんていけい》が本紀、陳玉書《ちんぎょくしょ》が志と書などを分担し、万斯同《ばんしどう》も参加し、清初の他の文化事業と同様、ここにも多くの学者を動員した。明史館でできた草稿をまとめて雍正元（一七二三）年、王鴻緒が「明史稿」を完成、これをもとにし、明史館は張廷玉《ちょうていぎょく》が総裁となって雍正十三（一七三五）年に『明史』を完成した。前後ほとんど六十年、多くの人の手になった編纂物の正史としてはできがいいと評判されている。

　歴代の正史はみな、これが書かれた時代の性格を身につけているものだが、明史は謹直で判断が正確で、枠をはみ出さない律義さで貫かれている。まさに清代官僚の典型であり、このような官僚群が歯車をかみ合わせていれば、国家は自動的に安定するのが目に見えるようである。『明史』でことに賞賛されるのは、各伝の最後に書かれている、論賛といわれる伝中の人物評である。これは多く妥当だとして読者を満足させているが、事実、褒めるでなく貶《けな》すでなく、読者を気持ちよくゆさぶるので、文人などについてはかなり手きびしくこきおろしていても、読者になるほどと思わせる表現をとっている。

『明史』が慎重で観念的な議論を避け、信条をふりかざすこともなく、既成事実を率直に認め、成立した権威を傷つけぬようにとした配慮が、このような内容をつくりあげたのであろう。かつて正史では、『後漢書《ごかんじょ》』の論賛がもっともすぐれているといわれたものであった。論賛の部分は范曄《はんよう》の作であろうが、著者は才人ではあれ、『後漢書』編纂の動機に必然性はなかった。当時多くの『後漢書』が書かれており、これを整理すれば声名を得ることはできた。論賛はこれぐらいの気力でも書けるものであった。

『明史』の編纂について道学伝というものをたてようという意見があって、結局はこれは採用されず、儒林伝の中に含められることになったが、清初からすでに、儒学が道学として朱子学をこえて学問全般の王者たろうとし、これを『明史』に反映させようという動きがあった。と同時に、実学尊重の気風は、従前の正史になかった閹党《えんとう》（宦官《かんがん》派）・流賊・土司《どし》などの列伝をたてた。あるいは『明史』を鑑戒の道具として扱おうとしたもので、謹直な内容の中にも、たんに史料の集積だけではなく、道を伝えようという意欲がうかがえるのである。

王鳴盛

清代には史学者をもって目される人がきわめて多く、中国の歴史家と思われるような人をざっと列挙すると、五分の二は清代で占められる。清代の学者は、安徽《あんき》・江蘇《こうそ》両省出身者が

王鳴盛　(1722～97)

多かったが、まだ、黄宗羲の流れを引く浙東学派、顧炎武の流れを引く浙西学派とあり、浙東は専門色が強く、史学の傾向をもち、浙西は博学で諸分野にわたるという特色があった。もっともこのような出身による派閥は、今日ほとんど意味をもって取り上げられず、家元のような人を追跡しても、さして史学の大勢を察する手がかりにはならないようである。

それで、清代史学者の中から数人を選んで代表させることはむずかしい問題である。康熙帝に親任された徐乾学《じょけんがく》をあげれば、かれの力で多くの学者が動員されたので、宮廷史学の動向は推察できるが、清代史学はすでに宮廷のものではなかった。あるいは日本の学者好みの崔述《さいじゅつ》のような人をあげれば、ひっそりとひとり古代史に沈潜していて、大きな反響をよんだものとはいえない。やはり、王鳴盛《おうめいせい》や趙翼《ちょうよく》や銭大昕《せんたいきん》のように、当時から多くの人に読まれ、今も愛されている史家を取り上げ、清代史学の具体例を見るのがよい。

この三人は、ともに乾隆時代の人で、またともに史学者としての自覚をもっていた。元来、司馬遷でも司馬光でも、歴史を取り上げはしたが、自分では史学者であると考えていなかった。しかし清代には、史学者という自負も生まれていた。これは同時代のヨーロッパの啓蒙史学者たちにも通ずるし、その業績は、はるかに上まわっていたといえる。もっとも、王鳴盛たちの史学は、新史学を提唱したものでも、史料を駆使して真相を究明しようとしたものでもなく、既製の史書の考訂を主題としたものであった。それは、国史の編纂は国家の事業であり、また、私人がそのまねをすることは許されないということもあり、真相を追求しなければならない要求もなかった。

王鳴盛は江蘇省嘉定《かてい》の出身、幼時から神童といわれ、三十四歳で進士及第、第二席であった。任官して内閣学士兼礼部侍郎の顕官になったが、弾劾されて光禄寺卿となり、やがて退官して蘇州閶《しょう》門外に住み、売文で寒素な生涯を送った。若いころ、金銭に汚ない、山けの多い人間だったと伝えるものもあり、あぶらぎった名誉心の強い人が、これを全部史学に吐き出して寒士になった、とでもいうような、その仕事は『十七史商榷《しょうかく》』で代表されている。十七史とは、『史記』から『五代史』までの正史をいい、王鳴盛はこれを通観して校訂をしたり、制度や人物についての考察をしたりして、千三百項ほどの問題を説いている。かれはその序文でつぎのように述べている。

　だいたい史家が記録した文物制度には得失が自ら備わっているので、読むものが議論してわざわざ法戒を明らかにする必要はなく、ただその実体を調べればよいものである。数千百年の建置沿革を明らかにすれば、法も戒も人が自分で選ぶことができる。人物についても同様で、しいて褒貶《ほうへん》を加えなくとも、事実を正確にすれば褒貶は天下の公論にまかせることができる。経学を学ぶのも、史学を学ぶのも同じで、経学では古典の文字を正し、音読を弁じ、訓詁《くんこ》を釈《と》き、伝注に通ずれば、義理は自らあらわれ、道はその中にあるのである。ただ、経学では断じて経を反駁してはならないが、史学では司馬遷や班固《はんこ》でも誤っていれば正すことは妨げない。伝注についても、経では勝手な取捨選択は許されないが、史では本文を訂正してもよいのだから、伝注などは裴駰《はいいん》や顔師古《がんしこ》でも遠慮はいらない。

このように矛盾があればつきとめる態度はこれを容認しているのに、それ以上の危険はおかすことはあえてしなかった。かれに慷慨激越《こうがいげきえつ》の語が多いのは、自分の慾望を掩《おお》うためだと批評されたが、実はどうしようもない壁につき当たった、自覚しない怒りがあったのかもしれない。この経学の壁にはねかえされたかれの力量は、清代学術のほとんど全分野にわたって広がった。ひとりの力で百科全書が書けるのが当時の学術であり、中国では過去にもしばしばこれを試みた博学の人があった。王鳴盛にはその全書の著はなかったが、『蛾術篇《ぎじゅつへん》』(蛾術とは、蟻《あり》がよく働いて大きな蟻塚を築く意である)に、文字や地理や制度や詩文などを論じている。しかしその多くは史的研究で、政治的抱負はあまり見られない。このような網羅を主とする風潮は、清一代を通じて濃厚で、傅沢洪《ふたくこう》の『行水金鑑《こうすいきんかん》』をはじめ、『奉使金鑑』とか『人寿金鑑』など、「金鑑」と題する集大成の書物が相ついで編纂されたが、これらは今日珍重されることは少ない。

清代史学者の典型・銭大昕

王鳴盛の妹婿で、出身地も同じく、進士となったのも同年の銭大昕《せんたいきん》は、義兄が力量を誇示したのに比べて、温厚淡泊で、清代史学者の典型とされ、中国人好みの学者である。かつて戴震が、当代第二の学者は銭大昕だといって、自らは第一人者に任じたといわれる。銭大昕は早く西洋の数学・暦学を学び、任官してからは、勅撰書の『熱河志』『続文献通考』『続通志』『清一統志』などの編集に参加した。乾隆帝に愛されたが顕官を望まず、父の喪に帰郷してそのまま退官し、蘇州の紫陽書院に住むようになったのはまだ五十歳にならないときであった。かれの史学の主著『二十二史考異』は正史の文字の校正を丹念に行ったもので、史論がないのであまり愛読されないが、いわば、史料として定本の作製を第一と考えたことによるので、正確を求める史学の第一義を心得たものとされている。

王鳴盛は目が見えなくなるくらい、がむしゃらの勉強をしたが、銭大昕は名利に淡然だったといわれたと同様、学問も広くその考察も深かったが、すべてにむりをしなかったようである。かれは、易・詩・春秋などに原点を求め、正史を渉猟《しょうりょう》し、さらに金石学・音韻学・地理学・天文学に及んで、これらを史学の補助とする道を開いた。かれが多くの問題に興味を示し、追求していく間に疑問点を発見し、また、これに解明を与えていく作法は、きわめて常識的で平明であり、このばあいは正確さと博学とが賞賛されて、解明された問題に関連性があるかどうか、いわば問題意識は重視されない。これが、当時から近ごろまで銭大昕の声名を維持したゆえんであった。

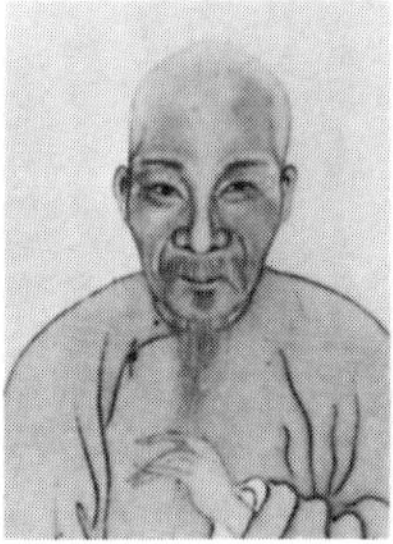
銭大昕　(1728〜1804)

王鳴盛が、褒貶は自ら事実の中にあるといいながら、褒貶をしたり、問題をしいてたてたりし、そのため人がらが悪いといった評判がつきまとうことになったが、これと対照的な銭大昕は、晩年、元史の研究に当たった。それは、日本の初期の東洋史家と同様、中国史の中で元史の不正確がはなはだしかったためであったが、改訂した元史は私人の作としては発表できず、『元史紀事』と題したが、今日に伝わっていない。ただ氏族表や芸文志は残されている。銭大昕はまた、王鳴盛の『蛾術篇』のような『十駕斎養新録《じゅうがさいようしんろく》』を書き、その広い視野と公平穏健な考えを見せている。かれが漢代の学を旨としたことから、漢代の学者に比較したらどうであろうかと当時から議論され、鄭玄《じょうげん》には及ばないだろうが、賈逵《かき》や服虔《ふくけん》よりは上だろうと評判された。博学というものが権威となると、このような比較が弄ばれたよい例といえよう。

もっとも親しまれた趙翼

前二者よりも軽薄だとか粗雑だとかいわれながら、はるかに多くの人に親しまれた史家に、同時代の趙翼《ちょうよく》がある。かれは江蘇省の陽湖（武進県）の商家に生まれ、三歳で一日に数十の字を覚え、十二歳で一日に七編の文をつくったという神童で、同郷出身の顕官に愛されて軍機処にはいり、三十四歳で進士及第、殿試第一席であったが、乾隆帝が、まだ陝西《せんせい》から第一席が出ていないからとて、第三席の王杰《おうけつ》と入れかえたという。すでに文名の高かったかれは、試験官がかれとは気づかないような文体で答案を書いたといわれる。

かれは翰林院で『御批歴代通鑑《つがん》輯覧《しゅうらん》』の編集などに従ったが、やがて広西省の辺境鎮安府の知事となって民政に当たり、寛大な善政で、村民が争ってかれの輿《こし》をかつぐありさまであった。しかし広西・雲南・安南にまたがる民乱で総督と意見が合わず、広州にうつり、海盗がおこって、その責任から退官して郷里に帰った。十六年ののちまた挙用され、台湾でおこった林爽文《りんそうぶん》の乱の平定に、閩浙《びんせつ》総督の幕僚として参画したが、乱後は推挙を固辞し官途につかず、郷里の安定書院の主講となって著述に専念した。

清朝史では、王鳴盛・銭大昕が儒林伝に編入されているのに、趙翼は文苑伝に入れられているとおり、経学に対しては興味を示さず、詩人として早くその名を知られ、その著述『二十二史箚記《さつき》』の序文にもこういっている。

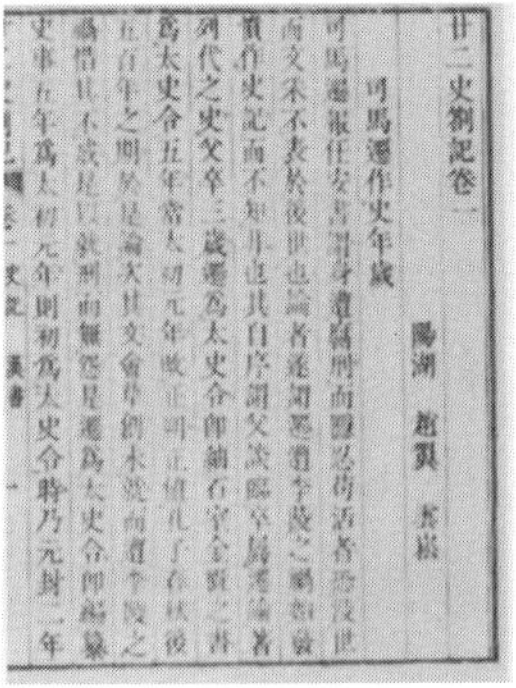

『二十二史箚記』　和刻本

閒居《かんきょ》して事無く、書をひもといて日をすごしているが、性来粗鈍で経学を研究することはできず、歴代の史書は話がわかりやすいのでこれを日課としてきた。気づいた所はメモに書きとり、ながい間にたまったが、家には蔵書が少なく、参考にすることはできなかった。ただ稗史《はいし》小説で正史とちがったものがあっても、これを種に奇説を述べることはしなかった。大体一代の史を史局で編修するときに、それらの記録はすべて収集されたにちがいないのに、棄てられて収録されなかったのは、必ず信用し難いところがあったからである。今になって、それを種にして正史がちがっているなどといえば、ただ後世の物笑いになるだけである。それで、ここでは多く正史の紀伝表志の中にあるものをつきあわせてみて、ちがった所が出てきたら、これを示しただけである。さらに博雅の君子の訂正せられんことを。

銭大昕もこれに序文を書いて、「その記誦の博、義例の精、論議の和平、識見の宏遠、まことに儒者の体有り用有るの学なるを歎ずるばかりである。自序に質鈍で経を研究することができず、諸史は事がはっきりしており、その義も浅いから日課としたといっているが、まことに謙遜の語である」と趙翼をかばっている。

『二十二史劄記』は、五百五十ばかりの項目に中国史の主要な問題を網羅し、たんにその問題を提起しただけでなく、解釈や意見を加えて史論の体をなし、清末の張之洞《ちょうしどう》が、正史を通読できないものはこれによるのがよいと推奨してからは、中国史の入門書のように広く愛読されるようになった。そしてその愛読されたゆえんは、やはり考証に終わるだけでなく、各所に史論があり、また問題の取り上げ方が潑剌としていたからである。

趙翼は『二十二史劄記』の刊行に先だって、『陔余叢考《がいよそうこう》』を刊行した。これは退官して親もとで暮らしていた、いわゆる循陔《じゅんがい》の間に書き集めたのでこのように題したが、その序では、浅薄なものであるが児輩が捨て去るのは惜しいというので刊行したもの、幸いに嗤《わら》うことなかれ、といっている。これは経史の考訂や瑣事俗語などの由来を調べたもので、「五経正義」から「歳寒三友」まで、九百に近い項目にその博学を展開した。

　このような雑学的な集積は、昔から、またどこの国にでもあったことであるが、かれが取り上げるものには感覚的に文学者の風格があり、さらにその底には商家の出身らしい市民的な要素があったようである。権威に対して盲従しない批判的な立場は、かれが官界で恵まれなかったのに反比例して、その著作に躍動を与えたのであろう。

『文史通義』の章学誠

旧中国の史書には、政府の記録が充満しているのに対し、民間の記述は少なかったが、清代になると、上記のように多くの史学の書が民間から提出された。しかしなお、史学そのものへの反省、評論の類はきわめて少なかった。つまり中国で史評とよばれた一群の書物はあったが、その数はわずかで、唐の劉知幾《りゅうちき》の『史通』と清の章学誠《しょうがくせい》の『文史通義』とのほかは、ほとんど取り上げるほどのものはなかった。これは南北朝の史書全盛の余波を受けて『史通』が書かれ、清代史学の隆盛にのって『文史通義』が

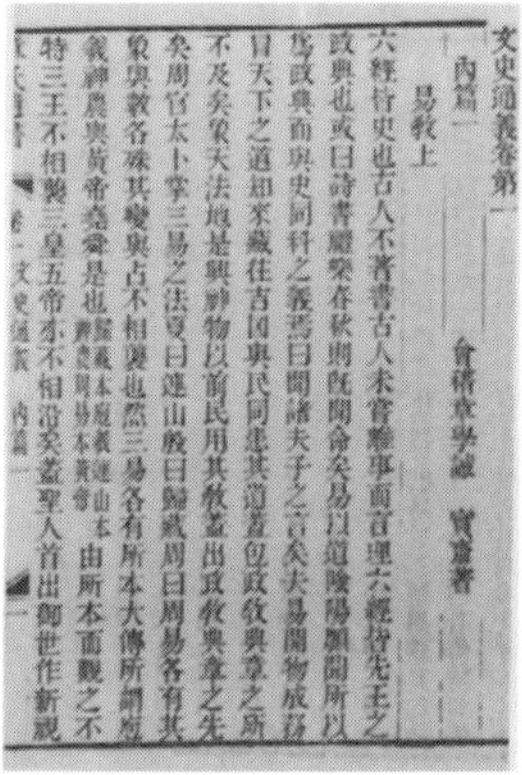
文史通義卷第一
内篇一
易教上
會稽章學誠實齋著
六經皆史也古人不著書古人未嘗離事而言理六經皆先王之

『文史通義』

書かれたのは偶然ではなかったといえるが、いっぱんに中国の歴史が具体的な史実、それも政治史にかまけて、これをどのように整理するか、どこに原点があるのかといった問題になると、ほとんど触れようとするものがなかった。あらゆるものにまず型ができてしまって、その軌道にのることが文化であり政治であり、そこでは、なぜにという疑問まで軌道の上にのってしまうのであった。

司馬遷が憤りを発して『史記』を書き、劉知幾が鬱屈《うっくつ》して『史通』を書いたように、なにか大きな衝撃がないと、このような凍結をつき破ることはできないもののようである。前述の史家と同時代に考証に興味を示さず、史学理論を説いたものに章学誠があった。しかし、かれが時流と異なる道を選んだ原動力は定かではない。かれはその著『文史通義』の冒頭に、「六経は皆史なり」といって、当時多くの非難を浴びたが、敢然と、史学が諸学の王であり、史学の源流は六経にあるとして史学原論を考えた。標題の文史とは著述といった意味であり、かの唐の劉知幾、宋の鄭樵《ていしょう》らに啓発されて、諸学を歴史で統一し、その基礎に清代の理念であった道学をおこうとしたのであった。その方法は新鮮であったが、慷慨激越の叙述はなにが著者を興奮させているのか、ふととまどうほどである。

章学誠について、日本では内藤湖南、中国では梁啓超・胡適《こせき》らがこれを高く評価し、中国の生んだ史学理論の第一人者のように扱ったが、その内容は、当時においても、まして今日においても、骨を削る研究がおのずから放つ香気に満ちたもの、とはいえなかったようである。

たとえば、史学理論に随伴する史学史を劉知幾はみごとに書き上げているが、章学誠は『史籍考』を書こうとして書き上げることはできなかった。また章学誠は具体的な史書の編纂や史学の研究には携わらなかった。地方を歴遊して地方官のもとで多くの地方志を編纂し、この分野では大きな自負をもっていた。章学誠が自ら、「鄭樵は史識があって史学がなく、曽鞏《そうきよう》は史学を具《そな》えて史法を具えず、劉知幾は史法を得て史意を得ていない」というほど史意をとらええていたものかどうか。また自ら、史の三長といわれる才と学と識のほか、史徳が必要だといっているほど、史徳を備えていたものかどうか、かれの地方志の具体例からはうかがうことはできない。

章学誠は浙江省の会稽《かいけい》（紹興県）に生まれ、からだは弱く、魯鈍な資質で、十四歳になっても四書を読み終えなかった。しかし史書が好きで、自ら史才といって、しだいに大言不遜の風がつのったという。二十歳をすぎて北京の国子監生となったが、成績は同学の諸生三百人のうち殿《しんが》りで、科挙の試験に落第、二十八歳ではじめて『史通』を読み、三十一歳で北京の郷試にようやく及第、それから各地の地方志の編纂に従い、四十一歳で進士となり、その後は各地の書院の主講となったり、大官の知遇を得て地方志の編纂などをやり、その間に『文史通義』を著した。

かれは、六経は先王の政典で事実の集積であるから、その中に歴史事実は凝集しているのだと考え、そのために、古人に空言なしとして権威の上に新たに史学の権威を重ねようとした。また、古代は記録を残す原則があったから、その体裁はどうでもよかったが、後世は型がでてしまって、記録を残す原則のほうがなくなってしまったといい、その記録を残す原則とは支配のための権力の貫徹を意味するものとしていた。

かれは朱筠《しゅいん》や畢沅《ひつげん》のような大官の庇護を受け、また、邵晋涵《しょうしんかん》のような学者とも親しかったが、官界でも学界でも孤独であり、自ら浙東の学といって一派を唱えたが、当時でも別に学派というべきものをたてたのでもなく、また、史学の原理にも、唐の劉知幾ほどの合理性へ立脚することもなかった。地方志の編纂も、志は紀伝体に則《のっと》り、掌故は律令に則り、文徴（地方文学）は『文選』に則るべきだと主張し、戴震からその大げさぶりを笑われるような大上段の構えを見せた。この姿勢がかれの本領であったが、また、清代で原論風の議論をすれば、このような形をとる以外に方法はなかったともいえるようである。

四　清代諸学

地理学

清代に史学が盛んであったことは、当然、地理学にも新しい研究をおこすことになった。中国の地理学は、統一国家を形成するとともに、各地の産物を調査することに始まり、探検や遠隔地の報告などは古代から数多く行われて情報の発達をなしてきたが、張騫《ちょうけん》の、鑿空《さっくう》といわれた空のかなたまでの大旅行や、義浄《ぎじょう》・玄奘《げんじょう》のインド旅行など、遠隔地の有名な旅行談が残された。宋代になると、国内各地方の地誌類がつくられることが多くなり、明清の間には、方志とよばれる地誌は地方へ赴任した中央政府官僚の統治成績の一つとしてしばしば編纂された。

清代地理学の中心もまたこの地方志にあり、これらを集大成したものも早くから成立した。清初、康熙帝は、清朝の天下一統を記録する事業を徐乾学《じょけんがく》に命じ、そのもとで『清一統志』が編纂されたが、また、ここに集ったひとり、顧祖禹《こそう》は『読史《どくし》方輿《ほうよ》紀要《きよう》』を書いた。これは歴史地理学の名著として一世を風靡したが、著者は旅行家ではなく、まったく机上で歴代の史書から地誌関係の記事を調査し、その沿革や利害をまとめたものである。

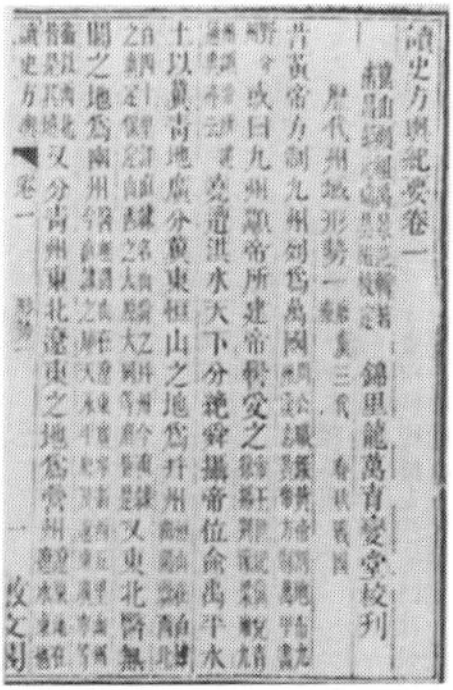
讀史方輿紀要卷一

『読史方輿紀要』

この書の眼目は、歴朝興亡のあとを戦争攻防の難易に結びつけようとしたので、兵書の一種と考える人もあるが、地理が効用の学であるとするなら、まさに清代に提出されるべき地理学の本質を示したものであった、顧炎武の『天下郡国利病書《りへいしょ》』もこれと並び称せられる編著で、主として明代の地誌の中から、彼が重要と認めた歴史や地理に関する記述を抜粋して、整理したものである。

したがって、これより時代が下がると、洪亮吉《こうりょうきつ》の、三国や東晋や十六国の『疆域志《きょういきし》』ができ、正史に地理志のないところを補い、地名の変遷などを調査することに力を注ぐようになった。また、斉召南《せいしょうなん》は『水道提綱《ていこう》』を書き、イエズス会宣教師の作製した地図をもとに河川を中心とした地誌をつくり、徐松《じょしょう》は天山南北路を踏査して『西域水道記』を書き、さらに下って何秋濤《かしゅうとう》は『朔方備乗《さくほうびじょう》』を書いた。今日の『朔方備乗』は何秋濤の原本ではないが、これら清代の地理書はほとんど考証的な手法による歴史地理であり、西北地域に問題が集中していた。

清朝が新たに西北に領土を広め、少数民族を包含するようになって、政治的な要請もあり、ロシアと国境を接して外交問題もおこり、地理的調査の必要がおこったことにもよるが、その根底には中国史が古来北方の脅威を宿命としており、歴代王朝が北辺に注目せざるをえなかった問題の連続でもあった。やがて、アヘン戦争によって中国が列強の面前におし出されるようになると、さらに視野を広めて世界地誌として魏源《ぎげん》の『海国図志《かいこくずし》』が書かれた。魏源は経世家として考証学から離れ、『皇朝経世文編《けいせいぶんぺん》』を編纂して中国の政治方策を考える資料を提出したり、清代史を『聖武記《せいぶき》』としてまとめたりして、道光時代を代表する傾向を示した。

考古学

中国の考古学は、殷周の銅器や石碑・石板に刻された文字を研究する金石学を土台にしておこった。金石学は宋代のころから急に盛んになったが、古物愛玩の趣味からおこり、一つは書道の研究に、一つは古銭の研究にと進んだ。古泉学などは世界でもっとも早く成立した分野だったといえる。清代は金石学の全盛期で、政府は宋の『宣和博古図《せんなはっこず》』にならって『西《せい》清古《せいこ》鑑《かん》』を勅撰し、宮廷収蔵の古銅器の豊富さを誇り、官僚もまた、もっとも高級な趣味として赴任地の金石文を収集したが、初期は主として石文、すなわち漢碑や墓誌による漢唐の文字に集中していた。ながい間、漢代美術の代表とされてきた山東の武梁祠《ぶりょうし》画像なども、乾隆時代に再発見されたものであった。

さらに王昶《ちょう》は『金石萃編《きんせきすいへん》』を著し、上古から遼金時代までの金石文を集め、阮元は、『積《せき》古《こ》斎鐘鼎彝器《さいしょうていいき》款識《かんしき》』を著して金文への研究に資料を提供し、古泉学では、初尚齢《しょしょうれい》が『吉金所《きっきんしょ》見録《けんろく》』を、李佐賢《りさけん》が『古《こ》泉匯《せんわい》』を書いた。これらは今日も基本史料として利用されているが、正確な史料の収集に主眼があって、これを基礎に若干経学や史学への利用が果たされたにとどまり、それ自体の体系をたてるまでにはいたらなかった。

その間、書道では阮元が『北碑南帖論』などを書いて、唐宋以後の書帖に残された優雅な筆法よりも、漢南北朝の碑文に見られる剛健な書風を重んずる議論が盛んとなった。古泉学ではさらに拡大して、封泥《ふうでい》という古代の書信の封に使った粘土の印章や、瓦当《がとう》や甎《せん》に残された文字や図様の収集もおこり、ようやく考古学的な様相を見せてきた。

段玉裁　(1735〜1815)

文字学としては、嘉慶のころ、段玉裁《だんぎょくさい》が、中国で文字学の古典とされる後漢の許慎《きょしん》の『説文解字《せつもんかいじ》』に精密な注をつくり、説文を読むものはかならず段注を使うくらいに盛行したが、一九〇〇年に甲骨文が発見されると、許慎すら知らなかった太古の文字によって、また新たな局面を迎えることになった。さらに西域の敦煌《とんこう》で古文書が多数発見されて、文字学から古代の制度の末端や生活史まで研究が広がり、最近の中国における数多くの考古学上の発見の先鞭をつけたものであった。

文字学の発展に伴い、音韻学も、顧炎武の『音学五書』を先頭として清代に整備され、言語学的な内容をもつようになった。しかし中国では、外国文字・外国語の学習に熱心でなかったため、広く周辺諸民族の文字や言語を修めて、その比較や本質にはいるような研究はまったくおこらなかった。このことは、考古学自体についても、文字をもたない遺物についての考察がおこらないという偏向を生んだ。

天文学

自然科学は中国の諸学の中でもっとも発達のおくれたものという通念がある。それは、中国人の世界観が古来有機的にとらえられ、無機の世界への関心が薄かったことにもよるが、ヨーロッパの錬金術にも比較される不老長寿を求める錬丹に見られるように、その対象が黄金と生命という相違だけでなく、中国ではいつも神秘と権威が先にたって、合理的な思考を窒息させたからだと考えられている。

しかし歴代科学者は絶えることなく、これが直接技術に結びついて生活への応用や、理論の展開は見られなくても、その実用性は脈々と継続していた。ことに農業社会であったから、天文暦算にはすぐれた業績が多く、正確な記録も伝えられている。ただ、官僚政治が成熟するにしたがい、新しい研究がしぼみ、習慣を守るだけになっていたが、明末、イエズス会宣教師による新知識がもたらされ、大きな刺激をうけ、翻訳や研究が清代にも引きつづき盛んに行われ、欽天監《きんてんかん》にも宣教師を登用するようになった。

　清代に暦算の基礎を築いたのは梅文鼎《ばいぶんてい》で、康熙初年に郷試に通ったが仕官せず、家学として一族とともに暦算の研究に従い、インド、イスラム、西洋の暦学を学び、『梅氏暦算全書』を完成した。

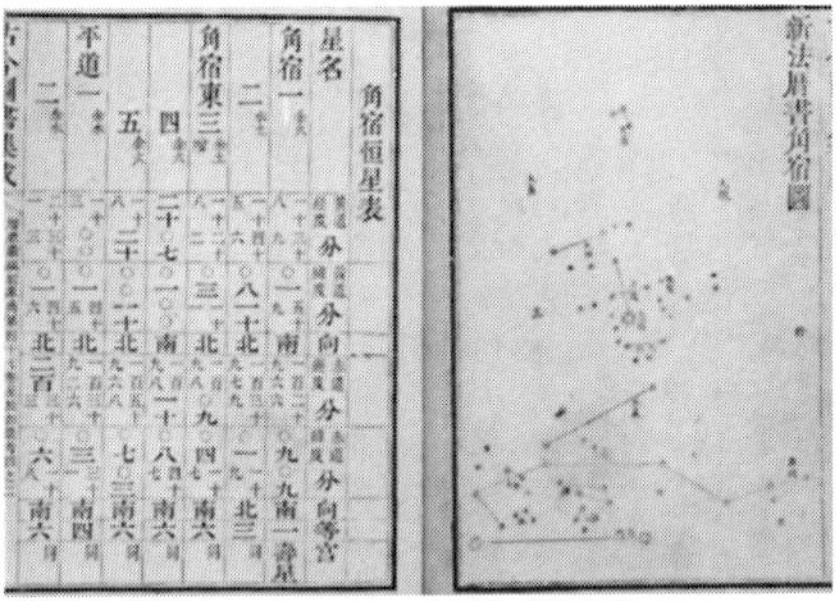

星座図　『古今図書集成』より

　古来、暦は王朝がこれを頒布する責務があり、清代では、乾隆帝の名が弘暦であったので、暦の字を使うのを避けて暦書を時憲書といい、梅氏の暦学は直接これに使用されるようになり、その門下から江永《こうえい》のような、のちの考証学の基礎をおいた人物も出た。また、歴代の暦に対し、その過誤の指摘や古代暦の偽作の解明なども進み、体系をもつようにもなったが、その専門は家学の中に存続し、暦を通じて経学や史学へ関与するものが尊重されるだけであった。まして他の諸科学と呼応して、互いにその発達を促しあうような機運はついに生まれなかった。

医学

科学が実用性に即してだけ肥大した例は、医学においてさらに著しかった。中国医学は薬学とともに古い伝統をもち、歴代、病理・臨床・処方に関する著述が相ついだが、多くは古典とされるものの注釈・祖述にとどまって、その数は増加しても内容的な進歩はおそかった。たとえば、薬学概論ともいうべき李時珍《りじちん》の『本草綱目』が明代にでき、本草学を集大成したが、実用には便利でも従来の形式に従っていない、といった非難を受けるありさまであった。医学も知識として古典を学ぶことに重点がおかれ、実践は軽視される傾向があった。実用の学とは実践の学でなく、実用があるはずの分野を古典化する研究であり、これも官僚社会の権威主義から生み出されてくる方向であったといえる。

清代の医学は、多くの遺産を『医宗金鑑《いそうきんかん》』として集成する以外は、処方や臨床に関する、ほとんど無数といってよい著述は現れたが、同時代の日本で蘭学による新医学がおこったような情勢はなかった。天文学については西洋の技術を熱心に吸収したのに、西洋医学に開眼することはおくれ、清末になって、日本を通じて学ぶふうさえおこった。日本が中国を通じて、地理学や天文学・数学など西洋の新傾向を学んだのとは逆の事情は、中国が自らの医学に強い自信をもっていたことにもよろう。

ただ、このような情勢のなかで、道光五（一八二五）年、河北省玉田県の医家王清任《おうせいにん》が『医林改錯《いりんかいさく》』を書き、これに、中国ではじめて実地に観察した人体解剖図が十三枚収録された。これは日本で前野良沢・杉田玄白が『解体新書』を翻訳したよりも約半世紀おくれたが、かれは墓地で野犬が食い荒らした死体をもとに作図したといわれる。科学が実証的な精神を培う好例であったが、この医家につづいて研究を広げようというものは出なかった。

中国医学が、黄帝が撰したと伝えられる『素問《そもん》』・『霊枢《れいすう》』の両経、薬学が、神農《じんのう》氏の撰したという『神農本草経』をながいあいだ原点とし、新たな研究があってもすべてここに回帰する形をとったことは、他の文化現象と同じく、中国の停滞性を如実に示すものとされている。清代でも乾隆のころ、徐大椿《じょたいちん》が、『神農本草経百種録』など多くの医書を著しても、時代の潮流である考証学的な手法で文献整理を行ったのにとどまったが、このような学術とは別に、臨床の実際は、鍼《しん》法や生薬《しょうやく》による治療が自信をもって継承され、これに対する中国人の信頼も変わらなかった。今日、中国医学が新たな脚光を浴びているのは、この自信と信頼とからかもし出されたものである。そして、中国医学が人体を天地と考え、総合的な平衡の上でからだの回復力を利用しようとするのに対し、西洋医学が、分析実証を基礎に対症的に根絶を図るのとよい対照をなしている。停滞性をいう前に、進歩の内容がなんであるかを反省させるものでもあろう。

工　学

中国医学よりさらにはなはだしい例は中国工学に見られる。その昔、万里の長城を築き、世界最大の王宮、北京紫禁城を造営した中国人が、清代にもなお多くの造営をつづけながら、ほとんど工学に関する著述を残さなかった。わずかに景徳鎮《けいとくちん》の人藍浦《らんぽ》が『景徳鎮陶録《とうろく》』

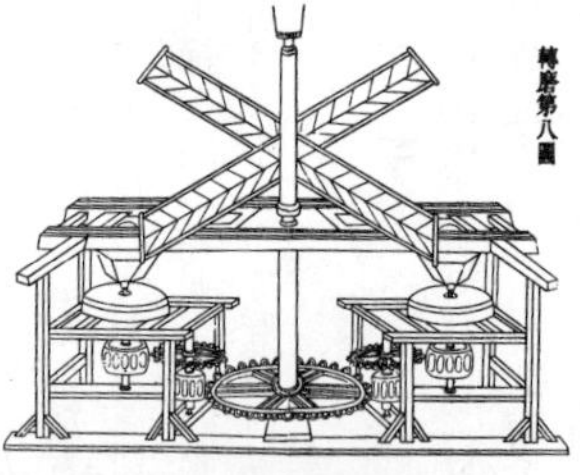

風車の図
『古今図書集成』考工典より

を書き、その弟子たちの手で嘉慶二十（一八一五）年に刊行され、陶磁の国中国の面目を示しているばかりである。かつて宋代に建築書『営造法式』を残し、明代に技術書『天工開物』が書かれ、あるいは、同じく明代に造園術の『園冶《えんや》』、鋳砲術の『神器譜《しんきふ》』があり、また、『遠西奇器図説録最』があるのに、清代の全盛をもってして、これらにまさる記述はなかった。もっとも、『古今図書集成』を編纂して、その考工典には、明代にいたる歴代工学の記録を細大もらさず収集し、記録に事欠くことはなかったといえるが、創造的著作を欠いたのは若干奇異の感なきをえない。

歴史家が記録を史料として集め、その正否を検討して史実の解明に当たるのは当然といいながら、欠如した記録に対しては、これを放置するか、憶測を弄ぶか、追求することに熱意を欠くのが普通である。清代にも、大規模な土木事業もあり、建築もあり、はじめて洋風建築もできたし、各種の鉱工業が盛行した。製塩や織布には新たな技術も開発されたし、宮廷にはガラス細工や精巧な時計類も多く使用された。儒教で玩物喪志と軽蔑しても、この間に到達し、獲得した技術について、自負をもたないわけはなかった。封鎖社会であったため、すべて秘伝であり、著述の道にのらないという事情もあったろうし、また、担当者が読書人ではなかったから、記述や刊行の機会がなかったことにもよろう。しかし、梅氏の家学が暦算の大著となったのをみると、官僚の参加が不可欠の条件であった。『景徳鎮陶録』も県知事の援助があって刊行にこぎつけたといわれている。

清朝がその統治の貫徹を図り、恐怖政治にも近い官僚統制を行えば、官僚の活動はきわめて限定されたものになってくる。医学でさえ、方技といって方士の術とし、正規の学より低く見ていた知識人が、職人や木工の仕事にまで興味を示すことは、奇を衒《てら》うものと考えたようである。西洋数学書の翻訳者さえ、古来の中国数学を尊重しなければならなかったくらいであるから、西欧の力学を基礎とするほどの工作が実施されても、その自負を誇示することははばかられたのであろう。清朝官僚が国際交渉に登場して、その頑迷さを非難された基盤には、このような偏執があったわけである。

農学

それでは、古来農本を目標にしてきた中国が、清代にどのような農学への寄与を残したであろうか。これこそ清代学術の平均値を示すものであるかもしれない。中国の農書は数々の世界に冠たる名著を出してきたが、明末、徐光啓《じょこうけい》が西洋の水力学をも取り入れ、これを集大成した『農政全書』は多くの影響を与えた。しかし、清代はついにこれを上まわる総合書を生まなかった。乾隆帝は蔣溥《しょうふ》などの学者を集めて『授時通考《じゅじつうこう》』を編纂させ、多くの記録から農事に関する記事を収集したが、徐光啓が自分で鍬をとり、草木の味をためして編集したものとちがって、机上の編纂物であった。博引旁証して著者の感性が移入されていない編纂物は清代の一特色で、これにはこう書いてありますとだけ紹介するのが学問の本筋かと見まがうばかりになっている。自分はなにも主張していないというのが、知識人の保身の術だったからである。

その中で、清代農学の方向を探ってみると、各種の植物図譜が整備されたことが第一である。すなわち、観賞用に南北朝のころから唐宋へかけて、文人たちによってつくられてきた『竹譜』『牡丹譜』『菊譜』などが乾隆帝の勅命で『佩文斎広群芳譜《はいぶんさいこうぐんぽうふ》』として集成され、さらに有名なものに方観承《ほうかんしょう》の『棉花図』、褚華《ちょか》の『木棉譜』などがある。第二は、各地方ごとに、その地方ごとの農業事情をまとめたものが多く書かれたことである。浙江では『沈氏農書』が刊行され、つづいて張履祥《ちょうりしょう》の『補農書』、江西では劉応棠《りゅうおうとう》の『梭山農譜《さんざんのうふ》』、山東では蒲松齢《ほしょうれい》の『農桑《のうそう》経』、山西では祁寯藻《きしゅんそう》の『馬《ば》首《しゅ》農言』など、地方官僚の時務といった形で相ついで刊行された。いずれも小冊子ではあるが、地誌編纂と同様、農学の地方的分散であった。

かつて中国のすぐれた農書は、北魏の時代の『斉民《せいみん》要術』や元時代の『王禎《おうてい》農書』のように異民族統治下に生まれたが、清代にはこれをくり返すことなく、従来の成果を整理集成し、地方へ拡散するにとどまった。これは、実際の農業に新たな技術、新たな品種による大きな改革がなく、農耕地は拡大し、農耕人口は増加したが、その対策にもなんら変化がなかったことと照応する。こうしてみると、清代学術の全般は、過去の仕事の絶頂にたつことにあって、将来へ橋をかけることには情熱をもたなかったように見られる。あるいは、ながい連続の最終段階へ向かって、自覚せずにひたすら急いでいたのかもしれない。

第八章　清代の文芸

一　清代文学

中国文学の位置

中国文学が原始的な歌謡にその源流を発し、多くの説話に培われて発展したことは世界の諸文化と同様であるが、その世界的評価がかならずしも文学の本質とかかわりのないこともまた同じで、ヨーロッパ文学でも、ポルトガルやスペインの文学が世界的評価を受けることが少なく、著名なものも外国語訳がほとんどないのをみれば、中国文学のおかれた位置と似ているようである。たとえば、どの文化圏でも、古代の歌謡がながく感動をもって歌いつづけられてはきたが、その感動の持続だけではその歌謡の価値ははかれないし、また、文学は世界の宝だとしても、その影響の広さだけで価値を云々することもかならずしも当を得たものではない。しかし、実際はこのような評判が文学を評価する尺度となっており、鑑賞や愛好が、作品そのものと他の要素との複合で成立しているにもかかわらず、他の要素をきり離したり、これを一つ一つ分析することはあまり試みられていない。

結局、文学の背景をなしている言語と文字、その伝統などが理解の障害をなしているので、中国の文学的遺産が、漢字文化圏をのりこえて、世界的評価の間にその位置を確立するのは、まだ将来の問題であろう。ことに中国文学は漢字の表現力を利用した韻文にその特色を発揮し、その質も量も、世界に類をみないほどになったが、韻文は外国語に移すとその感興を失うため、その愛好は拡大しなかった。これはまた他の地域の韻文も同様であり、むしろ漢字文化圏の中に強く浸透し、民衆の間にまで愛されたことのほうが驚異的であったといえる。

韻文の形式に大きな変化がなく、散文の形式は時代とともに変遷したことは、世界の諸文化に共通しているが、中国のばあいは、いっぱんに詩は唐代を絶頂として発達し、文は各時代に相応した作風が見られたと考えられている。そして、それぞれの分野で名作を拾い上げ、これを鑑賞し、その周辺を開拓することが文学の研究とされている。しかし、文学とか美術とかへの接近は、好奇心より愛情のほうが強いので、ある作者、または作品の顕彰でせいいっぱいのように見える。

このような傾向に押し流されず、文学に歴史的評価を試みるには、名作や傑作のような頂上を縦走するのではなく、これをささえていた無数の作品を渉猟《しょうりょう》する必要があるが、これを試みることはされていない。また、個人的な才能が決定的な役割を果たしている分野で、いたずらに社会経済や階級的要求をもち出しても、文学に注がれた熱量をはかることにはならないので、やはり各時代の傾向をとらえ、いくつかの型を見つけて、その交錯する綾模様の中に作家と作品とを位置づけるのが、平凡でももっとも妥当な工作となっている。

清代古文

専制支配の地域では、古来文字も文章も、特権階級がこれを独占しようとする意識は強いのが普通であった。中国では、これが尚古主義と結びついて各時代にくり返され、『漢書』を書いた班固《はんこ》が、わざわざ古字や古語を羅列したのは衒学《げんがく》ではなく、宮廷の威儀を張るためであった。そして、清代官僚もまたその例外ではなかった。

清代儒学は漢学復興を目標としたが、文章ではむしろ唐宋八家への復帰が主眼となり、俗語と難解な語を排し、装飾を捨て、簡潔で謹厳な文体を尊重した。このふうは明代から見られるが、康熙から乾隆へかけて、方苞《ほうほう》が義法を唱え、文と道とは一致すべきものとして、朱子学に基礎をおいた主張が大きな影響を与えることになった。その門に劉大櫆《りゅうたいかい》が出、さらにその門下の姚鼐《ようだい》でこの風潮が広く伝わった。いずれも安徽省桐城《とうじょう》県の人で、この桐城派の文章は清代散文の典型とされた。

姚鼐（1731〜1815）

姚鼐は、『古文辞類纂《こぶんじるいさん》』を編集して、先秦から清代までの模範的文章を、論弁・序跋《じょばつ》・奏議・書説・贈序・詔令《しょうれい》・伝状・碑誌《ひし》・雑記・箴銘《しんめい》・頌賛《しょうさん》・辞賦《じふ》・哀祭《あいさい》の十三に分類した。これには王先謙《おうせんけん》が続編を編集し、ともに広く流布して清代古文の手本となった。

この派には、さらに管同《かんどう》や方東樹《ほうとうじゅ》らの学者がおり、清末の曾国藩《そうこくはん》もこの派に属し、清代文壇の中心勢力であったが、平易で温雅な実用主義はまた清代官僚の持ち味でもあり、とくに学派を名のらなくとも、この主張に同調する文章が清代知識人の一般的なものであった。書きやすいがなまぬるい、穏当だが情熱がない、格調の高さや歯切れのよさが伴わない、などがその特色であった。文章は人間が表現されるというが、もし文章が人間をつくるとすれば、あるいは清朝政府が望ましいとする実直な人物は、このような文章による育成法もあったのである。

古文とは別に官僚登用の科挙にさいして、その答案に用いられる文章は、時文とよばれ、制義・制芸または八股文《はっこぶん》ともいって、唐代の駢儷《べんれい》体の流れをくみ、対句《ついく》を主としたものであった。これは明代にその形式ができ、清代もひきつづいて行われ、破承・起講・入題・起《き》股《こ》・虚股・中股・後股・大結の八部で、問題に対する解答を書き、起股から後股までの中心部分がそれぞれ二比という二つの対句から成るので八股とよばれた。清代は、これを五百五十字ないし六百字にまとめて答案を作製し、まったく形式的な文体で、なんら文学に関与するものではなかったが、駢儷体を書く流行も、このため決して廃絶してしまうことはなかった。

清代詩壇

明清の詩人と作品とについては唐宋ほどの愛好者はないが、なお、その平明枯淡の味にひかれるものは意外と多いようである。明末の文人銭謙益《せんけんえき》（牧斎）は、清朝にも仕えて『明史』の編纂に従ったが、その詩名は高く、同じく呉《ご》偉業《いぎょう》（梅村）もはじめ清朝に抵抗したが、のちに清に仕え、ともに艶麗な詩風をもち、明滅亡後は凄壮哀愁のふうに変わった。

このふたりは二朝に仕えたとして排斥されたが、清代詩壇に大きな影響を与え、王士《おうし》禎《てい》（漁洋）も若いとき、このふたりの知遇を得た。王士禎は兄から唐宋の詩を学び、王維《おうい》・孟《もう》浩然《こうねん》・王昌齢《おうしょうれい》・韋《い》応物《おうぶつ》・柳宗元《りゅうそうげん》らの作品に傾倒し、神韻を主張して文字の遊戯を捨て、言外の意味を説き、清代の第一人者としての名声をほしいままにした。著書に『漁洋詩集《ぎょようししゅう》』があるほか、随筆『池《ち》北偶談《ほくぐうだん》』『香祖《こうそ》筆記《ひつき》』などは、のちに大いに愛読された。

王士禎が唐詩を重んじたのに対し、同時代の査《さ》慎行《しんこう》（他山）・朱彝《しゅい》尊《そん》（竹垞《ちくだ》）は、宋詩を愛好し、清代の好尚を宋詩へ傾斜させる因縁をなした。朱彝尊は宋詩と同じく宋詞をも重んじ、歴代の詞を集めた『詞《し》綜《そう》』や、明詩を選んだ『明詩綜』を残した。乾隆期にはいると、王士禎の流れをくむ沈《しん》徳潜《とくせん》（帰愚）が、唐詩の格律を詩の精神として格調説を唱え、宋詩を重んずる袁枚《えんばい》（随園）は、真情の発露こそ詩の精神として精霊説を唱え、詩壇はいよいよにぎやかになった。

朱彝尊（1629〜1709）

袁枚は、蔣士銓《しょうしせん》（蔵園）や趙翼《ちょうよく》（甌北《おうほく》）とともに乾隆の三大家と称せられた。蔣士銓は戯曲にも名があり、趙翼は史学者としても知られているが、これらの文人官僚は、乾隆期以降はしだいに少なくなった。明代の遺風ともいえる文人が、武人政治の清代にも、この時期まで残存していたといえるのかもしれない。たとえば、乾隆末に詩名の高かった王昶《おうちょう》は、春融堂《しゅんゆうどう》と称して多くの著書を残したが、従軍して功があり、武人として辺境各地に遠征している。武人のたしなみとしての詩作がことに評価されたものであり、詩作は多くの知識人の日常の教養となっていた。

清代詩風が、深刻を避け平明に、情熱をおさえ流麗に進んだのは、当時の世界観・人生観と相表裏するもので、宋詩、ことに黄庭堅《こうていけん》らの、いわゆる江西《こうせい》詩派がもっとも愛好されるようになったのも、杜甫《とほ》の激しさを禅味で包み、その奔放を自制でひきとめるところが共感されたのであろう。しかし、爆発をおこさない文学は遊戯におちこみ、古詩になぞらえ、その字句を点綴することが流行し、詩壇に新風を吹きこむのは、清末を待たなければならなかった。清末、文学革命にさきがけて、黄遵憲《こうじゅんけん》が口語詩を主張し、文字改革の必要まで強調した。外交官であったかれは、日本に駐在した間に『日本雑事詩』などを書いた。しかし、先駆者ではあったが、沛然《はいぜん》と大雨をおこすにはいたらなかった。

清代小説

中国古典文学が、宋元以来、幾度か清新を求めて浮上しようとしたが、じっさいには、しだいに浅薄となり、ゆきづまってきたのに対し、新しい分野である小説や戯曲には大きな発展があった。ことに明清間には作品も批評もすぐれたものが続出し、社会の受容も熱狂的で、書肆も人気のある作品には続編を出版し、名家の批評を加えてその人気をあおるふうがあった。これは庶民文化の隆盛であり、明清時代の特色とされるものであるが、かならずしも庶民の間に流行したものではなく、作品の内容が庶民的になったというほうが当たっている。

この風潮はかつての中国では、隠遁とか仏門にはいるとかの道を選んだであろう人たちが執筆したように想像されがちであったが、これもかならずしも当たっていないようである。ただ、明末の李卓吾《りたくご》が、元代の王実甫《おうじっぽ》の作といわれる『西廂記《せいそうき》』、同じく羅貫中《らかんちゅう》の作といわれる『三国志演義《えんぎ》』、同じころの『水滸伝《すいこでん》』などに批評本を書いてこれを推奨し、さらに清初の金聖嘆《せいたん》が、『西廂記』や『水滸伝』を、『荘子』『離騒《りそう》』『史記』『杜詩』と並べて中国文学の傑作として推し、卓吾や聖嘆の悲劇的な生涯と人気とから、盛んに流布するようになったのは事実である。李卓吾や金聖嘆は、やや遁世的な生涯を送っていた。

曹雪芹（？～1763）

清代の作品では、中国文学の最高峰の一つとされる『紅楼夢《こうろうむ》』がある。作者曹雪芹《そうせっきん》は南京の名家に生まれたが、没落して、北京で不遇のうちに死んだ。『紅楼夢』は、その自叙伝的な恋愛小説で、全百二十回のう

李宝嘉（1867〜1906）

ち、前八十回が原作、あとの四十回は残稿を整理した高蘭墅《こうらんしょ》の続作である。世態や人情を描写して機微を尽くし、歓楽と表裏する哀愁をみごとに表現して、乾隆期の社会を髣髴《ほうふつ》させるものがある。この書が刊行されると大きな反響をよんで流行し、後編や続編が各種つくられたり、紅学とよばれるその研究の専門家さえ現れるようになった。

読書界における小説の流行は『紅楼夢』一編でもたらされたというより、同時代に呉敬梓《ごけいし》の『儒林外史《じゅりんがいし》』の流行と相呼応するものであった。呉敬梓も名門に生まれたが、任侠《にんきょう》のため家屋を失い、八股文を憎んで科挙に応ぜず、貧困で、死ぬまで官吏の腐敗堕落を描写し、明代に仮託して当局の圧迫を避けた小説を書いた。『紅楼夢』も『儒林外史』も口語小説で、強く同時代の社会への怒りを含んでいる点が、期せずして愛読されたゆえんでもあったのであろう。

これらの長編小説は章回小説とよばれ、さらに道光のはじめには、李汝珍《りじょちん》の『鏡花縁《きょうかえん》』百回本、ついで文康《ぶんこう》の『児女英雄伝《じじょえいゆうでん》』四十回本、陳森《ちんしん》の『品花宝鑑《ひんかほうかん》』六十回本などが書かれ、文学界は空前の小説全盛を現出した。多くは才子佳人を描き、官界や花柳界の情景を写し、めでたく完了するのを一般としており、悲劇的要素は少なかった。しかし清末になると、李《り》宝嘉《ほうか》の『官場現形記《かんじょうげんけいき》』六十回本、劉鶚《りゅうがく》の『老残遊記《ろうざんゆうき》』二十回本、呉沃堯《ごよくぎょう》の『二十年目睹《もくと》之《の》怪《かい》現状《げんじょう》』百八回本のような、官界の腐敗を痛烈に暴露した小説が相ついで発表された。小説の作家たちは、ほとんど官僚としてその経験を記述し、あるいは感懐を託したものであったが、呉沃堯は文筆家として生涯を送ったので、その作品も多く、また、文学が職業としてなりたつようになってきたことをも示している。

これらの長編小説と並行して短編の小品集も多く、これは随筆と区別しがたいものもあるが、清代では、蒲松齢《ほしょうれい》の『聊斎志異《りょうさいしい》』が代表的で、著者が科挙に落第をつづけ、憤懣のうちに奇聞や怪談を数多く書きためたものである。貧しかったので生前に刊行の機会がなく、死後刊行されたが、この短編集は、乾隆以来どの家にも一本は備えられたといわれるほど愛読された。きつねや花の妖怪がかもし出す夢幻の世界は、すぐれた古文の駆使とともに、傑作の名に恥じなかった。その流行に刺激されて、袁枚《えんばい》は『子不語《しふご》』を書き、紀昀《きいん》は『閲微草堂《えつびそうどう》筆記』を書いた。

もともと怪異談は中国読書人が異常なほど愛好したもので、南北朝のころから仙人や鬼神の話を志怪といい、唐のころから劇的物語を伝奇といったが、これらが継承されてこのような編成となったのであった。

なお清末となって、林紓《りんじょ》（琴南）はヨーロッパ文学の紹介につとめ、デュマの『椿姫』も『巴黎茶花《パリさか》女遺事《じょいじ》』として導入した。ただ、自ら翻訳するので

紀昀（1724〜1805）

天津の劇場

はなく、協力者が記述するものを文語になおしただけではあったが、そのほか十数ヵ国、百六十種あまりに及ぶ紹介を果たし、『アイバンホー』『ロビンソン・クルーソー』『ガリバー旅行記』『オリヴァー・トウィスト』など、多くの学生に西洋文学の目を開かせた。

清代戯曲

戯曲は、明代にひきつづき、作者も作品も多く、演劇の盛行とともに楽曲にも新機軸が現れて、愛好は一般化した。清初には明末清初の文人の典型的な李漁《りぎょ》（笠翁）がおり、喜劇を主とした『笠翁《りゅうおう》十種曲』を残している。李漁は科挙に失敗して官途につかず、その随筆『閑情偶《かんじょうぐう》奇《き》』は文人趣味を説き、小説『無声戯《むせいぎ》』で口語の短編集、ほかに中国山水画の入門書『芥子園画伝《かいしえんがでん》』の序を書き、出版させている。康熙の中ごろ、洪昇《こうしょう》（稗村《はいそん》）は、唐の玄宗《げんそう》と楊貴妃《ようきひ》を扱った『長生殿《ちょうせいでん》』を書き、演劇界で流行し、同じころ、国子監博士にもなった博学の孔尚任《こうしょうじん》（東塘）は『桃花扇《とうかせん》』を書いて明末の動乱期の文人と名妓の悲恋を扱い、『長生殿』とともに清代戯曲の双璧とされた。また、乾隆期には、蔣士銓《しょうしせん》の『絳雪楼塡詞九種《こうせつろうてんし》』などが残されている。

中国の演劇がオペラ風の歌と白《はく》（せりふ）と科《か》（しぐさ）で成立したのは宋代以来で、元代に隆盛をきわめたが、元代に流行した雑劇は北曲とよばれ、明代には、宋代から浙江地方に残された南曲が盛んとなり、ことに江蘇省崑山《こんざん》の人によって崑曲が始められると、これが北京をも風靡して明末にいたった。しかし、演劇の主流となった南曲もようやく歌詞や脚本が陳腐になってきたときに、『長生殿』や『桃花扇』が現れて、新たな生気を得たのであった。そして、乾隆末に、同じ南曲系でも、安徽や湖北の劇団が北京にはいって、大衆向きの脚本と通俗的な歌詞で演じたのが流行し、いわゆる京劇《きょうげき》が成立して、崑曲は衰えはじめた。文人好みの崑曲の衰微と、演劇が脚本より俳優を主とするようになって、戯曲の作品もようやくその数を減少するようになった。

京劇　『征西全伝』の舞台から

清代随筆

小説や戯曲の盛行を庶民文化と考えるのは、これが

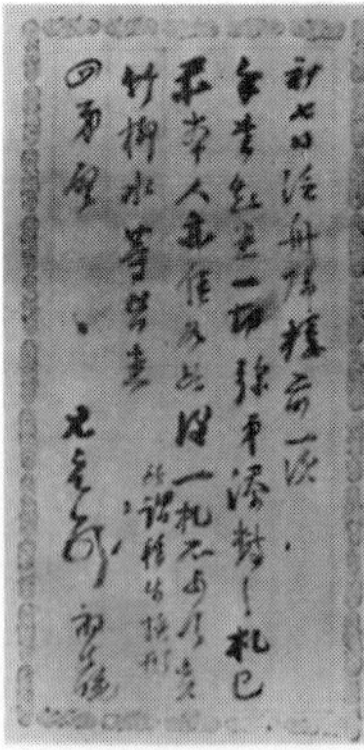
阮元の筆跡「尺牘」

庶民の間に流布し、愛好されたという事実と、その内容に庶民生活が多く描写されているという事実からの想定である。明代から、商家の主人が学問的業績を発表するものも出てきたし、官界にはいるものも現れた。清代では、富豪は争って買官し、官位だけを得て実務につかない虚銜《きょかん》で、官僚と対等になることを図ったが、実際に科挙を通って高官にのぼるものも陸続と出てきた。そのような出身が、思想の幅を若干広げ、弾力を与え、柔軟を増し、生気を加えたことはあったが、かならずしも官僚が独占していた文化を庶民化したとはいえなかった。ただ、庶民の生活力がしだいに、文化の独占を特権と考えさせない傾向を強めたことはあったように思われる。

たとえば、同じ商家出身の官僚でも、阮元と趙翼とでは、その作品を通じて見られる姿勢が異なっており、個人差があるとはしても、趙翼の自由さに比べて、阮元の訓詁や駢儷《べんれい》文はまったく保守的な傾向を示し、ただ、出身から思想を論ずるより、官僚としての地位のほうが決定的であったようである。阮元には、大官として自ら規制する力がいつも働いたであろうし、趙翼には、客観的に見ることに慣れる機会も多かったであろう。してみると、個人の場まで掘り下げてみることのできるものは、文学では随筆の分野があり、ここにも歴史の種子が多いのである。それは史料の宝庫というより、著者の人間が見えかくれするからで、宋代以後、筆記とよばれる随筆が盛んになったのも、人間を露呈することが多くなった社会の傾向と表裏している。

もっとも、中国の随筆には叙情的な感懐を語るものより、物識り比べのような話の種が圧倒的に多い。事実、随筆というより、そのまま一貫した著述に近いものや、著述の備忘録風のものが刊行された。これは世界の随筆文学の中では特異な性格で、自然や人事に向かって流露する情感が詩型をとるため、学術の余滴の中に短編が凝集したものといえる。いわば、随筆は雑学の表現方法であり、宋代以来、その形が踏み固められてきた。したがって随筆も、経史類・典章類・小説類・地誌類などに分類できるほど専門化し、ここに、史料を探すための索引すらつくられるようになった。江戸期の日本の随筆が『方丈記』『徒然草』と事変わり、衒学的になったのも清代の影響であり、知識人の余技が知識の競演となった。

経典類では、顧炎武の『日知《にっち》録《ろく》』をはじめ、王鳴盛の『蛾《ぎ》術編《じゅつへん》』、銭大昕の『十駕斎養新録』、趙翼の『陔余《がいよ》叢考』など、さきにあげた古文家や史学者に多く作品が残され、典礼や制度に関した雑話には、礼親王昭槤《しょうれん》（汲修主人）の『嘯亭雑録《しょうていざつろく》』や、王慶雲《けいうん》の『石渠《せっきょ》余記』が知られている。もっとも随筆らしい雑学の談叢としては、王士禎の『池北偶談』、張潮の『虞初《ぐしょ》新志』、黄鈞宰《こうきんさい》の『金壺《きんこ》七墨《ぼく》』などが有名で、清末には、楊鍾羲《ようしょうぎ》の『雪橋詩話《せっきょうしわ》』、薛福《せっふく》成《せい》の『庸盦《ようあん》筆記』があり、ほとんどの文人にはなんらかの作品が残されているくらいその数は多い。

宋代以来、都市の繁盛を記述した雑記は多いが、北京については朱彝《しゅい》尊《そん》の『日下《じっか》旧聞』、敦崇《とんすう》の『燕京歳時記《えんけいさいじき》』、南方については屈大均《くつだいきん》の『広東新語』、李調元《りちょうげん》の『南越筆記』、汪森《おうしん》の『粤西《えっせい》叢載』などがあり、また、その他の地方の風俗行事について記載したものや旅行記も多い。

二　清代美術

中国美術の位置

中国美術、ことに絵画や工芸が世界に寄与したことは、それが文字の媒介を必要としないため、文学よりはるかに大きいものがあった。ヨーロッパのバロック文化が中国の美術を一つの契機としておこったことは早くから説明されてきたし、フランスを先頭とするシナ学者も、中国への接近が読み物を通じてより美術を通じてであったようである。中国の山水画をヨーロッパの風景画と比較し、花鳥画を静物画になぞらえ、中国での発達がヨーロッパよりはるかに早かったことを取り上げ、中国文化の先進性を説くこともある。画題を直接比較することには疑義もあるが、文化の跛行《はこう》性からいって、ある分野がある種の方向をもって、きわめて高い程度に発達することがあったのは当然で、そのまま社会全般の先進性に結びつけることはできないものかもしれない。

また、かつて中国美術について、威力芸術というよび方で、その神秘的で威圧的な特色を強調し、アジアの専制国家に共通した、怪奇で威力的な諸遺跡・諸遺物を総括する考え方があった。しかし、最近の中国の考古学的な発見を見ると、かならずしもこの考えが本質をついていないことも明らかになってきた。たしかに専制支配の当局は威圧的な表現を必要とし、多くこれを製作してきたが、美意識まで固定することはなかった。表示されたものは支配の象徴でも、つくるものがみなそのようなものしかつくらなかったと考えることもやはりそのままでは通用しないようである。近ごろの出土品でめだつのは平明素朴な作品が多いことで、各種の技術が従来想像されたよりはるかにさかのぼって発達していたこととともに驚かされる。怪奇なものより平明なものが多いというのは、従来よりそのような作品へのわたしたち自身の関心も深くなったというわけであろう。過去の美術に対しても、現在の意識がその系列を変えていくのである。

中国の美術も、世界のそれと基本的に相違のあるものではなくとも、ギリシアやインドの美術に比べて、やはり大きな特色をもっていた。まず材質からいえば、古くは青銅器の豊富さ、中世以降は陶磁器・絹製品の優秀さにおいて他の追随を許さなかった。木造の建造物には古い遺構が少なく、金色燦然《こんじきさんぜん》たる装飾も少ない。技法からいえば幽玄の趣が多く、快活明朗の動きが少なく、動より静、華よりも寂といった好尚がすべてにあふれている。ただ、これらの特色を他の世界の他の美術と対照的にとらえることは、かえって無用のアクセントをつけることになるので、中国美術が、好き嫌いを別として、どの分野でも遜色のないものとして考えることが当然の前提である。

八大山人「山水図」

王原祁「倣黄公望山水図」

清代絵画

美術史は政治史ほどのめまぐるしさはなくとも、これに近いはげしい盛衰をくり返してきた。その中で中国の絵画は、各時代を通じて、もっともその時代を代表できるような作品を残し、また多くの画論も書かれて、中国美術の中心をなした。それは、絵画は詩文と同じく個人の業績であり、宮廷詩人があれば宮廷画家があり、隠逸の詩人がいれば隠逸画人もいて、歴代その人を欠かなかったからである。そして中国画にも、宋代以来、伝統が固まり、宮廷画作製の画院で描かれる院体を北宗画《ほくしゅうが》または北画、文人の間で描かれる文人画を南宗画《なんしゅうが》または南画といい、明代は南画の全盛期であった。

清代はこれを受けて、主流は南画であり、宮廷の画院まで南画を採用するようになった。規格を重んじる写実的な北画の伝統に対し、自由で奔放な画風をすべて南画とよぶふうもあったが、絵画がいつも現実の社会を反映するだけでなく、はるか向うを見ていたことにもよろう。

王時敏「倣巨然山水図」

明末から清初にかけては、石濤《せきとう》と八大山人《はちだいさんじん》とがその個性的な画風で著明であった。石濤は、明が滅亡すると有髪の僧となり、揚州に住んで多くの文人と遊び、長江以南では第一人者といわれる画壇の名声を得た。『苦瓜《くか》和尚《おしょう》画語録』を書き、山水花《さんすいか》卉《き》の作品は格調の高さを称された。石濤と同じく、明の王族八大山人はさらにはげしい抵抗の生涯を送り、僧となって、狂気孤高の生活の中から破格の山水花鳥を描いて怒りを表現したといわれる。明の遺民だという自覚の熾烈さは想像以上であったが、また、そのような抵抗をもたないものも多かった。

明の宮廷に仕え、また、明末の大家董其昌《とうきしょう》に師事した王時敏《おうじびん》（烟客《えんかく》）は、若くからすぐれた画風と古法を会得した規格をもって知られていた。明滅亡ののちは隠退したが、画壇の重鎮として清代絵画の源流とされた。その門下の王翬《おうき》、孫の王原祁《げんき》もみな画壇に雄飛した。王翬（石谷）は北画をも学んで模写にすぐれ、画聖とよばれるほどの技巧をもち、康熙帝の「南巡図」も描いた。王原祁（麓台）は宮廷の画院にあって、南画を画院に導入する原動力となった。また、王時敏と同じころ、かれとも画技を競った王鑑《かん》（湘碧）は、明の文人王世貞《せいてい》（弇州《えんしゅう》）の孫で、明滅亡ののちは隠退して画業に専念した。王時敏・王鑑・王翬・王原祁は四王と並称され、清代南画の大成者とされているが、宮廷に出入りして形式主義の習気を加えていった。

王翬とともに王時敏に学んだひとりに呉歴《ごれき》（漁山）があり、ともに虞山《ぐさん》派とよばれたが、しだいに個性を強め、晩年にはイエズス会に入会して画風も変化し、形式主義から離脱しようとする風潮を開いた。また、明の滅亡後、貧窮した名族惲寿平《うんじゅへい》（南田）は、詩・書・画をよくしたが、山水花鳥の南画にすぐれ、山水は友人の王翬にかなわないとして花鳥画に専心したといわれる。かれの着色花鳥画は写生風で、形式主義を脱して清代花鳥画の典型とされ、その派に、文華殿大学士にもなった蔣廷錫《しょうていしゃく》（西谷）が出た。呉・惲はさきの四王と並んで四王呉惲とよばれ、清代絵画の絶頂をなすものとされた。

しかし、乾隆期にはいると南画の形式化に反抗するものが出る。元来、文人画として民間に根をおろした伝統が宮廷化し、貴族臭をもつと、当然反発がおこり、これが画風に反映してきた。これを代表するものとして、塩商で繁栄していた揚州に、揚州八怪《ようしゅうはっかい》といわれた文人画家たちがある。これらは、いずれも専門画家でなく、中年から絵筆をとった人たちであった。

郎世寧「馬上の乾隆帝」

李鱓「牡丹花開富貴春」

呉歴「湖天春色図」

これらは、文人画とは絵画ではなく、詩であり、文であり、生活そのものだとする心意気の表現で、怪とは型を破った個性の強い作風をよんだものであった。もっとも、八怪といっても一群の人たちをさすもので、揚州の出身者ではなく、ここに寄寓し、文人生活を送ったものが多かった。金農《きんのう》（冬心）・鄭燮《ていしょう》（板橋）・李鱓《りぜん》（復堂）・黄慎《こうしん》（癭瓢《えいひょう》）・羅聘《らへい》（両峯）・李方膺《りほうよう》（晴江）・王士禛《おうししん》（巣林）・高翔《こうしょう》（西唐）らに、閔貞《びんてい》（正斎）・高鳳翰《こうほうかん》（西園）・華嵒《かがん》（新羅山人）らを加えることもある。

金農は杭州で詩人として名があり、たびたび揚州に遊び、晩年はここに暮らした。絵を描きはじめたのは五十歳をすぎてからで、花木や馬や仏像を描き、超俗的な生活と主観的な画風で知られた。鄭燮は官途についたが、退官後、揚州で金農らと交わり、蘭や竹を描いて清爽の趣を賞せられ、李鱓は八怪との交遊も厚く、水墨花卉《かき》画を得意とし、黄慎は道釈の人物画をよくし、羅聘は山水や花卉に奔放な画風をもっていた。共通して山水画が少なく、花木や人物に題材を選び、詩や書をよくするものが多く、揚州の富豪を背景に、一人一党の連中がサロンを現出したものであった。

文人画に対し、宮廷の画院の伝統は、南画の影響を受けながら、なお、写実克明な画風を継承していた。康熙帝に仕えた焦秉貞《しょうへいてい》は欽天監に勤め、イエズス会士から遠近法を学んでこれを応用したが、まだ陰影法を用いることはなかった。清代画院に特異な位置を占めたのは、雍正・乾隆両朝に仕えたイタリア人のイエズス会士カスティリォーネ（郎世寧《ろうせいねい》）で、キリスト教の布教は禁ぜられていたが、その鮮明華麗な画風で帝の寵愛を集め、人物画・戦争画を残し、何人かの模倣者も現れた。しかし、西洋流の絵画は中国では定着しなかった。かれは頤和《いわ》園に西洋楼という洋風宮殿をも造営したが、いずれも宮廷の好奇に答えるだけで終わった。当時、人物画では、改琦《かいき》（香白）が中国古来の線描による美人画で著名であり、余《よ》集《しゅう》（秋室）も、その描く美人が余美人とよばれて評判をとった。

しかし乾隆期をすぎると、他の諸文化と同様に凋落し、清末になって、文人画に趙之謙《ちょうしけん》（梅庵）が揚州の画風を再興し、さらに豪放を加えて花卉を得意とし、また、呉昌碩《しょうせき》（缶廬《ふろ》）も同様の画風で日本に愛好家が多く、ともに詩や書をよくして中国文人の伝統をつないだ。

中国絵画が文人画の規格からついに脱出できなかったことは、絵画を生む基盤が宮廷か文人の自由生活かに限定され、また、絵画的要素が陶磁や染織の他の分野に吸収されて、絵画としての新しい手法の発展を妨げていたことによろう。が、それよりも中国の伝統尊重が、あふれ出る意欲をはばんでいたことも大きな制約であった。

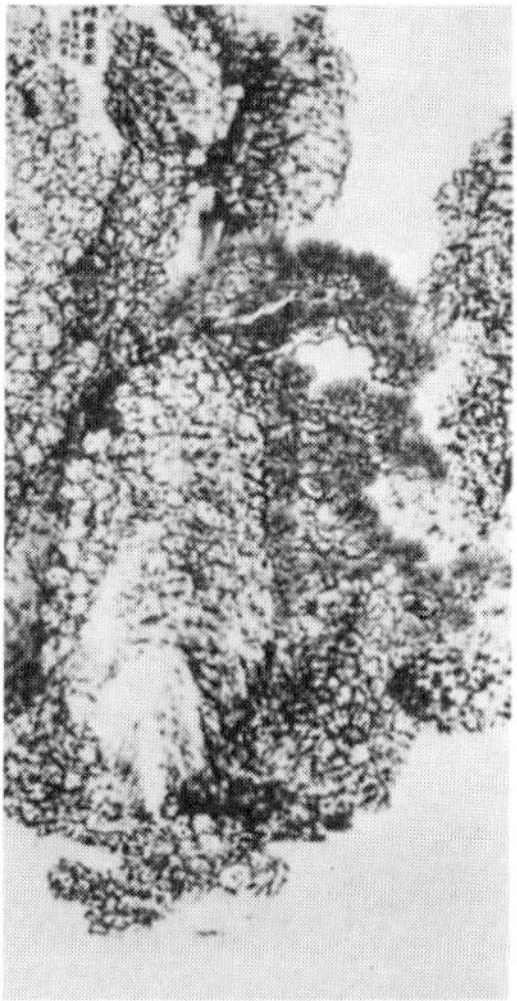
趙之謙「積書巌図」

清代書道

書画といわれるほど、中国の書は絵画に匹敵する愛好と技法の伝統をもっていた。これは中国に独自のものではなく、アラビアでも蒙古《モンゴル》でも、その文字に対する関心は高かったが、表意文字が幾度かの書体の変遷を経るうちに、文字の芸術に多くの回想がつながり、たんに名筆である以上に、その周辺に伝統が成立するようになった。これは漢字文化圏に共通したことで、日本、朝鮮、ヴェトナムなどにも書道があり、文字は美意識の端的な表現法とされてきた。清代は、過去の技法を集大成する時期に当たり、ことに金石学の盛行は書法に復古主義をよびおこして、書壇は盛大で名家も多く輩出した。

　明代の書風は、文徴明《ぶんちょうめい》・董其昌《とうきしょう》の二大家で代表されたが、清代はだいたい董其昌の流れを汲むものが多かった。明末清初にかけては、王鐸《たく》・張瑞図《ずいと》・傅《ふ》山《さん》らが書画ともによくして明の遺民らしい奔放の書風を残したが、やがて、大官である張照《ちょうしょう》・劉墉《りゅうよう》らが、董其昌を学んで雄渾精緻《せいち》の書風で鳴らし、いわゆる帖学《じょうがく》の泰斗とされた。帖とは南帖で、王羲之《ぎし》以後の法帖によって習練する技法である。しかし、金石学の発達は、南北朝ごろの北朝の墓誌銘などの研究を進め、これらの北碑に古代の書法が残存しているとして、これを唱導するものが多くなり、阮元《げんげん》などの復古主義が書法に取り入れられ、鄧石如《とうせきじょ》（完白）や伊《い》秉綬《へいじゅ》（墨卿）などが碑学を開き、強健な

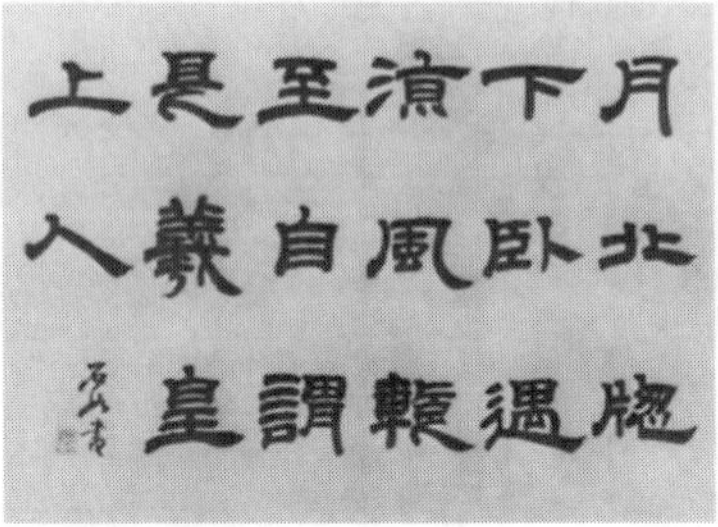
鄧石如「四体帖」

筆致で清代後期の書法を決定的にした。

嘉慶期以後、包世臣《ほうせいしん》（安呉）・陳鴻寿《ちんこうじゅ》（曼生《まんせい》）・呉熙載《ごきさい》（晩学）・何紹基《かしょうき》（東洲）・張裕釗《ちょうゆうしょう》（廉卿《れんけい》）など、名筆の誉れ高い人たちはみな碑学を奉じ、中国書道の主流となった。これらは多く官僚で、包世臣は幕友として運河漕運に詳しく、陳鴻寿は各地の知県を歴任し、呉熙載は諸生で終わったが、何紹基は翰林院にあって各地の試験官となり、張裕釗は内閣にあった。

官僚の経学が漢学に傾けば、漢隷に倣う北碑派の書法が官僚の間に流行するのは当然であった。が、陳鴻寿や呉熙載らは南画にもまた名があり、趙之謙や呉昌碩らの書法が碑学に傾いたのもみな一つの潮流であったろう。もちろん、北碑が流行したからといって、中国の書法がそれのみになったのではない。つまり、帖学の文字が書かれなくなったわけでなく、花卉を得意とする画家が山水にも妙手を見せたように、書体や書法には、その時と所が条件となっていた。

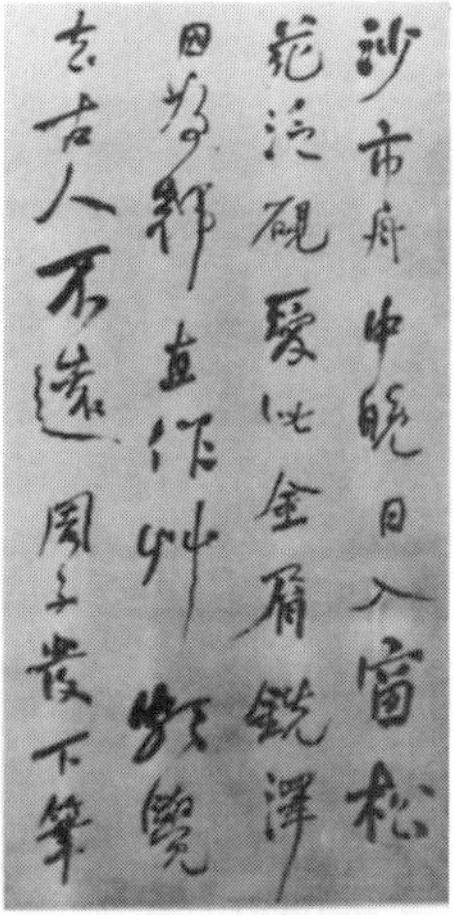
何紹基「黄庭堅・山谷題跋中語」

清代陶磁

中国の産業と美術とをながく世界的に代表してきた陶磁器についても、清代は過去の技術を集大成し、その産額

青磁粉彩唐草文瓶
乾隆銘　景徳鎮窯

も種類も空前の盛況を呈した。陶磁器は、各時代にその時代の特色を示す優秀な作品が残されていることが絵画と同様で、愛好者はそれぞれの特色によって評価を異にし、あるいは宋代の青磁や白磁をその気品によって最高と考え、あるいは明代の染め付けや赤絵をその豊満明快によって最高と考えるが、清代はそれらに遜色のない作品を残している。陶磁器は、その製作過程で早く分業がおこっており、その製作地である窯の名をもってよばれるが、製作者の個人名は伝えられていない。文人たちがその生活の全精力を投入して書画に投映した業績と、無名の職人たちが共同して焼き上げた陶磁器とが、その芸術的な高さを等しゅうしたことは興味が深い。

かつて中国の陶磁器は、浙江《せっこう》・福建《ふっけん》・河北《かほく》・河南《かなん》の各地に古窯が発見され、唐代にはさらに広く全国にわたり、南の越州窯《えっしゅうよう》の青磁、北の邢《けい》州窯の白磁はことに有名であった。元代以来、染め付けが、おそらくイラン方面から導入され、赤絵や辰砂《しんしゃ》とともに陶磁の主流となったが、各地の生産はしだいに衰えて、江西の景徳鎮《けいとくちん》に集中する情勢が明清の間につづいた。明代にここに宮廷用の窯、すなわち官窯《かんよう》がおかれてからは繁盛をきわめ、人口も五十万、日夜黒煙が天をこがして、その生産品は国内はもとより、世界の各地へ輸出されて、陶磁、すなわち中国の観を呈するようになった。

これを受けて、清代の康熙・雍正・乾隆の間は、官窯を中心にしてここで多くの名器が製作された。清朝は、明の御器廠《ぎょきしょう》を御窯廠《ぎょようしょう》とし、その長官に臧応選《ぞうおうせん》・年希堯《ねんきぎょう》・唐英らを派遣して監督させ、明の官窯だけで五十八座あったものを継承してその技を競わせた。また、民間の窯は二百座前後に達したもののようで、景徳鎮の街路は陶片で土を見ないといわれるにいたった。

景徳鎮を中心とする清代陶磁器について述べる前に、これらを記載した記録の特色のほうが、陶磁が占めた中国社会での位置を示すように見える。これには、乾隆期の朱琰《しゅえん》の『陶説』や、嘉慶期の藍浦《らんぽ》の『景徳鎮陶録』をはじめ、多数の関係書があるが、まず、明代の窯には名工の名を冠したものが注目される。崔公窯《さいこうよう》・周公窯・壺公窯《ここうよう》などの名が見え、崔氏は不詳であるが、周公とは周丹泉《たんせん》、壺公は壺隠道人であり、また、横峯窯《おうほうよう》を開いた瞿志高《くしこう》などの名が伝えられている。しかし、清代には名工の名は見当たらない。名が称せられるほどの独創がなかったためか、官窯の統制が強く個人の名が蔽われたためか、大量生産はとくに名工を必要としなかったためか、それとも、職人という階層が確立したためか、興味がもたれる。

つぎに陶磁の色彩や焼成の味についての、独特の、おそらく職人用語であろうと思われる語が数多く現れることが注目される。蛇皮緑《だひりょく》・鱔魚黄《ぜんぎょこう》・瓜皮緑《かひりょく》・茄皮紫《かひし》などは、銀商人が銀色のよび名をいろいろの動植物になぞらえたことと同様で、このような商工業者の語彙《ごい》が豊

古月軒の瓶

富になり、詩論や画論とは異なった文章が、未熟ながら成長しはじめていたことを思わせる。陶磁の底辺には、民衆の巨大な需要をまかなわなければならない生産があり、それをささえる人口があったわけである。さらに、清代陶磁の特色は倣《ほう》製《せい》を誇示していることで、従来の名器の各種を模倣することがもっともすぐれた技術とされたようである。乾隆期に官窯を監督した唐英が残した『陶成紀事碑』に、進貢の名品五十七種を列挙し、そのうちの三十三種までは、宋磁や明磁の倣製であることを謳っている。

さて陶磁器のように愛好者が多く、その愛好が偏執を伴うため、こわれやすいものがよく保存されたとして、古いものほど愛着を増し、宋磁の気品の高さ、明磁の豊麗さを最高と考えるふうがつづいていた。そのため、自分の好みにしたがって倣製を真品とし、真品を倣製とするようなことは間々おこった。明代の周丹泉は万暦のころの人で、その巧みな倣製は原品との区別がつかないとの評判が残っているが、清代の技術がこれに及ばなかったとは思えない。しかし、清代の好尚が絢爛《けんらん》豪華に傾き、赤絵や染め付けに技を競い、乾隆期にはいると、郎世寧の影響によって西洋風の絵柄や形式が導入されたこと以外には独創性は乏しかった。なにをやってみても、すでに試みたものがあって、その水準を抜くことはできないという観念が、いつか牢固として清代文化の基底に固定してきたもののようである。

清代陶磁の雑器については、今日に残る記述はない。清代には、下手物《げてもの》に対する好事家の目が開かれることはなく、中国沿岸はもとより、琉球はじめ東南アジアの沿海地帯から発見される陶片から想像する以外はない。元明時代の雑器は、まま上質のものが混在するが、いっぱんに厚手のものが多く、胎質も釉薬もそまつである。しかし、清代にはそれが薄手になり、染め付けが多く赤絵も混在するようになる。これらについては、決定的なことをいうほどの資料は報告されていないが、民衆用品の質の向上だけは疑えないようである。芸術品への独創の代わりに、底辺に広がっていく質の上昇は、おそらく多くの文化面に共通したことであったろう。

清代漆器

中国の漆器が古くすぐれた技術をもっていたことは漢代の遺物から察せられ、唐代の螺《ら》鈿《でん》、宋代の剔紅《てきこう》（堆朱《ついしゅ》）と、歴代発展してきたが、陶磁器の発達におされ、また、その工程が大量生産を不可能にしていたため、日常用器からはその姿を消した。明代には、日本の蒔《まき》絵《え》を学んだ楊塤《ようけん》が楊倭漆《ようわしつ》とよばれるなど、工芸品としての命脈を保って清代に及んだ。

清代の漆器は、衝立《ついたて》やテーブルや椅子、寝台や簞笥《たんす》などの家具に豪奢な螺鈿を施し、また、彫漆に繊細な技巧を見せ、輸出品として知られていた。ただ日本の漆器と異なり、底辺をもたない工芸は技術が末梢的に走り、全般に脆弱《ぜいじゃく》な印象を拭うことはできなかった。漆器が民衆の生活用具に維持されているばあいは、技術者に幅があり、交流があり、その生産に対して需要に裏打ちされた自信を失うことはなかったが、日用品に放出する余裕のない技術は大胆さがなく、先細りになってしまうようである。

中国の漆の生産は古来絶えることはなかったが、一方、油漆《ゆしつ》または仮漆《かしつ》とよばれる桐油漆《とうゆうるし》のような塗料が普及して、生漆《きうるし》の用途はせまくなり、皮製品や籠類に紋様を施し、漆をかけて手箱や櫃《ひつ》とする実用品が流行する以外は、あまり大きな需要をおこさなかった。産地はだいたい南方にかたより、広州や福州などが中心であったが、北京や蘇州などにも伝統的な技術は残存した。いわば、残存するために手法を煩雑にし、冗漫にし、さらに堕落させたとでもいうものが多く、かつての精彩を失っていた。

清代玉器

漆器と同様、中国古代の伝統を残したものに玉器がある。玉《ぎょく》は瑪瑙《めのう》のような軟玉、翡翠《ひすい》のような硬玉を彫刻して宝器としたもので、中国は世界無比の遺品と技術とをもち、祭祀や儀礼の用具として、銅器と同様、武器や鼎《かなえ》などをつくったが、しだいに装身具や香炉のような作品が多くなった。青銅器も、殷周の祭祀用が、金石学のおこった宋代以後は、小型に模造されるようになったが、玉器も、その材料からいって小型化は当然で、清代の乾隆期に最後の全盛を迎えた。しかし玉器は、漆器よりもさらに底辺をもたない工芸であり、宮廷や貴族の嗜好に合わせるのみで、ただ、微小なものが宝飾品として民間に流布しても、新しい傾向を生むことはなく、結局倣製品に終始した。

玉器はまた材質に対する愛好が、北方では石器時代以来の伝統をもちつづけたようで、秦の始皇帝が神器として伝国の璽《じ》をつくったといわれるものも玉であった。玉の材料は多く軟玉であったが、彫磨の技術が進むと硬玉にも及んだようで、翡翠《ひすい》が古代では鳥毛であり、かわせみの羽毛を装飾に使ったのが、のちに硬玉の宝石をさすようになったのも技術の進歩によるものであろう。ただ玉はその材料からギリシア以来の大理石のような巨大な作品は生まれず、掌中におさめるような愛玩品であり、清末に呉大澂《ごたいちょう》の著した『古玉図攷《こう》』を見れば、清代でも玉器を古代の象徴として考えたようである。いっぱんには、象牙や銀などの器物と軌を同じくして用いられ珍重されつづけた。

なお清代美術について彫刻の分野が取り上げられることは少なく、雕漆や玉器・象牙などの彫刻に繊細華麗な作品を残しながら、石像・青銅像・乾漆像などにほとんどすぐれた作品がないことは事実である。清初の、喇嘛《ラマ》教の造像や道教による造像も多く残されており、また、建築の装飾として、華表《かひょう》・石獅子・欄杆《らんかん》や石階の彫刻なども多いが、気品も少ないように考えられている。北京に残る陶磁製の九龍壁が、大同に残る明代のものと比べてはるかに劣るのも、よく引かれる例である。彫刻が愛玩用の微小物に集中した結果であろう。

康熙帝の玉印

三　清代建築

中国建築の位置

中国の建築は、今日、世界の建築の中でどのように位置づけてよいものか、どのように評価されるものか。たとえば万国博覧会のような展示場で、各国が自国の特色を発揮しこれを誇示しようとしたとき、中国が中国風の建築を建てたならどのようなものを建てるだろうか、また、他と比較してどのような印象を与えるだろうかといった見方もできる。また、中国の風土の中で北京の紫禁城や天壇《てんだん》などをながめて、景観として見る見方、その構造を図版として観察し、他の文化がつくり出した建築と比較する見方、あるいは、壮大な宮殿や寺観とは別に、民家や農家を民衆の生活とその延長として見る見方もできよう。

かつて、建築といえば、その表象として屋根の形や、木組みの構造や、装飾部門に興味が集中していた。しかし、建築にも一つの世界があって、民族の社会の凝集した造形であり、将来とも人間と切り離せない構築で、その機能と構造とは社会と対応しているわけである。

中国では、宋代に李誡《りかい》が編纂した『営造法式』という建築書があり、また、明代には計成《けいせい》の『園冶《えんや》』があって、建築・造園が専門の分野として確立したが、秦代の昔にも、阿房宮《あぼうきゅう》の造営や六国宮の移築など、壮大な建築があったことが伝えられている。世界のどの文化に比べても遜色のない、もっとも古く、もっとも巨大なものを造営した社会の一つであった。た

東陵全景

だ、多く木造であったために、亡失して古代の遺構を見ることができず、今日残存する中国建築は、多くは宋代遼代以後のもので、漢・唐のものは、古墳の壁画や、出土した瓦製、または青銅製の模型を手がかりにするばかりである。

歴代を通じていえることは、他の文化圏の多くは神殿や公共施設に巨大な遺構があるのに対し、中国では、宮殿楼閣が寺観よりさらに巨大で、ながい皇帝権力の持続がここにも反映していることである。もちろん中国でも、儒廟・仏寺・道観など宗教的建造物にも他を圧する巨大なものが造営されはしたが、おもな力は、皇帝の居城、首府の城門といった政治権力を象徴するものに集中された。

ヨーロッパの都市の城門や諸侯の居城が防衛を主として建造されたのに対し、中国の都市の城門や宮殿は、威圧による権力の誇示が主となり、これに伴って、官署や堡塁まで、実用より威嚇《いかく》がいつもさきにたっていた。このような性格は建築にはつきものではあるが、これが清楚よりも怪奇に、軽快よりも鈍重に傾くのは、中国社会で権威というものがどんな印象を内外に与えていたかと関わってくるようである。建築や建築群は、絵画や彫刻よりもはるかに社会の諸相を明確に反映するので、それこそ中国の建築は中国の顔といってよいであろう。

紫禁城

どの国にも、その国の名とともに代表的な建築物が連想されることは多いが、中国では、やはり北京の宮殿紫禁城《しきんじょう》があげられる。今日、故宮博物院として開放されている一群の宮殿は、明清の宮城として、北京市の北部中央に南面して配置され、現在の建物は、明代のまま、その場所に再建または修築されたものである。明朝が南京から北京に遷都した十五世紀のはじめ、南京の紫禁城の制度にならって造営されたもので、宮殿の名称や装飾はしばしば変更されたが、清朝は、その政権と同様、その規模を踏襲した。征服王朝の常で、従来の組織の上に安座して力だけを見せつけるには、紫禁城の壮麗は維持しなければならず、さらに装飾を付加する必要があった。民間には使わせない黄瑠璃《るり》瓦を連ね、近よるだけで威圧を受けるような配慮を怠らなかった。

紫禁城は、東西約七〇〇メートル、南北約一キロの城壁に囲まれ、正南に世界最大の門で、二万人を収容できるといわれた午門《ごもん》があり、これから北へ太和《たいわ》門・太和殿・中和殿・保和殿の政庁がならび、乾清《けんせい》門・乾清《けんせい》宮・交泰《こうたい》殿・坤寧《こんねい》宮・坤寧門・欽安《きんあん》殿・順貞《じゅんてい》門の内廷がつづき、神武門《じんぶ》まで一線上に甍《いらか》を連ね、背後に景山が築いてあった。その左右には、多くの殿閣が配置され、各種の儀礼に備えられ、今日も華麗な宮廷儀礼の景観を想像させるものがある。が、一般的にいって、江戸期の造営と時期を同じくして、東照宮などの建造物が末梢的な装飾で塗りつぶされている点もまた同様であった。一定の規格の中に精力を集中すれば、当然おこってくる現象であり、ヨーロッパのロココ様式にも顕著に見られたところであった。

紫禁城太和門

紫禁城の中心は太和殿で、東西六〇メートル、南北三三メートル、正面に十二円柱をたて、大理石の石階に龍を彫刻し、前面の太和門を隔てて金水橋または五龍橋といわれる大理石橋を五橋並べ、壮観をきわめている。その内部は、中央に玉座を設け、天井から大きな宝珠を下げ、中華帝国の皇帝の座にふさわしい威儀をととのえた。

内廷の中心は乾清宮で、東西四五・五メートル、南北二〇・五メートル、元来は皇帝の住居であったが、清代の中期からは政庁として使用された。この城内の片隅で営まれた皇族の生活は、想像以上に人間臭のないもので、まったく形式の上

頤和園仏香閣

にだけ進行し、ほとんど極限の生物として以外の生活は成立しないような情景を見せている。ベルサイユ宮やルーブル宮のほうが、まだ生活のしみが残されているようである。紫禁城がそのような非生活的な様相を示すのも、建築に伴う庭園にほとんど配慮が払われていなかったことによろう。

離宮と陵墓

清代の離宮には、北京西郊の円明園・頤和《いわ》園、熱河承徳の避暑山荘がある。円明園は、一八六〇年のアロー戦争のさい、イギリス軍の放火によって廃墟となったが、それぞれ当時をしのばせる若干を残している。中でも北京西北の頤和園は、乾隆帝が明代の寺院を改築し、その周囲に殿閣庭園を造営して、園を清漪《せいい》園、山を万寿《ばんじゅ》山とよび、昆明湖《こんめいこ》に臨んで石舫《せきぼう》（石の船）の亭などを設けたが、これも円明園とともに焼かれ、西太后が乾隆帝の延寿寺跡に仏香閣や排雲殿を建て、かつての輪奐《りんかん》の美を回復した。湖水に沿うて長廊を設け、橋を架け、さながら江南の西湖を模した景観は、中国で江南の風光を第一として愛好したためである。万寿山の北側には乾隆期の廃墟が残されており、王朝の華麗さと空虚さとを象徴しているかのようである。

円明園は万寿山より北京寄りに雍正帝が造営し、これを乾隆帝が改修して、さらに長春園・綺春《きしゅん》園を開いた庭園殿閣群で、大小の池を結んで小川を通じ、おそらく造園の粋を集めたものであったようである。ことに乾隆帝は、ここに宣教師の手で噴水をつくらせ、また、バロック式の洋風建築を造営した。その規模のいくつかは銅版画や絵図、または模型などで想像することができる。これらはすべて廃墟となって修復されなかったが、その洋風宮殿も、とくにすぐれた建築だったとはいえなかったようである。

承徳の離宮は康熙帝によって造営され、乾隆帝はここにラサのポタラ宮やシガツェのタシルンポ寺に模したラマ廟を造営し、今日に異観を残している。しかし、ここで乾隆帝に謁したイギリスのマカートニー卿は、とくにこれらの規模に驚嘆してはいない。木造や磚《せん》造の建築がヨーロッパ人にとっては壮麗を感じさせなかったのかもしれない。

アロー戦争で廃墟となった円明園

なお、円明園を除いて、離宮が寺院と習合していることは皇帝の信仰によるとされているが、事実は権力を加重するためであり、また建築に他の様式をもたなかったことにもよるようである。それは、陵墓の建築を見ればわかることだが、配置や規模に規格はあっても、建造物そのものには宮殿とも寺廟とも大差がなく、彩色や細部の装飾をとり払えば、中国建築には多くの様式の存在しなかったことが明瞭である。

陵墓は、瀋陽郊外に太祖の福陵、太宗の昭陵、河北遵化《じゅんか》県に東陵とよばれる順治帝の孝陵、康熙帝の景陵、乾隆帝の裕陵、咸豊帝の定陵、同治帝の恵陵、同じく河北易県の、西陵とよばれる雍正帝の泰陵、嘉慶帝の昌陵、道光帝の慕陵、光緒帝の崇陵があるが、建造物としてとくに注目されるものはない。概して清代建築は明代を受けてなんら加えるものがなく、北京の天壇《てんだん》の円形の建造も、明代のまま再建したものであった。

宗教建築

木造建築の耐久性からいって当然であるが、中国古来の著名な仏寺・儒廟・道観も、多くは清代の改修改築によるもので、たとえば中国最古の仏寺と伝えられる洛陽の白馬寺、孔子の旧宅に建てられたという曲阜《きょくふ》の孔子廟、道教全真教の根本道場である北京の白雲観も、その大部分は清代に建てられたものである。あるいは、唐代の遺構さえ残っている五台山の仏寺群や天台山の諸寺も同様であり、その他の名刹《めいさつ》も、ほとんど改修によるもので、これを清代建築といってよいかどうかは疑問である。

舟山の大伽藍

もちろん、清代的装飾や手法がないわけではないが、多くは前代に倣って造成され、職人の出来不出来《できふでき》で地方差が見られるのがせいぜいである。しかし、旧址に旧態で再現したとすれば、清代の造営であっても、かならずしも清代の特色をもったものではなく、それも清代に洋風建築が広州や北京にできたとしても、清代社会から生まれたものではなかったわけである。

してみると、清代建築としてなにを見つけたらよいのか、他の諸文化同様、けじめの困難な問題のようである。もし洋風建築と中国風建築が混融して定着するようにでもなれば、それは特筆されることであろうし、従来に見られない新しい様式が、なにかの機縁で相当数造営されたとすれば、それもまさにその時代の建築の方向をも示すことになったかもしれない。

しかし、これらは宮殿や寺観に発見することはできない。といって、民家や商家、劇場や料亭に、とくに新しい様式が生まれたともいいがたい。基本的には、従来の制度にのって細部の手直しを試みるといった、清代社会そのものが建築に露呈していたということになるようである。しいてとりたてていえば、北京の雍正帝の旧宅雍和宮《ようわ》が、のちにラマ教寺院になったような造営が、わずかに異民族統治の名ごりを示しており、マカオに残るセント・ポール寺院の正面壁などが、中国に到来したキリスト教会の遺址を示しているくらいのものであろうか。

江戸期の日本建築が前代の軽快さを失い、しだいに濃厚となり重圧を増し、清新さを失い規格化し均一化した傾向と同じく、なにものかを維持しようとする意欲と、なにものかが生まれようとするのを阻止する力とが社会を渋滞させ、独創を末梢的な遊戯においこんだのが清代の造形だったといえる。日本では、神社・寺院・城郭などに伝統的様式化が見られたが、中国では、殿閣・楼塔にその区別さえ少なかったので、装飾以外に見わけさせる手法もなかったようである。あるいは、木材の貧困が生んだ一つの宿命であったといえるかもしれない。

広州市街の民家図

民家と民家群

中国の都市が、江北と江南とではその外形が異なり、江北では方形の城壁で囲まれ、江南では不整形の城壁をつくることが、古くから南北の相違として指摘されてきた。民家の構造も同様に、北は左右相対の建物を配置し、南は独立家屋が多いといった、おおざっぱな相違を認めることはできる。しかし民家は、農村と都市、その職業などによって異なり、かつ南北の交流もはげしかったから、いちがいに構造の相違だけを推していくことはあまり意味がないようである。いつごろ瓦葺《かわらぶ》きが普遍化したのか。採光や暖房はどうであったか。民家とは民衆の生活そのものでなければならないが、これを整理することは十分に行われていない。

民家の構造　『清俗紀聞』より

　瓦葺きは、都市農村とも、かなり早くに普及したものと想像される。陝西《せんせい》や河南の山地の穴居部落でさえ、穴の入り口に門を構え、瓦葺きの庇《ひさし》を設けるようになった。が、農村や小家屋では、なお圧倒的に茅葺《かやぶ》きが多かったことと思われる。採光の窓には格子をはめたが、風をさえぎることなく、外に卸し戸をつけ、内側に、布または紙のカーテンを用い、暖房は手焙《てあぶ》り程度で、北方では石炭を使って暖をとったが、独自の機具は発達しなかった。長崎で清国商人から採録した『清俗紀聞』は、江南のようすを伝えたものであるが、居家の巻があって、平家建ての一般住宅の間取り図、五進楼房という二階建ての家屋が五列になった大邸宅や平家建ての商家などの図があり、こんなことをいっている。

居家の製作は大小広狭の別があって一様ではないが、みな瓦葺きで、だいたい外側は土塀か板塀で囲み、正面に入り口があり、内に衝立《ついたて》のような屏門《へいもん》を設け、玄関をはいれば、正房または庁堂という応接間がある。その両側に空地を設け、樹木を植えるものあり、あるいは書房（書斎）をつくるものもある。庁堂の奥に内房や睡房をおき、脇に厨下《ちゅうか》（台所）をつくる。柱は円、角ともに用い、壁は磚《せん》で築き、その上に白、黄、赤などの上塗りをする。床は張らず、塼《せん》を敷くか板敷きにする。

北京の民家は、皇城を見おろすとして二階建ては禁ぜられていたが、江南には重層の邸宅も多く、館・楼・堂を以て名づけられたものもあった。しかし、これらの民家の集まった都市の様相は、一部の商店街を除いて、大きな農村と異ならなかった。広大な寺院や菜園が散在して、風景が田園的であるだけでなく、生活のリズムも田園的であった。もちろん、都市と農村との格差は、心理的にも経済的にも大きかったが、都市の顔ともいえるのは、今日と同じく、それぞれの盛り場にあった。しかしそこには建築物といえるものはなく、アジア全般に見られるバザールと同じで、人と商品のあふれる屋台ばかりの街であったが、大通りに面して大きな商店も、招牌《しょうはい》といわれた看板を掲げ、繁華街といわれるものは増加していた。

都市を遠くから見ると寺塔が見え、やがて城門が見え、町にはいると繁華な商店街へ出るといった、世界のどの都市にも共通した景観は、あるいは中国がもっとも早くこれをつくり上げた地域の一つであったようで、清代はその数も規模も増大したが、その様相を変えることはなかった。産業革命のなかったところでは、急激な変化はなく、急激な変化に慣れた今日の目には、徐々に変わったその細部までは映ってこないように思われる。

四　清代の文房具

文房四宝

宋の蘇易簡《そえきかん》が『文房四宝譜』を書いて、筆・墨・硯《すずり》・紙を取り上げ、明代に、安徽省歙県《しょう》がその名産地として知られるようになって、徽州商人と文人との交流と並行して、これが中国文化の一つの象徴となったのは、決して偶然ではなかった。かつて絹と紙とは中国を代表する産物であり、漢代の昔、土着の知恵を聖といい、外来の知恵を賢といったのを借りていえば、絹と紙とは中国の聖なるものであった。

その紙が書くためのものならば、それに筆墨が随伴し、さらに、硯や筆架や水滴など一群の文房具が同じように珍重され、紙を中心とした文化として、中国の誇るべき遺産となったわけである。そして歙県は歙渓の石によって早くから歙硯《しょうけん》の産地であり、北の宣城県には宣紙の産があり、また、歙県自体が徽墨《きぼく》といわれた墨をつくっており、明清の間に四宝を独占するの名をほしいままにしたのであった。

絹が中国を代表する産物であっても、中国全体においては貴族に独占されていたように、紙もまた文人に独占されてきたので、紙とともに文房具が文化の一面をになう地位を占めるほど、多くの関心を集中させたのであった。たとえば、本章に清代の音楽の項をたてることができなかったのは、清代に音楽がなかったわけではないし、中国音楽が退廃して記述することはなくなったというのでもなく、当時の記載が比較的少なく、知識人の関心を集めることがほとんどなかったことの反映にすぎない。

これに反し、文房具は、かれらの自負心を満足させ、その知識やその所持が、かれらを充足させて、その記述が多かった。音楽は、中国では演奏を趣味とした貴族も昔からあったが、だいたい、宮廷所属の演奏者以外は賤民の職業であることが多く、また、清代にとくに新傾向がおこったといえなかった。したがって音楽の項に替えて、この四宝を取り上げないわけにいかないのである。

清代の紙

中国の紙と印刷術が西方へ伝わったことは、東西文化交流の好題目として多くの研究者の興味をひき、紙について語られることは多い。中国で紙が真綿からつくられたのは戦国時代にもさかのぼるようである。後漢の蔡倫《さいりん》が魚網や襤褸《ぼろ》を原料とした製紙をおこし、やがて樹皮や苔《こけ》や藤や竹の繊維を利用する方法も広くおこった。日本で奈良朝以後につくられた和紙は、唐代の製紙法を保存し、樹皮を主とした原料により、日本で唐紙とよんだ中国紙は、宋以後盛んになった竹を原料とする紙であった。中国の紙の需要は明清の間に急激に伸び、その種類も技術も最高となった。ただ、民衆の使用する下級紙が多く生産され、宋代の紙より技術が低下したように考えられているのは、尚古癖によることや、残されている経巻や書籍などの紙質を見ることによるもののようである。

紙は、漉《す》くときに混ぜる糊に虫がつくので、この糊の処理さえよければ、絹や布よりはるかに耐久性があって、中国でも、南北朝以後の遺品を多く見ることができる。その多くは書冊の形で残され、まず書かれた文字に関心が集まったが、紙質についても宋代から論ぜられるようになった。さきの蘇易簡《そえきかん》は、「蜀（四川）では紙を麻からつくり、閩《びん》（福建）では若い竹を使い、北方では桑の樹皮を、浙江の剡渓《えんけい》では藤蔓《ふじづる》を、沿海では海苔《のり》を、浙江一般では麦や稲の稈《わら》を、呉（蘇州）では繭《まゆ》を、楚では楮《こうぞ》を原料としている」といっている。

これらの中で、麦藁からつくる紙が一般用に、竹紙がやや上質紙として印刷用に多く使われ、竹紙の中で、清代には毛辺紙《もうへんし》や連史紙《れんし》が福建や江西に産出されて有名となった。五代の南唐の李煜《りいく》がつくらせたという澄心堂紙《ちょうしんどう》は書画用の高級紙でとくに珍重され、宋代にはろうをひいて艶を出した蠟箋《ろうせん》ができ、金銀で模様を刷り出してあった。

清代はこれらの技術がいっせいに開花し、乾隆期には、澄心堂紙をはじめ、蠟箋の各種が倣製され、紙文化の絶頂に達した。しかし、澄心堂紙のような厚手の紙を見ると、紙質の強靱、柔軟よりも、紙面の装飾に力がこめられた。これは、他の文化の諸現象と共通しており、本質よりも儀礼が重んぜられ、内容より外装を重視する癖の現れであろうが、その効果もあって、北京箋と通称される詩箋や書簡箋は、連史紙に淡彩の山水花卉などを刷り出し、同期の日本の浮世絵にも比較できる版画技術を発達させた。民国になって、魯迅《ろじん》が北京箋の代表作を収集し、中国版画に新しい分野をきりひらく契機をなしたことは、よく知られたところである。

清代に紙の産地として知られたのは江西省で、永豊の棉紙は上質紙とされ、浙江省の常山では、柬《かん》紙とよばれる厚手の紙ができ、福建省の順昌その他に多く竹紙を産し、また、湖南省・江蘇省・四川省その他各地に多くの産地があったが、手工業の常で興廃はげしく、特殊な紙が継続的につくられることは少なかった。ただ、今日に残されている書物だけを通じていえば、宋板や元板に比べて、明清版書籍の紙質が低下しているのは事実である。一つは、時代が下れば数多くのものが残されていることもあり、また、書物そのものが知識人の専有でなく、庶民のものにもなってきたこともあろう。それよりも、書物が商品となって採算の上で出版されるようになったからで、かならずしも、製紙技術全般が低下したとはいえないようである。

筆・墨・硯

およそ日用品に対して時代を区別するときは、これらが時代的性格をもつこと、新しい種類が続発するとか、芸術的鑑賞に堪えて新しい傾向が生まれるとか、いわば、歴史の場に上ってくるのが必要のようである。このような手がかりがないと、その時代の産地を列挙したり、名工の名を並べたてたりして、案内書以上の掘り下げ方ができないように思われている。それは事実にちがいないし、歴史の主役である人間と、人間の主役である民衆もまた、日用品と同様、時代によって区別することは困難である。中国でいって、漢代の民衆と唐代の民衆となにをめどにして区別できるのであろうか。宋代の民衆と清代の民衆とその生活や心情をどのように区別できるのであろうか。なるほど、奴隷制や商品流通の問題などから、若干の接近は試みられたが、民衆の期待や希望とは別に、政権が交替したり、制度が改変されたりした過程ほど明瞭な形態は、洗い出されてこない。

したがって、筆のような簡単な用具、墨のような基本的用具、硯のような付帯的用具について、その製法や産地、製作者や使用者の逸話は多く伝えられているが、その継続や曲折は歴史に投影されてこない。もちろん、それぞれの歴史を背景としていることは当然でも、他の歴史と結ぶ連繋点が少なく、まして、歴史面に浮き彫りにするような視角は求めにくいようである。

たとえば筆でいうと、周代以降、その毛の種類や筆管の材料・形態は早く出そろっており、それは時代の趣向より個人の趣味に委ねられていた。たとえば明の陳献章《ちんけんしょう》が茅筆《ぼうひつ》を用い、破格の字を書いたとして、広州では茅筆をつくるものもあったが、普及することはなかった。墨でも、日本で唐墨《からすみ》とよばれた長楕円形から長方形が普遍化し、唐代の李廷珪《りていけい》が墨匠として歙県《しょうけん》に移り住んでから歙墨の名をおこしたといわれ、以来、宋・元・明を通じて数

清代の墨　上・程君房墨。下右・乾隆貢墨。下左・式古堂墨

十人の名工の名や、その製墨の銘が伝えられているが、古法を守るのが第一で、名墨が珍重された話ばかりである。硯にいたっては、石ばかりでなく、鉄硯・銅硯・銀硯・錫硯などの金属製があり、瓦硯・陶硯もあって逸話が多く、戦時は楯の紐のところで墨を磨ったということで、盾鼻《じゅんび》とは従軍中の書をさす言葉にもなった。

清代には、徽墨・湖筆・端硯の名が安定し、安徽省歙《しょう》県の墨、浙江省湖州府の筆、広東省端渓《たんけい》の石の硯が名品として愛玩された。徽墨は唐の李廷珪《りていけい》・李超《りちょう》など、唐姓を賜与されたという名工以来の伝統を誇り、明代に程君房《ていくんぼう》・方于魯《ほううろ》などの名工があり、古くは松の油煙を原料としたが、桐の油煙を用いるようになったといわれる。清代も古来の名産地の名をおとさず、老舗曹素功《そうそこう》は広く知られ、歙県のほかには、杭州や福建の福州・漳州などの墨も愛用された。

湖筆は浙江省呉興《ごこう》の産で、元代以後有名になり、白兎毫《びゃくとごう》・鼠毫《そごう》・羊毫《ようごう》などがつくられ、兎毛を中心に羊毛を外に巻いた筆が著名で、老舗胡開文《こかいぶん》が知られていた。呉興のほかには、安徽省寧国、また福州や漳州なども筆をつくっていた。

端硯は、広東省高要県の爛柯《らんか》山の渓谷の石で、唐代から採掘され、下巌・中巌・上巌・龍巌などの種類が用いられ、さらに明代から水巌が掘られ、石に見られる各種の紋様が珍重された。歙渓の石も唐代から知られ、龍尾・羅紋・金星などの種類があった。このほか、山東省登州や湖北省荆《けい》州などの石も用いられ、また、古く瓦硯には銅雀硯、陶硯には澄泥硯などがあって、これに模するものもあった。

これらの古法を守る製作はまた、古いものを尊び、墨や硯は古いものほど喜び、これを模するふうが一般で、清代では、乾隆期の製作をもっともすぐれたものとする風潮もおこった。これはこの分野だけではなく、創造を失った世界に共通し、職人たちの名もあまり伝わらず、ただ、老舗は何世といって代々同名を名のる習慣が盛んになった。明代から、名工は世襲のふうがあったが、清代にはこれが固定して、古いから信用できるといった権威主義が横行した。

硯の中に塵《ちり》のはいらぬように硯屛《けんびょう》をたて、硯に水を注ぐために水滴《すいてき》を備え、筆をおく筆架をつくり、それぞれ、陶磁や玉石で贅《ぜい》をつくすようになった。このような文房具はいずれも愛玩のためであったが、準備をすれば文雅はおのずからいたるかのような錯覚が出発点になっていた。あえていえば、文房具一セットを備えてつくり出されるものは、規格にしたがい、手順がきまった発想を要求していたともいえる。かりに古典を学ぶとすれば、なにを読んだらつぎはなにという順序ができ、文学を繙《ひもと》くならば、なにを第一とし、なにを第二とするという秩序があったようである。

文房具は元来、鋏や錐《きり》のような工具と同じく、戸棚や箱のような道具とも異なるわけはないのだが、これだけが四宝に数えられ、美術品の域に食いこんでいったのは、官僚文化の一

印刷工程図　文選のようす

つの終点を意味していた。官僚が生きがいを感じ、充実を味わうことのできる世界が、実はこのような一角に集中し、身辺の用具に異常な執着を示した産物だったようである。

印刷術

中国の印刷術は唐代からおこり、早く日本に伝わり、また、西方へも影響したと考えられている。ここには清代の情況を付記しておくことにしよう。

中国の印刷術は木版を中心として、金属活字・木活字などもしばしば試みられていたが、雍正年間に銅活字による『古今図書集成』一万巻を政府事業として刊行した。これは当時、銅活字が盛行していた朝鮮の印刷から逆に影響を受けたものとされるが、活字による旧印刷では、最大の規模で、木活字による乾隆期の『武英殿聚珍版叢書《ぶえいでんしゅうちんばんそうしょ》』の刊行と並び称せられた。古来、政府出版の官版は中国印刷の標準とされ、北京がもっとも盛んで、南京・成都・杭州・福州・広州・上海などで出版事業が継続され、華南では蠹《と》害を防ぐため書冊の間に朱紙を挿入するふうがおこった。

清代は、おそらく、旧中国でもっとも出版の盛んな時期であり、木版印刷では、その種類も数量も空前の活況を呈し、これに伴い、宣教師の手ですぐれた銅版画や活版印刷も導入されることになった。活版は、一八〇七年にはじめてイギリス人ロバート・モリソン R. Morrison が漢字の母型をつくり、やがて漢訳の新旧約全書を出版しているが、また、一八三八年にはダイヤー S. Dyer が香港《ホンコン》で母型をつくり、これが中国活版印刷の基礎をなした。日本でも、この香港の母型が輸入されて活版印刷がおこったので、清代に皇帝の諱《いなみ》は欠画といって筆順の最後の一画を欠く習慣があり、そのまま明治・大正を通じて行われていた。康熙帝の玄曄、乾隆帝の弘暦など、玄や弘の、のない文字のまま、大正末年まで用いられていた。

中国では、活版の普及は日本よりもおくれ、代わって、清末には石版が利用されて大いに流行したが、これは母型をそろえる資本の不足と、低廉な労働賃金と、さらに、安価な書物への要求とが重なったためで、清末以後、中国印刷の全般はきわめて劣悪な形となり、まさに崩壊過程とよばれた中国社会を象徴するかのようなありさまとなった。しかし、古来の木版技術は少数篤志家《とくしか》の手で保存され、製紙と並んで、旧技術は生き残ったのであった。政府や支配権力とは別に、中国社会が生きつづける一つの証拠を示すものでもあった。

終　章　清代二百七十年の概括

一　中国史における清代

旧中国の最終段階

清朝約二百七十年にわたる中国統治の時代を、各分野について、今日歴史と見られる形に整理すると、ほぼ以上のような問題が出てくるようである。もちろん、まだ取り上げるべき課題もいくつかあり、その扱い方もいくらもあろう。歴史とはそうしたもので、海の水を汲み上げるようなものである。汲み方もいろいろあろうし、使い方も数多くあろう。が、汲み上げた海水から海そのものはなかなか推察しにくいのである。

しかし、概括して、清代は今日にいわれる旧中国の最終段階であり、政治は二千年に及ぶ皇帝政治の終結、文化は儒教文化の末尾と考えるのが普通である。したがって、遠くから見れば清帝国は追憶の国、東洋の華麗な過去の記念といった通念が世界的であった。が、近よってみれば、どこも同じ醜さがめだち、ことに終末に特徴的な退廃が観取され、これが清代を特色づけるかのように扱われるのも一般であった。

終末観のもっとも極端なものは、これで中国史は終わった、そのあとは世界史があるだけだというもので、官僚を主体とする歴史を追求し、主体の消滅とともに追求するものがなくなった、ということの告白でもあった。中国がなくなったのでもなく、また、中国の民族がなくなったのでもないのに、中国史は終わったというのは、その史家の中国史がどういうものであったかを示している。

清末に中国でも、改革の道に対し、中国を保ちえても清朝を保つことができなくてはなにもならない、というもののあったことと同じで、どこかに価値の倒錯があった。これほどに思いつめないでも、中華民国が成立し、さらに人民共和国が成長すれば、清代は、これを突き放して新時代を開拓しなければならないと考えられる対象となって、そのマイナス面が数えたてられる羽目になるのはやむをえなかった。

ことに二十世紀の国際情勢が主要な歴史展開の契機となってからは、中華の世界に閉じこもって列国を夷狄視《いてきし》した旧中国の体制は、なんともやりきれなく見えるのは当然で、清代の諸文化も、その自負をささえる役をになっていた以上、高く評価できないように考えられた。しかしまた、このような蔑視は、清末、アヘン戦争以後におこったことで、康熙・乾隆の当時は世界でももっとも強大な国家であり、その軍事力も経済力も世界でもっとも強力な一つであったとして、その光栄を回顧しようとするものもあった。

が、これも終末へ急ぐ最後の輝きという前提からは切り離せなかった。アジアの旧世界がその全力を発揮した完成品としての追憶であり、よびもどすことのできない繁栄への詠嘆であった。このような受け取り方から、壮大な没落の劇があるはずだといった期待や、大樹の倒れる滅亡の美があるのではないか、という探索もおこってくるが、事実は、いたましい崩壊と醜い潰瘍状のほかは、なかなか見つけ出すことがむずかしいのである。

かつて中国史は、漢王朝にせよ晋王朝にせよ、また、唐宋明も、それぞれ回復の目標とされ、それらの王朝の威厳が理想とされたことがあった。が、清朝は、皇帝の復辟運動はおこったものの、栄光の回復はこれを目標に掲げられることはなかった。すでに終わってしまったという印象は、そのときさわめて深かったといわざるをえない。

清朝が領土を拡大したことも、宮廷の威儀を張ったことも、従来の王朝をはるかにしのいだが、これが回想の手がかりにならず、市民生活の繁栄も、数々の文化遺産も、今一度という希望の種子にはならなかった。このような回帰への断絶は、多かれ少なかれ、アジアの各地に見られた現象で、これが欧米勢力の進出と表裏したため、まったくこれだけがその因由であったように考えられているが、むしろ、旧制度では処理しきれない問題が複合しておこってきたことによるのであろう。

現代中国への連続要素

これらに対し、今日への連続として清代をとらえることは、今まで、流れや傾斜を歴史の自然な動力と考えていた素朴な方法では、かなりむずかしい。しかし、現在七十歳台の中国人はその目で各時代を見、これを生きてきたので、ひとりひとりの中には、中国人としての連続と非連続との自覚があるはずである。この個人の歴史は、おそらく多様な内容をもつであろうし、これらはいつか文学作品の中から露呈してくることであろう。

　が、またさらに、客観的な事実の中からいくつか社会的な政治的な連続を探し出すこともできる。その名称は異なり、意義をも異にしても、その結びつきと作用とは変わらない社会の体質があった。いくら社会の深部まで変化したといっても、人間の肉体のような部分、生活の維持や防衛に対応する動き、権力や支配に適応する働きなどには、ほとんど個性となったような反応が見られるものである。これをもっともよく示しているのは、自治のあり方であろう。

清代の農村風景

　かつて日本の中国史家、たとえば内藤湖南は、中国を統治する秘訣《ひけつ》は、郷老を把握し、これを利用することだと説いた。郷村の自治を直接指導するのはその土地の勢力者であり、中央から派遣される官僚も、その自治運営にはほとんど介入しなかった。その勢力者には地主や富豪が多く、これをとりまいて、土豪劣紳といわれた権力の寄生虫が多く発生した。が、郷老の中には公平で誠実なものも多く、これが中国社会の平衡を維持し、また専制政治を維持していたので、これを利用することは、旧体制の温存には不可欠であった。
そして、孫文以後の革命家は、この郷老こそ打ち倒すべきものだと考えたが、自治の共同体を崩すべきものだとはしなかった。中国の法律の私法部分がほとんど慣習法に委ねられてきたように、崩そうとしても崩れない、つくろうとしてもつくれない部分に自治的な集団があった。

このような細胞に活力を与え、新陳代謝を促すのが中国の統治であって、従来の勢力を利用し、その上に安座することがなお可能であるかのような印象を与えるほど、それは統治に対して根強い基底をなしていた。国民政府の合作社運動も、みなこのような連帯と自治の能力の上に成立した。論者の中には、これらは中国に昔からあるものだ、井田法《せいでん》もそうだし、保甲法《ほこう》・保馬法《ほば》もそうだったというものがある。制度だけを対象とすれば、まさにその議論のとおりである。

しかし、昔からなんでもあったし、また、今もそのとおりなのだという考えには、決定的な歴史要因の欠如がある。たしかに人間は、今の人間も昔の人間も生物として同じであろうが、その行動と思考は異なるので、制度も、運営と方向を見きわめなければ、その表現だけでは判断できないからである。しかも、その方向は逆であっても、自治の能力と、これに対する自信は連続としてとらえられるように思われる。たとえば、専制君主の手足であった、いわば帝僕としての官僚と、民衆への奉仕者、いわば公僕としての官僚も、その事務処理の効率や責任の所在などでは、ほぼ同じ位置を占めているからである。

同じ自治でも、その方向が逆になり、専制への翼賛でなく、民衆への奉仕に変わるためには、前代に抵抗が蓄積されたもの、清代の専制政治がもっとも極端なものであったとする連続の上でとらえる考えもある。これは、清代やそれにつづく軍閥の時代の性格を反動性として誇張することで、力学的に新時代の弾力を強調するのである。

しかし、江戸期の反動性を列挙しても明治期の爆発的な成長が説明できなかったように、潮の干満にも似た連続の動きを想定しても、やはり歴史的な説明を果たすことはできないのである。むしろ、素材が同じでも構造の変化によってその作用が異なるとする構造論に説明の可能性があり、構造の有機的機能が問題になるわけである。したがって、素材として前代のものを多く認めることになり、温故知新の立場をとる。清代が過去の中国文化の集大成であった以上、今日につづく技術や知識は無数で、ただ、近代科学の欠如がすべてを旧体制に埋没させる様相を呈したとみることになろう。

王朝史としての特色

中国史は歴代王朝の盛衰を中心に、記録にもっとも多く残されている統治組織と諸般の制度の問題を下地にして、その上に貴族や英雄を点綴して語られてきた。そのような習慣がながくつづいたため、いつのまにか、それぞれの王朝がひとりの人物であるかのように、ある王朝は劇的で転変がはげしく、ある王朝は平凡で変化に乏しいといった印象が残されるようになった。いわば、好みのようにある時代を対象として取り上げると、他の時代から浮き上がらせ、その特色にことさら綺羅《きら》を飾るようになる。

日本では、奈良朝から平安朝にかけて交渉のあった唐朝をまず中国の映像とし、つづいて宋・元・明・清と接触を重ねたが、しだいに現実の中国とは離れた懐古的なものになったようである。これはギリシアにもその例が見られる憧憬の表象であり、仏教を通じては天台山・五台山が聖地となり、儒教を通じては聖賢の国となり、東大寺をはじめ中国を模す仏寺は無数であり、孔子廟・関帝廟もつくられたが、その上に築かれる中国像は、やはり綺羅を飾ったものであった。

いっぽんに中国史に関心をもつものは、秦・漢と隋・唐を対比し、春秋戦国と五胡十六国を対比し、宋と明、元と清を対比するような中国世界の中での完結を考える。だから、殷・周の昔や、晋王朝や五代の役割が欠落しても、巨視的にはリズムがあり、大陸の悠久な息づかいを感じさせたようである。が、また、このような牧歌的な史観はなにも生み出さない、安座して、せいぜいクイズ解きを楽しむだけだとして、集約的に一定の問題を追求しようというものもある。未来も歴史であるという歓声をあげながら、目的をもち、歴史からその正当性を抽出しようというのである。このばあいは、将来に重点がかかるので過去への愛情が乏しいのが特色で、中国史でいえば王朝史などはほとんど無視され、たまたま取り上げられれば、はじめから反動と封建の烙印をおしたうえでの話となる。

清帝国は、この両面から人間の美醜がそのまま焼きつけられて観察される。時代が新しいだけ、ことに粗《あら》がめだつようで、それもこれも異民族統治の故に帰せられそうに見える。しかし、そのような詠嘆の歴史や憎悪の歴史ではなく、清代が前代の上になにを積み足したか、なにを積み上げなかったかを考えるのも王朝史としての役割である。そして、これについては縷々《るる》と述べたとおり、積み足したものは官僚政治であり、積み上げなかったものは庶民文化であった。が、それだけではない。もし中国に中国の人間主義があるとするなら、その堆積になにを加え、なにを削ったか。また、もし中国に中国の合理主義があるとするなら、その厚みをどのように増し、またどのように薄めたか。このような測量もできようし、さらに、中国史を通じてなにが公約数であり、なにが清代の特殊であったかも考えられるかもしれない。

ただ今日、常識的には西のブルボン王朝と同じく華麗な王朝であり、中国史に未曽有の大領土を形成し、未曽有の大人口を擁し、その栄光の故に価値が与えられ、その栄光の故に終末が目を蔽わしめる、というのが一般である。しかし実は、王朝史はすべてそのようなしまつをもっているのであって、なにも清朝に限ったことではない。興亡史とか盛衰記とかいったものはみな同様であり、予め筋書きを知っていて劇を見るようなものであるから、なまじ意表をついた現象を取り出すとリズムがこわれてしまうものかもしれない。

民衆生活の未開化

中国には賤民として一般庶民から区別された階級があった。その起原も種類も定かではないが、山西楽戸《がっこ》とか、九姓漁戸《きゅうせいぎょこ》とか、蛋民《たんみん》とか、地域ごとにその生活様式を一般民衆と異にし、その言語も異なって、同地域の民衆との交流もなく、あるいは流浪民のような移動生活、あるいは舟を住居とする水上生活をつづけ、一般民衆と遮断された社会をつくって、おそらく数世紀にわたる蔑視の下に封鎖的な生活を営んでいた。伝説では、元軍に追われて南下した者の子孫とか、宋朝楽人のなれの果てとかいわれるが、さらにさかのぼって古い因縁を探ることもできそうである。このように、職業的に、また種族的に同化の過程からはじき出された階級が、世界の多くの地域に見られるのと同様に存在していた。

雍正期に賤民を解放して良民とする方針が出され、三代にわたって不正を犯さなかった家は良民としての資格を与えることにした。科挙に応ずるとか、商戸を開くとかの資格は与えられても、それらは、かれらにとってほとんど手の届くものではなく、納税の資格はかえって負担を増し、そのうえなんら生活の変革はもたらされなかった。これを中国の奴隷解放だというものもあったが、むしろ徴税拡大以外のものではなかった。

しかし、清代を通じてのはげしい人口の増加と内乱の続発は、窮乏農民の流民化、都市の浮浪者を恒常的にし、その間に多くの賤民がまぎれこんで消滅したことは事実である。賤民の拡大が特殊な差別を希薄にしたといえる。もっとも、これは清代に限ったことではなく、他の王朝の交替時期などにもしばしば見られたことであったが、また、その都度新たな賤民を再生していた。賤民は、貧困や格差が生活のなかでいちばん意識されやすいことから出てくるが、また逆に、これを統治の武器として被支配者に格差をつけて制御する間は根本的に解消することはなかった。

華南の水上生活者である蛋民は、何年かごとに襲ってくる台風によって多くの死者を出したが、それが人口調節であるといわれているような間は、その生活を自分らの力だけでは改変できなかった。かれらは広州付近の水上に舟居しているが、広州人の無関心は、アンダルシア地方に住むロマ族（ジプシー）に対するスペイン人の無関心さと共通していた。それは蔑視ではなくて、他の動物を見るような目であった。多くの種族の混住する地域では、同化するか、またはまったく無縁の存在として不可触になるかは生活の知恵でもあった。が、同種族を他種族化するような排除作用は、種族保持をこえた感情の肥大だったようである。インドで、農耕に必要とするところから牛を聖獣として非生産に追いこみ、ギリシアで、市民の自由のために専制をひき出したような、集中の故の分解は、なにものかが均衡を破る働きをしていたからであろう。

人形芝居を楽しむ民衆

清代の民衆についていえば、雑草のようなその生活の旺盛さは前代にひきつづいたが、開花するものは少なかったように見える。背たけばかり伸びて花をつけなかったのか、根ばかり張って花芽が出なかったのか。しかし、少なくとも、清朝の衰退とは逆に、ようやく潑剌としてきたようである。宮廷につらなる諸文化がすべて退廃凋落し、そのかげにかくれていたものが見えてきたというより、むしろ、今までバランスを破っていたものが平衡をとりもどしてきたように、庶民生活からの芽生えが生気を示してきた。さきにあげた銀使用の商人の書物がそれであり、書簡文の庶民的な利用がそれであり、日常生活の資料をのせた百科全書の類がそれである。ふたたび雑草のような旺盛さが見られたが、これが開花するまでに、社会が崩壊してしまうほうが先行してしまった。

二　世界史における清代

王朝文化

康熙・乾隆の盛大は、フランスのブルボン朝、ムガル帝国のアウランゼブ朝、また江戸の元禄期と呼応する同時代的な性格をもっている。ただ、ヨーロッパでは絶対主義として下降線をたどる貴族勢力と、上昇線にある市民勢力との均衡が、一時王権の伸張をもたらしたものという巧みな説明で、その絶大な権力の集中をとらえているが、アジアの地域では、その説明がそのまま通用しないので、口をにごして絶対主義などの概念を使わないのが普通である。

しかし、このように共通した華麗な王朝文化をささえる力はまた、なにか共通した性格をもったものではないかと考えるのが普通である。ヨーロッパで、没落過程の貴族がバトンを市民に渡そうとしない、市民は貴族の文化に憧憬をもち、政権よりも文化をさきに実力で入手しようとする、このような気配が、王権とは別に文化面に現れてくるので、中国でもこれを手がかりにしてみよう。

明清文化が主として官僚知識人に担当されていたことは歴然としているが、これらの階層が直接生み出す思想や文学・史学、または書画などとは別に、翻訳や解説の媒介がなくとも世界的に通用する分野では、陶磁器でも染織でも、みな庶民の手によって生まれた。これは日本でもヨーロッパでも、またその他の地域でも同様であったが、庶民文化には主張がなかったから、同時代の王朝文化の一装飾として扱われるのが普通であった。またその性格も、その一翼をになうのにふさわしい、順応に満ちたものだったといえる。庶民文化が庶民そのものを表現すれば、それはげてものとよばれて、本来下等なものとみられていた。歴史で文化担当者といった僭越な呼び名がおこったのも、文化が独占されたもの、また、今日も独占できるものということからであろう。

それにしても、中国のように政治がわずかな集団に独占され、経済の運営から自治の遂行まで独占を許してきた社会では、まさに文化は王朝の誇示すべき産物であった。これはヨーロッパの絶対主義の王朝に通じ、インドや西アジアの王朝にも通ずるものであった。しかし王朝への傾斜、王朝を支持し賛美するものは、かならずしもいちようではなかった。もとよりその支持の厚さや賛美の高さを計る尺度はないが、絶対主義とは支持層の間に離間があるのをいうようである。

アジアでは、貴族と市民との離間というより、官僚と農民との離間が根強く、特権はあっても貴族ではない官僚は、むしろ市民と近接しており、あるいは市民が独立性をもたないで官僚に近接していたともいえる。アジアでは、市民革命が顕著でなく、農民革命が明瞭だったゆえんであろう。

してみると、世界史で王朝文化とよべる最後の時代であったことは共通していても、ヨーロッパではかつてみない性格を強くおし出し、中国ではくり返し過去におこった事態の再現であったことも、ほぼはっきりしてくる。中国ではいつも王朝が一方に対置されていたからである。そして、この王朝をとりまく勢力は時代によってその地盤を異にしたが、王朝を旗じるしにすることでは共通し、ときにはその交替をねらっていたので、社会も文化も王朝色に蔽われていたわけである。

市民文化とそのゆくえ

市民とは都市の住民であるが、江戸期の町人がいつも百姓と対置されていたのに比べると、農民との距離が明瞭でない。それは市民という言葉が近代社会を切り開いた独立性の強い階層をさすものとして用いられることが多いからである。このような歴史概念を切り捨ててしまえば、都会はつねに消費文化の栄えたところで、生活も農村より豊かであり、すべての回転も農村よりはやかったのは事実であろう。

中国にきわめて古くから都市が発生したことは知られているが、古代都市の遺構は多く湮滅して、今日その様相はまだ明らかにされず、地方に分散した文化財によって推測されるばかりである。しかし宋代以後になると、記録によるものばかりでなく、都市に集中した文化の遺物も多く、中国史研究者の中には、市民社会の優越と市民文化の成立を考えるものもあるほどである。このばあい、その市民は中国の近世を推進したものとして捉えているように見える。

しかし、中国の市民は官僚と癒着して、外側から官僚組織を崩し、社会を変革する力を成長させることができなかった。また、官僚も新陳代謝がはげしく、貴族的身分を固定することが少なく、改良よりも保身に全力をあげるのが普通であった。王朝の交替時には、社会的な変化がおこりそうに見えて、結局、支配層の入れ替えだけに終わってしまったのも、外側の力の弱体によったので、外側に諸列強が出てくるまで、組織はいつも再編成されていた。

したがって、中国文化は本質的に、官僚が官僚のために生み出すという路線から離れることはなかった。それにもかかわらず、宋代以後には自由で奔放な風潮が各方面に顕著になり、いっぽんには文人的といわれているが、これを市民的とおきかえることもできないことはない。ただ、文人という言葉がもつ脱社会的な響きは、中国に伝統的な隠遁という抵抗の型をのぞかせており、風雅という響きは筋の通った骨格をしのばせている。

清代文化は、かならずしも文人的気風の横溢したものではなかった。軍事力を支柱とした統治の武断的傾向は、文人の一部を吸収して強権主義に組みこみ、一部を逃避に追いやったが、また、文人層をおし下げて、官僚群から商工業者群に移行させたようにも見える。が、またこれとは別に、商工業者の間に独自な文化を生み出すようにもなって、これが各方面で交錯した。いわば市民文化は、遊戯的分野と生活的分野とは、担当者を異にし、方向を異にして成長したのであった。

このことはいずれの地域でも当然現れるはずの事態であったが、ヨーロッパでは、産業革命の急激な進行が生活文化の多くを摩滅してしまったようである。中国のばあいも、商工業者がその経営や社会のために編み出した文化は、その基礎と同様に脆弱《ぜいじゃく》で、外国資本の到来とともに崩壊し、二面的な市民文化は並行するまでにいたらなかった。

後進性——工業化の欠如

近代中国の半植民地的性格については、アジアの諸地域と同様、欧米列強の軍事的、経済的進出の前に屈服したものとして、西洋近代諸国家の優越に帰せられてきた。アヘン戦争以後の中国は、アジアの転落の典型のように考えられ、転落の過程でアジアといった概念も形成されたと考えられた。共通の貧困化がアジアの自覚の基礎になり、これを脱出したロシアのピョートル帝や日本の明治天皇が理想像となった。

しかし、このような政治動向とは別に、果たして中国社会が本質的に後進性を内在させていたであろうかというと、かならずしも首肯しがたいものがある。中国の豊かな思想や芸術は高度に発達したものであり、商品の数量も流通も莫大で、これを生み、これを育てた社会は、それ自身層の厚い活動的な力をもち、能動的な性格が大きかった。この社会に矛盾が多くとも、また復原力も大きかったことはすでに述べた。

しかし、農耕を基礎とした中国社会は、政治的動乱を天災と同様に受け止め、これに抵抗する意欲は減殺されがちであった。もちろん、農民暴動は歴代絶えることはなく、これに対する報復もきびしかったが、それは、くり返している間に自然現象のように扱われるようになった。いっぱんに漢民族が平和主義だといわれる実態はこのようなもので、これがまた、いつも徹底を欠くゆえんでもあった。ヨーロッパの近代が工業化であり、これが産業革命の結果ひきおこされたとするならば、これに見合う近代は中国にはなかった。

が、その前段では、むしろ中国の社会はより典型的であったといいうる。典型的であり、かつ復原力が強かったからこそ、停滞的とか旧体制とかよばれ、軽蔑されたのであろう。かつて、はじめて西洋の文物に接した日本人の好奇心の強さと、機械類は玩弄品にすぎないと軽んじた中国人とを比べ、また、洋学に対して湧きおこった日本人の嫌悪と、洋務の必要に共感をもった中国人とを比べると、同時代の日本の振幅が大きく、中国の根強さが固かったことも観取できる。

人物文連瓶

清代は、江戸幕府やムガル帝国などと同様に、その前代に訪れた商業資本による繁栄は受けついだが、自由を退廃とし、発展を冒険とし、浪費と収奪で民族を内なる世界に閉じこめてしまった時代であり、外から切り開かれなければ外を見ようとしなかった。その意味では後進性は予定されていたことになるが、内なる世界で培ったものは、よかれあしかれ、なお数世代にわたって、あるいは吐瀉し、あるいは発揚しなければならないものを多く含んでいたのである。

参考文献

蚕が糸を吐くように書物が書かれたとき、これですよといって桑の葉をみせるのは不親切なことである。この絹はこんな具合に使われていますと色とりどりの製品を陳列するのもしらけたものにちがいないが、幸いに寛容を願って資材となるべき書物と研究書などをあげておくことにする。

一　清代一般に関するもの

(1)『清史』　台湾国防研究院　一九六二年
(2)『清史稿』　趙尓巽ら編　一九二八年
(3)『清歴朝実録』　満州国国務院輯　一九三八年
(4)『東華録』　王先謙　一八八四年
(5)『清朝野史大観』　小横香室主人編　一九一五年
(6)『清代通史』　蕭一山　一九二四年
(7)『近代中国史料叢刊』　沈雲竜主刊　文海出版社
(7)は清代から民国に及ぶ各種の著作を収集し、初輯百集続輯百集を完結し、現在三輯が終りに近づいている。
(8)『中国近代史資料叢刊』　中国史学会編
アヘン戦争、太平天国、戊戌政変など清代の主要な事件に関する資料を収集している。
(9)『籌《ちゅう》弁《べん》夷《い》務《む》始《し》末《まつ》』　故宮博物院影印　一九三〇年
道光、咸豊、同治間の外交関係史料集。
(10)『清代外交史料』　故宮博物院　一九三二年
雍正、乾隆、嘉慶間の外交関係史料集。
(11)『清朝史略』　佐藤楚材　一八八一年
(12)『清朝史談』　中島竦
両書は日本人のもっとも初期の著述だが、ともに清初にとどまっている。
(13)『清朝全史』　稲葉岩吉　早稲田大学出版部　一九一四年
(14)『清朝史通論』　内藤虎次郎　弘文堂　一九四四年
(15)『近代支那史』　矢野仁一　弘文堂　一九二六年
(16)『清朝社会史』　佐野学　文求堂　一九四七年
(17)『禹《う》域《いき》通《つう》纂《さん》』　楢原陳政　大安　一九六三年
(18)『清国通考』　服部宇之吉　大安　一九六六年
(19)『清国行政法』　大安　一九六五年
以上の三書のうち、(19)が清代の制度を知るにはもっとも便利である。
(20)『清国商業綜覧』　東亜同文会　一九〇六年
(21)『支那経済全書』　東亜同文会　一九〇七年
また実務を通じて中国の事情を知ろうとする切実

な要求のあった記念となる。

(22) The Trade and Administration of China　H. B. Morse　一九二一年
これは欧米諸国にとっても同様であり、中朝制度攷として多く利用された。

(23) The International Relations of the Chinese Empire　H. B. Morse　一九一八年

二　清代政治史に関するもの

(24)『近代支那史』　稲葉岩吉　大阪屋号書店　一九二〇年
中国史研究が政治史に集中した従前の著書の中で代表作の一つである。

(25)『東洋近代史』一・二　平凡社「世界歴史大系」一九四〇年
多くの若手研究者を動員して新傾向のテーマを提出した初期の一つである。

(26)『近代中国の政治と社会』　市古宙三　東京大学出版会　一九七一年

(27)『近代中国政治史研究』　衛藤瀋吉　東京大学出版会　一九六八年

(28)『科挙』　宮崎市定　秋田屋　一九四六年

(29)『清代塩政の研究』　佐伯富　東洋史研究会　一九五六年

(30)『中国近代軍閥の研究』　波多野善大　河出書房新社　一九七三年

(31)『清代水利史研究』　森田明　亜紀書房　一九七四年

(32)『清代刑法研究』　中村茂夫　東京大学出版会　一九七三年

(33)『康熙帝伝』　ブーヴェ　後藤末雄訳　矢沢利彦校注　平凡社東洋文庫　一九七〇年

(34)『雍正帝』　宮崎市定　岩波新書　一九五〇年

(35)『乾隆帝伝』　後藤末雄　生活社　一九四二年

(36)『林則徐伝』　林崇墉　中華大典編印会　一九六七年

(37)『曽国藩』　近藤秀樹　人物往来社　一九六六年

(38)『李鴻章』　伊笠碩哉　嵩山房　一八九五年

(39)『ゴルドン将軍伝』　徳富健次郎　警醒社　一九〇一年
伝記類はこの他、その数はきわめて多い。同時代に書かれたもの、後年回想されたものなどを通じて興味深いものがある。ことに今日の中国では評価の逆転したもの、たとえば曽国藩のような例が顕著である。

(40)『支那外交通史』　窪田文三　三省堂　一九二八

年
(41)『近世東洋外交史序説』 斎藤良衛 巌松堂 一九二七年
(42)『近世支那外交史』 矢野仁一 弘文堂書房 一九三〇年
(43)『アヘン戦争と香港』 矢野仁一 弘文堂書房 一九三九年
(44)『アロー戦争と円明園』 矢野仁一 弘文堂書房 一九三九年
(45) A Critical Study of the First Anglo-Chinese War P. C. Kuo 商務印書館 一九三五年
アヘン戦争に関する研究は東西ともにたいへん多い。日本でも江戸時代の嶺田楓江の『海外新話』、塩谷宕陰の『阿芙蓉彙聞』『隔鞾論』以来数多くの関係著作がある。
(46)『太平天国』 増井経夫 岩波新書 一九五一年
(47)『太平天国史綱』 羅爾綱 商務印書館 一九三七年
(48)『太平天国革命運動』 范文瀾 新民主出版社 一九四八年
(49)『太平天国革命戦争史』 華崗 海燕書店 一九五〇年
(50)『太平天国』一〜四 リンドレー 増井経夫・今村与志雄訳 平凡社東洋文庫 一九六四・六五年
(51) Events in the Taeping Rebellion A. Egmont Hake 一八九一年
(52) The Ever-Victorious Army Andrew Wilson 一八六八年
太平天国の研究はさらに盛んで、中国では続々刊行されて応接に暇ないほどである。ことにかつて民族英雄として高く評価された李秀成が裏切者となって糾弾されるような今日の事態を二重写しにした評価の変化もあり、さらにこの内乱に革命的意義を与えるかどうかという出発点の問題まで、今日の情勢とともに浮動しがちである。

三 清代経済史に関するもの

(53)『近代支那経済史』 平瀬巳之吉 中央公論社 一九四二年
(54)『近代支那経済史研究』 小竹文夫 弘文堂書房 一九四二年
(55)『東洋社会経済史序説』 今堀誠二 柳原書店 一九六三年
(56)『中国近代史研究序説』 今堀誠二 勁草書房 一九六八年
(57)『支那ギルドの研究』 根岸佶 斯文書院 一九

三二年
(58)『支那ギルド論』モース　増井経夫訳　生活社　一九三九年
(59)『中国の社会とギルド』仁井田陞　岩波書店　一九五一年
(60)『広東十三行考』梁嘉彬　山内喜代美訳　日光書院　一九四四年
(61)『支那経済史概説』加藤繁　弘文堂　一九四四年
(62)『支那経済史考証』上・下　加藤繁　東洋文庫論叢　一九五二・五三年
(63)『支那の経済と社会』ウイトフォーゲル　平野義太郎監訳　中央公論社　一九三三年
(64)『支那農業経済論』上・中　天野元之助　改造社　一九四〇・四二年
本書の下巻に相当するものとして、著者は『中国農業の諸問題』(技報堂　一九五二年)を刊行した。
(65)『支那の農業と工業』トーネイ　浦松佐美太郎・牛場友彦訳　岩波書店　一九三五年
(66)『中国奥地社会の技術と労働』島恭彦　高桐書院　一九四六年
(67)『中国経済史研究』西嶋定生　東京大学文学部　一九六六年
(68)『中国近代工業史の研究』波多野善大　東洋史研究会　一九六一年
(69)『中国近代経済史研究序説』田中正俊　東京大学出版会　一九七三年
(70)『中国近代化の経済構造』横山英　亜紀書房　一九七二年
(71)『明清時代交通史の研究』星斌夫　山川出版社　一九七一年
(72)『華僑経済史』須山卓　近藤出版社　一九七二年
経済史研究は近来盛んで、この他にも秀れた著作があり、中国でも刊行されるものが多い。

四　清代文化史に関するもの

(73)『清代学術概論』梁啓超　商務印書館　一九二三年
(74)『支那近世学術史』梁啓超　岩田貞雄訳　人文閣　一九四二年
(75)『清代文学評論史』青木正児　岩波書店　一九五〇年
(76)『明清時代の科学技術史』藪内清・吉田光邦編　京都大学人文科学研究所　一九七〇年
(77)『思想の歴史』第十一巻　松本三之介　平凡社

一九六六年
(78)『中国思想論集』　西順蔵　筑摩書房　一九六九年
(79)『近世アジア教育史研究』　多賀秋五郎　文理書院　一九六六年
(80)『中国美術』第三巻　講談社　一九六五年
(81)『世界美術大系』第十九巻　講談社　一九六二年
(82)『世界美術全集』第十七巻　角川書店　一九六六年
(83)『中国文化叢書』第三巻「思想史」　大修館書店　一九六七年
(84)『中国文化叢書』第五巻「文学史」　大修館書店　一九六八年
(85)『中国文化叢書』第六巻「宗教」　大修館書店　一九六七年
(86)『中国文化叢書』第八巻「文化史」　大修館書店　一九六八年
(87)『中国文化叢書』第九巻「日本漢学」　大修館書店　一九六八年
(88)『支那史学史』　内藤虎次郎　弘文堂　一九四九年
(89)『アジアの歴史と歴史家』　増井経夫　吉川弘文館　一九六六年
(90)『紅楼夢』　曹霑　伊藤漱平訳　平凡社「中国古典文学大系」一九六九年
(91)『儒林外史』　呉敬梓　稲田孝訳　平凡社「中国古典文学大系」一九六八年
(92)『聊斎志異』　蒲松齢　増田渉訳　平凡社「中国古典文学大系」一九七〇年
(93)『児女英雄伝』　文康　立間祥介訳　平凡社「中国古典文学大系」一九七一年
(94)『書道全集』第二十一巻・第二十四巻　平凡社　一九六一年
(95)『陶器全集』第十六巻「清朝の官窯」　尾崎洵盛　平凡社　一九五八年
(96)『円明園興亡史』　劉鳳翰　台北文星書店　一九六三年
(97)『中国の庭』　杉村勇造　求龍堂　一九六六年
(98)『端溪硯』『歙州硯』　相浦紫瑞　木耳社　一九六五年
(99)『中国の染織』　西村兵部　芸艸堂　一九七三年
(100)『江戸時代における唐船持渡書の研究』　大庭脩　関西大学東西学術研究所　一九六七年

文化の多様性は、これに興味をもつ人の姿態もさまざまである。花園に飛ぶ蝶のようだが、これを情景として眺めるか、この花園もそろそろ作りかえようかと眺めるのとはかなり相違のあることだろうが、作りかえても花が咲けばまた蝶の訪れることであろう。

日本で中国史研究のはじまった明治の著作、田口卯吉の『支那開化小史』も那珂通世の『支那通史』も清代史は現代史であるので、とり上げていない。日清戦争や辛亥革命の後、中国を現実の政治経済の問題としてとり上げることが多くなっても、溯って清代中期以前に及ぶことは少なかった。清代史は谷間であって古典的手法によるにせよ、現代的作業によるにせよ、ふりかえってみるには古すぎ、歴史の場としては生ま生ましすぎた。中国自体でなくその周辺の研究がかえって盛んだったのも、それなりの理由はあるにせよ、清代のイメージを形づくる地盤が固まらなかった故が大きかった。ただここに旧中国が結集したものとすれば、参考書も実は清代を対象としたものに限ることはないわけである。

増補　参考文献

(1)『中国史4　明・清』神田信夫編　山川出版社　一九九九年
(2)『大清帝国』石橋崇雄　講談社　二〇〇〇年
(3)『明清時代史の基本問題』森正夫・野口鉄郎ほか編　汲古書院　一九九七年
(4)『清代史研究』石橋秀雄　緑蔭書房　一九八九年
(5)『増補近代中国の政治と社会』市古宙三　東京大学出版会　一九七七年

清代政治史に関するもの

(6)『雍正時代の研究』東洋史研究会編　同朋舎出版　一九八六年
(7)『清の太祖ヌルハチ』松浦茂　白帝社　一九九五年
(8)『鹿洲公案――清朝地方裁判官の記録』藍鼎元　宮崎市定訳　平凡社東洋文庫　一九六七年
(9)『近代中国政治外交史』坂野正高　東京大学出版会　一九七三年
(10)『太平天国革命の歴史と思想』小島晋治　研文出版　一九七八年
(11)『洪秀全の幻想』市古宙三　汲古書院　一九八九年
(12)『西洋人の見た天京事変ほか』市古宙三　私家版　一九九九年
(13)『明清交替と江南社会』岸本美緒　東京大学出版会　一九九九年
(14)『清代中国の法と裁判』滋賀秀三　創文社　一九八四年

清代社会経済史に関するもの

(15)『明清社会経済史研究』百瀬弘　研文出版　一九八〇年
(16)『清代中国の物価と経済変動』岸本美緒　研文出版　一九九七年
(17)『清代社会経済史研究』重田徳　岩波書店　一九七五年
(18)『清代社会経済史研究』北村敬直　日本評論新社　一九七二年
(19)『清代水利社会史の研究』森田明　国書刊行会　一九九〇年
(20)『清代農業経済史研究』鉄山博　御茶の水書房　一九九九年

(21)『中国近代社会史研究』 古島和雄 研文出版 一九八二年
(22)『近代中国社会史研究序説』 中村哲夫 法律文化社 一九八四年
(23)『清代農業商業化の研究』 田尻利 汲古書院 一九九九年
(24)『中国善会善堂史研究』 夫馬進 同朋舎 一九九七年
(25)『中国幇会史の研究』青幇篇・紅幇篇 酒井忠夫 国書刊行会 一九九七・九八年
(26)『中国善書の研究』上・下 酒井忠夫 国書刊行会 一九九九・二〇〇〇年
(27)『江南デルタ市鎮研究』 森正夫編 名古屋大学出版会 一九九二年
(28)『広西移民社会と太平天国』本文篇・資料篇 菊池秀明 風響社 一九九八年
(29)『明清江南市鎮社会史研究』 川勝守 汲古書院 一九九九年
(30)『日本近世と東アジア世界』 川勝守 吉川弘文館 二〇〇〇年

清代文化史に関するもの

(31)『中国近世教育史の研究』 五十嵐正一 国書刊行会 一九七九年
(32)『明清思想とキリスト教』 後藤基巳 研文出版 一九七九年
(33)『増補宝巻の研究』 沢田瑞穂 国書刊行会 一九七五年
(34)『西学東漸と中国事情』 増田渉 岩波書店 一九七九年
(35)『明末清初の民窯』 西田宏子・出川哲朗 平凡社「中国の陶磁」10 一九九七年
(36)『日用類書による明清小説の研究』 小川陽一 研文出版 一九九五年
(37)『明清の戯曲――江南宗族社会の表象』 田仲一成 創文社 二〇〇〇年
(38)『明清史籍の研究』 山根幸夫 研文出版 一九八九年
(39)『清代政治思想史研究』 大谷敏夫 汲古書院 一九九一年

年表

西暦	年号	中国	西暦	日本および外国
一五九九	万暦二七	ヌルハチ、満州文字を制定	一五九八	秀吉死去
一六〇一	二九	マテオ・リッチ、北京へ入る	一六〇〇	関ケ原の戦い。イギリス東インド会社設立
一六〇三	三一	マニラ華僑虐殺		
一六一六	四四	ヌルハチ、汗位に即く（天命元年）	一六〇三	江戸幕府開府。エリザベス女王死去
一六一九	四七	サルホの戦い。ヌルハチ、明軍を破る		
一六二〇	泰昌一	万暦帝死去	一六〇五	ムガル帝国アクバル帝死去
一六二一	天啓一	ヌルハチ、瀋陽を陥れる		
一六二五	五	ヌルハチ、瀋陽（盛京）に都す（天命一〇年）		
一六二六	六	ヌルハチ死去、ホンタイジつぐ		
一六二七	七	ホンタイジ、朝鮮を攻む（天聰元年）。天啓帝死去	一六二七	ムガル帝国ジャハンギル帝死去
一六三一	崇禎四	農民反乱首領の王嘉胤、殺さる		
一六三六	九	清の国号をたつ（崇徳元年）。朝鮮を親征	一六三七	島原の乱
一六三九	一二	マニラ華僑虐殺	一六三九	鎖国令
一六四三	一六	ホンタイジ死去、福臨（順治帝）つぐ	一六四三	フランス王ルイ十四世即位
一六四四	順治一	李自成、北京を陥れ、崇禎帝自殺。清、北京入城		
一六四五	二	清、南京攻略、李自成自殺。弁髪令		
一六五〇	七	鄭成功、アモイ・金門による		
一六五七	一四	呉三桂、平西大将軍として雲南攻撃		

一六五八	順治一五	ロシア、ネルチンスクに築城
一六六一	一八	順治帝死去。鄭成功、台湾による
一六六二	康熙一	鄭成功死去
一六六五	二	ロシア、アルバジンに築城
一六六九	八	フェルビースト（南懐仁）、欽天監に入る
一六七三	一二	呉三桂、雲南に叛す
一六七八	一七	ジュンガル部ガルダン、兵をおこす。呉三桂死去
一六八一	二〇	三藩の乱平定
一六八三	二二	鄭克塽降り、台湾平定
一六八五	二四	アルバジンで清、ロシアと衝突
一六八九	二八	ネルチンスク条約を結ぶ
一六九六	三五	康熙帝、ガルダンを親征
一七〇七	四六	康熙帝巡幸
一七一一	五〇	盛世滋生人丁を定む
一七一六	五五	『康熙字典』成る
一七二〇	五九	広州に公行創立
一七二二	六一	康熙帝死去、雍正帝即位
一七二三	雍正一	キリスト教を禁じ、宣教師をマカオに追放
一七二四	二	青海平定。チベットに駐蔵大臣をおく
一七二五	三	『古今図書集成』成る
一七二七	五	ロシアとキャフタ条約を結ぶ
一七二九	七	貴州平定
一七三〇	一〇	軍機処をおく

一六五八	ムガル帝国アウランゼブ、父シャージャハンを廃す
一六七三	長崎に会所を開き、中国・オランダ貿易に当らせる
一六七八	幕府、キリシタン厳禁
一七〇七	アウランゼブ帝死去
一七二〇	幕府、洋書の禁を解く

一七三三	一一	ジュンガルを攻む	
一七三五	一三	雍正帝死去、乾隆帝即位	
一七三九	乾隆 四	『明史』勅定	
一七四〇	五	湖南・広西に苗族の乱おこる	一七四〇　プロシア王フレデリック二世即位
一七四三	八	『大清一統志』成る	一七四四　クライヴ、インドに来る
一七四七	一二	金川土司の乱おこる。円明園に洋式庭園をつくる	
一七四九	一四	金川平定	
一七五一	一五	チベットの乱平定	
一七五三	一八	ポルトガル、マカオ割譲を求む	
一七五四	一九	ジュンガルのアムルサナ、清に亡命	
一七五五	二〇	ジュンガルを討伐、アムルサナ叛す。イギリス、寧波で貿易	
一七五七	二二	ヨーロッパ貿易を広州に限定	一七五七　プラッシーの戦い
一七五八	二三	アムルサナ死去、ジュンガル平定	
一七五九	二四	回部（東トルキスタン）平定し、清の領土最大に	
一七六〇	二五	天山南路を領有	
一七六三	二八	『紅楼夢』の作者、曹雪芹死去（?）	
一七六五	三〇	回部の乱	
一七六六	三一	金川の乱。カスティリォーネ死去。ビルマ遠征	
一七六八	三三	キャフタ条約改定	
一七六九	三四	ビルマ遠征、ビルマ朝貢	
一七七一	三六	金川の乱（〜一七七六）	
一七七三	三八	四庫全書館を開く（〜一七八二）	

一七七四	乾隆三九	山東に白蓮教王倫の乱
一七七六	四一	金川平定
一七八一	四六	甘粛の回教徒の乱
一七八二	四七	『四庫全書』成る
一七八四	四九	回教徒の乱
一七八六	五一	台湾に林爽文の乱。和珅、軍機大臣・内閣大学士を兼任
一七八九	五四	安南入貢
一七九〇	五五	ビルマ服属
一七九一	五六	キャフタ条約三訂
一七九三	五八	イギリス使節マカートニー、北京に入る
一七九四	五九	オランダ使節、北京に入る
一七九五	六〇	貴州の苗族の乱
一七九六	嘉慶一	乾隆帝退位。白蓮教の乱おこる
一七九七	二	王鳴盛死去
一七九八	三	貴州・湖南の苗族の乱平定
一七九九	四	乾隆帝死去。和珅死罪
一八〇〇	五	白蓮教主劉之協を殺す
一八〇一	六	章学誠死去
一八〇四	九	蔡牽の艇盗おこる。銭大昕死去。白蓮教の乱平定
一八〇九	一四	蔡牽敗死。艇盗の乱平定
一八一一	一六	西洋人の内地居住、キリスト教伝道を禁ず。天理教徒、北京宮城乱入

一七七四	杉田玄白『解体新書』成る
一七七六	アダム・スミス『国富論』。アメリカ独立宣言
一七八九	フランス革命
一七九〇	寛政異学の禁
一七九一	林子平『海国兵談』
一七九三	林子平死去。フランス王ルイ十六世刑死
一七九八	近藤重蔵、エトロフ探検
一七九九	ナポレオン、統領となる
一八〇四	ロシアのレザノフ、長崎来航。ナポレオン、帝位に就く
一八一一	ロシア船長ゴロウニン、幽囚
一八一三	東インド会社のインド貿易独占権

一八一四	一九	趙翼死去		廃止
一八一五	二〇	アヘンの輸入を厳禁。段玉裁死去	一八一五	杉田玄白『蘭学事始』
一八一六	二一	イギリス使節アマースト、来京		
一八二〇	二五	嘉慶帝死去、道光帝即位		
一八二二	道光二	アヘン所持を禁止	一八二一	ギリシア独立（〜一八二九）
一八二三	三	ケシの栽培、アヘン製造を禁止		
一八二六	六	台湾、黄文淵の乱	一八二五	幕府、異国船打払令を発す
一八三一	一一	アヘン輸入を厳禁	一八三〇	フランス七月革命
一八三四	一四	イギリス使節ネーピア、広東に来る	一八三四	東インド会社の中国貿易独占権廃止
一八三六	一六	湖南に猺族の乱。エリオット、中国領事となる		
一八三七	一七	林則徐、湖広総督となる	一八三七	アメリカ船モリソン号、浦賀に来航
一八三八	一八	黄爵滋、アヘンの禁の上奏。林則徐、欽差大臣として広東に赴く		
一八三九	一九	林則徐、イギリス商人のアヘン二万余箱を没収焼却。アヘン戦争おこる	一八三九	蕃社の獄おこる
一八四〇	二〇	林則徐免職、琦善を欽差大臣とす		
一八四一	二一	琦善、川鼻仮条約を結ぶ。平英団、イギリス人を襲う		
一八四二	道光二二	イギリス軍、南京に迫り、南京条約・香港割譲	一八四二	異国船打払令緩和
一八四三	二三	上海開港		
一八四四	二四	アメリカと望厦通商条約、フランスと黄埔条約を結ぶ		
一八四七	二七	スウェーデン、ノルウェーと通商条約。回教徒の		

		乱		
一八五〇	三〇	洪秀全、広西に反乱。林則徐死去。道光帝死去		
一八五一	咸豊一	洪秀全、太平天国を称す。ロシアとイリ条約を結ぶ		
一八五二	二	太平軍、武昌・漢陽を陥れる	一八五二	ナポレオン三世即位
一八五三	三	太平軍、南京を陥れ天京とす。小刀会の乱	一八五三	ペリー、浦賀来航
一八五四	四	曾国藩、湖南・湖北の太平軍で破る（湘軍組織）	一八五四	クリミヤ戦争（〜一八五六）
一八五六	六	天京に内訌おこる。アロー号事件		
一八五七	七	回教徒の乱、捻匪の乱おこる。イギリス・フランス軍、広州へ入る	一八五七	セポイの反乱、ムガル帝国滅ぶ
一八五八	八	イギリス、フランスと天津条約、ロシアとアイグン条約を結ぶ	一八五八	インド、イギリス領となる
一八五九	九	太平軍李秀成、忠王となる		
一八六〇	一〇	イギリス・フランス軍、北京入城。北京条約		
一八六一	一一	咸豊帝死去、同治帝即位。太平軍、杭州を攻む	一八六一	南北戦争おこる
一八六二	同治一	アメリカのウォード、常勝軍を組織。李鴻章、淮軍を組織		
一八六三	二	イギリスのゴルドン、常勝軍を指揮		
一八六四	三	洪秀全病死。清軍南京占領。捻匪・回匪おこる		
一八六五	四	捻匪、山東に入る。苗匪おこる		
一八六六	五	上海に江南製造機器総局を設立		
一八六七	六	馬尾に福建船政局を設立	一八六七	大政奉還
一八六八	八	捻匪平定	一八六八	明治維新

一八六九	八	オーストリアと通商航海条約
一八七〇	九	天津機械局を設立
一八七一	一〇	日清通商天津条約
一八七二	一一	曾国藩死去
一八七三	一二	同治中興

シ　ベ　リ　ア
ナレ川
ヤクーツク
バイカル湖
ヤブロノイ山脈
外興安嶺
アムール
黒龍江
大興安嶺
愛琿
アムール川
臨江
ウスリー江
沿海州
ケルレン川
松花江
カ
セチェンハン部
ジェリム盟
満州
ジャウダ盟
シリンゴル盟
内蒙古
ウラン
チャップ盟
チャハル
八旗
ジョソト盟
山海関
日本海
平壌
イクジャオ盟
天津
オルドス
北京
渤海
京城
江戸
直隷
京都
太原
済南
朝鮮
芝罘
黄海
釜山
日本
山西
山東
西安
黄河（1858以前）
江蘇
済州島
陝西
河南
淮河
南京
上海
湖北
安徽
蘇州
揚子江
漢口
安慶
荊州
杭州
寧波
漢陽
景徳鎮
洞庭湖
浙江
南昌
鄱陽湖
琉
長沙
球
貴州
湖南
江西
福州
1756
福建
0
1000km
桂林
廈門
1788
台湾
広州
広東
広西
西江
九龍
香港
海南島
澳門
ルソン
首都
主な省会
アヘン戦争における
イギリス軍の進路
商業資本蓄積地域
乾隆期の遠征

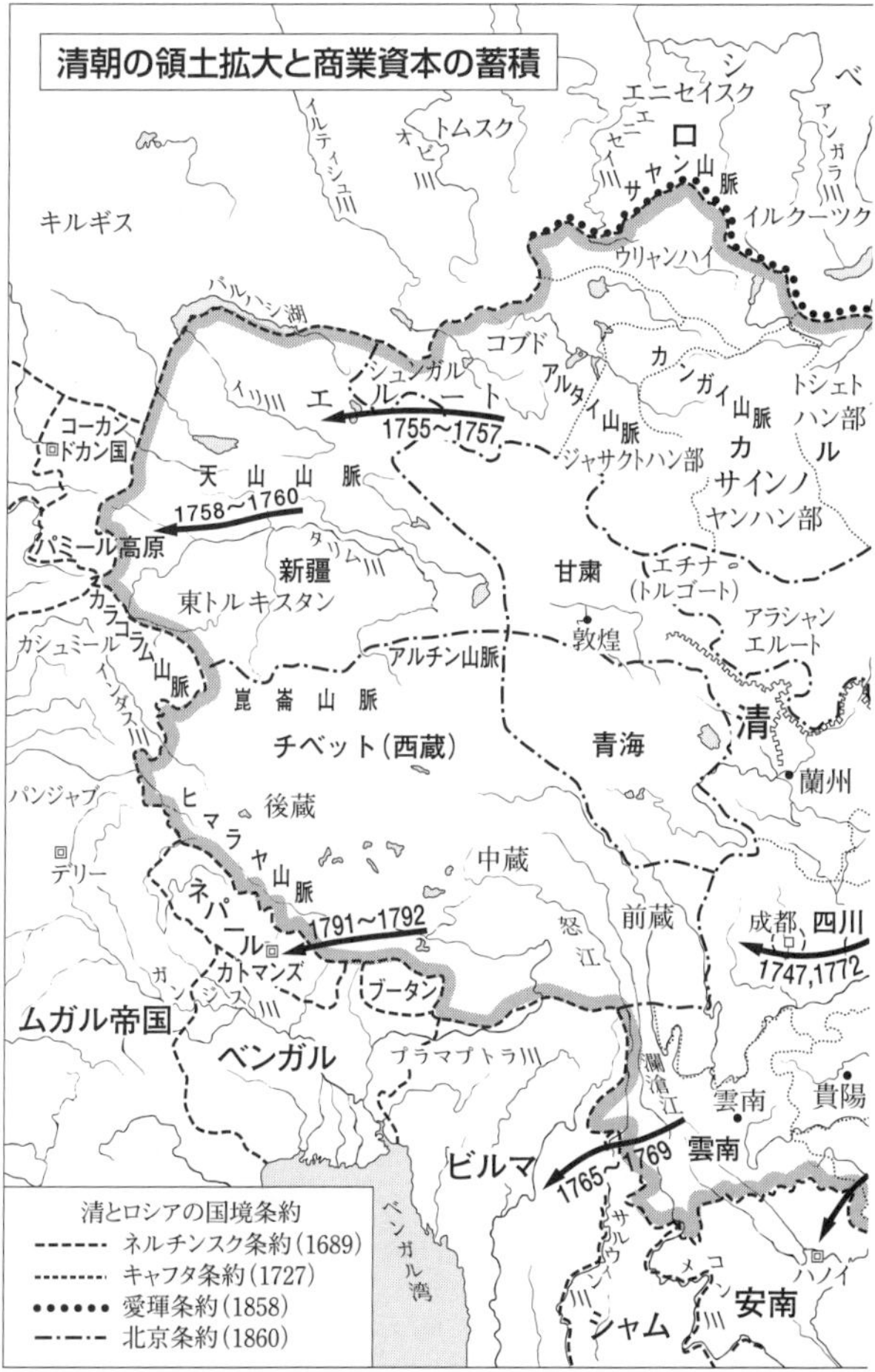

清朝の領土拡大と商業資本の蓄積

中央官制略表

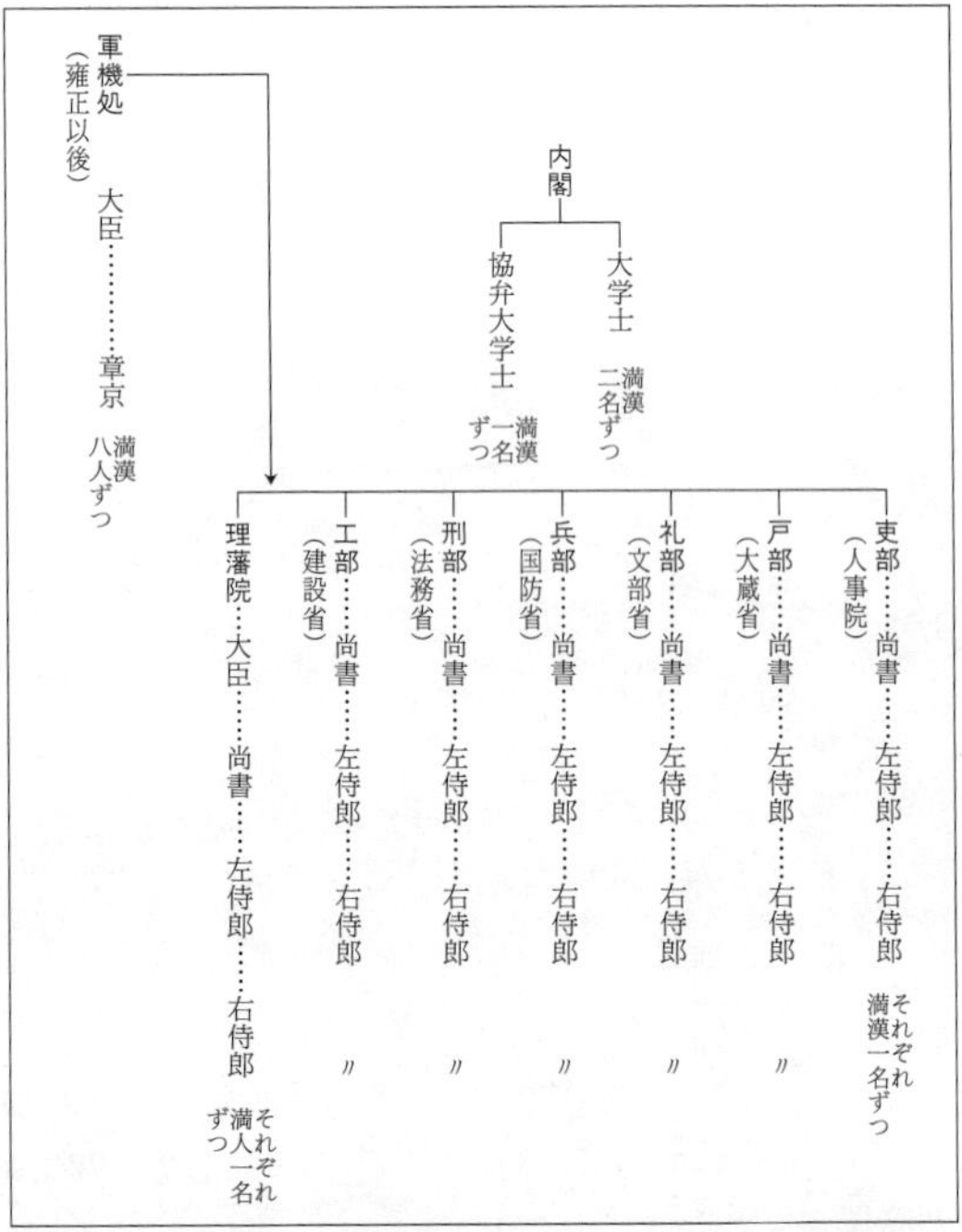

清代中央官制　清代官制は明制にならって最高政務機関として内閣をおき、殿閣大学士を中心とし協弁大学士が補佐したが、軍機処が設けられてからは軍機大臣が重要な政務を決裁し、内閣は形式的な事務部門となった。六部は事務分担の中枢で、はじめ長官を承政、次官を参政とよんだが、北京入城後、尚書・侍郎と改めた。すべて満漢併用を原則としたが、皇室の事務を扱う宗人府などは専欠といって特定の身分のものに限った。

1861年、外国関係の事務処理のために総理各国事務衙門がおかれ、20世紀に入ってこれを外務部としてさらに官制の改革に及んだが、実効をあげることはなかった。

地方官制略表

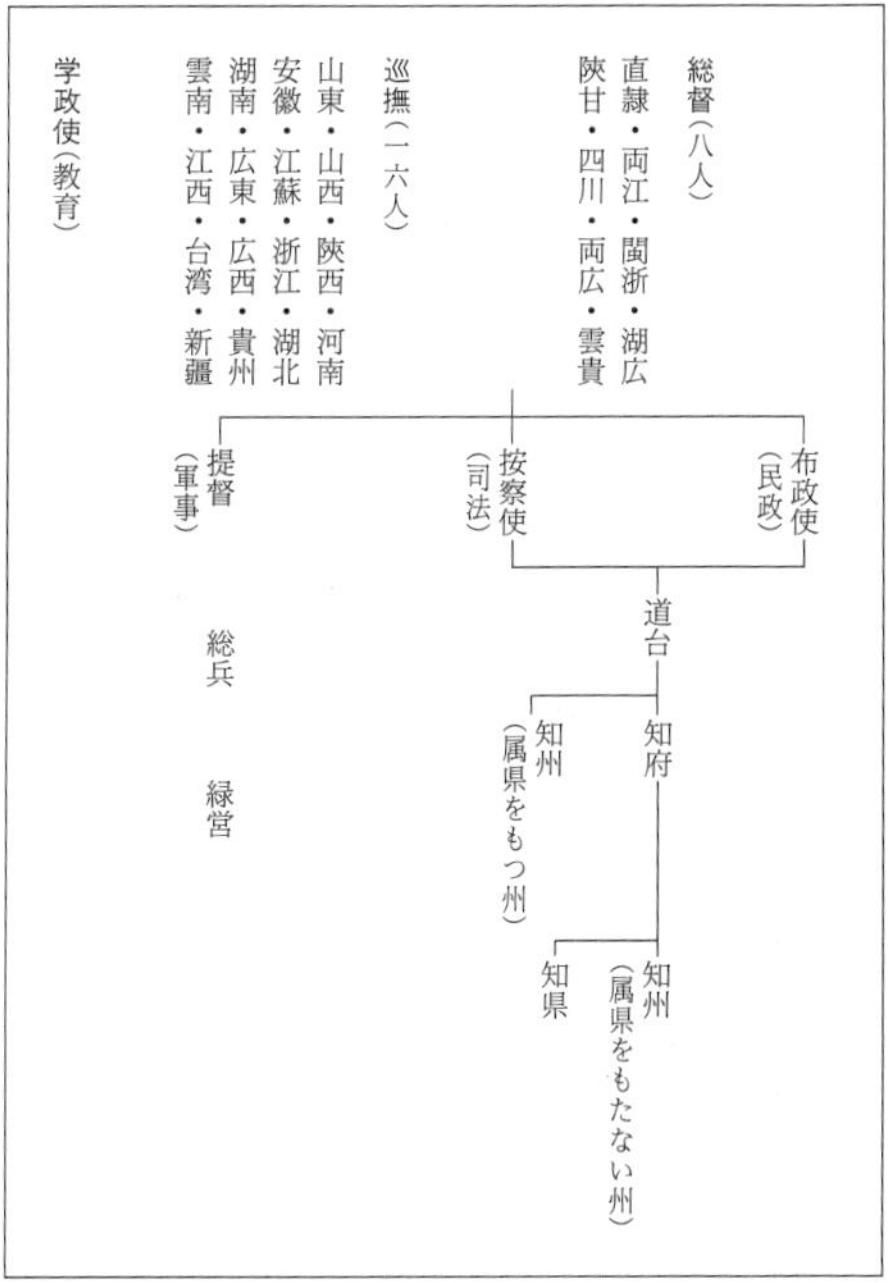

清代地方官制　清朝は中国本部十八省と東北の満州を直轄地とし、蒙古・青海・チベット・新疆を藩部とした。十八省には大体各省に巡撫、いくつかを合わせて総督をおき、省には布政使・按察使、省を分けて府・州・県などとしてその長官に知府・知州・知県をおいた。これらは中央から派遣され、その本人の郷里は避けることになっていた。満州は軍政で盛京・吉林・黒龍江の三将軍をおき、蒙古は旗を単位としこれを盟で統轄した。蒙古などの藩部は自治に委せられ、理藩院の監督を受け、中央から都統・将軍・大臣などを派遣して統轄した。

解説

山根幸夫

本書の著者増井経夫氏は、昭和五年春、東京帝大東洋史学科の卒業生で、同期には江上波夫氏や野原四郎氏（故人）がいた。私にとっては東洋史学科の大先輩である。

増井氏と直接関わりが生じたのは、一九五〇年ころであったと思うが、増井氏が三省堂から高校世界史の教科書執筆の依頼を受けた際であった。増井氏は近現代史を重視する観点から、倒叙式の世界史を書くことを企てられた。まだ文部省の教科書検定もなければ、教科書調査官も存在しなかったころのことである。

当時、私は特別研究生として、東洋史研究室に勤務していたが、西洋史の友人を通じて、世界史執筆に協力してほしいとの要請をうけた。時間的には十分余裕があったので、お引きうけしたが、倒叙式というのは、口でいうほど簡単なことではなく、しかも若輩で、浅学の私に手に負えることではなかった。しかし、まがりなりにも一応東洋史の部分の原稿をまとめあげたものの、恐らく三省堂編集部の方からクレームがついたのであろうか、結局このプランは立ち消えになってしまった。

それから大分後のことになるが、中国社会科学院歴史研究所の方々が、日本亡命中の郭沫若の資料を調査するため、来日したことがあり、私は彼らを増井邸へ案内していったことがあった。なぜなら、郭沫若は日本に住んでいた時期、本郷二丁目にあった文求堂書店へ店主の田中慶太郎氏を訪ね、田中氏と親交を結んでいた。田中氏は増井氏の岳父だったのである。田中翁はすでに亡くなられ、令息乾郎氏はそれより前に亡くなられていたので、郭沫若関係の資料はすべて増井氏の処に保管されていたのである。

さて、増井氏は卒業論文のテーマに「清代の広東貿易について」を選んだ。今の常識からみれば、至極普通のテーマかもしれないが、その当時、このような近代史に関するテーマをとりあげる学生は少なく、指導教授もあまり好い顔をしなかったといわれる。それ故、増井氏は相当の決意をもって、このテーマを取りあげられたのであろう。その後、増井氏は終始一貫して中国近代史の研究に従事された。

本書刊行までの増井氏の研究成果（論文を除く）をみると、最初に出版されたのは、H・B・モース『支那ギルド論』（生活社）であった。恐らく卒業論文の製作に際して、モースの著作を利用されたのであろう。そして戦後、一九五一年に岩波新書の一冊として『太平天国』を出版された。中華人民共和国が成立してから、まだ間もないころで、新中国でもようやく太平天国の研究が活発になりはじめた時期であった。

増井氏が別に中国側の新しい史料を取りいれられたわけではなく、主として徳川時代に書かれた日本側の文献をうまく利用しながら、平易な文章で、太平天国のもつ近代史的な意義を巧みに叙述された。従来このような形で、太平天国のことを述べた日本の学者の文章はなかった。しかも、岩波新書の一冊として発表されたことは、非常に時宜に適していた。

本書の出現は日本の中国史学界に強い刺激を与えた。本書は中国史研究者だけでなく、一般の読書家にも広く読まれたらしい。増井氏が本書の中で、江戸時代に日本人が書いた中国に関する文献や図書を引用されていることも、読者に新鮮な印象を与えたらしい。戦前から長く太平天国を研究していた学者には、本書に対していろいろ異見もあったらしいが、当時の日本の読書界に一石を投じ、増井氏を新進の中国史家として印象づけたことは、間違いない事実である。

その四年後に、増井氏は本書を基礎としながら、『アヘン戦争と太平天国』（弘文堂、アテネ文庫）と題する小冊子を刊行された。A六判七十六頁であったから、現在までこの冊子を手元に保存されている学者はいないのではあるまいか。小冊子ではあるが、本書の中で増井氏は太平天国とアヘン戦争の関連性を的確に論じている。本書で展開された論旨は、『大清帝国』の重要な部分を構成している。

一九七八年になって、増井氏は改めて『中国の二つの悲劇――アヘン戦争と太平天国』（研文出版）を執筆し、再度太平天国とアヘン戦争の関連性を世に問われた。その他、増井氏は中国文学者の今村与志雄氏と共同で、リンドレー『太平天国』四冊を、平凡社（東洋文庫、一九六四、六五）より訳出された。

増井氏はその他、一九六六年には『アジアの歴史と歴史家』（吉川弘文館）、および『史通

――唐代の歴史観』（平凡社）を出版されている。つづいて一九六九年には『焚書――明代異端の書』（平凡社）を訳出された。焚書の著者李卓吾は、中国の学界ではもとより、日本の中国思想史の分野でも大きく取りあげられた思想家であった。増井氏がわざわざ李卓吾の著書を翻訳されたのは、よほど彼に強い関心を抱いておられたからであろう。

こうしてみると、増井氏は社会経済史よりも、むしろ思想史・文化史により強い関心を抱いておられたのではあるまいか。増井氏が金沢大学に在職なさっていた時期に、このように思想史・文化史に比重をかけられたのは、あるいは金沢という中国史料にはめぐまれぬ場所に住んでおられたせいではあるまいか。なお、増井氏は金沢大学を定年退職なさった一九七二年に、『中国の歴史と民衆』（吉川弘文館）を出版されている。

戦前、東大東洋史学科では考証史学が正統とされ、考証史学でなければ、学問として認められないような傾向があった。しかし、増井氏も野原四郎氏も、考証史学には与《くみ》しなかった。それ故、戦前、戦時中を通じて、ずっと在野の立場におられた。

この時期、若手の研究者は経済的には恵まれぬ条件にありながら、一生懸命研究をつづけていた。安定したポストをもっていた研究者は寥々たるものであった。増井氏もその一人であったが、戦争末期か、あるいは敗戦直後に、三島一氏の後をうけて、旧制武蔵高校の教授に就任された。新制大学の成立に伴ない、武蔵大学教授になっておられた。ところが、金沢大学法文学部より教授としての招聘があり、いろいろ考えられた末であろうが、結局金沢大学へ赴任され、定年退職まで在任されたわけである。

増井氏の著書の多くは、金沢時代に執筆されたものである。本書『大清帝国』は、金沢時代に構想をねっておられたのであろうが、出版されたのは、金沢大学を退職して、東京へ戻ってこられてからである。その後、増井氏が晩年に刊行された著書には、『中国の二つの悲劇――アヘン戦争と太平天国』（前掲）、および『中国の銀と商人』（研文出版、一九八六）の二冊がある。

＊

以下、本書『大清帝国』の概容を紹介して、新しく本書を読まれる方々の手引きとしてみたい。

序章では、増井氏は清代の性格、社会の状況、文化の特色などを、非常に手ぎわよく説明しておられる。いわば、増井氏の清代観を凝縮したものであるから、読者もしっかり読んでおかれると好いと思う。

第一章「明清交替の背景」では、明朝の滅亡や清朝の興起について、正面から述べるのでなく、明代の遺産や遺老について語ることによって、明清の交替を説明しようと試みておられる。そのため、長崎奉行中川忠英が編纂した『清俗紀聞』や『華夷変態』などを引用している。

後者はもともと刊本があったわけでなく、一六四四年以後、長崎に入港した唐船の船長が、長崎奉行に提出した報告書（風説書）を、後に大学頭林鵞峯・鳳岡親子が整理して、

『華夷変態』と名付けたものであり、研究者は内閣文庫へ赴いて利用するしかなかった。しかし、中国史の研究者がこれを利用することはほとんどなかった。ところが、広島大学教授浦廉一氏がその価値を認め、ゼミの院生、学生を動員して原文を書き写した上、その出版の件を東洋文庫へ依頼してこられた。当時、東洋文庫研究員をしていた私は、研究部長和田清先生の命をうけて、本書の編集、校正に当たった。全三巻のうち、上巻が一九五八年に、中下巻が翌五九年に出版された。

こうして刊本になった『華夷変態』を、増井氏はいち早く気付いて本書に利用されたわけである。増井氏が研究に如何に積極的であったかを示す証左であり、ここにも増井氏と私とのつながりがあったのである。

第二章「清朝の盛大」では、康熙・雍正・乾隆の三代について述べるが、これは清朝でも最も繁栄した華やかな時代である。同時に、三藩の乱も発生したが、よくこれを鎮圧して、清朝の確固たる基礎を確立した。普通の清代の概説なら、この部分の叙述にもっと重点をおくであろうが、増井氏はそれほど重点をおかれなかったようである。

第三章「清代社会の転機」では、乾隆の末期に発生した白蓮教の乱から始めて、銀経済の定着、欧米各国よりの外圧の始まり、広東十三行の活動などについて述べている。もはや全盛期をすぎた清朝にとって、各種の矛盾が次々に発生し、転換期を迎えた時期である。増井氏が卒業論文で取りあげられた広東貿易にとっても、問題が起こりつつあったわけである。いわばアヘン戦争の前史に相当する時代であり、増井氏も非常に力をいれておられる。

第四章「アヘン戦争」、第五章「太平天国」の二章は、本書のなかでももっとも精彩を放っている部分で、増井氏が一番重点をおいて書いておられる。もちろん、これに先行して、『太平天国』(岩波新書)をはじめ、多数の著書、論文を執筆しておられる。読者がこの両章を読まれたなら、何故増井氏が『大清帝国』の中でも、太平天国とアヘン戦争を重視しておられるか、よくわかるであろう。しかし、本書における政治史的な記述はここで終わっている。『大清帝国』と称しながら、政治史の叙述が、十九世紀半ばで打ち切られていることは、やはり問題ではなかろうか。ただし、これは増井氏の責任ではなく、講談社編集部の方針によって斯うなったことを断わっておかねばならぬ。

第六章「清代の社会経済」では、清代の通貨、ことに銀の流通の問題、銀と商人との関係、会館と公所などについて詳述しておられる。銀の流通の問題は、増井氏が経済の中でももっとも重視される点であり、前述したように、晩年に『中国の銀と商人』として一冊の本にまとめて論じておられる。増井氏は流通の問題に格別関心をもっておられたようである。会館・公所については、戦時中にH・B・モースの『支那ギルド論』(前掲)を翻訳されているように、強い関心をもっておられた。

第七章「清代の学術」でも、増井氏は非常に詳細に、かつ網羅的に論じておられる。思想については、朱子学から始まり、朱子学に反逆した異端の思想家、明末の李卓吾についても、実に詳しく丹念に述べておられる。その代表的な著作『焚書』を、増井氏が翻訳、出版されたことは上に紹介したとおりである。史学についても、王鳴盛・銭大昕・趙翼・章学誠らについて詳述しておられる。その他、地理学・考古学・天文学・医学などにも論及している。「中国の歴史」の中で、これほど学術・思想について詳しくふれたものは、その類がないというべきであろう。増井氏が学術・思想を非常に重く見ておられたことがよくわかる。

第八章「清代の文芸」では、文学・美術・建築・文房具などについて述べておられるが、ことに文学・美術については詳細である。以上、清代の学術・文芸に関しては、本書は小辞典的な役割をも果たすことができるであろう。前述したように、本書では政治史の記述が、十九世紀半ばで終わっているのに対して、第六章〜第八章は、すべて清末まで述べられている。

終章は、清代二百七十年にわたる推移を、要領よく総括したものである。

＊

さて、一九七四年に「中国の歴史」シリーズの一冊として刊行された『清帝国』が、今般本書『大清帝国』と改題して講談社学術文庫へ組み入れられることになったわけであるが、増井氏は一九九五年六月に逝去なさっているため、私に協力を求められた。増井氏との生前からの御縁もあるので、お引き受けさせていただいた次第である。

本書を拝見して、最初に気になったことは、あまりにもルビの間違いの多かったことである。また、漢字の間違いも若干みられたが、これらは私の責任で訂正させて頂いた。また、増井氏は、文中ですべて揚子江と記されているが、最近はわが国でも「長江」と呼称するようになったので、これも「長江」に改めさせて頂いた。その他、藤井宏氏の論文のせいで、「新安商人」と記されているものも、より一般的な呼称である「徽州商人」に改めた。

なお、一ヵ所だけ増井氏の誤解を指摘しておきたい。増井氏は「早くから、宋代＝近世という考え方は、日本で普遍的になっている。これを説明するため、思想や芸術や法制や経済の諸方面から多くの証拠が提出され、中国は西ヨーロッパより数世紀早く近世にはいったものと宣伝された」と述べ、宋代近世説が中国史学界で定説になっていたかの如く述べられている。しかし、宋代近世説をめぐっては、敗戦後のわが中国史学界ではげしい論争が展開されていたのである。もともと、宋代近世説は京大の内藤湖南博士によって提唱され、戦後その弟子の宮崎市定教授らによって敷衍された。

しかし、戦後いち早く歴史学研究会を再建した若手研究者の間からは、内藤説に対してははげしい批判が展開され、五代・宋初に出現した地主＝佃戸制の分析を通じて、この時期こそ中国における封建的な生産関係が成立した時期であると主張した。宋代を封建制成立期（中世）とみるか、内藤＝宮崎説のように近世社会の成立とみるか、この両説の対立は結論の出ないまま、今もつづいていることを読者は諒解しておいてほしい。

（東京女子大学名誉教授）

ワ　行

ヤ　行

ラ　行

マ　行

ナ　行

ハ　行

タ　行

サ　行

カ　行

索　引

ア　行

本書は、一九七四年、小社から刊行された『清帝国』（「中国の歴史」第七巻）を改題・文庫化したものです。

増井経夫（ますい　つねお）

1907年生まれ。東京帝国大学文学部東洋史学科卒業。日本大学，東京外国語大学，明治学院大学等で講師を務めた後，金沢大学教授となる。専攻は清代史。著書に『アジアの歴史と歴史家』『中国の歴史と民衆』，翻訳に『史通――唐代の歴史観』『焚書――明代異端の書』『太平天国』など。1995年没。

講談社学術文庫

定価はカバーに表示してあります。

大清帝国《だいしんていこく》

増《ます》井《い》経《つね》夫《お》

2002年1月10日　第1刷発行
2020年11月10日　第9刷発行

発行者　渡瀬昌彦
発行所　株式会社講談社
東京都文京区音羽2-12-21 〒112-8001
電話　編集（03）5395-3512
販売（03）5395-4415
業務（03）5395-3615
装　幀　蟹江征治
印　刷　株式会社廣済堂
製　本　株式会社国宝社

ISBN4-06-159526-1

「講談社学術文庫」の刊行に当たって

　これは、学術をポケットに入れることをモットーとして生まれた文庫である。学術は少年の心を養い、成年の心を満たす。その学術がポケットにはいる形で、万人のものになることは、生涯教育をうたう現代の理想である。

　こうした考え方は、学術を巨大な城のように見る世間の常識に反するかもしれない。また、一部の人たちからは、学術の権威をおとすものと非難されるかもしれない。しかし、それはいずれも学術の新しい在り方を解しないものといわざるをえない。

　学術は、まず魔術への挑戦から始まった。やがて、いわゆる常識をつぎつぎに改めていった。学術の権威は、幾百年、幾千年にわたる、苦しい戦いの成果である。こうしてきずきあげられた城が、一見して近づきがたいものにうつるのは、そのためである。しかし、学術の権威を、その形の上だけで判断してはならない。その生成のあとをかえりみれば、その根は常に人々の生活の中にあった。学術が大きな力たりうるのはそのためであって、生活をはなれた学術は、どこにもない。

　開かれた社会といわれる現代にとって、これはまったく自明である。生活と学術との間に、もし距離があるとすれば、何をおいてもこれを埋めねばならない。もしこの距離が形の上の迷信からきているとすれば、その迷信をうち破らねばならぬ。

　学術文庫は、内外の迷信を打破し、学術のために新しい天地をひらく意図をもって生まれた。文庫という小さい形と、学術という壮大な城とが、完全に両立するためには、なおいくらかの時を必要とするであろう。しかし、学術をポケットにした社会が、人間の生活にとってより豊かな社会であることは、たしかである。そうした社会の実現のために、文庫の世界に新しいジャンルを加えることができれば幸いである。

一九七六年六月

野間省一

学術文庫版

中国の歴史 全12巻

編集委員＝礪波護　尾形勇　鶴間和幸　上田信

「中国」とは何か。いま、最大の謎に迫る圧巻の通史！

❶ **神話から歴史へ**　神話時代 夏王朝……宮本一夫

❷ **都市国家から中華へ**　殷周 春秋戦国……平勢隆郎

❸ **ファーストエンペラーの遺産**　秦漢帝国……鶴間和幸

❹ **三国志の世界**　後漢 三国時代……金 文京

❺ **中華の崩壊と拡大**　魏晋南北朝……川本芳昭

❻ **絢爛たる世界帝国**　隋唐時代……氣賀澤保規

❼ **中国思想と宗教の奔流**　宋朝……小島 毅

❽ **疾駆する草原の征服者**　遼 西夏 金 元……杉山正明

❾ **海と帝国**　明清時代……上田 信

❿ **ラストエンペラーと近代中国**　清末 中華民国……菊池秀明

⓫ **巨龍の胎動**　毛沢東vs.鄧小平……天児 慧

⓬ **日本にとって中国とは何か**

大自然に立ち向かって―環境・開発・人口の中国史……尾形 勇

中国文明論―その多様性と多元性……鶴間和幸

中国人の歴史意識……上田 信

世界史の中の中国……葛 剣雄

中国史の中の日本……王 勇

日本にとって中国とは何か……礪波 護

モンゴルと大明帝国
愛宕《おたぎ》松男・寺田隆信著
征服王朝の元の出現と漢民族国家・明の盛衰。チンギス＝カーンによるモンゴル帝国建設とそれに続く元の中国支配から明の建国と滅亡までを論述。耶律楚材の改革、帝位簒奪者の永楽帝による遠征も興味深く説く。
1317

朝鮮紀行 英国婦人の見た李朝末期
イザベラ・バード著／時岡敬子訳
百年まえの朝鮮の実情を忠実に伝える名紀行。英人女性イザベラ・バードによる四度にわたる朝鮮旅行の記録。国際情勢に翻弄される十九世紀末の朝鮮とその風土、伝統的文化、習俗等を活写。絵や写真も多数収録。
1340

アウシュヴィッツ収容所
ルドルフ・ヘス著／片岡啓治訳（解説・芝 健介）
大量虐殺の責任者R・ヘスの驚くべき手記。強制収容所の建設、大量虐殺の執行の任に当ったヘスは職務に忠実な教養人で良き父・夫でもあった。彼はなぜ凄惨な殺戮に手を染めたのか。本人の淡々と語る真実。
1393

古代中国 原始・殷周・春秋戦国
貝塚茂樹・伊藤道治著
北京原人から中国古代思想の黄金期への歩み。原始時代に始まり諸子百家が輩出した春秋戦国期に到る悠遠な時間の中で形成された、後の中国を基礎づける独自の文明。最新の考古学の成果が書き換える古代中国像。
1419

中国通史 問題史としてみる
堀 敏一著
歴史の中の問題点が分かる独自の中国通史。中国の歴史をみる上で、何が大事で、どういう点が問題になるのか。書く人の問題意識が伝わることに意を注ぎ古代から現代までの中国史の全体像を描き出した意欲作。
1432

コーヒー・ハウス 18世紀ロンドン、都市の生活史
小林章夫著
珈琲の香りに包まれた近代英国の喧噪と活気。十七世紀半ばから一世紀余にわたりイギリスの政治や社会、文化に多大な影響を与えた情報基地。その歴史を通し、爛熟する都市・ロンドンの姿と市民生活を活写する。
1451

外国の歴史・地理

古代インド
中村 元著

モヘンジョ・ダロの高度な都市計画から華麗なグプタ文化まで。苛酷な風土と東西文化の混淆が古代文明を育んだ。古代インドの生活と思想と、そこに展開された原始仏教の誕生と変遷を、仏教学の泰斗が活写する。

1674

古代朝鮮
井上秀雄著（解説・鄭早苗）

中国・日本との軋轢と協調を背景に、古代の朝鮮は統一へとその歩を進めた。旧石器時代から統一新羅の滅亡まで、政治・社会・文化を包括し総合的に描き、朝鮮半島の古代を鮮やかに再現する朝鮮史研究の傑作。

1678

五代と宋の興亡
周藤吉之《すどうよしゆき》・中嶋 敏著

唐末の動乱から宋の統一と滅亡への四百年史。五代十国の混乱を経て宋が中国を統一するが、財政改革を巡る抗争の中、金軍入寇で江南へ逃れ両朝並立。都市が栄える一方、モンゴル勃興で滅亡に至る歴史を辿る。

1679

中世ヨーロッパの城の生活
J・ギース、F・ギース著／栗原 泉訳

中世英国における封建社会と人々の暮らし。時代は十一世紀から十四世紀、ノルマン征服を経て急速に封建化が進む中、城を中心に、人々はどのような暮らしを営んでいたのか。西欧中世の生活実態が再現される。

1712

ハンニバル 地中海世界の覇権をかけて
長谷川博隆著

大国ローマと戦ったカルタゴの英雄の生涯。地中海世界の覇権をかけて激突した古代ローマとカルタゴ。大国ローマを屈服寸前まで追いつめたカルタゴの将軍ハンニバルの天才的な戦略と悲劇的な生涯を描く。

1720

中世ヨーロッパの歴史
堀越孝一著

ヨーロッパとは何か。その成立にキリスト教が果たした役割とは？　地中海古代社会から森林と原野の内陸部へ展開、多様な文化融合がもたらしたヨーロッパ世界の形成過程を「中世人」の眼でいきいきと描きだす。

1763

外国の歴史・地理

中世ヨーロッパの都市の生活
J・ギース、F・ギース著／青島淑子訳

一二五〇年、トロワ。年に二度、シャンパーニュ大市が開催され、活況を呈する町を舞台に、ヨーロッパの人々の暮らしを逸話を交え、立体的に再現する。活気に満ち繁栄した中世都市の実像を生き生きと描く。

1776

十二世紀ルネサンス
伊東俊太郎著（解説・三浦伸夫）

中世の真っ只中、閉ざされた一文化圏であったヨーロッパが突如として「離陸」を開始する十二世紀。多くの書がラテン訳され充実する知的基盤。先進的アラビアに接し文明形態を一新していく歴史の動態を探る。

1780

紫禁城の栄光　明・清全史
岡田英弘・神田信夫・松村　潤著

十四～十九世紀、東アジアに君臨した二つの帝国。遊牧帝国と農耕帝国の合体が生んだ巨大な多民族国家・中国。政治改革、広範な交易網、度重なる戦争……。シナが中国へと発展する四百五十年の歴史を活写する。

1784

文明の十字路＝中央アジアの歴史
岩村　忍著

ヨーロッパ、インド、中国、中東の文明圏の間に生きた中央アジアの民。東から絹を西から黄金を運んだシルクロード。世界の屋根に分断されたトルキスタン。草原の民とオアシスの民がくり広げた壮大な歴史とは？

1803

生き残った帝国ビザンティン
井上浩一著

興亡を繰り返すヨーロッパとアジアの境界、「文明の十字路」にあって、なぜ一千年以上も存続しえたか。皇帝・貴族・知識人は変化にどう対応したか。ローマ皇帝の改宗から帝都陥落まで「奇跡の一千年」を活写。

1866

英語の冒険
M・ブラッグ著／三川基好訳

英語はどこから来てどのように世界一五億人の言語となったのか。一五〇〇年前、一五万人の話者しかいなかった英語の祖先は絶滅の危機を越えイングランドの言葉から「共通語」へと大発展。その波瀾万丈の歴史。

1869

《藤原書店宗教文庫 近刊より》

2146

東亞・朝鮮・臺灣大

中共拡大のアジア、台湾への軍事的な圧力をどう解決するか、習近平体制の拡大野心、中国の膨張、「中共問題」

中公論選/著 リー・カービー 他

2117

アインシュタイン

二〇二一年発刊の「話題」についての話題を集めた。科学技術の発展を「話題」に、新たな時代に向けて

益川敏英 著

2103

アインシュタインの相対論と量子力学

量子論と相対論の統合、アインシュタインの物理学、「量子情報論」について

国際書院発行

2083

十年後の日本と世界

十年先の日本の姿を読み解くための、政治、経済、社会、国際情勢、未来予測の研究。「星海社新書」シリーズ

2051

二十一世紀の世界を読む

二十一世紀の世界動向を読み解く、国際情勢、政治、経済、環境、地球温暖化等の諸問題

エドガール・モラン/著

2033

岩波ブックレット

岩波書店の「ブックレット」シリーズ、小冊子形式の教養書、社会問題、時事問題、教育等

岩波書店編集部・編 「ブックレット」

《講談社学術文庫　近刊より》

外国の歴史・地理

2352　中国の歴史とつながる中国史の謎
　著者　岡田英弘

2351　シンガポールとローマ軍国
　著者　池田嘉郎

2350　インドネシアとつながる世界史
　著者　弘末雅士

2345　中東の歴史
　著者　佐藤次高

2304　ジャン・ボダン 国家論／主権論
　著者　佐々木毅

2271　フィンランド千年史
　著者　百瀬宏